国家社会科学基金项目（批准号：07BJY119）
教育部人文社会科学规划项目（批准号：06JA790050）
南昌大学社会科学学术著作出版基金项目（批准号：11XCZ09）

彭继增　戴志敏　著

RESEARCH ON BUSINESS CLUSTER

商业集群论

RESEARCH ON BUSINESS CLUSTER

社会科学文献出版社
SOCIAL SCIENCES ACADEMIC PRESS (CHINA)

内容摘要

集群现象不是一个全新的社会、经济现象，从各国区域经济发展的过程来看，它是世界各地在产业专业化分工协作演变过程中，出现的较古老而普遍的现象。观察表明，集群现象几乎遍及所有产业领域。在制造业领域，产业空间集聚发展的现象尤其突出。此外，许多商业、服务业等产业同样具有成簇成群的发展特征。例如，浙江义乌以小商品市场和其他专业市场集合成的市场集群，北京的王府井商业街、上海的南京路商业街、广州北京路商业街集群以及遍布国内各地的综合性、专业性批发市场集群，等等。国外则有东京新宿大街、伦敦的牛津街、纽约曼哈顿第五大道等全球著名的商业街集群以及各大城市的郊外购物中心（Mall）等。

集群能够为地区经济带来持续竞争优势的现象，吸引了众多学者的关注。国内外学者对集群理论的研究涵盖了集群概念、集群分类、集群成因等领域，集群理论已经成为经济学的重要分支。但是，查阅国内外相关文献，对集群的研究多数是对制造业的集群分析，对商业集群的论述很少。笔者认为，商业集群现象同样值得研究。商业集群同样存在着企业间的分工和协作，有利于商业技能、信息、经营管理经验、新思想和新理念在集群内企业之间的传播与应用，有利于提高商业公共资源使用效率，降低商业企业的经营成本，形成单个商业企业和区域商业的双层竞争优势。

集群是各参与主体的利益诉求通过博弈达到均衡并得到增进的结果。商业集群的集聚效应带来集群整体效益的提高，而参与者（商业企业、消费者、供货商、政府与房地产商等）之间的重复博弈，又使集群增进了的整体收益在参与者之间得到合理分割，从而形成一种动态的共赢利益机制，不断吸引新成员进入，推动集群扩大和发展，这是商业集群不断发展的持续动力。

本研究从动态的角度出发，立足于国内外集群理论的研究成果与实践经验，以商业集群形成、成长与持续发展的机理为主线，运用空间经济学等理论及案例分析法，从商业集群的不同类型、商业集群产生的内在机理等方面进行研究，力图构建一个完整的商业集群理论框架，以期对我国商业集群发展、创新，城市化发展及区域经济竞争力的提升，进行理论解释并提出政策建议。

本研究按照从整体到个体再到整体的逻辑思路，构建分析商业集群的理论框架。首先从评述既有研究文献、界定商业集群概念切入，提出商业集群的三阶段发育路径以及商业集群是多种竞争类型聚合体的分析框架，并运用几个数学模型分析商业集群的集聚成因；其次分析传统商业街的商业集群、商务中心区（BCD）的商业集群、购物中心（Mall）的商业集群、专业市场的商业集群及义乌的市场集群等各种具体的商业集群类型的集聚机理；最后再回到整体分析层面，概括出商业集群发育的共有规律及发展趋势，由此构成一个相对完整的分析体系，并提出促进商业集群健康发展的政策建议。

全书由四部分组成：第一部分是绪论，即第一章；第二部分是研究文献综述及本书理论依据、商业集群概念及理论分析框架，包括第二、三章；第三部分是各类商业集群的集聚机理分析，即第四、五、六、七、八章；第四部分是共有规律、发展趋势及政策建议，即第九章；最后是结束语。

第一章：绪论。本章介绍了研究背景与意义，研究目标、研究方法与研究思路，框架、内容与本书的创新之处。

第二章：商业集群研究文献综述及理论依据。本章通过对集群理论的梳理，在对国内外文献评述的基础上，提出了分析研究商业集群所依据的理论基础。

第三章：商业集群概述。本章阐述了商业集群的概念、商业集群的演变过程及商业集群分类，提出了商业集群的三阶段发育路径，以及商业集群是多种竞争类型聚合体的分析框架，并运用空间经济学的数理模型分析证明了商业集群三个发育阶段上集聚的成因。

第四章：传统商业街的商业集群。本章介绍了商业街的概念、功能及类型，剖析了商业街商店的集聚成因，并认为集聚经济效应及品牌经济效应是推动商业街商店集聚的重要动因，而商业街商业集群是商家、消费者、政府、房地产商等多方主体追求利益而达成共赢格局的结果。

第五章：商务中心区（BCD）的商业集群。本章界定了 CBD 与 BCD 的区别，认为城市商务中心区（BCD）是在商业街基础上发展起来的，是广义的商业集群。BCD 商业集群符合城市发展规律，集聚体内企业可以分享集群外部经济利益，是各方共赢利益机制驱动的结果。

第六章：城市购物中心的商业集群。本章分析了国内外购物中心的基本概况，指出了我国购物中心区别于欧美国家的特殊性，基于消费者搜寻与商店集聚的空间经济数理模型比较规范地解释了其集聚机理。集聚体能提高信息传递效率与分享需求正外部效应，是购物中心商家集聚的主要动因。购物中心商业集群是各方利益博弈所形成的一种共赢机制。

第七章：专业市场的商业集群。专业市场是从集贸市场中演化而来的，主要从事批发或零售某类商品的市场型商业集群。本章引用基于两类经济人（采购者与供货商）的区位选择博弈均衡数理模型，解释了专业市场的集聚机理。专业市场能有效降低交易费用，产生集群经济效应，共赢利益格局的形成是专业市场运行和发展的永续动力。

第八章：义乌的城市市场集群。市场集群是指多个同类或异类的专业市场在城市空间上集聚的现象。浙江义乌的市场集群是这一类商业集群的典型。本章从路径演化的角度，分析了义乌由集贸市场到小商品批发市场，再到专业市场，进而发展成为遍布城市空间的市场集群的历史进程。本章指出，专业市场能带动专业化分工，推动产业集群发展；而产业集群的发展，又反过来催生不同类型的专业市场发育，形成市场集群；市场集群则进一步提升专业化协作水平，加快区域经济发展，使生产企业、商业企业、采购企业、物流企业和其他服务企业、商业房地产所有者、城市政府等参与各方受益，形成一股强大的合力，推动市场集群和城市及区域经济快速而持续的发展。

第九章：结论及政策建议。本章归纳了商业集群发生和发展的五条共有规律，分析了影响商业集群发展的因素，展望了商业集群的发展趋势，并就促进商业集群成长发育提出了若干政策建议。

本研究提出了以下有创新性的观点。

（一）在评述国内外文献，借鉴空间（集聚）经济学理论的基础上，界定了商业集群的概念和类型，按照从整体到个体再到整体的逻辑展开分析，构建了一个相对完整的商业集群研究体系

通过观察和归纳分析，本研究提出了商业集群的三阶段发育路径。每个商业集群都经历了由初始性集聚阶段到成长性集聚阶段，再到成熟性集聚阶段的发育过程。本研究进而分析和证明商业集群是多种竞争类型聚合体，为其后运用数学方法分析证明商业集群的集聚动因，构建了分析框架。本研究继而引用数学模型分析了商业集群的集聚动因，具体分析了各集群类型的特点和功能，概括出了集群发育的五条共有规律，分析了影响商业集群发育的因素以及商业集群的发展趋势，并就促进商业集群发育提出政策建议。全书由此构成了一个相对完整的研究体系。

（二）按照前述分析框架，引用空间（集聚）经济学的数学模型分析了商业集群发育历程中三个阶段的集聚动因

空间（集聚）经济学认为，收集信息的费用与消费者及企业的区位都有关系。每个企业都认识到它的最优抉择（区位和价格）依赖于它所供给的产品的需求。这种需求的形成依赖消费者的分布，即消费者的选择直接影响企业的选择。反过来，消费者最优选择（区位和消费）的实现又依赖于企业的整体分布状况。这两种分布之间的相互依赖，通过商业企业与消费者之间的重复博弈最终达到均衡，即在一定的区位空间与价格条件下（满足一定假设），商业企业和消费者得到各自的收益（或利润）与效用最大化。空间（集聚）经济学依据这个基本思想，构建了解释商业集群成因的数学模型。本研究引用其中几个数学模型，包括从商业企业与消费者或用户间相互适应对方需要而引起的初始集聚，实行差异化竞争策略的商业企业持续不断地进入、形成垄断竞争而推动的成长性集聚以及以知名大商场的进入和寡头竞争为标志而形成的成熟性集聚，在这三个层面上解释了商业集群发育过程中的集聚动因。再加上理论阐述，本研究对商业集群的发育机理进行了合理的解释。

（三）归纳总结了商业集群发育和运行的五条共有规律

第一，商业集群沿着三阶段路径发育。商业集群发育大体上都经历了初始性集聚、成长性集聚与成熟性集聚三个阶段。初始性集聚阶段的动因，主要是商业企业为适应消费者降低搜寻费用的要求而集聚；成长性集聚阶段的动因，主要是初始性集聚效应吸引众多商业企业持续不断地进入集聚体，使商业集群规模不断扩大；成熟性集聚阶段的动因，则主要是知名大商场的进入，从而树立起商业集群品牌，提高其知名度，吸引更多商家和顾客进入，促使集群趋向成熟。

第二，参与各方共赢是商业集群持续发展的动力。生产企业、商业企业、消费者或用户、房地产商与政府等组成了一条完整的价值链，共同参加商业集群的价值创造过程。它们之间经过反复博弈，使商业集群价值链创造的收益在参加者之间实现合理分割，形成共赢利益机制，激励参加者各方增加投入，提高产出效率，从而形成合力，推动商业集群持续发展。

第三，降低交易费用是商业集群发展的生命线。一方面，商业集群内店铺的集中，形成了能够满足消费者各个层次、各种偏好需要的商业聚合体，降低了消费者的搜寻费用，从而吸引大量的消费者光顾，产生波及效应和乘数效应，形成波及顾客和乘数顾客，导致顾客数量增加，扩大集群内商品的销售量，降低企业招徕顾客的费用。另一方面，集群区内的企业共用基础设施可以降低分摊费用，可以分享集群品牌效应，可以节省广告费用，等等。交易费用的降低反过来又会吸引更多的店铺和顾客进入集群区，产生更大的集聚效应，进一步降低交易费用，从而形成商业集群的良性扩张之路。

第四，政府公共服务和基础设施是商业集群发育的保障和助推力。商业集群中的商业活动需要有物流、信息流和资金流的配合，才能顺畅运转。而充足流畅的物流、信息流和资金流要靠完整的城市基础设施和相关服务企业以及政府提供的公共服务。由于商业集群形成了参与各方共赢的利益机制，因而城市政府、房地产商、交通运输、物流、电信和银行等企业都有充足的动力投资城市基础设施建设，提供物流、信息流和资金流以及维护市场秩序方面的服务，从而为商业集群的发育提供了必要的制度保障和环境条件，助推商业集群顺利成长。

第五，商业集群发育与城市及区域经济发展的良性互动，推动双方的发展水平向高层次跃迁。商业集群的形成和发展，带动着与之相关的交通运输业、仓储业、邮电通信业、金融业、餐饮娱乐业等第三产业，尤其是房地产业的发展，增强了城市的吸引力、辐射力和商贸流通中心功能。而城市商贸功能的增强作用于周边地区，推动其产业集聚和专业化协作水平的提高，加快了区域经济发展；而区域经济的快速发展，又反过来推动商业集群和城市经济发展。它们的良性互动互相促进，推动双方向更高层次跃迁。

（四）探讨了影响商业集群发展与变迁的因素及其发展趋势，提出了一套促进商业集群持续发展的政策建议

文献资料和实际观察显示，城市布局调整和交通条件变化将带动商业集群布局的调整，电子商务、连锁经营、商业代理制等新型商业形态的发展将分流一部分商业集群的交易量，商业集群之间的竞争将导致兴衰更替，信息技术的应用推广将提高商业集群的信息化水平。这些因素将推动商业集群向信息化、代理制型、集约交易化方向演进，逐步改变目前信息化程度低、集市贸易型以及粗放交易状况，提高商业集群的服务功能和交易效率。笔者建议，政府应加强法律和公共服务方面的制度建设，建立公平竞争市场环境；应加强基础设施建设，改善物流、信息流和资金流环境条件；还应建立诚信社会环境，增强公共服务功能，推动商业集群持续不断地向高层次发展。

商业集群是一个复杂的系统，限于作者的水平、研究能力、资料收集等诸多原因，本研究仅仅是对商业集群的初步探讨，并未形成一个较为系统、学术界又普遍接受的商业集群分析框架，因而还有待于在今后的研究中进一步补充和完善。

目 录

Contents

第一章　绪论

第一节　问题的提出

市场经济发展到今天，全球经济已经进入以新经济为基础的经济全球化时代。集群现象不是一个全新的社会、经济现象，从各国区域经济发展的过程来看，它是世界各地多年产业专业化分工过程中逐渐出现的较具普遍性的现象。目前，这种产业的专业化分工所产生的集群，已经超出了国家和行政区划的界限，把来自世界各地的资本、技术甚至劳动力集聚在一起，把世界各国的经济联系在一起，这种联系对各国产业的发展和世界产业分工的格局都产生了极其深远的影响。

观察表明，全球集群发展现象几乎遍及所有产业领域。在制造业领域，产业空间集群发展的现象尤其突出。此外，许多商业、服务业和高技术产业同样具有成簇成群的发展特征。例如，我国浙江海宁的皮件业、嵊州的领带、义乌的小商品、宁波的服装业、诸暨市大唐镇的袜业、广东东莞的电器等；广州的北京路商业街、北京的王府井商业街、武汉市的汉正街；国外著名的巴黎香榭丽舍大街、莫斯科的阿尔巴特大街、柏林的库达姆大街、新加坡的乌节路、东京的新宿大街、伦敦的牛津街、纽约曼哈顿的第五大道、加拿大蒙特利尔的地下城、韩国汉城的名洞大街；等等。除此以外，还有国外各大城市的郊外购物中心（MALL）以及国内各综合性（专业性）贸易（批发）中心等。

集群的理论研究算不上是一个全新的学术问题，从经济理论发展的历史来看，经济学家早已涉足这一领域的研究。在古典政治经济学时期，亚当·斯密提出的绝对利益学说、李嘉图提出的比较利益学说，都是关于生产特定产品的区位理论。马克思在《资本论》第三卷中论述超额利润如何转化为地租时，提出了级差地租的第一种形式，即是从土地位置与地租的关系角度加以阐述的。

马歇尔（1890）是产业区理论的鼻祖，他首次描述了英国产业区的出现所展示出的特征，并分析了产业区形成的条件。这些条件主要包括科技进步、机械化和专业化的发展、交通运输业的发展以及电报、邮政、印刷技术的运用等。[①]

以图能（Von Thunen）、韦伯（Alfred. Weber）为代表的古典区位理念构建了许多理论模型，如图能的农业区位模型（1826）、韦伯的工业区位模型（1909）以及赖利（Reilly，1929）的牛顿引力模型等。[②] 韦伯提出工业区位理论以后，胡佛（E. M. Hoover）、廖什（August Losch）等对其体系进行了扩展。胡佛（1936）考察了在多种运输费用结构、多种可替代投入品的条件下企业区位的选择问题；廖什（1940）则把区位理论应用到一个多产业的贸易、运输系统，寻找服务行业最佳区位。显然，他们的研究并没有跳出韦伯的最佳区位选择的微观层次。

熊彼特（Schumpeter，1942）在20世纪初提出的创新理论在40年后把对工业区位理论、产业区理论的研究推进到了一个新的阶段。20世纪50年代以后，区位理论研究从最佳区位的选择发展到产业区的技术创新推动作用、再到产业区对区域经济增长的推动作用研究，其间形成了至今还有很大影响的部门极化理论、区域极化理论、增长中心理论、循环积因果关系理论、收入趋同理论以及普利比奇（R. Prebisch，1972）的核心外围概念和依附理论。

20世纪90年代，随着迈克尔·波特（Michael E. Porter）《国家竞争优势》的出版，集群现象的研究又出现一次高潮。波特对集群现象的研究有独到的见解，但其研究的角度是如何提高国家（地区或产业）竞争力，而

---

① 需要指出的是，马歇尔当时研究产业区的目的是为了说明外部经济问题，至于集聚的其他论题，他只是在分析外部经济时有所论及，并未进行更深入的专题研究。

② 区位理论模型研究的视角是企业如何寻找最佳区位以使其运输成本与生产成本之和最小，该模型属于企业微观层次，并没有论及产业集聚、企业集聚的原因、作用及其形成条件等中观、宏观问题。

不在于企业集群形成条件等有关集群本身的问题。

克鲁格曼（Krugman，1991）核心——外围模型的提出，使集群问题的研究产生了一些新的活力。克鲁格曼是当代研究空间经济理论的举旗人物，由他提出的核心—外围模型是在迪克西特—斯蒂格利茨（Dixit－Stiglitz，1977）垄断竞争模型基础上建立起来的，是空间经济理论的核心模型，也是空间经济理论用来分析产业空间结构及国际分工与贸易的基本工具。某种意义上说，核心—外围结构是众多企业集群形式中的一种，从这一点来看，克鲁格曼为企业集群的理论研究开辟了一个新的领域。

“集群”一词被引进到我国以后，无论是在政府经济部门，还是企业的决策部门和行业协会，关注它的人数与日俱增。但是，查阅国内外相关文献，对集群的研究多数是运用集群理论对生产性产业进行分析，很少有对商业集群（聚）的论述。①

集群理论同样适用于解释商业集群或贸易集群现象②，商业集群同样存在着企业间的分工和协作，集群将有利于商业技能、信息、技术、经营管理经验和新思想、新理念在集群内企业之间的传播与应用，有利于发挥商业公共资源使用效率，有利于降低商业企业的经营成本，形成单个商业企业和区域商业的双层竞争优势。

商业是城市最重要的功能之一。自城市诞生之初，军事防御与商业职能分别构“城”建“市”，最终形成“城市”。商业始终是城市经济、社会生活的最基本内容（郑瑞山，2005）。在我国，商业逐渐成为我国经济发展的先导产业，在国民经济中的作用逐渐被凸显出来，在沟通生产与消

---

① 郑胜利、黄茂兴（2002）认为，集聚（Agglomeration）与集群（Cluster）二者之间有明显的区别。其区别在于集聚主要注重物质的投入，而集群强调信息和相关关系；集聚为集群的初级阶段，而集群为高级阶段。国内的多数文献鉴于集聚与集群并没有实质性的重大区别，因而未将集聚与集群严格区分开来，本研究也接受这种观点。笔者认为两者在有些时候可以相互替代（以下同），而有些时候要区分开来。本研究把商业集群看作是个名词，而商业集聚是个动词，因此，各类商业集群模式采用商业集聚的提法，其他情况下则采用商业集群的提法。

② 笔者把传统意义上的各式各样的综合性（专业性）批发交易中心称为贸易集群，如浙江义乌的小商品、宁波的服装业以及诸暨市大唐镇的袜业批发中心等，而把专业市场的集聚称为市场集群，详细分析见本书第 3 章、第 7 章。

费、促进就业、拉动经济增长等方面都发挥了重要作用。有学者指出，今后改变世界格局的不是战争而是商业（黄国雄，2005）。

商业集群是流通领域中的一种特殊现象。经济学注重研究财富的生产与分配，对流通过程并没有给予积极的关注。然而，流通在现实的经济发展过程中却起着极为重要的作用。从占国民生产总值的比重或占从业者总数的比重来看，流通部门占有非常大的比重，而且这一比重越来越大。近年来，在全球化的浪潮中，市场的范围越来越大，因此流通的重要性也越来越大。可以说，正是由于流通的引导，全球化才得以顺利发展。①

从集群的角度研究商业的发展，对于促进商业经济的发展，提升我国商业服务业的竞争力，更好地了解整个商业环境和社会经济运行环境，为政府管理部门的商业规划、城市规划、区域经济规划、商业企业的投资可行性分析等提出建设性意见具有重要的指导作用。

第二节 研究目标、研究方法与研究思路

一 研究目标

（一）商业集群概念的界定及分类

本书的研究对象是在流通领域由大量相关企业在一定区域内形成的商业企业集群。从检索到的文献来看，目前我国仅有几位学者对商业集群进行了初步的研究，但仍然没有形成一个完整的理论体系。为便于对商业集群进行研究，在总结前人相关研究成果的基础上，对商业集群的概念界定是本研究首先要解决的问题。此外，基于广义的视角探讨商业集群现象，本研究特选取了广泛存在的商务中心区（BCD）商业集聚、商业街的商业集聚、购物中心的商业集聚以及专业市场集群等作为商业集群的典型模式进行研究。

---

① 大约在50年前，美国的德鲁克曾把流通叫作“经济的新大陆”；50年后，流通成为当今全球规模的市场经济化的推动者。

（二）本研究试图建立一个商业集群研究的理论框架

国内外产业集群的理论研究比较多，但对商业集群的研究还比较少，本研究将弥补这一理论空白。具体思路是，在分析国内外商业集群现象以及相关研究文献的基础上，对商业集群的内涵、商业集群的类型以及商业集群的效应等内容进行分析，运用相关经济学理论对商业集群运行机制进行解释。

（三）本研究试图把空间因素纳入商业集群问题的研究体系

本研究试图运用空间集聚理论对商业集群运行机理进行分析，建立商业集群运行的数理模型，从理论上说明商业集群存在的合理性，以引导规范性的商业集群研究，并形成基于空间经济理论的商业集群理论体系。

（四）本研究试图对商业集群、城市化（功能跃迁）与区域经济发展的互动关系问题进行研究

商业集群在区域经济发展（城市化）中起着重要作用，它的形成和发展与区域经济增长（城市化）密切相关，尤其在农村小城镇建设、城市居民小区开发、旧城改造、工业园区建设、城市群建设等方面。

二　研究方法

（一）历史与逻辑相统一的方法

历史与逻辑相统一的方法是马克思主义理论体系采用的最基本的方法，它对于分析社会科学具有重要的意义。商业集群作为一种社会经济现象，它是历史产物，分析历史就等于抓住了其主要脉络。但事物在发展过程中，总是经历由简单到复杂、由低级到高级、由偶然到必然的多角化发展层面。在某个层面发展中，往往呈现出若干个性的、偶然的、特殊的回归曲线。因此，我们必须运用逻辑的方法，抓住最能体现本质的、最有存在意义的、规律性的东西，加以概括、演绎、归纳或抽象。

（二）马克思主义经济学与西方经济学相结合的方法

市场集群是产业集群的延续，也是商品流通领域的一种特殊现象，而商品流通是马克思主义经济学特有的研究范畴。[①] 因此，分析商业集群既要运用西方经济学的相关理论，同时也离不开马克思主义经济学理论。离开西方经济学难以找到研究商业集群的基本分析框架，但马克思主义经济学中也有许多与商业集群有关的内容，这些理论毫无疑问地应被消化、吸收。西方经济学研究经济的视角与逻辑与马克思主义经济学并不相同，在这种情况下，二者的融合必须一个为主、一个为辅。将西方经济学作为基本框架，吸收马克思主义经济学中的相关研究成果，是本研究的基本方法。

（三）分解研究与整体研究相结合的方法

分解研究法认为，由因果律支配的原子的无目的运动产生了世界上的一切现象。因此，任何一门学科如果想把对象研究清楚，首先要把对象进行层层分解，研究其组元，基本组元研究清楚了，对象也就研究清楚了。该方法在古典物理学问题的研究中取得了巨大的成功。随着科技的进步，该方法也被逐渐运用到经济问题的研究中。商业集群是一个复杂的研究课题，因此在研究时有必要把商业集群分解成不同的类型或阶段，分项进行单独研究。在本研究中，这种方法对于深入探讨商业集群现象有着重要的意义。但是，分解研究方法与整体研究方法是不可以完全分割的。整体研究方法是把所有的功能活动视为一个整体进行研究，强调整体效应，具有明显的过程性与系统性。在分析研究了商业集群的各个类型以后，我们有必要将其综合起来，从整体视角对商业集群进行考察。

（四）理论阐述与实践分析相结合的方法

商业集群理论与商业集群实践活动之间存在相互影响、相互作用的依存关系。在学术领域，商业集群的理论来源于流通领域中的商业集群实践活动，而不断完善商业集群相关理论又为推动不断变化的商业集群实践活

① 需要说明的是，西方经济学理论中没有专门研究商品流通的。

动提供了指导。鉴于商业集群理论与实践的关系，本书在研究过程中运用了从现实到理论、再从理论到实践，反复研究、循环深入的方法，将理论阐述与实践分析结合在一起。

（五）实证研究法

本书在研究过程中从我国商业集群的发展实际出发，进一步抽象出商业集群发展的内在经济机理，注重通过实证分析来对理论进行验证，如在分析各种类型的商业集群时分别选取了典型案例进行实证研究，以佐证理论的合理性。因此，实证研究与本书的理论研究是紧密结合在一起的。

三 研究思路

集群是各参与主体的利益诉求通过博弈达到均衡的结果，商业集群的参与者包括商业企业、消费者、供货者、政府与房地产商等，它们各自的利益通过博弈得到实现，这是推动集群不断发展的永续动力。现实中商业集群的市场结构非常类似于不完全竞争的市场形式，这与空间经济学的建模思想一致。因此，空间经济学的区位选择理论是贯穿本书的理论依据。

本研究在立足于国内外商业集群的理论研究与实践经验以及文献研究的基础上，从商业集群的内涵、商业集群的类型、商业集群的内在机理、商业集群的动态发展过程、商业集群形成与发展的依托载体和外在市场环境以及商业集群的发展创新等多个方面进行研究，力图构建一个比较完善的商业集群理论体系，以指导我国商业集群的发展创新、城市化水平的提升及区域经济发展。

本研究依据大—小—大的逻辑思路，立足于企业与消费者（或企业）之间的市场相互作用而产生的集聚力（即通过它们之间的区位选择策略行为），构建了分析商业集群的空间经济理论框架（通过企业与消费者的竞租函数），具体如下：商业集群基本概述→BCD 商业集聚（存在多条商业街，是垄断竞争的市场结构，参与主体不存在策略行为）→商业街商业集聚（一条商业街，是寡头竞争的市场结构，参与主体存在策略行为）→购物中心商业集聚（主要考虑消费者的搜寻成本而导致的集聚）→专业市场与市场集群（整个城市为市场交易而存在，是商业集群的高级形态，是因供货者、批发商与购货者的空间区位选择而导致的市场集群）。

全书框架如图 1－1 所示。

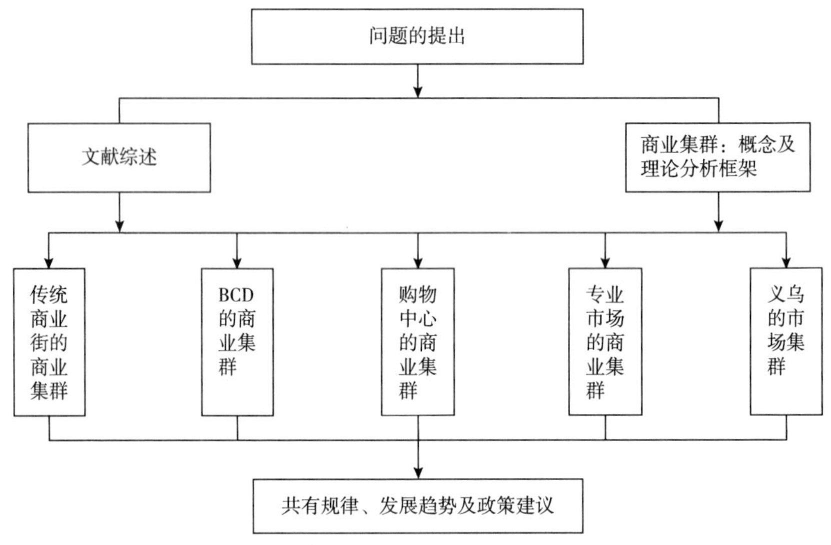

图 1－1　全书框架

第三节　本研究的贡献、创新与不足

一　本研究的主要贡献

（一）理论贡献

本研究通过吸收产业经济学、商业地理学、流通经济学与空间经济学等理论成果，结合我国的实际，对商业集群的内涵、商业集群的动因、商业集群的内在运行机制、商业集群影响城市化与区域经济发展等方面进行了研究，力图形成一个商业集群理论研究的框架体系。这个商业集群理论体系主要由以下几部分组成：一是商业集群的内涵、类型及特征；二是商业集群的形成动因；三是商业集群的运行机理；四是商业集群的集聚效应及实证研究；五是结论及政策建议。

因此，本研究有利于形成比较完整的商业集群理论体系，丰富我国的集群理论，拓展与创新经济学对商业集群的解释与研究，从而促进产业经济学、流通经济学与空间经济学等学科的发展。

（二）实际应用价值

研究商业集群对现代城市、商业街、购物中心、商务中心区（BCD）以及专业市场的建设和发展都有重要的现实意义，因为从某种意义上说，没有商业、商业集群，就形成不了良好的消费环境和商业经营环境，从而影响到该地区的成长与繁荣。商业集群在区域经济乃至国际贸易发展中起着重要的作用，具体体现如浙江义乌的产业集群→商业集群→国际贸易→城市化（功能跃迁）→区域经济发展这一完整过程。所以，它的建设和发展应与区域经济规划同步进行，尤其在城市改造、居民小区开发、工业园区建设等方面，要把商业或商业集群的规划纳入区域经济发展的战略位置，从生产、消费以及经济发展实际情况出发，以集群理论为指导，坚持商业集群规划与区域的整体规划相一致，坚持商业集群与城乡的整体规划以及关联产业的布局相结合、相协调，以形成区域同步规划、相互促进的良性发展局面。

因此，借鉴国内外经验，发掘商业集群的成长轨迹与演进机理，研究商业集群的一般规律，进行流通产业组织创新，促进商业集群的成长，形成独具特色的以流通业为主的现代服务业体系，是区域经济发展的重要课题。国内外实践证明，培育商业集群是有效的区域发展战略，是提高区域经济竞争力的有效途径，也是工业化、城市化发展到一定阶段的必然趋势。商业集群研究对区域乃至我国各地流通业竞争力的提升和流通产业有序发展都具有重要的现实意义。

二　本研究的创新点

（一）本研究在借鉴相关集群理论的基础上，构建了一个比较合理且方便拓展的研究商业集群问题的基本理论框架

本研究对商业集群进行了较为系统的研究，在立足于国内外商业集群

现象以及相关研究文献的基础上，对商业集群的内涵、类型以及内在机理等多个方面进行了分析研究，构建了一个比较完善的基于空间经济理论的商业集群理论体系。

容易看出，全书的第一章是绪论；第二章是商业集群理论综述及本研究的理论基础；第三章是商业集群概述，回答了商业集群是什么的问题；第四、五、六、七章分别阐释了商业集群的具体类型及其运行机理；第八章是结论与政策建议，归纳了商业集群集聚、发育机理的共有内在规律，探讨了商业集群对城市化、城市功能跃升与区域经济发展的作用。

这个研究框架先后回答了商业集群是什么、商业集群为什么会存在和发展、各类商业集群是怎样发展起来的、它们的运行机理如何，以及商业集群、城市化、城市功能跃升与区域经济发展有什么关系等问题。笔者认为，这是一个比较理想也比较科学的商业集群研究框架，这一分析框架也便于今后进一步的拓展研究。

（二）本研究把空间因素引入到商业集群的分析中，运用空间经济理论的数理模型分析了商业集群现象

店铺间的相互依存关系所带来的利益，远远大于竞争关系所损失的利益，这是商业空间集聚的经济性原理。消费者购物的目标是在对产品拥有不完全信息的情况下（事实也是如此）选择最优的价格与产品，企业区位的不确定性导致消费者支付的搜寻成本是有差别的，而消费者进行搜寻的方式通过他们的需求又会影响到企业的区位与价格战略。反过来，意味着由企业确定的区位与价格战略会影响消费者的搜寻成本。因此，两类经济人的多次博弈最终导致一种均衡，即在均衡的区位与价格条件下（满足一定假设），消费者（或企业）与企业达到各自的效用（或利润）与利润最大化，且是最优效率的。这便是空间经济理论数理模型的主要思想。

（三）本研究归纳总结出了商业集群集聚、发育机理的共有内在规律

内在规律一：商业集群销售渠道的三赢价值链与持续发展动力。由供应商、商业集群内企业（简称“群内企业”）和消费者组成的商业集群销

售渠道链条，符合 Porter（1985）提出的价值链概念。它们之间互相依赖组成了一条完整的供应链，共同参与并完成了产品、服务产出效用和价值的创造及实现过程。经过反复博弈，群内企业销售渠道价值链所创造的收益在供应商、群内企业和消费者三者间实现了合理分割，形成了“三赢价值链”。

内在规律二：交易费用降低是商业集群生存的生命源泉。集群能够使企业获得成本节约的集聚经济，企业成本的节约是通过集群内企业间的关联、协作、分工和共享基础设施实现的。商业集群可以最大限度地提高批量购买和出售的规模，产生集聚效应，促使其成本降低。商业集群带来的是三方利益关系：第一，商业集群内的店铺收入会随着其所在商业集群区域内顾客多目标购物行为的增加带来的市场范围的扩大而增加；第二，地产开发商会从店铺提供的租金中获取较高的报酬率以及政府会从商业的繁荣中得到较高的税金收益；第三，消费者也会因为购物成本的减少而获得经济性和非经济性回报。

内在规律三：政府利益的存在是商业集群发展、发育的制度保障。政治市场上的当事人（城市管理者）的基本行为动机假定为追求自身利益最大化的“经济人”，政府组织作为一个整体的利益主要表现在政府具有自我膨胀的倾向，也像厂商一样追求“规模”，追求政绩和权力增加。作为城市管理者的地方政府，在改变城市面貌、提升城市竞争力和快出政绩观念驱动下，对商业集群的发展、发育会提供尽可能的制度保障（相关法律、法规）。

（四）本研究探讨了产业集群、商业集群、城市化、城市功能跃升与区域经济的共性发展规律及其相互关系

本研究探讨了商业集群与产业集群，商业集群、城市化与城市功能跃升的相互关系，进而分析了商业集群与区域经济发展的互动关系，最后总结出一条带有规律性的发展关系，即产业集群→商业集群→城市化→城市功能跃升→区域经济发展。本研究遵循新经济地理学的一个基本假定，即规模经济和收益递增，从两条基本线索出发对我国经济发展中的产业地理集群、区域经济发展（城市化）问题进行了研究。其一是国内市场一体化

下（国内统一市场的形成）的产业地理集群、商业集群与城市化、城市功能跃迁；其二是开放条件下的产业集群、市场集群（商业集群的高级形态）、国际贸易与区域经济增长。

三　本研究的不足之处

由于笔者的理论素养、知识积累、时间精力与研究能力所限，全书尚存在很多的缺陷与不足，自认为主要有以下几个方面。

（一）全书在研究的深度和广度上还存在很多的不足之处

由于研究商业集群的学者非常少，可以参考的文献相对较少，加之本人知识水平有限，所以对商业集群的研究不够深入全面，还停留在对商业集群一般问题的研究上。因此，对商业集群的研究还有许多方面值得深入研究，如对商业集群的核心竞争力、竞争优势、空间结构演进等，本研究对此并没有做出详细论述。

（二）缺乏对商业集群效应的计量分析

由于商业在数据统计上存在着很大的难度，加之国内数据获取方面的限制，因此，本研究大部分研究只是从数量分析的角度构建了商业集群的运行机理模型，缺乏相应的具体计量分析，今后从定量的角度对商业集群进行计量分析将会有现实意义。

第四节　全书的基本框架

本研究主要利用几个商业空间集聚模型，分析城市商务中心（BCD）、城市传统商业街、城市购物中心和专业市场商业集聚的必要性，并从经济学的角度分析几种商业集聚的原因及发育路径，全书分为九章。

第一章：绪论。本章介绍研究背景与意义，研究目标、研究方法与研究思路等。

第二章：商业集群研究文献综述及理论综述。本章在文献综述的基础上提出了本书的理论依据。

第三章：商业集群概述。本章阐述了商业集群的内涵、类型，商业集群的形成、发展及其集聚效应。

第四章：传统商业街的商业集群。商业街是一种既古老又现代的城市商业集群。本章着重从寡头竞争和零售商集聚的视角分析城市商业街的运行机理。

第五章：商务中心区（BCD）的商业集群。商务中心区（BCD）是城市商业集群的广义形态，国内外相关经济学理论为 BCD 商业集聚研究奠定了理论基础。本章从垄断竞争和购物区形成的视角分析 BCD 商业集聚的运行机理。

第六章：城市购物中心的商业集群。购物中心集各种零售业、娱乐、餐饮及休闲为一体，其组织严密、规模庞大，是可以提供多种服务的购物、休闲场所。本章从消费者的搜寻成本与商店的集聚角度探讨了购物中心的发育机理。

第七章：专业市场的商业集群。专业市场是我国商业集群的典型形态，它既不是一种独立的批发企业或单纯的采购组织，也不是一种代理机构，而是作为一种市场制度的安排。本章从垄断竞争与中间产品市场形成的角度探讨了专业市场的发育机理。

第八章：义乌的城市市场集群。最早的专业市场既不是首先由政府强制推行的，也不是由群体协商建立的，而是首先起源于个人的自发行为，然后跟进者又自发地去效仿。本章通过案例分析城市市场集群的集聚、发育机理。

第九章：结论及政策建议。本章总结了商业集群发展、发育的共有内在规律，并探讨了商业集群、城市化、城市功能跃迁与区域经济的共有发展规律及其互动关系，并在此基础上提出了相关政策建议。

第二章　商业集群研究文献综述及理论依据

第一节　集群研究文献综述

一般认为，集聚经济理论是集群理论的基础，而有关集聚的理论研究实际上并不是全新的学术问题，因为马歇尔早在其产业区理论中就已经从生产要素的角度对产业的地区性集聚做出了解释，即劳动力市场共享、中间产品投入和技术外溢的好处是集聚产生的原因。

事实上，有关集群研究成果的大量出现还是在20世纪80年代以后的事情，这主要取决于以下两个方面的事实：一是20世纪70年代末期，以“第三意大利”为代表的意、德、法等国家中形成部分以中小企业集群为特征的地区，其经济出现了与世界经济衰退相反的快速增长现象，这首先引起了Bagnasco等学者的极大兴趣，进行了大量研究；二是在1977年，Dixit和Stiglitiz构建了一个垄断竞争模型，该模型把规模报酬递增假定是企业内生的，从而解决了在研究产业分工、国际贸易以及企业集群现象时一直困扰着主流经济学家们的方法和工具上的缺憾，于是出现了以Krugman等为代表的空间经济理论学者的大量理论研究成果。

一　国外集群理论

（一）关于集群的成因

对集群的研究，最早可追溯到亚当·斯密（1776），他在《国富论》中谈到分工与市场范围、行业发展与市场竞争环境的关系时就包含有产业集群思想。马克思在《资本论》中关于分工与协作利益的论述可以看作产业集群存在原因的理论依据。马歇尔（1890）认为，外部经济性与规模经济的存在是产生集群的经济动因，正是由于产业集群可以带来外部经济性，使得产业集群成为可能。

Weber（1909）最早提出集聚经济的概念，他把区位因素分为两类：影响工业分布于各个区域的“区位因素”和把工业集中于某地产生的“集聚因素”。集聚因素在经过初级阶段（仅通过企业自身的扩大而产生集聚优势）上升到高级阶段（各个企业通过相互联系的组织而实现地方工业化）后才形成产业集聚。[①]

Hoover（1975）通过细分运输成本，修正了韦伯的理论，提出了终点区位论和转运点区位论，并把产业集群看作具有“集聚体”规模效益的企业群体，聚集的主要成因是内在的规模报酬、本地化经济和都市化经济。August Losch（1985）分析了集聚的特点和成因，指出公共基础设施、外部经济与基础工业等为辅助工业提供的生存前提和历史偶然性是产生集聚的原因。[②]

Porter（1990）则从竞争角度来研究产业集聚的成因，认为产业的地理集中是竞争所致，集聚有利于提升产业竞争力和国家竞争力。Krugman（1995）以传统的收益递增理论为基础，在垄断竞争模型（D－S Mode）的基础上，认为产业集聚是由企业的规模报酬递增、运输成本和生产要素移动等通过市场传导的相互作用而产生，并将贸易理论和区位理论相结合，用“C－P模型”证明工业集聚将导致制造业中心区的形成。[③]

Feser（1998）赞同 Chinitz 的观点，认为企业与产业组织是决定集聚经济的关键因素，中小企业集聚的地区往往能够超越大企业、单一产业地区的经济绩效。Orstensson（1996）、Amit（1997）、Antonio Ciccone（2002）、Glaeser（1997）等从产业经济的角度来研究产业集聚的成因，认为产业集聚是高生产率的结果，也是高生产率的原因；产业集聚与公司生命周期相

① 阿尔弗雷德·韦伯：《工业区位论》，商务印书馆，1997，第 125 页。

② 奥古斯特·勒施：《经济空间秩序——经济财货与地理间的关系》，商务印书馆，1985。

③ 即中心—外围经济地理模型是一个内生发展模型，主要因子为规模经济、运输成本和移民的相互作用。该模型证明了一个地区成为制造业中心，而另一个地区成为农业外围，主要取决于较大的规模经济、较低的运输成本以及制造业在支出中占较大的份额这三者的某种结合。

关，公司破产的速率决定着产业集聚。Baldwin（2000）、Sanz（2000）、Rslid（1999）等从公共政策和公共管理角度来研究产业集聚，认为降低货物交易成本的政策会鼓励集聚。Scott（1992）运用交易成本理论，解释了产业集群的形成机理。[①] Palivos、Wang（1996）提出了促进产业集聚的六种向心力，即知识的溢出效应、地方公共货物的供应、内部规模经济、外部规模经济、消费和生产结合的外部性与不同代理商的贸易获益。

随着创新网络的兴起，网络论者认为，创新网络可以有效降低创新活动中的技术和市场不确定性，克服单个企业在从事复杂技术系统创新时的能力局限，从而使其成员获得“正和游戏”带来的收益增长（Debresson、Amesse，1991）。创新主体（企业）需要在地理上与相关知识源邻近，以便与之进行频繁互动来获取所需隐性知识，这样企业倾向于与其关键互动学习对象在地理上接近，而且这种接近的必要性随着学习的难度（以技术复杂性和合成复杂性衡量）的增加而提升，那些涉及新兴技术和复合技术的创新活动尤其具备地理集聚的内在动力（Carrincazeauxetal，2001）[②]，这就是高新技术产业集聚产生的重要原因。

（二）关于集群的学习、发展与竞争优势

Porter（1990）认为，集群的可持续发展能力是集群动力的函数，而集聚动力是集群“钻石”四大元素之间互动的函数。集群对产业竞争优势的影响主要表现在三个方面：一是集群提高了集群中企业的生产率；二是集群推动创新；三是集群促进新企业和新服务的形成。Padmore、Gibson（1998）则在波特“钻石模型”的基础上为区域集群构建了一个创新系统框架[③]，集群的竞争能力取决于这些要素的优化程度。Krugman（1991）认为，在市场不确定性和技术快速变革而导致内部规模经济和范围经济衰退

① N. 亨利、陈佑启：《新产业空间：新时代的区位规律》，薛华译，《地理译报》1994 年第 3 期，第 27～35 页。

② 相似的观点也见于 Baptista 和 Swann（1998），他们认为技术知识的可编码化程度越低，相关创新主体的地理集聚越迫切。

③ 创新系统框架涵盖了三大类六种要素，即包括属于供给要素的资源与基础设施，属于结构要素的供应商、相关产业、厂商结构与战略及竞争行为，属于需求要素的当地市场与外部市场。

的情况下，集聚经济可以通过各种形式的垂直和水平外包生产活动来实现交易成本最小化，聚集性经济更具有外部规模和范围经济优势。Pandit（2001）认为，集群固定性资产要素的数量和质量影响集群的动态竞争能力。Baptista、Swann（1998）通过实证研究，发现处于集聚内部的企业比外部孤立的企业更具创新能力。Capello（1999）通过对特定地区的实证分析得出，集群学习出现在小型或微型企业和具有动态突破性产品创新的企业之间，并用回归分析验证了集群学习与小企业突破性产品创新之间存在显著相关关系。

Keeble、Wilkinson（1999）认为，集聚中企业长期的集体学习和连续的知识积累可能会使整个集聚被一条日渐没有竞争力的技术轨道“锁定”，因而向外部知识源学习对于创新环境的持续成功而言就非常必要。Perulli（1993）指出，集群区域不仅包括正式的集体交易，而且包括各种形式的非正式交易、协议以及有关人文资源培训和管理、劳动市场与经济政策等规范和实践的共享。Harrison（1997）强调新产业区并没有传统的产业集聚现象，它们之间根本的区别在于前者具有两个重要特征，即企业间的相互信任和经济关系在地方的、非经济制度中的根植（embeddedness）。[①]

Saxenian（1994）通过对美国硅谷和128号公路地带的比较研究，认为导致这两个起点、技术和市场相同的信息产业集群竞争能力大相径庭的根本原因，就在于两者的制度环境和文化背景的差异。Storper（1993）在区域水平上分析了法国、意大利和美国等国家生产网络中提升技术活力的社会关系和制度，认为地方化规则、制度、实践和“习俗”是支持生产体系地理集中的关键因素。Conti、Giaccaria（2001）认为，集群企业间的关系以及企业与其他组织间的关系不仅仅是市场关系，而且还明显地依靠文化的、政治的和意识的因素。新产业空间学派认为，产业集聚本身就是区域发展的动力机制，如产业集群需要以现有的社会文化准则为基础的集体制度安排，以此来克服市场失效（Scott，1992）。[②] Hansen（1992）把信

① Harrison, “Industrial Districts: Old Wine in New Bottles”, *Regional Studies*, No. 26, 1992, pp. 1469 – 4831.

② Scott, “The Collective Order of Flexible Production Agglomerations: Lessons for Economic Development Policy and Strategic Choice”, *Economic Geography*, No. 168, 1992, pp. 1219 – 1331.

任看作企业间交流与合作的捷径机制。Bagachwa（1997）认为由亲戚、邻居、朋友、同学、宗族关系以及其他的社会关系等构成的人际关系网络、市场联结、信用程度等在地理接近条件下，对降低交易成本、促进信息交流等可以发挥很大的作用。

二　国内集群理论

（一）对国外最新理论进行介绍与阐释

王缉慈（2003）从韦伯的工业区位理论入手，综述了基于纯经济学和传统经济地理学的集聚理论，介绍了新产业区理论，并分析比较了几种有代表性的产业集聚理论；陈剑峰、唐振鹏（2002）介绍了国外学者对产业集群的定义和分类，从技术创新、组织创新、社会资本与经济增长等方面总结了国外产业集群的关联研究，阐述了国外产业集群的集群政策以及集群研究的逻辑关系，并综述了国外产业集群研究成果；熊军（2001）在对西方国家集群理论研究简要回顾的基础上，介绍了理论背景和理论假设，分析了集群形成和发展的动力机制；苗长虹（2002）等研究了经济地理学中一个新发展方向——新区域主义或“制度主义”，论述了其出现的背景、特点、理论根源、发展脉络与政策导向，并重点分析了产业群与支持政策，指出产业政策的实施更多的是改变资源与利益在不同部门和集团之间的再分配，而对提高一国或地区的整体福利水平并没有确定性影响。

此外，相关研究还包括以下方面：周文（1994）关于新产业区理论的介绍与研究，邱成利（2001）关于国外产业集聚理论的述评，李小建、李庆春（1999）对克鲁格曼的主要经济地理学观点的分析与介绍，梁琦（2003）对“新工业区”理论的介绍和对克鲁格曼集聚理论、波特集聚理论和其他主要经济学家集聚理论的介绍与研究，朱英明（2003）对国外产业集聚理论的研究与述评，冯德连、王蕾（2000）对国外企业群落理论的研究，余秀江、魏守华（2003）对国外企业群落理论的述评，等等。

（二）围绕集聚现象所展开的经验与对策研究

钱平凡（2003）分析了我国产业集群发展的基本情况和主要特点，指出我国产业集群发展中存在着不容忽视的五大问题；谢立新（2005）以泉州产业集聚发展经验为例，分析了产业集群成长的机制和竞争优势，并提出了发展特色产业集群的政策建议；徐维祥（2001，2002）建立了一个数量分析指标体系，用聚类分析的统计学方法对浙江的“块状经济”进行特征分区研究，探讨了浙江产业群地理空间分布特征，并分析了这些特征区的成因，从专业市场发展与集群的关系来研究需求引导的动力过程；[①] 朱华晟（2003）围绕浙江产业群现象，探讨了浙江产业群的特征、演变趋势与发展动力，提出了影响浙江产业群形成与发展的三个重要因素，即社会网络、企业家和地方政府，并实证分析了诸暨大唐袜业群、嵊州领带产业群、宁波服装产业群；聂献忠（2004）分析了浙江产业集聚的现状和特点，指出产业集聚发展中存在的问题，并提出了产业集聚竞争力战略；金祥荣、朱希伟（2002）从历史的角度考察了浙江专业化产业区的起源与演化，认为影响专业化产业区起源的历史条件有三个因素：产业特定性知识、技术工匠和特质劳动力以及产业氛围；[②] 王天义、张建忠（2002）通过对唐山钢铁产业群的案例分析，对传统的均衡区域经济布局理论提出了质疑；[③] 封凯栋等（2002）讨论了社会资本与经济发展的关系，并以河北清河羊绒产业发展为例，分析了社会资本在产业集聚中的作用；贾根良（2001）等通过对丹麦和芬兰家具业发展的分析，强调学习与持续创新是传统产业通过地理集聚获得全球竞争力的关键因素，并相应地提出了我国传统产业创建地方生产体系的政策建议。

此外，相关研究还包括：费洪平（1994）关于胶济沿线产业集聚现象的研究，王缉慈（2001）关于高技术产业开发区的研究以及对浙江“块状经济”的调查研究，朱英明（2003）关于美国硅谷、第三意大利、印度提若普尔等地区以及对我国传统产业区、新兴工业区、智力密集型区域中的代表性区域进行的研究，李长虹（2002）关于科技工业园区的研究，刘军国（1999）关于清河县羊绒产业集聚现象的研究，孟庆民、段杰（2002，

---

① 徐维祥：《浙江“块状经济”地理空间分布特征及成因分析》，《中国工业经济》2001年第12期。

② 金祥荣、朱希伟：《专业化产业区的起源与演化》，《经济研究》2002年第8期。

③ 王天义、张建忠：《唐山钢铁产业群发展前景分析》，《中国工业经济》2002年第9期。

2003）关于珠江三角洲产业集聚现象研究，万晓（1999）关于上海工业空间集聚体研究，等等。

（三）对集聚理论分析框架、形成机制、动力机制等理论问题的研究

王缉慈（2003）从经济全球化和本地竞争优势的角度出发，分析了产业集群的形成因素、发展机制以及企业集群的创新问题等，并论述了实施产业集群战略的重要性、政策目标；① 梁琦（2003）通过对产业集聚现象的系统分析，从三个层面揭示了产业集聚过程的内在规律，建立起了产业集聚的理论体系，并大胆地提出了集聚优势是专业化生产模式的决定因素，贸易成本的降低可能使比较优势决定的专业化模式发生逆转等论断；盛世豪（2002）则着重研究了产业集群发展的机理；金祥荣、朱希伟（2002）认为，产业特定性要素在特定地理空间的大规模集聚解释了专业化产业区的起源与演化，并用数量模型分析和论证了产业群集聚的内在机制和内在动力；隋广军、申明浩（2004）基于动态的视角发掘区域产业生成、集聚、衰退与更新的生命周期过程，进而寻找其内在的驱动因素，并从演进的角度有效地区分了“生成”与“集聚”这一产业集聚生命周期的两个不同阶段；叶建亮（2001）运用新增长理论，构建了经济学模型，得出知识溢出不仅是导致企业集聚的重要原因，而且在维系企业集群的存在和发展中具有重要作用；② 符正平（2002）认为，集聚网络的外部性构成集群发生、发展、成熟和衰退的机制；魏守华、石碧华（2002）分别从直接经济要素和非直接经济要素两个方面分析了集群的竞争优势：生产成本优势、基于质量基础的产品差异化优势、区域营销优势和市场竞争优势等；③ 蔡宁、吴结兵（2002）基于企业理论解释了企业集群的竞争优势，认为集群的竞争优势来源于资源禀赋及集群对于资源的整合能力。④

此外，仇保兴（1998，1999）认为，当企业和市场的交易费用都相对

---

① 王缉慈：《创新的空间：企业集群与区域发展》，北京大学出版社，2003。

② 叶建亮：《知识溢出与企业集群》，《经济科学》2001 年第 3 期。

③ 魏守华、石碧华：《论企业集群的竞争优势》，《中国工业经济》2002 年第 1 期。

④ 蔡宁、吴结兵：《企业集群的竞争优势：资源的结构性整合》，《中国工业经济》2002 年第 7 期。

较高时，小企业群落和其他中间性体制组织就会应运而生；李小建（2000，2002）提出以形成时间、规模、部门结构、联系程度和根植性等五个因素作为判别产业区的定性或定量指标，并在个案研究的基础上，证明了偶然因素对产业群的形成与发展产生的重要影响，同时，他又比较了马歇尔、韦伯、克鲁格曼为代表的新经济地理学对集聚发生机制的理论解释，提出政府在诱导产业集聚方面应注意的几个问题；徐康宁（2001，2002）认为，地区间产业集聚和分工是构筑产业新比较优势的基础，产业集聚是产业发展的一种内在规律，集群战略是产业发展的一种重要手段，合理运用产业要素变动和经济地理变迁的有利因素，有利于促进产业集群的发展，提高产业的国际竞争力；静文（2004）从微观角度探讨了创业机制与企业集群发育形成和演化发展的互动关系，指出建立完善创业机制是实施企业集群战略的灵魂，较全面地阐释了企业集群战略的基点和要旨；台湾学者杨丁元等（1999）运用产业生态的观点论证了台湾高科技产业集群存在与发展的合理性；等等。

三　述评

从以上分析可看出，虽然目前国内外集群理论研究已经取得了很大的进步，也对各国的集群实践发挥了重大的指导作用，但是，一个无法回避的现实是，这些理论仍然存在许多不完善的地方。

（1）集群理论可能只是经济地理研究的一个阶段，它是否代表了理论研究的方向还值得怀疑，目前还缺乏一个普遍适应的理论来概括所有的集群类型并解释其生成、演变过程；

（2）学者们对集群竞争优势的诸多影响因子的认识是模糊的；

（3）目前集群理论的研究重点放在经济集聚上，而对于地理集聚的分析相对薄弱且不成体系，使得集群边界的界定模糊不清；

（4）目前集群的研究方式主要采取经验研究，专注于观察和解释经济活动在某一特定区位集中的现象，这种以事后特征来代替事前特征的方法往往无法把握集群区位形成的真正原因，使得“偶然因素”成为解释地理集聚的一个重要理由；

（5）集群理论只是区域竞争中企业组织模式的一种形式而已，它无法解释具有其他类型组织模式的企业选择区位的原因。

此外，虽然国内外关于集聚的研究成果为解释产业集聚尤其是企业集群现象做出了重要贡献，但是，大多数研究成果仍然是基于一般区位均衡理论研究，而对规模经济和不完全竞争结构进行探讨的不多。国内大多数研究主要是借鉴了国外的相关理论，无论是在研究方法还是理论成果上，自身的创新点并不多。再者，所采用的单一静态分析导致在研究中倾向于分析具体区域的产业集聚的形成机理、优势以及可能带来的经济结果，而没有将其放在一个更广泛的层面来探究，其现实指导意义并不强。

因此，随着产业集聚的演进，集聚理论还有许多期待进一步拓展的空间。比如，对集群本身的研究，目前的研究视角基本上被锁定在集群内部，对于集群外部的经济发展规律的讨论还比较欠缺；① 对集群的论述中，对集群进行横向比较分析的较多，而对集群的历史演进与发展阶段的描述与划分则研究较少；在探讨集群对地区经济发展的作用时，只关注集群的“正外部经济性”，而很少关注集群的“负外部经济性”；等等。

上述情况说明，目前国内关于集聚理论的研究还处在起步阶段，研究也较零散，缺乏系统的理论探索和规范的研究方法，这需要后来研究者不断地去探索。

尤其值得指出的是，检索国内相关集群文献，会发现我国学者对集群的研究多数是运用集群理论对生产性产业进行分析，很少有对商业集群的论述。基于此，运用相关的集群理论对我国的商业集群现象进行分析，从理论上阐述商业集群的发育、发展及其运行机理，将会是集群理论研究的一大创新。

第二节　商业集群研究文献综述

一　国外商业集群理论

Hotelling（1929）提出了著名的最小差别化原理（Principle of minimum

① 指同一区域内不同产业集群发展的合理时间序列和空间布局、集群外部空间结构的运行机制等。

differentiation)，他认为，在一个有限的线性均质市场，当消费者市场的需求完全相同且完全无弹性，消费者光顾哪一个业主完全取决于其交付价格的情况下，假定存在两个业主，其销售目标为利润最大化，销售同质的产品且运输成本不变，那么，如果一个业主可以自由地重新选址，他将通过选址在较长的市场上并邻近另一个业主来最大化他的市场领地（hinter-land)，以此最大化其利润。Chambelin（1933）认为，如果两个业主可以自由选址，那么，彼此跳跃到较长的那一部分市场上，最大化他们各自的市场领地的过程将会相继发生，其结果是两个业主会在这一市场的中心位置形成集聚，而不会是在线性市场的四分位值的地方形成两个分散的选址。

Webber（1972）将不确定性和风险降低行为引入到霍特林模型中，并假定一个永久（once - and - for - all）选址决策，认为商业行为的必然结果是在市场中心位置形成商业集聚；Mccal（1980）认为，商业信息不完整性的结果必然会导致商业业主倾向于在其竞争对手看上去很兴旺的地点附近选址；Eaton、Lipsey（1979b，1981）认为，业主为方便消费者的比较购物行为，及业主认为在商业集聚区选址所获取的利润大于独立选址所获取的利润的可能性大，导致经营同质商品的商业店铺聚集在一起，并保持与其他竞争对手的紧密联系；Reilly（1931）、Thompson（1964）、Buchlin（1967）也指出，不同零售店铺在特定商业中心或购物中心的集聚会提高这些地区对消费者的购物吸引力，获取更多的竞争优势。

Christaller（1933）、Losch（1954）提出了空间六边形网络和市场的零售层级结构。Kivell、Shaw（1980）认为商业业主倾向于集聚，很大一部分是受顾客需求多样化的影响，即随着需求的多样化（如古董），商品的零售者很可能会集聚在一起，而便利商品的卖者（如食杂店），因缺少不确定性需求，很可能会分散选址。Ghosh（1986）在中心地理论的修正模型中指出，多目标的购物行为会在减少出行成本的同时，也减少保管存货成本，因此，顾客会更多地选择多目标购物。在同质顾客二维均质分布的市场上，假定商品的价格及商品数量在所有低级店铺中没有变化，那么，多目标购物行为将刺激低级店铺向高级店铺集中，使集聚区域内既卖高级商品也卖低级商品。

Nelson（1970）认为，企业的集聚是在消费者节约其搜寻成本的基础上产生的。Stuart（1979）指出："在空间上垄断的销售者在吸引具有搜寻意识的消费者时，可能首先需要经历一个艰难的过程"，"销售者的空间集聚可能是由于购买者搜寻拥有相对较多销售者市场区的愿望引起的"，消费者的不完全信息产生了一种集聚力，很多学者都曾经讨论过这个问题（Eaton and Lipsey，1979；Stahl，1982；Wolinsky，1983；Schulz and Stahl，1996）。因此，我们可以得出结论：一旦承认市场是不完全竞争，则城市内商业企业的集聚出现都对应一种均衡产出。

Krugman、Masahisa Fujita（1999）对基于不完全竞争条件下购物区的形成及商店的集聚现象进行了模型化分析。Krugman（1999）等在规模报酬递增和不完全竞争市场结构的条件下，经过构建数学模型分析认为，城市中心的出现主要依赖于经济人之间非市场相互作用（外部性）的存在，最典型的是高活动水平的中心商务区的出现。在现实世界中，我们经常会观察到出售相似商品（如时尚服装、餐馆、古玩等）的店铺的集聚。它们的集聚力是通过企业与消费者之间的市场相互作用而产生。

日本流通学者石原武政教授（2002）曾对商业集聚的运作机理进行过详尽的论述。他有如下观点：第一，表面来看同业种店铺相邻选址，似乎会因竞争激烈而减少各店铺的客源，但实际上，同业种集聚内客流的增加量，要超过竞争激化引起的顾客减少量；第二，解决消费者所需要的相关商品的种类大大超过供给方力所能及的范围之间的矛盾，其最佳办法就是零售业形成商业集聚；第三，商业集聚内店铺对外部的依存关系，是商业集聚成立的本质。

日本学者田村正纪（2007）认为，在区域市场中，零售商店铺选址的重要特征就是零售商通常选择相互接近的地点开店，这种选址行为就形成了商业集群。其中，城市中具有代表性的商业集群就是在城市中心区形成的中心商业区，中心商业区内商店林立，并认为最小分化原理和集聚经济是解释商业集群形成的两大原理。Reginald 和 Rajagruru（2008）用美国零售商店的数据实证分析了中心地理论、空间相互作用理论和最小差异化原则三种古典区位理论，研究表明，中心地理论对微型零售企业的区位选择和竞争优势形成具有最好的解释力。两位日本学者保田芳昭和加藤义忠（2009）在他们的著作中则归纳出了商业集群的类型，并简要介绍了日本的《商业集聚法》和《特定商业集聚法》。

二　国内商业集群理论

商业企业在地理空间上通常以集聚的方式出现，即其在空间上并不是均质分布的，表现为大多数商业企业及相关辅助行业设施在同一个区域范围内选址紧密。对商业集聚形成原因的解释可以借鉴集聚经济理论的规模经济效益与范围经济效益。

蒋三庚（2005）指出，商业集聚可以最大限度地提高批量购买和出售的规模，得到成本更为低廉的信用，甚至取消中间商和批发商。在商业集聚区域内，商业企业的规模经济可以从两个层次体现出来：一是单个商业企业本身经营规模的扩大带来的单位经营成本降低的趋势；二是在集聚区域内，随相关商业企业数量的增加，企业间依存关系的存在使区域内商业企业单位经营成本降低的趋势。由于许多店铺集中在一个紧凑的区域内，形成能满足各个层次、各种偏好消费者需要的商业聚合，吸引大量的消费者光顾，提高区域内商品的销售数量，因此，区域内的企业联合批量购买能带来成本的降低。

夏春玉（2005）指出，城市特别是大城市批发商业或零售商业向特定空间的集聚是通过企业自身“规模”的扩大和企业之间或企业与其外部条件（空间）“接触”的扩大所产生的集聚费用节约原理决定的。前者主要是通过企业规模的扩大而使大量生产、大量销售成为可能，进而可以降低流通费用、节约流通时间；后者主要通过关联产业或企业在空间上的集中或通过交通、商品及其他要素市场、信息服务业的完善与发展，减少流通费用与流通时间。吴小丁（2005）从另一个角度分析了商业集聚存在的原因，他认为，影响消费者对商店进行空间选择的诸种因素，可以用哈夫模型来表示。根据模型可以得出结论：某消费者选择商业集聚的概率，等于商业集聚对该消费者的吸引力除以可能选择的所有商业集聚吸引力之和，这便是著名的哈夫模型。①

① 哈夫模型由美国学者哈夫（D. L. HUFF）提出，是指在数个商业聚集区集中于一地的场合，居民利用一个商业聚集区的概率，这一概率是由商业聚集区的规模和居民到该区的距离决定的。通过该模型可在一定程度上计算出顾客来该区购物的概率，从而为经营者的经营决策提供依据。

尹德洪（2011）对商业集聚的形成进行了经济学分析（Hotelling模型分析、集聚经济分析），得出商业集聚有助于集聚区内商家的集聚经济的形成，降低消费者购买商品时的搜索成本，使消费者实现购物成本最小化，同时也能更好地满足消费者出行购物时的多目标要求，实现消费者效用最大化。集聚区内的商品也容易形成品牌效应，使集聚区内的商家能够集中广告宣传的力度，减少了单个商家的广告费用，有利于实现商家利润最大化。此外，商业集聚有利于生产者、商家以及消费者之间的沟通和交流，在信息的传播中了解最新的市场动态，促进创新的产生。

刘玉奇（2012）认为，商业集聚的本质是对门店营销要素的组合，由于门店营销要素在商业集聚区中地位不同，导致同业集聚的集聚区和综合集聚的集聚区这两类集聚区形成的机制存在明显不同，表现在同种业态选择中的演化过程和不同业态选择中的理性决策过程中。同业集聚的集聚区的形成是一个演化过程，需要长期的特色培育；综合集聚的集聚区的形成可以统筹规划，理性选择重点是要确定主力业态、选择主力店，我国城市商业集聚的发展正经历从以同业集聚的集聚区为主导向以综合集聚的集聚区为主导的升级阶段。

三　述评

就目前国内外学者对商业集群问题研究的成果而言，他们都是从不同侧面对商业集群现象进行表述性的解释，并没有上升到经济学理论的深度去做出令人信服的解释，也没有把商业集群作为一门严谨的学科进行系统的分析，进而形成一个关于商业集群的系统研究体系，更没有形成一个让大多数集群理论研究者基本接受的商业集群理论分析框架。当前，大多数商业集群研究成果仍然囿于传统经济学的藩篱，而基于一般区位均衡理论，没有在规模经济和不完全竞争结构条件下探讨商业集群问题，加之大多数的研究主要借鉴了国外的相关集群理论，用解释产业集群的集群理论硬套过来说明商业集群问题，因而无论是在研究方法还是在理论成果上，自身的创新点并不多。

因此，笔者将在总结已有研究成果的基础上，运用相关经济学理论，尤其是Krugman等创立的空间经济学理论，对我国当前存在的商业集群现象从理论上做出符合现实的解释。

第三节　研究商业集群的理论依据

集群理论能够很好地解释产业集群的运行机理，正如前面所阐述的观点，从某种意义上说，商业集群是产业集群的一种特例，它也具备产业集群的特点，因而集群理论同样可以用来很好地解释其运行机理。

一　马歇尔的外部经济理论

基于外部经济的视角，英国经济学家阿尔弗雷德·马歇尔（Alfred Marshall）和美国经济学家保罗·克鲁格曼（Paul Krugman）对集群发展的内在机制进行了比较深入的研究，分别形成了产业区理论和新经济理论。由于他们的理论视角都是外部经济，所以把他们的理论概括为集群的外部经济理论。

马歇尔于1890年较早地关注了集聚这一经济现象，列举了英国一些产业区（Industry District）的典型例子，如斯塔福德郡的陶瓷生产、贝德弗德郡的草帽生产、白金汉郡的椅子生产、设菲尔德郡的利器生产等。[①]

马歇尔将产业区定义为一种由历史与自然共同限定的区域，其中的中小企业相互协作、协同竞争，产生了较之一般经济区更高的区域和产业竞争力。他认为，当专业化的企业之间在劳动和工作方面进行分工时，由产业空间聚集发展起来的产业区会更有效，这是马歇尔分析产业区效率的基本出发点。

马歇尔以亚当·斯密的劳动力专业化理论为基础，研究了早期英国产业聚集的原因。[②] 马歇尔据此提出了两个重要概念，即“内部经济”和“外部经济”概念。内部经济是有赖于从事工业的个别企业的资源、组织

① 马歇尔对聚集的研究成果集中在其经典著作《经济学原理》一书中。

② 对于专业人才，马歇尔断言：“地方性工业因不断地对技能提供市场而得到很大的利益，雇主们往往到他们能找到所需要的有专业技能的优良工人的地方去（办厂），同时，寻找职业的人自然到许多雇主需要他们那样技能的地方去，因而在那里，技能就会有良好的市场。一个孤立的工厂厂主，即使他能得到一般劳动的大量供给，也往往因缺少某种专业技能的劳动而束手无策。”

和经营效率的经济；而外部经济是有赖于这类工业产业的一般发达的经济。马歇尔认为外部经济对于产业区的形成是非常重要的，“这种经济往往能因许多性质相似的企业集中在特定的地方——即通常所说的工业地区分布而获得”。

马歇尔认为，企业的外部规模经济是十分重要的，当产业持续增长尤其是产业聚集在特定区域时，则会使用产业区出现熟练劳动的市场和先进的附属产业，或产生专门化的服务性行业以及改进铁路交通和其他基础设施等。马歇尔的外部规模经济是一种因共享区域而相邻企业之间相互提供的“免费服务”，包括降低交易费用、实现规模经济、培训劳动力、创新及其扩散等。这种外部规模深深地扎根于当地社会的历史潮流和社会性结构之中。而且，马歇尔还用产业规模的扩大而引起的知识量的增加和信息技术的传播，即技术外部经济，来说明产业空间聚集经济现象。因此，以后的经济学家如克鲁格曼等把劳动市场共享、专业化附属行业的创造和技术外溢解释为马歇尔关于产业集群理论的三个关键因素。

马歇尔认为，产业的地域空间聚集形成的产业区会产生以下三个方面的外部经济性。

第一，产业空间聚集能够使更多的知识、信息、技能和新思想等在集群区内的企业间迅速传播和应用；

第二，产业区熟练的专业化劳动力的可得性大大提高，产业的空间聚集为产业区提供了一个熟练的、专业化的、“不变的”、有规则的劳动力市场；

第三，产业聚集促进了相关配套辅助产业的成长和专业化协作，并提高了专业化机械设备的利用效率。

马歇尔对产业集群的研究是开创性的，他对产业区理论的贡献主要是把某一区域原本相互无关的经济、社会、文化等方面结合起来，营造一种企业生存、发展的产业氛围，即外部规模经济。在现实中，产业区的优势正是因为这种氛围的存在促进了这一地方经济的发展，而地方经济的发展又反过来作用于产业聚集因素，提高区域外部规模经济效应。但与此同时，我们可以发现，马歇尔对产业区的研究又是初步的和不完全的，他对产业区的功能、度量和效应等问题均未能触及。而且，马歇尔的产业外部经济理论没有考虑区域内企业成长和区域间企业的迁入、迁出等动态因素的变化，也忽视了区域产业组织的外部连接与创新，也没有注意到不同产业的集聚程度和可持续性等问题。而就方法论而言，由于缺少严格的数理表述方法，从而使得马歇尔的畜牧业区理论长期游离于主流新古典经济学之外。

二　韦伯等人的集聚经济理论

聚集经济是指经济活动在地理空间分布上的集中现象，主要表现为相同（类似）产业或互补产业在一个特定的、邻近地理区位上的集中所形成的产业群或相互依赖的区域经济网络。聚集经济是一种古老的经济现象，1750 年，世界经济就开始出现引人注目的经济地理集中现象。到了 20 世纪 70 年代，随着科学技术的发展，在西方发达国家如美国、联邦德国、法国和意大利等国相继涌现出了一大批聚集的“新产业区”。在地理空间上高度聚集的新产业极大地促进了区域经济的发展和科技创新，成为这些国家和地区经济竞争力的典型代表。

20 世纪 90 年代以来，聚集经济在世界范围内得到广泛的发展，对聚集经济的理论研究也取得了新进展，不同学者从主流经济学、经济地理学、创新经济学和组织经济学的角度对聚集经济进行了研究，而且各种理论融合的趋势日益增强。其中，Weber（1909）、Hoover（1948）和 K. J. 巴顿（1976）的区位理论是聚集经济研究中的主要成果之一，能较好地解释我国存在的集群现象，并对我国聚集经济和区域经济的发展有着重要的理论借鉴意义。

Weber（1909）提出的区位理论将影响工业区位的因素分为两类：区域性因素和集聚因素。工业如何布局于各个区域，是受区域性因素的影响；而在工业区域内，厂商为什么会集中于此地而非彼处，则受集聚因素影响。工业在某个地方集中是集聚力和分散力相互作用直至均衡的结果。集聚力受技术发展因素、劳动力组织市场化因素及经济环境因素影响，分散力则可归结为伴随工业集聚而带来的地租增长的影响。

韦伯的区位理论认为集聚的产生是自下而上的，是通过企业对集聚好处的追求而自发形成的。他认为，若干个工厂集聚在一个地点能给各个工厂带来更多的收益或节省更多的成本。在他看来，影响集聚的因素有如下几种。第一，技术设备的发展。韦伯认为生产过程必须贯穿完整的技术设备，而技术设备的专业化使得即使是很大规模的企业也无法完全使用所有的设备。因此，这必然导致一些生产过程分离出来，即实现生产过程专业化，而专业化的生产部门要求集聚。第二，劳动力组织的发展。韦伯将劳动力组织等同于一定意义上的设备，劳动力的高度分工也要求集聚。第三，市场化因素。与孤立的企业相比，集中的企业在购买和存储原材料等方面的生产成本降低，同时，企业的集中产生了统一的产品市场，降低了企业的销售成本。第四，经常性开支成本。集中化可以使基础设施得到共享，而基础设施的共享降低了企业的一般经常性支出（如煤气、自来水管道、街道等），同时一般开支的降低还会进一步促进企业的集聚。

韦伯的工业聚集理论有一定的创新性，他从微观企业的区位选择角度，阐明了企业是否聚集取决于集聚的好处与成本的对比。可以说，韦伯的工业集聚论为古典产业集群理论奠定了基本框架和研究基础，其后的集群理论，基本都是在他的理论基础上进一步完善和发展起来的。但由于韦伯的工业聚集理论是以古典经济学为基础、以成本分析为依据来研究自由竞争资本主义的工业地域结构，所以他没有考虑垄断价格给企业带来的超额利润，也没有考虑政府的作用和当地社会文化的影响，所以他的理论不具有产业集群理论的一般性。

Hoover（1948）在《经济活动的区位》中指出，可以将集聚经济视为生产区位的一个变量，并把企业集群产生的规模经济定义为某产业在特定地区的集聚体的规模所产生的经济。他认为，就任何一个产业而言，规模经济都会有三个不同的层次，即单个区位单位（工厂、商店）的规模决定的经济、单个公司（即企业联合体）的规模决定的经济以及该产业某个区位的集聚体的规模决定的经济。

英国区位经济学家 K. J. 巴顿认为，企业集群有利于熟练劳动力、经理、企业家的发展。与同类企业地理集中进一步相关联的经济效应是日益积累起来的熟练劳动力汇集和适用于当地工业发展的员工安置制度。如同熟练劳动力的汇集一样，有才能的专业人才、企业家的汇集也发展起来。[①]

① 〔英〕K. J. 巴顿：《城市经济理论与政策》，上海社会科学院部门经济研究室译，商务印书馆，1984，第 21～23 页。

K. J. 巴顿理论的独到之处是讨论了企业集聚与创新的关系。他指出，处于地理上的集中能给予企业很大的刺激去进行改革。有很多理由可以说明革新与地理集中相关联。首先，地理上的集中必然会带来竞争，而竞争促进了革新；其次，地理上集中本身就有助于在商品制造者、销售者与顾客之间产生一种更为自由的信息传播，相当数量的革新正是由于了解了顾客的需要以及发现供给上的特殊问题而产生的结果；最后，通信工具在大的集中地是比较优越的，这样就能使该地区的所有企业很快采纳这种革新。

三　基于交易费用的集群理论

科斯、威廉姆森和斯科特（A. J. Scott）是这一理论的典型代表。科斯（1937）、威廉姆森（1975、1985）界定了交易费用的市场组织分析方法，提出了以交易的不确定性、交易频率和资产专用性（即投资的专用性程度）三维度来解释经济活动的规制结构的方法。交易的不确定性主要是指经济环境下交易的可预见程度；交易频率是指在特定时期交易发生的次数；资产专用性是指在不牺牲生产价值的情况下，资本通常可用于不同用途以及被不同的使用者使用。

一般说来，当交易不确定性、交易频率和资产专用性程度三个维度都处于较低水平时，市场就是有效率的交易协调手段；在高交易不确定性、高交易频率和高资产专用性程度的情况下，企业等级规制结构替代市场平等的规制结构就是有效率的组织安排；而当交易的特质（由三个维度共同决定）处于这两者之间的状态时，双边、多边和混合的中间组织形态则是最有效率的组织结构，产业集群就是其中的一种。

斯科特是将交易费用分析方法具体运用到区域产业集群发展中比较成功的学者。也可以说，他是对科斯、威廉姆森用交易分析经济组织的继续、深化和发展。斯科特认为产业集群的兴起和增长是企业内部和外部交易成本之间进行抉择的结果。他认为，产业集群是“企业垂直分离”的空间经济结果。当企业垂直分离时，经济中外部交易活动的水平将增加，由此将促使那些有强烈愿望和经济联系的生产企业相互向集群区域集中。反过来，大量生产企业的聚集会极大地降低外部交易的空间成本。在这种情况下，两方面的经济效果将会产生：一是企业搜寻和续约成本（Recontracting Cost）的下降将进一步加剧企业的垂直分离；二是投入需求的高度非标准化以及生产企业需要面对面的交流、接触，也加剧了企业的垂直分离。因此，“企业垂直分离”强化了产业空间聚集，产业空间聚集又进一步加剧了“企业垂直分离”。

斯科特还认为，在社会劳动分工日益加深的情况下，企业间的交易频率大大增加，企业交易总费用上升。由于交易成本与地理距离呈正相关，所以企业通常有近距离寻找交易伙伴的愿望，促成了地方产业集群内有众多的企业，从而增加交易频率，降低区位成本，使交易的空间范围和交易对象相对稳定，这些均可减少环境的不确定性，减少企业的交易费用。同时，由于数目众多的企业相互靠近，增加了市场参与的角色，市场机制更能发挥作用，从而有利于提高信息的对称性，克服交易中的机会行为。此外，产业集群的经济活动根植于地方性社会网络，各个企业在某种程度上具有共同的价值观和文化背景，可加强企业间的合作与信任，促使交易双方达成并履行合约，节省企业间搜寻市场信息的时间和成本，大大降低交易费用。

四　克鲁格曼等人的空间经济理论

克鲁格曼等人的空间经济理论是指 20 世纪 90 年代以来，以克鲁格曼等人在迪克西特（Dixit）和斯蒂格利茨（Stiglitz）的垄断竞争模型基础上发展起来的，以核心—外围模型（C－P 模型）为基本工具，形成有关国际经济、国际贸易、区域分工以及企业活动空间分布等理论的集成。[①]

与新古典的规模收益递减（不变）和完全竞争不同，空间经济学以规模收益递增和垄断竞争为主要的理论基础。虽然张伯伦早就提出了垄断竞争思想（1933，1950），但垄断竞争思想与主流经济学所推崇的一般均衡建模技术结合在一起的分析框架，是由迪克希特和斯蒂格利兹于 1977 年完成的。他们指出，最终产品生产者的规模收益递增来自于消费者对多样性

① 其成果主要见于 Paul Krugman（1991，1993，1994，1995）、Anthony Venables（1996）、Masahisa Fujita（1999，2003）和 Rikard Forslid（2004，2005）等人发表的文章和著作中。

产品的偏好。另外，艾瑟尔（1982）把研究的重点放在多样性中间投入品上，指出最终消费品生产者对中间投入品的多样性偏好决定了中间投入品生产者的规模收益递增。这样，就奠定了规模收益递增的理论基础。规模收益递增和某一生产部门出现垄断是紧密联系在一起的，也就是说，由于规模收益递增的存在，生产者不可能选择多元化战略，而是各自选择具有规模收益递增特征的生产部门进行生产，因此不同的生产者成了其生产领域的垄断者。尽管这些厂商都具有垄断特征，但这些生产部门不是自然垄断行业，也不是获得特许权的部门，因此市场上存在许多潜在进入企业。正因为存在许多潜在进入企业的威胁，才使得这些垄断厂商不能按垄断价格定价，而是按边际成本加成定价法定价。

Dixit 和 Stiglitz（1977）构造了一个垄断竞争、规模报酬递增条件下多种产品最优分布的分析模型。他们假设市场结构是垄断竞争的，并应用了一个简单消费者偏好函数，该模型试图从规模经济的角度回答福利经济学的基本问题，即市场是否能产生社会最优的商品种类和数量。在他们构造的模型中有两类产品生产，其中一类是相关产品的集合，从社会效用函数出发，分别就相关产品常替代弹性、可变弹性以及效用函数的不同形式展开市场均衡分析，得出的结论主要有：垄断权与市场扭曲的关系并不明显；在常替代弹性效用函数模型中，市场解是有限的 Pareto 最优，与弹性的取值无关；在可变弹性条件下，变差可以是两个方向的，变差的方向决定于效用弹性的变化，而与需求弹性的变化无关。

Paul Krugman（1991）构造了一个两个区域的模型，模型中有两类产品：一类是农业产品，由不变报酬的农业部门生产；另一类是制造品，由分布在两个区域内的报酬递增的工业部门生产。农业部门生产单一的农产品，而工业部门则生产品种繁多的工业品；农业部门是完全竞争的，工业部门则是垄断竞争。在效用函数的设计上，该模型采用了 Cobb - Douglas 函数形式，同时在工业品之间，假设存在不变替代弹性的关系。可见，Krugman 构造的模型实际上是 Dixit - Stiglitz 垄断竞争模型的变形发展，然而，Krugman 的分析重点则转向了两个部门企业在两个区域间的均衡分布，讨论分工的条件及其影响因素，进而分析国际贸易实现的条件及其对社会福利的影响。他们得出的结论主要有：在所假设条件下，两个区域的经济最终会内生地形成以工业化的区域为核心（Core）、农业化的区域为外围（Periphery）的核心—外围构架（C－P pattern）；该构架的形成，取决于运输成本、规模经济以及制造业在国民收入中的比重；国际贸易的产生并不完全由于比较优势的存在，更在于规模经济产生的报酬递增。此后，Krugman 发表了一系列有关企业集聚的论文著作，其中 1999 年与另外两位学者合著的《空间经济：城市、区域与国际贸易》，系统地把上述有关的理论思想进行了总结，并对 C－P 模型进行了发展。自 Krugman 提出 C－P 模型后，大量相关文献涌现，学者们提出了各种分析模型，不断地发展和完善了空间经济理论。

第四节　本章小结

本章对当前国内外的集群理论和商业集群理论进行了较为系统的回顾，并在综述相关文献的基础上提出了本研究的理论基础。

综观上述研究成果，它们一个共同的特点是，理论研究都来源于集聚的经验观察。早期进行有关集群研究的主要是经济地理学家、社会学家和其他领域的学者，而管理学、经济学界则研究甚少。这种现状直到 20 世纪 90 年代初期，Porter 有关国家竞争理论和 Krugman 有关报酬递增基础上的空间经济理论、新国际贸易理论等一系列重要文献发表后才得以改变。

在早期集群的个案研究中，研究的中心问题大致集中在什么是企业集群（产业集群），集群有什么功能、优势、作用等方面。至于为什么能形成集聚，什么因素影响集聚，集聚又能影响什么等问题却没有给予回答。由于学者们知识背景不同、研究方法不同、研究视角不同，从而导致在集聚有关概念，集聚的类型、功能、作用及机理等有关理论性问题方面存在不同的观点。同时，由于分析技术和工具落后，使研究难以深入，许多研究结论来自某一特殊集群个案，不具一般普遍性，还有些甚至是重复研究。

20 世纪 90 年代以来，Porter、Krugman 等在管理学、经济学领域中有关企业集聚的研究也存在多方面不足，其中一个明显的局限性是，由于缺乏理论分析框架，相互间很难形成一个结构严密的体系，即便是 Krugman

的 C－P 理论模型也存在尚待完善之处。而我国学者在该领域的研究基本属于集聚案例研究，应用主流经济学方法进行的研究还非常欠缺。由于研究方法陈旧，且研究对象主要集中在国内沿海地区省份的集群，致使该领域出现重复研究现象，而有创新的研究少，理念研究不够深入。

从笔者查阅的国内外文献并进行综合分析的结果来看，目前国内研究还没有一个非常完备的商业集群理论分析框架，以至于其理论研究缺乏系统性，也就不可能形成一个逻辑结构严密的理论体系。

笔者力图依据相关经济学理论对我国的商业集群现象进行分析，形成一个比较完备的理论分析框架，具体来说，就是试图运用 Krugman 等的空间经济学理论，对我国当前存在的商业集群（BCD 商业集聚、商业街商业集聚、购物中心商业集聚、专业市场集群等）现象①，在基于规模报酬递增和不完全竞争市场结构条件下，构建相关数学模型，从理论上进行比较规范同时又符合现实的解释，从而弥补之前的经济学理论在规模报酬不变和完全竞争这些便利假设条件下分析的局限性。

本章的理论综述是本研究的理论基础，为全书第四、五、六、七、八章的阐述提供理论支撑。

① 本书的第三章会详细分析商业集群的分类，商业集群内容繁杂，为便于理论分析的系统性，本书特选择商业集群中的 BCD 商业集聚、商业街商业集聚、购物中心商业集聚、专业市场集群四种类型加以研究（为何只选取这四种类型，第三章会进行解释）。当然，这也可能是本书的不足之处。

第三章　商业集群概述

第一节　商业集群的概念

一　集群的概念

（一）集群概念的多样性

“集群”概念源于生态学[1]，原意是指以共生关系生活在同一栖所中的生物族群[2]，后来由经济学者将其引入经济学研究领域。“集聚”（Cluster）在《美国传统词典（双解）》中，将“Cluster”解释为“丛，群；相同或相似元素聚集或紧密聚集出现的一群、一束”，而在汉语词典中并无对“集聚”的详细解释。

Bacattini（1978）把集聚概括为“具有共同社会背景的人们和企业在一定自然地域上形成的社会地域生产综合体”；Storper（1992）将集聚定义为“以贸易导向的经济活动为主体，在空间范围上有界的区域，它存在独特的经济专门化特征，或者以资源相关型产业为主，或者以制造业为主，或者以服务业为主”；Redman（1994）将集聚定义为围绕一种或一系列相似产品生产链的地理集中；Swann 等（1996）认为，集群是同一产业中的大量企业位于同一地理区域；Porter（1998）认为，集群是某一特定领域内相互联系的企业及机构在地理上的聚集体。

---

① 严格意义上的“集群”与“集聚”是有区别的，本书为了研究的方便对此不加以区分，见第一章解释。

② 冯德连等：《经济全球化下中小企业集群的创新机制研究》，经济科学出版社，2006，第494页。

王缉慈（2004）认为，集群是指同一个地域内，由相互竞争到相互合作、相互促进的若干经济实体组成的群落，它们通过内部默契的分工协作，形成对外的整体优势。集群的分类有很多种方法，如按照产业的类型和性质可分为加工制造业集群、贸易业集群、高科技产业集群等。夏晓军（2003）认为，集群具有产业特性和区域特性，在产业特性上，可分为高科技企业集群和传统企业集群；在区域特性上，既是一种经济现象，又是一个经济、社会、文化等多层面的区域复合体。沈玉芳、张超（2002）认为，集群是一种区域产业群落，是相关产业中相互依赖、相互合作、相互竞争的企业在地理上的集中。徐康宁（2001）认为，集群是指相同的产业高度集中于某个特定地区的一种产业成长现象。曾忠禄（1997）认为，集群指同一产业的企业以及该产业的相关产业的企业在地理位置上的集中。

诸多集群概念都试图归纳出一个现象，即众多企业在某一地理区域的集聚。因而，集群的基本含义有两个，或者说是两个维度：一个是经济集聚，指出集群是由具有共性和互补性的相关企业和机构组成的，包括纵向的（购销关系的上下游企业之间）和横向的（具有互补性质的相关联企业和机构）联系；另一个是地理集聚，指出相关企业在空间上的依赖关系，也就是我们常说的“根植性”（Martin and Sunley，2002；Feser and Sweeney，2000）。

除了基本含义的相似性外，众多集群概念还存在不少差异。第一，研究角度不同。有的学者关注集群的经济集聚，有的关注地理集聚，有的则主要从创新、治理结构等角度研究集群。第二，是否仅包含一个产业的问题。虽然许多文献都认为集群由于互补性而包含相关产业，但也有学者认为集群仅包含同一个产业（Swann and Prevezer，1996）。第三，地理边界和产业边界的模糊性。

由此，基于对集群新的认识和本研究的视角，我们将集群定义为：集群是在特定区域中大量企业及相关机构基于专业化分工的、以地理集中为特征的一种经济社会现象；集群是在市场竞争中不断演进的、有效率的中间体组织；集群是全球化背景下发展区域经济的新的思维方法和发展模式。

（二）几组相关的集群概念

1. 产业集中与产业集群

产业集中是指某一产业内规模最大的几个企业在整个产业内的份额，产业集中可以通过绝对集中指标和相对集中指标来反映。绝对集中指标通常用位于某一产业内规模最大的几个企业的某项指标（如市场占有率等）在整个行业中的占比来反映，从中可以看出规模最大的几个企业对整个行业的垄断程度；而相对集中指标主要以洛伦茨曲线（Lorenz Curve）及以洛伦茨曲线为基础的基尼系数来衡量，可以反映整个产业内所有企业的集中程度。一般来讲，如没有特别说明，产业集中主要反映产业内企业垄断程度的高低，而与产业的空间分布没有直接关系，同时也没有对产业内企业间的联系进行特别关注。因此，产业集中与产业集群的概念相差比较远，两者没有直接联系。

2. 产业集聚与产业集群

集聚（Agglomeration）是指事物的空间集中过程，早在一个世纪前，Weber在《工业区位论》中就开始使用集聚的概念，主要是讲产业的空间集聚。产业集聚（Industrial Agglomeration）是指产业在空间上的集中分布现象，是经济地理学的研究重点。产业集聚主要是研究产业的空间分布形态，特别注重产业从分散到集中的空间转变过程。产业集聚在某一共同空间发展，可以共享基础设施，带来规模经济效益。产业集聚与产业集群关系密切，但是两者又有区别。产业的空间集聚可以形成产业集群，但是并不是所有的产业集聚都可以形成产业集群。虽然有的产业集聚在一起，但是相互之间没有联系，就不能形成产业集群。因此，产业集聚只是产业集群形成的一个必须条件，而非全部条件。[①]

3. 产业链与产业集群

产业链是指某种产品从原料、加工、生产到销售等各个环节的关联，赫希曼（1958）在《经济发展战略》中就从产业的前向联系和后向联系的角度论述了产业链的概念，目前，与产业链相关的还有价值链、生产

① 笔者在第一章曾做过说明，为研究的方便，本研究对集聚与集群不进行严格的区分。

链、供应链、商品链等。尽管表述不同，但其内容的实质没变，只不过是从不同的研究角度对产业的联系进行了阐述。与产业集群相比，产业链也强调产业之间的联系，但产业链主要侧重于产业间的联系，对于产业以外的机构如商会、协会、中介机构等关注较少，此外，产业链没有空间集聚的概念。产业集群的概念则要比产业链的概念丰富得多，它既包括产业间的联系，还包括产业及其他相关机构间的联系，而且还强调空间的集聚。

二　商业集群的概念

（一）商业集群概念的界定

日本流通学者石原武政教授（2000）认为，所谓的"商业集聚"是指若干商业者集中于某个区域的状况，是那些以顾客的相关购买商品为中心，而经营品种又稍有扩展的专业店的集合。商业街和购物中心就是商业集聚的代表。商业集聚中各商业者之间是以竞争和互补为前提而确立的一种依存关系。

在国内，对商业集聚概念的界定存在着不同的版本，但对其定义的描述均包括了"商业企业在地理空间上位置的相对集中"这一表现形式（夏春玉，2003；白润光，2004；蒋三庚，2005；吴小丁，2006；武云亮，2007；王先庆等，2011）。

蒋三庚（2005）认为，大量相关商业企业在空间上的集聚形成了一定区域内商业网点密度高和专业化程度高的商业经营场所；夏春玉（2003）认为，购物中心是一种全新的商业聚集形式，购物中心具有深厚的人文关怀特性。罗元军（2003）认为，商业集群是一个大型商业群，一般由一个管理机构规划、组织、协调，把一系列零售商店、服务企业组织在一起，提供购物、休闲、餐饮、娱乐等多种服务的"一站式"消费中心。

邱小平（2003）认为，随着购物中心在城市和周边地区的迅速发展和成功经营，结合近年来专业市场、商业中心旺地、商业街、步行街的发展，形成了类似产品制造行业的企业集群化发展趋势，即由一至多家龙头核心商业企业牵头，多家配套商业企业附集在同一地域，形成行业或产品类的商业集聚现象。商业企业这种集聚现象所产生的效应，称作“商业集群效应”，亦即在同一区域范围内的商业发展中，形成由一家或几家核心商业企业带动，众多商业企业共同参与打造，形成多功能配套、富有消费吸引力的综合性商业群体并产生强大的共同发展效应现象。

唐建民（2005）认为，商业集群是指在一定区域范围内利益密切关联的多种商业经济主体、多种功能商业活动以及多种商业经济关系的集合，简单说，就是一个基于为顾客创造价值的价值链分工的相关利益者聚集体，其存在形态包括商业广场、购物中心、商业街、步行街等。

吴小丁（2006）强调集聚中的商业企业是差别化的，并认为“不同业种、业态的商业设施聚集在一起，形成了为消费者提供综合购物和消费机会的区域”。

武云亮（2007）认为，商业集聚的现象可以从工业企业集群中找到相关理论来解释，同时分工理论、外部经济理论和竞争优势理论都可以作为商业企业集聚的一种依据，商业集聚体现了多学科交叉的特性，即具有一般企业集群的特点，同时具有第三产业自身的特征。商业集聚企业的演化可分为三种机制，分别为产业互动主导机制、自然演化主导机制和政府主导机制。

王先庆和武亮（2011）认为，商业集聚是服务业集聚的一种方式，商业集聚主要体现在批发零售业的集聚；集聚的影响因素可以从内部聚集经济、布局聚集经济和城市聚集经济三方面分析。内部聚集经济解释了商业集聚内部企业经营规模扩大对聚集水平产生的影响；布局聚集经济反映了商业集聚内部企业有可能获得较之在其他地区更大的集聚效果，可利用区位商进行测量；城市聚集经济反映了商业集聚内部企业由于相关的产业在一定区域范围的集聚所带来的长期平均成本下降而带来的收益，可以用集聚区内商业企业的数量变化来表示。

从检索到的文献来看，目前我国仅有几位学者对商业集群进行了初步的分析，但仍然没有形成一个完整的理论体系。虽然商业集群和产业集群存在许多相似点，但是，由于它们的研究对象不同，所以在各自的发展过程中也呈现出不同的特点。为了进一步对商业集群进行分析研究，我们首先必须对商业集群的概念加以界定。

综合已有的研究，笔者认为，商业集群（Business industrial cluster）是类似于产业集群的一个概念，具体指在一定的地域范围内，依托一定的社会经济环境，由多个各种类型的商业组织聚集在一定的地域空间上，以其协同效应提供多样性的商品和服务，为满足顾客（包括消费者和企业采购人员）消费和采购需要的市场形态。从集贸市场到各类批发市场、从小商品市场到专业市场及市场集群，从购物中心、商业街到BCD商业集聚，等等，都是商业企业集聚的地方。典型的商业集群模式有：BCD的商业集聚、商业街商业集聚、购物中心商业集聚以及专业市场（市场集群）等。

（二）区分几组与商业集群相关的概念

1. 商业集群与产业集群

商业集群与产业集群在很多方面具有相同点，比如在特征、效应、作用方面，但在某些方面也具有许多不同点。第一，在主营业务上，商业集群以商品经营为主，执行产业链上流通这一环节的职能；而产业集群主要是以生产为主，以农业或工业的某种产品的生产为主，执行生产职能。第二，商业集群具有很强的被复制性，而产业集群被复制的可能性比较小。因为商业集群主要从事的是商品交换，不存在核心技术，所以不管是在经营的业态上，还是在经营的品种上，以及在集群内部环境构造上都存在着被复制的可能性。而产业集群就不同，由于产业集群具有核心技术，并且产业集群的形成与资源禀赋具有很强的联系，因此，产业集群被模仿、复制的可能性就比较小。

2. 商业集群与商圈

商业集群与商圈也不一样，商圈又称商势圈，通常是指一个零售店或商业中心的劳动能力所覆盖的空间范围，或者说可能来店购物的顾客所分布的地理区域（洪涛，2002）。商圈与商业集群的研究在一些方面也存在着不同。第一，研究对象不同。商圈以零售店为研究对象，研究商店的顾客来源、分布、特征，确定商店店址，比较商圈内各零售店的竞争地位等。而商业集群是以集群内商业企业的整体为研究对象，研究集群竞争力的提升、集群的效应、集群的形成机制等。第二，商圈是一个空间范围概念，而商业集群既是一个空间范围概念，又是一个组织概念，不过，它更强调的是组织概念。商圈利用零售引力原则，以一个零售店为中心，测算该零售店的引力范围。而商业集群则是在空间概念框架下，把集群内所有的企业作为一个整体来分析，研究的是商业集群的整体发展、整体竞争优势等。第三，研究目的不同。商圈研究的目的主要是为零售店寻找合适的店址，分析在商圈范围内，零售店的主要竞争对手有哪些、实力如何等，为零售店个体服务。而商业集群的研究目的，主要是如何提高整个集群的品牌形象，提升竞争优势，研究商业集群的发展对所在城市或地区经济发展的影响等。

第二节 商业集群的类型及演变过程

一 商业集群的类型

（一）按集群企业组织结构划分

1. 中小企业商业集群

中小企业商业集群主要以中小商业企业为主体，商业企业的规模都比较小，主要以单店铺为主。例如南昌市洪城大市场商业集群，在这个集群中，没有规模较大的商业企业，在以批发为主体的商业集群中，存在大量商业企业，企业规模大致相当，规模较小。再比如南京中央门批发市场、济南西门批发市场，这类以批发业为主的商业集群也属于中小商业企业集群。

2. “龙头 + 网络”式商业集群

“龙头 + 网络”式商业集群是指在集群内部有几家大的商业企业，在集群中发挥支撑作用，众多小型商业企业如个人店铺、专卖店、连锁商店等构成网络形状，使商业集群形成一个完整的网络体系。一方面，大企业发挥龙头作用，带动商业集群的流行趋势；另一方面，小企业跟随大企业，集聚自己的市场力量，获得发展。如在南昌市中山路商业集群中，主要龙头企业有新百货、太平洋、沃尔玛等百货企业，撑起了中山路商业集群的百货行业，苏宁和国美则形成了该商业集群的家电业骨架，它们引领商业集群的发展趋势。“龙头 + 网络”式的商业集群主要以零售业为主。

（二）按照商业集群辐射的范围划分

1. 城市商业集群

城市商业集群也称城市商务中心区（BCD），对于一个城市来说，是最主要的商业企业集聚地。城市商业集群经营的商品种类是最齐全的，是综合性的商业企业集聚地，是一个城市对外交流的重要窗口。城市商业集群一般处于城市的中心，交通便利，服务设施齐全，它不仅是购物休闲的场所，而且还是外来旅游者旅游购物的好去处。

2. 区域性商业集群

区域性商业集群指在城市某个行政区中形成的商业集群，比如城市商业街，它的覆盖范围一般来讲只是城市行政规划中的某个区，覆盖范围小于城市商业集群。区域性商业集群的目标顾客主要是本辖区内的居民，目的主要是满足周围居民的购物、休闲需要。

3. 社区性商业集群

社区性商业集群是指在某个社区中存在的商业集聚。它的覆盖范围就更小，只是针对社区的居民，满足他们的日常生活需要，经营的商品一般是购买频率较高、价格相对比较低的商品。

一般来讲，在一个城市中只存在一个城市性商业集群（BCD），其功能最完善，覆盖范围也最广；同时存在几个区域性商业集群（商业街），一般位于区域中心，功能相对完善，但规模一般小于城市性商业集群，覆盖范围只是本区的居民；而社区性商业集散地则存在很多个，任何一个达到一定规模的生活小区都可能形成自己的社区商业集群，社区商业集群所提供的服务比较少，主要是为了满足人们日常生活的需要，集群的规模也比较小。

（三）按照商业集群所面对的主要对象划分

1. 批发业商业集群

批发业商业集群是指该商业集群的目标对象是零售商或下级批发商，所经营的商品主要是以某一种商品为主，购买主要是批量购买，如义乌小商品批发城，经营的主要是各类小商品。而批发业商业集群又可以细分为产地批发市场、中转地批发市场和销售地批发市场、原材料批发市场和成品批发市场等。①

2. 零售业商业集群

零售业商业集群是指经营的目标对象主要是最终消费者的商业集群。该商业集群的主营业务是零售，单个消费者的购买量非常小，并且在该商业集群中，服务设施比较完善。它们不仅是消费者购物的天堂，还是人们进行休闲娱乐的好去处，并且还是外地人旅游的地方。如北京的王府井商业集群、广州的北京路街口商业集群、上海的南京路商业集群与广州天河购物中心等。

此外，商业集群还有批发与零售兼营式集群（如一些综合性市场）、加工与流通混合式集群（如前店后厂式集群、某些开发区集群）等形式。

（四）按商业集群的形成方式划分

1. 内生型商业集群

所谓内生型商业集群就是在古代商业街、商业中心等的基础上，经过不断改造而形成和发展起来的商业集群形式。在我国，有一些商业街是经

---

① 如中国最大的蔬菜生产基地和批发市场——寿光蔬菜批发市场始建于 1984 年 3 月，累计建设投资 1.5 亿元，现占地面积 600 亩，是中国十大市场之一。该市场以蔬菜交易为主，兼营瓜果等农产品，常年上市蔬菜有 120 多个品种，辐射全国 30 多个省、自治区、市，并出口到 10 多个国家和地区，是中国最大的蔬菜交易中心、价格平衡中心和信息交流中心。寿光蔬菜批发市场是首批“农业产业化国家级重点龙头企业”和“农业部首批定点鲜活农副产品中心批发市场”之一，曾先后被授予“全国农副产品综合批发市场五十强”“全国蔬菜批发市场十强”的称号。寿光蔬菜批发市场覆盖千家万户，把农户需要的生产资料运进来，把农户生产的产品推销出去，为农户开展社会化服务，并发展了一批与之相关的第二、第三产业，实现了“建一个专业市场，带动一项专业生产，培育一个支柱产业，形成一个区域经济带”的发展目标。

过很长的历史积累逐渐形成的，这些商业街在发展过程中，积累了旺盛的人气和对商业企业的凝聚力以及吸引力，逐渐成为一个城市的商业集聚地，经过政府的规划改造，最终演变成为具有现代气息的商业集群。

2. 外生型商业集群

所谓外生型商业集群是指以政府规划为主导形成的商业集群形式。这种商业集群多见于以批发业为主的商业集群和新城区建成的商业集群。随着我国经济的发展和现代化进程的加快，我国的城镇化也在加速推进。为了适应现代城市发展的需要和居民生活的需要，政府在推动城镇化过程中，非常注重配套设施的建设，规划了一些商业区，这些商业区逐渐发展为新城区的商业集群。[①]

此外，笔者认为，商业集群属于贸易业集群[②]，还可以按其他方法分类，比如，以集群服务的对象分类，可以划分为以最终消费者为对象的集群（商业街集群、购物中心集群、专业化商城集群）和以上游产业与中间商为对象的集群（农产品批发市场、生产资料交易市场）等。

从以上分析可以看出，商业集群可以按照不同的标准划分出若干不同的类型，本研究基于分析的需要，特选出有代表性的商业集群类型——BCD的商业集群、商业街的商业集群、购物中心的商业集群、专业市场的商业集群及浙江义乌的城市市场集群等，通过对它们集聚、发育机理的分析，以期构建出商业集群运行机理的科学分析框架，进而丰富流通经济、产业经济等学科理论。这几种有代表性的商业集群类型情况对照如表3-1所示。

---

① 如浙江柯桥作为绍兴县水乡、桥乡、酒乡和石文化的杰出代表，凭着天时、地利、人和等诸多有利条件，现已发展成为浙江省经济最发达的地区之一，拥有亚洲最大的布匹集散中心——中国轻纺城。中国轻纺城始建于1988年10月，其前身为绍兴轻纺市场，1992年经国家工商行政管理局批准，正式更名为“中国轻纺城”，是全国首家冠名“中国”的专业市场。1999年被浙江省工商局命名为“浙江省三星级文明规范市场”。中国轻纺城市场区域面积220万平方米，营业用房1.5万间，经营户1.3万家，经营面料3万余种，日客流量10万人次以上，销售网络遍布全球187个国家和地区，常驻境外代表机构388家，常驻境外采购商3500余人，全球每年有1/4的化纤面料在此成交，全国近一半的纺织企业与之建立了产销关系。2006年，市场成交额高达500亿元，连续14年位居全国专业市场第二位。

② 贸易业集群的概念出自国内学者武云亮，笔者认同这一提法，并认为像义乌专业市场那样的批发中心是典型的商业集群形式，笔者称之为“市场集群”。

表 3－1 各类商业集群情况汇总

名　称	典型集群	主要参加者	历史沿革	主要集聚机理	主要受益者
商业街的商业集群	广州北京路商业街	各类零售商 服务企业 旅游企业 餐饮企业 娱乐企业 消费者	历史悠久，从古延续至今，是城市政府规划的新商业街	零售商及消费者的区位选择而导致集聚	零售商 消费者 房地产商 政府 城市
BCD 的商业集群	广州 BCD	零售商 批发商 金融企业 服务企业 企业总部 消费者	由古代商业中心不断演化，以及在市场及政府的双重作用下形成	各类企业及消费者的区位选择而导致集聚	生产性企业 零售商 消费者 房地产商 政府 城市
购物中心的商业集群	广州天河购物中心	各类零售商 旅游企业 娱乐企业 餐饮企业 消费者	投资者与政府为迎合城市发展及消费者的需要而建造	消费者的搜寻与零售商的集聚	零售商 消费者 房地产商 投资者 政府
专业市场的商业集群		批发企业 采购者 政府 服务企业 物流企业 生产企业	从传统的集市贸易不断演化而来，并伴随专业生产基地的形成和政府的规划而产生	批发商及专业化生产企业的区位选择而导致集聚	批发企业 采购者 消费者 房地产商 政府、城市 物流企业 生产企业 信息企业
义乌的城市市场集群	浙江义乌市	批发企业 采购者 政府 跨国企业 服务企业 物流企业 生产企业	从传统的集市贸易不断演化而来，并伴随专业生产基地的形成和政府的规划而产生，经过市场及政府的合力作用发展成为区域性乃至全球性的采购中心	采购者的搜寻与批发商（各类专业市场）的集聚	跨国企业 批发企业 采购者 消费者 房地产商 政府、城市 物流企业 生产企业 信息企业

本研究对商业集群的分析思路是由两个维度构成：一是根据城市中心商务区的演化历史，采取由远及近、层层分解的分析路径，即商业街的商业集群（一条商业街）、BCD的商业集群（至少由几条商业街组成）和城市郊外购物中心（一条商业街或城市郊外的某个大型购物中心）；二是采取从城市中心商务区到整个城市的商业集群（专业市场的商业集群和浙江义乌的市场集群）的分析路径，例如，像浙江义乌那样的城市，是由小商品批发市场不断演化而来，最终形成目前整个城市是由无数的批发市场（或专业市场）构成的特殊商业集群（即市场集群）。

二　商业集群的演变过程

商业集群的形成与发展经过了漫长的历史过程，是外在条件和内部动力共同作用的结果。从商业的产生与发展过程，我们可以看到商业集群形成与发展的历史轨迹。

我国的商业虽然形成于商朝初期，但商业真正繁荣并发展起来是在秦汉时期，并形成了长安、洛阳、邯郸、临淄以及成都等几大著名商业中心。到魏晋南北朝时期，社会处于动荡期，商业凋零。直到隋唐时期，战乱结束，商业又逐渐呈现出繁荣的景象，保持市坊制，市场在固定的地点和固定的时间交易，逐渐演变成固定的城市商业，出现了市肆和店铺，还出现了资本雄厚、经营大宗交易的中间商人组织——“邸店”。

两宋时期，纸币开始流通，促使城市商业地位得到不断的提高，商品种类增加，商业城镇开始兴起，突破了“日中而市”的古代市坊制度，消除了市场的地域限制和时间限制，具有了近代城市商业的特色。此后，我国封建社会历经各朝代，虽然随着政权的稳定而使得商业得到了空前的发展与繁荣，但是，从严格意义上讲，商业从产生到具备近代城市商业特色的过程中，并没有形成真正意义上的商业群，也不可能以集群的形式发展，因为当时的生产力水平低下，社会动荡不安，而且虽然已经出现了店铺经营，但是其数量较少、规模较小，无法从量和质上达到集群发展的要求。[①]

① 笔者认为，虽然没有形成真正意义上的商业集群，但商业集群的原始形态——商业街还是在各地城市存在。

新中国成立后，尤其是改革开放后，我国的商业才真正受到重视，并逐渐地发展起来，但也走过一段曲折的道路。从新中国成立以后我国经济的发展来看，我国商业集群的发展可以分为三个阶段（武云亮，2004）。

第一个阶段是计划经济阶段。在1978年以前，我国对经济的发展采取的是计划经济手段。在这种经济体制下，商品不能按照市场的规则和要求自由流动，零售业态主要是以国家所有和集体所有的供销社为主，商业企业不具有经营自主权，商品供给实行配给制，企业不是市场的主体，商业企业不可能以集群形式发展，更不可能形成商业集群。

第二阶段是经济体制转轨阶段，具体是指从改革开放之后到20世纪90年代中期。在此阶段，经济体制转轨初步完成，我国经济上采取以市场经济为主、计划经济为辅的经济政策，企业具有一定的经营自主权，商业开始繁荣并发展起来。商业在改革开放之后得到了充足的发展，随着商业的发展与繁荣，商业企业数量增加，并在地理位置上出现大规模的聚集，这一阶段可以视为商业集群形成的初期阶段。在这一阶段，商业集群只是出现了量的积累，而没有达到质的飞跃。

第三阶段是社会主义市场经济阶段，从20世纪90年代中期到现在，市场经济得到完善，人民生活水平的提高和城市化进程的加快，导致商业集群出现质的飞跃，这是商业集群形成与完善的阶段。随着人民生活水平的提高，人们的消费行为也发生了一定的变化，开始追求生活质量的提高，人们的消费品位也随之提高，迫使商业集群不断壮大、完善，商业集群的发展开始注重质的提高。这不仅表现在商业集群中商业企业数量上的增多，还表现在商业新业态的出现，商业集群内部基础服务设施的完善和服务质量的提高上。在这一阶段，政府为了提升城市形象，促进就业和商品流通，通过行政来规划、指导商业集群的发展。商业集群在这一阶段发展比较迅速，有许多商业集群完成了量的积累，开始注重商业集群质的提高。

因此，从商业发展的历史过程来看，商业集群并不是一开始就有的，它是随着生产力的发展和社会的进步逐渐形成的。首先是店铺形式的商业出现，接着是集市贸易的形成，随后形成了古代的商业街，商业街及集市贸易经过发展壮大之后逐渐演变成具有一定规模和特色的、具有多种形式的商业集群。

第三节　商业集群的发育机理及空间均衡

一　商业集聚发育动因

（一）商业集群的三阶段发育路径

笔者阅读文献和进行实际调研后均发现，各种类型的商业集群大体上都经历了由初始性集聚起步，经由成长性集聚，再到以标志性大型商场集聚为代表的成熟性集聚等三个阶段，最终形成成熟商业集群形态的过程。而观察分析成熟的商业集群形态，又发现它们大体上都包含有由中小商业企业之间实行差异化竞争策略而形成的垄断竞争市场结构，以及几个大商场之间进行寡头竞争的市场结构。

商业集群的这种发育路径如图 3－1 所示。初始性集聚阶段的动因主要是商业企业适应消费者降低搜寻费用的要求；成长性集聚阶段的动因主要是初始性集聚效应吸引众多商业企业进入集聚体，从而构成垄断竞争类型；成熟性集聚阶段的动因主要是标志性大商场的进入和形成，构成寡头竞争类型。

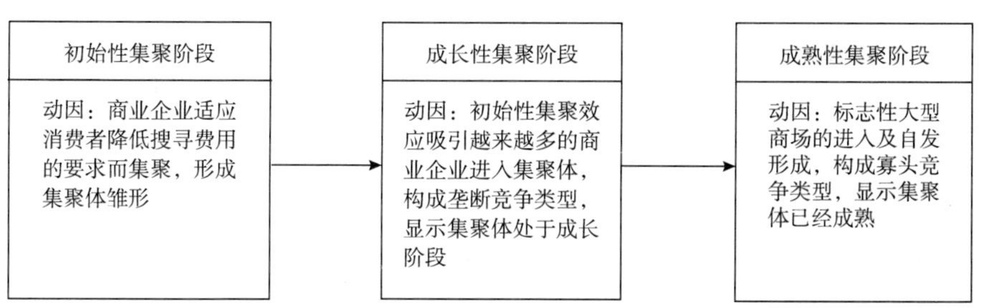

图 3－1　商业集群发育的三阶段路径

如前所述，商业集群是指“商业企业在地理空间上位置的相对集中”，是“一个基于为顾客创造价值的价值链分工的相关利益者集聚体”。如此，商业集群的发育路径可以用商业企业集中度与商业集群内企业的协同性两个指标来衡量。如图 3－2 所示，商业集群可以按照集中度（高与低）和协同性（强与弱）两大指标划分为三种类型：一是集中度低与协同性弱的初始性集聚，如社区商业街、社区商业中心等；二是集中度低与协同性强以及集中度高与协同性弱的成长性集聚，如零售业的商业街、社区购物中心等；三是集中度高与协同性强的成熟性集聚，如品牌商业街、购物中心、BCD、市场集群等。

因此，从图3－2可以看出，商业集群的发育路径是，先由集中度低与协同性弱的初始性集聚，向集中度低与协同性强以及集中度高与协同性弱的成长性集聚转化演变，最后达到集中度高与协同性强的成熟性集聚。

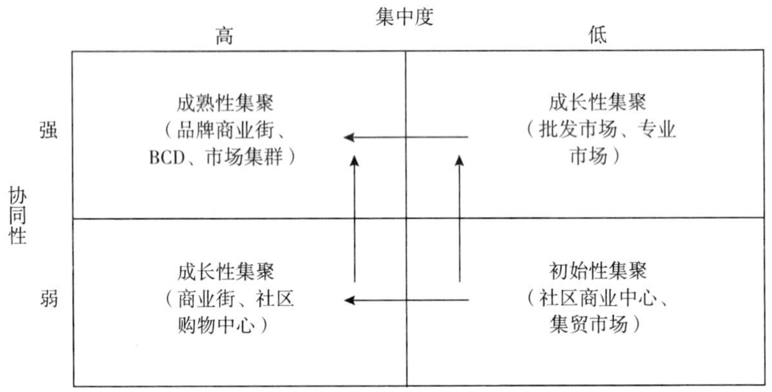

图3－2　商业集群的演化过程

被誉为“中华第一商业街”的北京王府井大街，其发展路径正好印证了商业集群是由初始性集聚，经由成长性集聚，再发展到成熟性集聚的过程。新中国成立前的北京王府井大街可以视为初始性集聚阶段，新中国成立后至20世纪90年代中期可以看成是成长性集聚阶段，而20世纪90年代中期到现在则是成熟性集聚阶段，并在不断地发展、演变过程中。王府井大街位于北京市东长安街北侧，作为一条城市街道，开始于元大都建城之时，至今已有700余年。明朝中期这条大街上出现了最早的商业活动，但作为一条商业街开始于清末，1903年东安市场建成，成为北京的四大商业区之一，并慢慢发展成为集百货、饮食、图书、古玩、娱乐等于一体的场所。1907年，法国商人在王府井南口开设了北京饭店，并逐渐成为北京最大的高级饭店。“一南一北”两大场所吸引了大量的国外商家、金融机构、新式商业加入其中，到20世纪30年代，逐渐发展成为市级商业中心。①

① 资料来源：中国商业街网 www.ccws.com.cn。

1955年，国家投资450万元建成“新中国第一店”百货大楼。为繁荣首都市场，一批名店、老字号纷纷由上海等地迁入，加上东安市场等老店铺，王府井成为极富京城特色的购物街。经历20世纪70年代末至80年代的辉煌之后，进入90年代初，随着燕莎、赛特、百盛、蓝岛等一批豪华商厦的落成，历经沧桑的王府井渐显老态。1993年初开始，改造后的王府井大街体现出“统一、人本、文化、简洁”的设计理念，并营造出独特的商业文化氛围。王府井商业街已汇聚了东安、四联、盛锡福、百货大楼、绿屋等知名商家，是一座集购物、旅游、美食、文娱、商务、金融于一体的商务中心区。如今的王府井商业街与法国的香榭丽舍大街结为友好姊妹街，国际地位不断提高。百货大楼、外文书店、丹耀大厦、工美大楼、王府井女子百货商店、穆斯林大厦、新东安市场与盛锡福、同升和、东来顺、全聚德、四联美发、百草药店构成了商气十足的现代化商业街。①

根据规划，王府井将以“十”字的两条主街为轴心，带动周边街道的发展，形成“田”字商业布局，发挥两大型购物中心的优势作用，带动中小店铺的协调发展，形成各具特色的3个中心区域，提升王府井街区的商业功能，如图3-3所示。未来的王府井商业街将划分为文化艺术区、旅游服务区和购物休闲区三大特色区域。

文化艺术区位于灯市口大街以北至美术馆、三联书店一侧，针对外籍游客开展北京民俗旅游，场所包括北京四合院、中国美术馆、首都剧场、商务印书馆、三联书店、红楼和皇城根遗址公园等。该区域内拟设立王府井商业博物馆，展示王府井的历史、特色；利用区域内胡同、街道，建立古玩一条街、书业一条街等；在老字号和老洋行原址挂牌以示老店名、年代、历史。

旅游服务区位于王府井大街以东，灯市口大街南北两侧，依托区域内众多的三星级酒店和经济型酒店、周边特色餐饮以及高档酒店，如王府饭店、台湾饭店、和平宾馆等，突出地方特色，集聚旅游咨询、旅游服务、国内外知名旅游服务机构，使王府井成为面向国内外游客和北京市民的国际旅游中心。

---

① 资料来源：中国商业街网 www.ccws.com.cn。

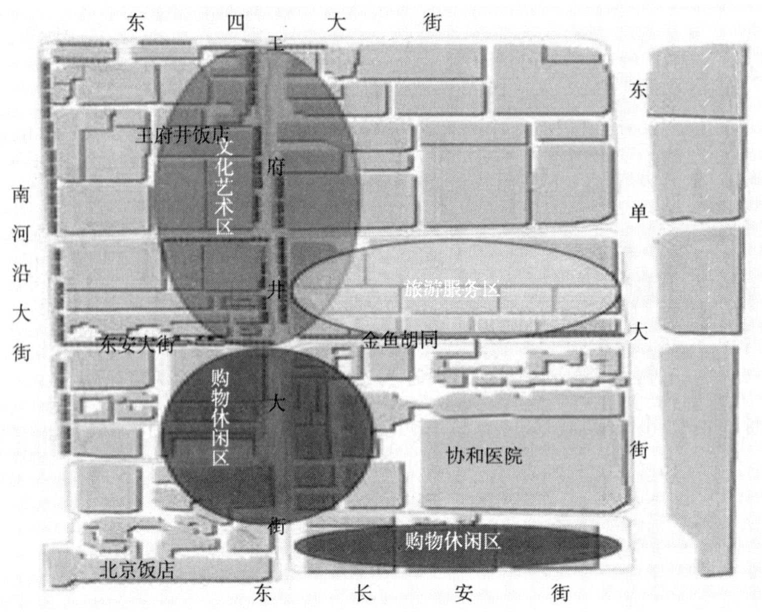

图3－3　王府井商业规划

资料来源：中国商业街网 www. ccws. com. cn。

购物休闲区的范围是从东华门大街到王府井小吃街，从金鱼胡同到东单三条，该片区域是历史上王府井的核心商业区，区域内有很多传统商业老字号，包括新东安市场、王府井百货大楼和瑞蚨祥等。该区域将进行改造，引入国际一线名品的附属品牌，实现这一区域的商业价值，改善目前中低档专卖店集中的现象，并使之逐步退出该区域。

（二）成熟的商业集群是多种竞争类型的聚合体

通过实地观察得知，城市中经常会出现出售相似商品的店铺（或批发市场）的集聚形态，根据空间经济理论，其集聚力是通过两类“经济人”（企业与消费者）之间的市场相互作用而产生。在空间条件下，收集信息的费用与企业的区位及消费者的区位都有关系。每个企业都认识到它的最优选择（区位和价格）依赖于它所供给的产品的需求。这种需求本身又依赖于消费者的分布，这就说明消费者的选择直接影响企业的选择。反过来，消费者的最优选择（区位和消费）又依赖于企业的整体分布情况。这就在两种分布之间产生了空间的相互依赖，这种相互依赖需要通过企业与消费者间的竞租函数的相互影响来解决。因此，两类“经济人”（企业和消费者）的多次博弈最终导致一种均衡，即在均衡的区位与价格条件下（满足一定假设），消费者与企业达到各自的效用（或利润）与利润最大化，且是最优效率的。这便是空间经济理论数理模型解释商业集群的各类集聚形态运行机理的主要思想。①

从发育历程和现实构成来看，商业集群是多种竞争类型的空间聚合体，既有众多中小商业企业之间近似于充分竞争类型，又有一些中小商业企业因差异化竞争而形成的垄断竞争类型，还有少数几家大商场之间的寡头竞争类型。如北京王府井百货大楼与东安市场之间、上海南京路第一百货公司和第十百货公司之间就是此种竞争类型。

现实中，商业集群是是由最低级集聚形态向高一级集聚形态逐步演化的，即由初始性集聚（商业企业与消费者互相适应对方需要而形成的集聚类型）起步，经由成长性集聚（由差异化竞争而形成的垄断竞争类型，新企业不断加入集聚区而产生的集聚）形态和标志性大型商场集聚（寡头竞争的集聚类型）形态加入，最终形成成熟的集群形态。本研究所分析的商业集群类型大体上都经历了这样一个集聚演变过程：初始性集聚使得商业集群初具形态；成长性集聚阶段因新企业不断进入，使“集群”规模不断扩大；标志性集聚阶段因大型商场进入使“集群”知名度提高，品牌更加响亮，吸集力和辐射力增强。伴随着商业企业集聚形态的演进，为其服务的第三产业企业也随之集聚和发展。如是，商业集群的枢纽市场功能和城市的商贸流通中心功能随之增强，城市及其周边地区的区域经济得以快速发展。

① 过去，主流经济学研究三大问题：生产什么、为谁生产、怎样生产，却忽略了“在哪里生产”即生产活动的空间定位问题。主流经济学之所以忽略空间问题，是因为没有掌握描述空间的手段。由于空间经济学本身的某些特征，使得它从本质上就成为主流经济学家过去掌握的那种建模技术无法处理的领域。这种特征就是指存在收益递增时的市场结构问题。反过来，为什么传统的空间经济理论长期以来没能融入主流经济学？就是因为传统的空间经济理论有致命的缺陷——没有明确说明市场结构，所有模型都是在规模报酬不变和完全竞争这些便利条件下进行分析，没有找到某种方式来处理规模经济和寡头垄断问题，才使得经济的空间问题成为主流经济学的盲点。

如前所述，商业集群的市场结构符合空间经济理论对集聚动因分析的基本假设条件。因此，我们可以在基于不完全竞争的市场条件下，引用Fujita and Thisse（2002）的几个数理模型，对商业集群的各类集聚形态的集聚动因进行理论解释。[①]

如图3－4所示，本研究对商业集群的集聚动因分析路径由两个维度构成：一是理论模型分析，即在引用空间经济理论模型的基础上，构建了初始性集聚、成长性集聚与成熟性集聚等数学模型，通过数学推导证明，在空间集聚与均衡的条件下，企业利润的大小与消费者的集聚密度正相关，而消费者的效用大小又与企业的集聚密度正相关；二是通过对典型商业集群类型的具体分析，包括传统商业街的商业集群、城市商务中心区（BCD）的商业集群、购物中心（Mall）的商业集群、专业市场的商业集群以及义乌的市场集群等，剖析了它们共有的集聚动因，即集聚体形成了对集聚利益

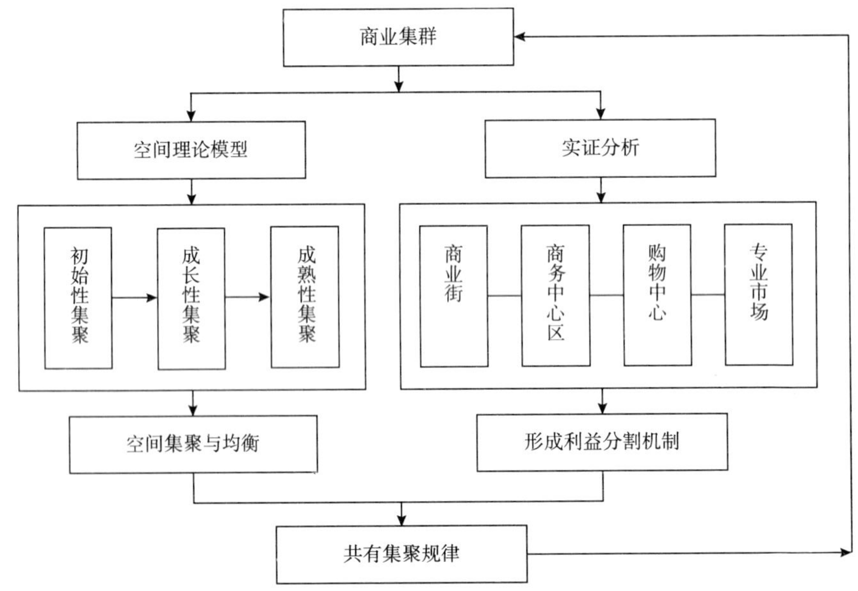

图3－4　商业集群理论分析框架

① 藤田昌久、雅克·弗朗科斯·蒂斯：《集聚经济学：城市、产业区位与区域经济增长》，刘峰、张雁、陈海威译，西南财经大学出版社，2004，第283～342页。

分割的共赢机制①。然后，通过对两个维度的归纳分析，最终总结出商业集群的共有集聚规律，这些规律反过来又会促使商业集群的不断发展与稳固，从而形成一种关于商业集群发育、发展的良性互动循环过程。

二　商业交易双方空间集聚与均衡

在传统的分析中，城市中心的出现主要依赖于经济人之间非市场相互作用（外部性）的存在，最典型的是高活动水平的商务中心区的出现。但是，在现实世界中，我们经常会观察到出售相似商品的店铺的集聚（商业集群）。在这种情况下，其集聚力是通过企业与消费者之间的市场相互作用而产生。根据空间经济理论，我们在分析其集聚现象时，就必须在产品市场中考虑到报酬递增和不完全竞争的存在，因而构建数理模型的主线为：在产品市场上的垄断是均衡集聚出现的必要条件。

在空间条件下，收集信息的费用与消费者的区位及企业的区位都有关系。每个企业都认识到它的最优选择（区位和价格）依赖于它所供给的产品的需求。这种需求本身又依赖于消费者的分布，这就说明消费者的选择直接影响企业的选择。反过来，消费者的最优选择（区位和消费）又依赖于企业的整体分布情况。这是因为不同的企业销售不同的产品，而消费者又偏爱多样性。所以，他们购物活动的分布是跨区的，他们购物的旅行轨迹是随着每个区位提供的产品数量的变化而变化的。这就在两种分布之间产生了空间的相互依赖，这种相互依赖需要通过企业与消费者间的竞租函数的相互影响来解决。因此，两类经济人的多次博弈最终导致一种均衡，即在均衡的区位与价格条件下（满足一定假设），消费者与企业达到各自的效用与利润最大化，且是最优效率的。这便是构建空间经济理论数理模型以解释商业集群的主要思想。

本节以 Fujita and Thisse（2002）的理论模型为依据，在基于不完全竞争的市场条件下，构建了各类商业集群的集聚机理模型。②

① 笔者认为，专业市场与市场集群的集聚动因是相似的，故分析框架只列出专业市场的集聚动因分析。

② *fujita and Jacques - Francois Thisse. Economics of Agglomeration By Masahisa*, Through Cambridge University Press, 2002.

（一）消费者搜寻与商店的集聚[①]：初始性动因分析

1. 基本假设

（1）消费者在区间［0，l］上均匀分布，企业销售不同种类的类似产品，收集信息的费用与消费者的区位及企业的区位有关系。

（2）同一企业产品的不同种类均匀地分布在一个单位长度的圆环 C 上，i 企业的区位 r_i 代表其产品在特征空间 C 上的位置，区位 r 代表了一个消费者的理想消费品的区位。

（3）运输费用 $s|r-r_i|$ 对应于消费者没有消费其理想产品的效用损失，其中，$|r-r_i|$ 代表 r 和 r_i 之间相对较短的那段弧长。

（4）一个消费者由两个参数定义，即他在地理空间［0，l］上的区位 x，以及他在特征空间 C 上的理想产品的区位 r，且这两种分布是相互独立的，消费者在以 C 为底、以 l 为高的圆柱体上的分布（x，r）是均匀的。

（5）运输有非凸性（有最大的运输费用），消费者每进行一次单独的旅行时都需要承担一个正的固定成本 t_0，$t|x-y|$ 表示一次单程旅行（如购物）的成本。

2. 理论模型

在此，我们可以定义光顾 i 企业的消费者（x，r）的间接效用函数为：

$$V_i(r,x) = Y - p + u - s|r - r_i| - 2(t_0 + t|x - y_i|) \qquad (3-1)$$

其中，p 为一般的固定价格，s 为一个消费者不消费其理想产品的边际效用损失（也称之为对应费用），y_i 为企业 i 的内生区位，t_0 为固定的运输成本，u 为消费者效用。

模型求解思路：如果想要一个由企业组成的集聚的均衡，只要研究这样一种情况就可以：$M-1$ 个企业集中布局在区位 y_c，而剩余的一个企业（称之为 M）独自布局在区位 y_1（$y_1 \neq y_c$），只要能证明这个企业加入到 $M-1$ 个企业的集聚体中可以获得更大的利益，则说明集聚是企业的

① 该模型主要用来解释购物中心和城市市场集群的集聚机理。*Economics of Agglomeration By Masahisa Fujita and Jacques - Francois Thisse*，Throuh Cambridge University Press，2002.

最佳选择。

那么，令 $\Delta \equiv |y_c - y_1| > 0$，在这样一种布局中，一个消费者的搜寻计划就包含由以下两部分所组成的决定：一是从哪里开始；二是到哪里结束。

模型求解原理：一个消费者有两个可能的计划，或者从企业集聚体开始，然后有可能继续去那个独自布局的批发企业，或者是正好与此相反的另一过程。在这两种情况下，消费者都会根据一种停止规则来选择一种依次搜寻的方法。① 最优的搜寻方法就是直到在特征空间 C 中找到自己的"保留差距"（是指产品品质）以内的产品以前，一直继续搜寻。这意味着从第一家企业购买商品的消费者所购买的商品与理想商品的差距小于或者等于距离差距 D，在这一点消费者继续搜寻所获得的效用等于其继续搜寻所花费的成本。当消费者光顾的一个企业，其中的商品没有落入其"保留差距"之内时，搜寻活动继续进行。

消费者（x，r）首先浏览企业集聚体。当浏览企业集聚体中一个新的企业时，这个消费者必须承担一个独立于其品位和区位的成本 k。因为所有的消费者都知道产品是沿圆环 C 等距分布的，当产品的数量 M（也指企业数量）非常大，而继续搜寻所获得的利益非常小时，消费者的行为就好比是产品沿 C 均匀分布的一样（要付出比较多的搜寻费用）。

当消费者已经浏览完了企业集聚体中的一些企业，而最符合要求的商品与理想商品之间的距离为 D 时，那么，消费者浏览企业集聚体中的另一家企业所获得的效用可以由下面的表达式定义（假定产品是沿 C 均衡分布的）：

$$
\begin{aligned}
B(D) &= \int_0^D [(Y - p + u - s\delta) - (Y - p + u - sD)]\,d\delta \\
&= \int_0^D (sD - s\delta)\,d\delta \qquad (3-2)
\end{aligned}
$$

那么，将获得的期望效用与继续搜寻的成本之间画上等号就可以得出集聚体内的保留距离 D_c，也就是说 D_c 是下面这个方程的唯一解：

$$
B(D) = k \qquad (3-3)
$$

① 因为价格是固定的且在批发企业间是无差异的，唯一影响采购者是否需要继续搜寻的决定要素就是其所遇到的商品质量是否与理想产品相一致。

其中，k 为浏览集聚体中一个新企业的成本。

当在企业集聚体的某个企业中所找到的产品与理想产品的差距小于或等于 D_c 时，搜寻就停止。换句话说，典型的消费者拥有一个“接受带”，这个接受带以其理想产品为中心，长度为 $2D_c$。保留距离 D_c 随着搜寻成本 k 的增加而增加，随着对应成本 s 的增加而减少。此时，s 和 k 必须满足关系式 $D_c=\left(\frac{2k}{s}\right)^{\frac{1}{2}}<\frac{l}{2}$，否则的话，就不会再进行搜寻，并且，消费者从他将要去的集聚体中任何一家企业采购的可能性都等于 $2D_c$，并且对于不同的消费者来说，D_c 是相等的。

具体来看，消费者从集聚体中任一家厂商购物的可能性为 $2D_c$，其概率分布函数为 F（D_c）：

$$F(D_c)=\begin{cases}0 & D_c<0\\ 2D_c & 0<D_c\leqslant l/2\\ 1 & D_c>l/2\end{cases} \tag{3-4}$$

集聚体中 $m-1$ 个厂商产品与消费者理想产品的距离都大于或等于 R 概率，即消费者不在集聚体内购买的概率为：

$$G(D_c)=[1-F(D_c)]^{m-1}=[1-2D_c]^{m-1} \tag{3-5}$$

如果那个孤立的企业 M 所提供的商品与消费者理想商品的距离为 D_1，当且仅当从集聚体中购物的期望收益不超过其到达孤立企业的运输费用时，消费者才会从这个孤立企业中购买。而消费者在集聚体中持续搜寻相关的期望获益时，消费者从集聚体到孤立厂商搜寻的相关期望收益 E（R）为：

$$\begin{aligned}E(R)&=(Y-p+u-sD_c)-[s(D_1-D_c)+k_l](1-2D_c)^{m-1}-(Y-p+u-sD_1)\\&=s(D_1-D_c)-[s(D_1-D_c)+k_l](1-2D_c)^{m-1}\end{aligned} \tag{3-6}$$

其中，$1-2D_c$ 为消费者在集聚体中以成本 k 浏览一个新企业时没有找到符合其“接受带”要求的产品的可能性。因此，在孤立企业 M 处的保留距离 D_1 由以下方程决定：

$$s(D_1-D_c)-[s(D_1-D_c)+k_l](1-2D_c)^{m-1}=t_0+t\Delta \tag{3-7}$$

其中，$t_0+t\Delta$ 为到达集聚区的运输成本。

$$D_1 = D_c + \frac{k(1-2D_c)^{m-1}+t_0+t\Delta+k}{s[1-(1-2D_c)^{m-1}]} \text{①} \quad (3-8)$$

当企业集聚体为首先浏览的对象时，对其所抱的期望总是较高，因为这里提供了更多种类的产品。但是，分别由 T_c 和 T_1 代表的消费者到达集聚体的运输费用和到达孤立企业的运输费用会随着采购者区位 x 的变化而变化。当集聚体与孤立企业间的距离不超过 $\Delta(M)$时，关于 M 和 Δ 的条件可以充分（但并非必要条件），这说明对于所有消费者来说，运输费用的差别（T_1-T_c）都为正值。

3. **基本结论**

由此，我们可以得到以下结论。

定理 3.1 若有 M－1 个企业布局在 y_c 而剩余的一个企业布局在 y_1，如果 M 足够大，那么就存在一个距离 $\Delta(M)$，当集聚体（商业集群）与孤立企业间的距离不超过 $\Delta(M)$ 时，所有的消费者都选择首先光顾集聚体。并且，$\Delta(M)$ 随着 M 的增加而增加。

令 $M>\tilde{M}\equiv\max\{\Delta^{-1}(M),\ 2D_c\}$，那么，如果一个企业的布局区位与集聚体间的距离达到 $\Delta(M)$，那么所有的消费者都会选择首先光顾集聚企业体。另外，因为 $M>2D_c$，每个消费者都会发现在集聚体中存在一种产品小于其保留距离，这意味着孤立的企业根本没有消费者光顾。因此，这个企业加入集聚体分享 $1/M$ 的市场份额肯定要好于其现在孤立的状况。如果城市区足够小且满足 $\Delta(M)\geqslant l/2$，那么所有的消费者都会从企业集聚体中购物。

定理 3.2 假设有 M 个企业销售不同种产品，且消费者连续域不清楚哪家企业销售哪种产品，如果 $M>\tilde{M}$，且 $\Delta(M)\geqslant l/2$ 时，则：

$y_i^*=y^*\in[\max\{0,\ l-\Delta(M)\},\ \min\{\Delta(M)-l/2,\ l\}]$，对于 $i=1,\ \cdots,\ M$，是一个纳什均衡。

---

① 本式可能不存在正解，如果这种情况发生，那么 D_1 随着运输费用（t_0 和 t）的增加而增加，也随着孤立企业与集聚体之间距离 Δ 的增加而增加，更为重要的是，随着对应成本 s 的增加及集聚体中企业数量的增加而减少。因此，集聚体的吸引力随着其规模的增大而增大，随着消费者的对应成本 s 的增加而增大。

定理 3.2 是说，当城市的规模足够小时（或者当由 t 度量的产品运输成本比较低时），且构成集聚体的企业的数量 M 足以吸引所有的消费者时，消费者对于不同企业所提供的差异产品的信息的缺乏就会导致企业完全集聚在一个区位的现象出现。

（二）垄断竞争与购物区的形成[①]：成长性动因分析

1. 基本假设

（1）经济中存在两种类型的商品：第一类商品是相似商品，它在完全竞争的市场中提供并作为计价物；第二类商品是具有水平分工差异的商品，它在具有规模报酬递增和不完全竞争特点的市场中生产。

（2）经济中存在一个企业的连续域 M[②]，每个企业都销售有差别的产品，它们面临一条向下倾斜的需求曲线，还存在一个消费者的连续统 N，每个消费者都需要固定数量 S_h 的土地，他们的偏好是相同的。

（3）所有的未知数都用一个密度函数来表示，不存在范围经济。

（4）每个企业都拥有相同的技术，使用固定数量 S_f 的土地，承担固定成本 f 以及按单位价格衡量的不变的单位销售成本 c，企业的所有者是缺席的股东。

（5）分布空间是线性的，用 $X(-\infty,+\infty)$ 表示，每一区位的土地数量都等于 1，土地由缺席的股东拥有，土地的机会成本为 R_A。

（6）单位交易产品的单位运输距离成本为 t，不考虑运输产品的差异。[③]

2. 理论模型

基于以上假设，从消费者的需求角度来看，消费者的可加效用可以由下面函数表示，该效用函数对于所有的产品都是对称的：

$$U\{z;q(i),i\in[0,M]\}=\int_0^M u[q(i)]di+z \qquad (3-9)$$

---

① 本模型的设计是用来说明产销一体化的企业与消费者的区位选择机理的，笔者认为此模型也可以用来解释多种类型的商业集群的集聚机理，如商务中心区、专业市场（经过改造）等商业集群类型。

② 自由进入条件的增加，可以使我们在零利润的条件不确定企业的数量 M。

③ 换句话说，运输成本在距离和数量上是线性的。

其中 u 是严格凹的，并在达到饱和水平以前是递增的，$q(i)$ 表示 $i \in [O,M]$ 产品的数量，z 为计价标准的数量。

不存在多目标的旅行（为简化分析），如果提供产品 i 的企业的区位是 $y(i) \in X$，那么位于区位 $x \in X$ 的消费者的预算约束条件就可以表示为：

$$\int_{o}^{M}[p(i)+t|x-y(i)|]q(i)di+R(x)S_h+z=Y \qquad (3-10)$$

其中，Y 是消费者的收入（给定的），且对于所有消费者来说都是相同的；p（i）是第 i 种产品的价格；$R(x)$ 为区位 x 的地租；收入 Y 大得足以使每个人的最优消费是严格正的。

根据假设可知，在同一区位 y 所有产品的均衡价格都为 p（y）。由于 u 是凹的，所以，区位 x 每一消费者在 y 区位购买的每种产品的数量都为：

$$q[i;x;y(i)=y]=q(x,y)$$

如果 $m(y)$ 是区位 $y \in X$ 的企业密度，那么区位 x 消费者的间接效用函数就可以表示为：

$$V(x)=\int_{x}u[q(x,y)]m(y)dy-\int_{x}[p(y)+t|x-y|]$$
$$q(x,y)m(y)dy-R(x)S_h+Y \qquad (3-11)$$

另外，从供给方面（企业）来考虑，如果区位 x 的消费者数量（也就是密度）为 $n(x)$，那么在区位 y 的一个企业的利润函数为：

$$\pi(y)=[p(y)-c]\int_{x}q(x,y)n(x)dx-R(y)S_f-f \qquad (3-12)$$

我们从 3－11 和 3－12 中可以得出如下结论。

（1）给定企业密度 $m(y)$、价格 $p(y)$ 以及地租 $R(x)$，每个消费者都会选择一个区位 x 以及需求分布 $q(x,y)$，以最大化其间接效用函数（3－3）；

（2）给定消费者密度 $n(x)$、产品购买量 $q(x,y)$ 及 $R(y)$，每个企业都会选择一个区位 y 以及价格 $p(y)$，以使其利润（3－4）最大化。

显然，均衡就是不同区位的消费者都达到同样的效用水平，每一区位的企业都得到同样的利润。

3. 模型求解：空间均衡

从 3－11 和 3－12 可以看出，要解出这两个式子非常困难，为了求解的方便，假设效用函数（3－9）是一个熵函数：

$$u(q)=\begin{cases}\frac{q}{\alpha}(1+\log\beta)-\frac{q}{\alpha}\log\frac{q}{\alpha} & q<\alpha\beta\\ \beta & q\geqslant\alpha\beta\end{cases}\tag{3-13}$$

其中，α 和 β 是两个正的常量，它们使得 u 在 $q=\alpha\beta$ 上是严格凹的。

虽然效用函数（3－9）是加合的，参数 α 可以解释为产品差异程度的反向表示方法：α 越高，则产品间的差异程度就越小，并且，效用水平是随着 M 严格递增的，这意味着（3－9）表示对产品差异性的偏好。β 越高，则每种产品的饱和度也越高。[①]

通过求解，我们可以得到在垄断竞争条件下使企业利润最大化的价格：

$$p^{*}\equiv p^{*}(y)=c+1/\alpha \tag{3-14}$$ [②]

$$V(x)=\gamma\int_X m(y)\exp(-\alpha t|x-y|)dy-R(x)+Y \tag{3-15}$$

$$\pi(y)=\gamma\int_X n(x)\exp(-\alpha t|x-y|)dx-R(y)-f \tag{3-16}$$

其中，$\gamma\equiv\beta\exp-(\alpha c+1)$。

这两个表达式表明，在经济人之间的“相互作用”发生在不同类型的经济人之间，这也意味着企业是被消费者所吸引，而消费者又被企业所吸引。

对比（3－15）和（3－16）可以看出，两种类型的经济人的行为是完全对称的[③]。至此，我们可以定义消费者与企业的竞租函数如下：

$$\Psi(x,U^{*})=\gamma\int_X m(y)\exp(-\alpha t|x-y|)dy+Y-U^{*} \tag{3-17}$$

$$\Phi(y,\pi^{*})=\gamma\int_X n(x)\exp(-\alpha t|x-y|)dx-f-\pi^{*} \tag{3-18}$$

未知量为 $m^{*}(x)$、$n^{*}(x)$、$R^{*}(x)$、U^{*} 和 π^{*}，均衡条件为：

---

① 注意熵函数形式的效用函数与 CES 的对应关系。

② 注意（3－14）中的价格是与企业及家庭的空间分布无关的，与企业的区位及运输成本率 t 也是无关的，本研究将在所考虑的、非常简单的模型中发现这些特点存在的原因，在后面的研究中将会逐一进行解释。

③ 在（3－15）中的最后两项［$Y-R(x)$］代表位于不同区位的消费者间的收入差别，在（3－16）中的两项［$f+R(x)$］代表了不同区位的企业的固定成本的差别。

$$R^*(x) = \max\{\Psi(x,U^*),\Phi(x,\pi^*),R_A\} \quad (3-19)$$

$$\Psi(x,U^*) = R^*(x) \quad n^*(x) > 0 \quad (3-20)$$

$$\Phi(x,\pi^*) = R^*(x) \quad m^*(x) > 0 \quad (3-21)$$

$$n^*(x) + m^*(x) = 1 \quad R^*(x) \geqslant R_A \quad (3-22)$$

$$\int_X m^*(y)dy = M \quad (3-23)$$

$$\int_X n^*(y)dy = N \quad (3-24)$$

由此，我们可以总结出以下特征。①

①竞租函数 $\Psi(x, U^*)$ 的曲线在商务区 $[m(x)=1]$ 是严格凹的，在居住区 $[n(x)=1]$ 是严格凸的。

②竞租函数 $\Phi(x, \pi^*)$ 在任何商务区是严格凸的，在任何居住区是严格凹的。②

③城市对称布局的结果是：城市必须包含一个唯一的混合区域，这个混合区域由两个商务区或两个居住区所包围，这个中心的混合区肯定是企业和家庭间的相互吸引所产生的集聚力的结果，且只有两种可能的空间布局：一是所有的企业以及部分消费者构成的中心区由两个居住区包围；二是所有的消费者以及部分企业构成的中心区由两个商务区包围。

4. **基本结论**

根据以上的均衡结果，我们可以通过分析第一种情况，得出相关定理。③

定理 3.3　*在城市中心总是存在一个唯一的空间均衡。④ 这个均衡表现为以下特征。*

(1) 当 $M<N$ 时，所有的企业都以一个小于 1/2 的不变密度集聚在中心区，这个中心区还集聚了一部分消费者，而其他的消费者则居住在该中心区附近的两个区域内。

① 这些特征将在附录 A. 1 中得到证明。

② 这避免了下面情况的出现：一个由一种类型经济人构成的专业区由两个另外一种类型的经济人（全部或部分）组成的专业区包围。

③ 第二种情况的推导过程与第一种情况相类似。

④ 该空间均衡可以证明是有效率的。见附录 A. 2。

（2）当 $M>N$ 时，所有的消费者都以一个小于 1/2 的不变密度集聚在中心区，这个中心区还集聚了一部分企业，而其他的企业则集聚在包围该中心区的附近两个区域内。

（3）当 $M=N$ 时，城市由一个唯一的混合区构成，密度恒为 1/2。

（三）寡头竞争与零售商的集聚[①]：成熟性动因分析

1. 基本假设

（1）企业销售有差别的产品而消费者有多样性的偏好。

（2）有限数量的 M 个企业的行动是有策略的。

（3）消费者在空间 $X(0,l)$ 上的分布是固定的，且分布是均匀的。

（4）企业不消费土地。

（5）每个消费者都在单位时间内购买固定数量 $\bar{q}>0$ 的差别产品[②]：

$$\sum_{i=1}^{M} q_i = \bar{q} \tag{3-25}$$

（6）效用函数 U 有一个统一的表达形式[③]：

$$U = \begin{cases} \sum_{i=1}^{M} q_i - \sum_{i=1}^{M} \frac{q_i}{\alpha}\log q_i + z & \sum_{i=1}^{M} q_i = \bar{q} \\ -\infty & \text{其他} \end{cases} \tag{3-26}$$

2. 理论模型及求解

（1）从消费者的角度分析。

---

① 本模型用来解释商业街的商业集群。*Economics of Agglomeration By Masahisa fujita and Jacques – Francois Thisse*, Throuh Cambridge University Press, 2002.

② 这个限制条件意味着企业在一个给定的市场规模中争夺顾客。

③ 该式来源于：假设效用函数 $U(z;q(i),i\in[0,M]) = \sum_{i=1}^{M} u(q_i)di + z$ 是一个熵函数，即：$u(q) = \frac{q}{\alpha}(1+\log\beta) - \frac{q}{\alpha}\log\frac{q}{\alpha} \quad q<\alpha\beta=\beta \quad q\geqslant\alpha\beta$。其中，$\alpha$ 和 β 是两个正的常量，它们使得 u 在 $q=\alpha\beta$ 上是严格凹的。虽然效用函数是加合的，参数 α 还是可以解释为产品差异程度的反向表示方法：α 越高，则产品间的差异程度就越小，并且，效用水平是随着 M 严格递增的。此外，β 越高，则每种产品的饱和度也越高。

在以上假设条件下，消费者的效用可以表示为：

$$U(z;q_i,i=1,\cdots,M)=\sum_{i=1}^{M}u(q_i)+z \text{①} \tag{3-27}$$

消费者在 $x\in X$ 的预算约束为：

$$\sum_{i=1}^{M}(p_i+t|x-y_i|)q_i+z=Y \tag{3-28}$$

其中，p_i 为销售产品 i 的企业 i 所选择的销售价格（没有运费的价格），$y_i\in X$ 为这个企业所选择的区位。

我们利用标准的最优化方法，就可得到②：

$$q_i^*(x)=\frac{\exp-\alpha(p_i+t|x-y_i|)}{\sum_{j=1}^{M}\exp-\alpha(p_j+t|x-y_j|)}\bar{q} \tag{3-29}$$

其中，x，$y_i\in X$，（3-29）表明，某一企业的产品销售量不仅要依赖于企业的价格 p_i 和区位 y_i，还要依赖于企业的所有竞争对手所选择的价格和区位（$j\neq i$）。

在垄断竞争模型中，价格的弹性与区位不相关且等于 αp_i，而在寡头模型中，价格弹性等于 αp_i [$1-P_i$（x）]，这时的价格弹性是依赖于区位的，其中：

$$p_i(x)\equiv\frac{\exp-\alpha(p_i+t|x-y_i|)}{\sum_{j=1}^{M}\exp-\alpha(p_i+t|x-y_j|)} \tag{3-30}$$

（3-30）被称做是多项式逻辑模型（multinomial logit）。③ 在此假设每

---

① 这个表达式中企业的数量是有限的（表明是寡头垄断的市场结构）。

② 参见安德生（Anderson）等人（1992，第3章）。

③ 该模型来源于 McFad-den（1974），经常是给出一个概然说的解释，可以在 Anderson（1992）等人的著述中找到。在此情况下，假设消费者在做出决定时会同时受到有形因素和无形因素的影响，而这些因素的重要性又会随着外部条件的变化而变化，这意味着消费者的购买决定并不完全取决于价格，还明显地会受到不同消费者对企业的具体因素的不同感觉的影响。这种行为意味着位于同一区位的消费者对于企业在策略上所做出的单方面改变，就会有不同的反应，可能会有一大堆的因素影响到消费者的购买行为，这使得企业在判断消费者对其降价行为的反应时产生困难。换句话说，企业可以为以下行为在0和1之间指定一个可能性，某一具体消费者在某一特定的日期是否会通 （转下页注）

个企业在选择价格和区位时都已经认识到价格弹性的影响。因此，企业间在价格和区位上的策略都会彼此影响，而这又会导致一个包含更多企业且更为复杂的相互作用模式。

如果只有两个企业（$M=2$），且这两个企业位于 $0<y_1<y_2<l$ 的区位中，价格为 p，那么，我们根据数学推导过程，很容易证明：

$$q_1^*(x) = \frac{\bar{q}}{1+\exp-\alpha t(y_2-y_1)} \quad x\in[0,y_1] \tag{3-31}$$

$$= \frac{\bar{q}}{1+\exp-\alpha t[y_2-y_1+2(y_1-x)]} \quad x\in[y_1,y_2] \tag{3-32}$$

$$= \frac{\bar{q}}{1+\exp\alpha t(y_2-y_1)} \quad x\in[y_2,l] \tag{3-33}$$

该表达式说明，对于商店1的产品需求在其腹地是最高的，而当 x 从 y_1 向 y_2 移动时逐渐递减，直至当 x 到达其竞争对手的腹地时对于商店1的产品的需求降到最低，并且，$q_1^*(x)$ 在 $[y_1,\bar{y}]$ 上是凹的，而在 $[\bar{y},y_2]$ 是凸的，其中 $\bar{y}$ 是两个企业的中点。当且仅当 x 与商店1的距离小于其与商店2的距离时，$q_1^*(x)$大于 $q_2^*(x)$，而在 $x=\bar{y}$ 时，两个企业的产品需求都为 $\bar{q}/2$。

如果有一个孤立的企业位于区位 y_1，而另外（$M-1$）个企业都布局在区位 y_2，我们可以直接证明得出：

$$q_1^*(x) = \frac{\bar{q}}{1+(M-1)\exp-\alpha t(y_2-y_1)} \quad x\in[0,y_1] \tag{3-34}$$

$$= \frac{\bar{q}}{1+(M-1)\exp-\alpha t[y_2-y_1+2(y_1-x)]} \quad x\in[y_1,y_2] \tag{3-35}$$

$$= \frac{\bar{q}}{1+(M-1)\exp\alpha t(y_2-y_1)} \quad x\in[y_2,l] \tag{3-36}$$

（接上页注③）过更换购买商品的企业来对其价格变化做出反应，而通过假设消费者最大化其随机效应可以模型化这一过程。这隐含着企业销售不同种产品，而消费者的效用可能性则表示其在购物时与企业相遇的可能性。即使价格是不变的，消费者也可能在不同的时期从不同的企业购物。选择可能性的价值依赖于商品的完整价格 $p_i(x)$：价格越低则越排在前面，价格越高则越排在后面。因此，消费者的行为可以总结为从最便宜的商店里购买商品。企业 i 的期望需求等于在整个市场空间上对其产品选择的可能性的总和；当 β 在严格正的情况下，价格和区位都是连续的。但是，利润的连续性不足以满足均衡的存在条件。对于参数的附加限制是必要的：与个人偏好组成要素的差异相比较，运输成本的重要性较小。

此表达式说明，当集聚在区位 y_2 的企业个数上升时，对企业 1 的产品需求下降，这使得集聚的企业作为一个整体更具有吸引力；当集聚在区位 y_2 的企业个数不多或是产品的差异程度不是特别大的话，或是这两种情况都出现时，企业 1 在其腹地内以及与其他企业结合的部分区位有需求，这个需求量超过了布局在市场中心（其他企业集聚在一起）的单个企业产品的需求量；若集聚在区位 y_2 的企业个数足够多或是产品存在足够大的差异，或者这两种情况同时发生时，这种与其他企业分离所产生的优势就会消失，市场的中心成为最具有吸引力的区位。

这种情况与 Reilly（1931）在零售模型中所提出的引力原理是一致的（即 Reilly 法则）。[①]

（2）从企业的角度分析。

根据以上假设，企业 i 的利润可表述为：

$$\pi_i(p;y) = (p_i - c)\int_0^l q_i^*(x)dx \tag{3-37}$$

如果所有产品的价格 p_i 都是固定且相等的（即在这里不考虑价格因素的影响），那么，最大化利润就等于最大化需求，则可以证明当且仅当 $1/\alpha tl \geqslant (1-2/M)/2$ 时，M 个企业在 $l/2$ 区位的集聚是一个纳什均衡。[②]

这说明，如果给定 M 的话，α 增大，t 也增大或者 α 和 t 都增大，企业集聚力就会减弱，选择一个局部的市场所获得的利益要大于选择中心区位所获得的利益。相反，如果产品差异的增大或是运输费用的下降，或者这两种情况同时发生时，只要 $\alpha tl \leqslant 2$，任何企业在中心的大规模集聚都是一种均衡。

3. 基本结论

根据以上分析，如果考虑到企业同时为价格和区位进行竞争的话，我们可以得出以下结论。

定理 3.4 考虑 M 个企业为销售价格和区位进行竞争，那么，当 $\alpha tl \leqslant 2$

---

① Reilly 认为两个区位间的距离是影响经济人之间相互作用的因素，区位规模对消费者更具有吸引力。

② 以上定理是对 $\pi_i(p,y) = (p_i - c)\int_0^1 q_i^*(x)dx$ 进行演化而来的，证明过程参见安德生（Anderson）等人（1992，第 9 章）。

时，$p_i^* = c + M/\alpha\ (M-1)$ 和 $y_i^* = l/2$，$i = 1$，…，M，构成了一个纳什均衡。[①]

该定理表明，产品的差异性足够大或运输成本足够低，或者这两者同时出现时，就会维持 M 个商店集聚于市场中心的局面，且可以证明市场中心是唯一的集聚均衡区位。[②]

第四节　商业集群与城市、区域经济发展的互动关系

商业集群是众多植根于一定社会文化环境的、专业化的、相互关联的商业企业及服务企业，为获得竞争优势而集聚在一定区域范围内形成的集聚体。城市化直接表现为人口向城市的集中，特别是农村人口向城市人口的转化，产业（包括商业）和生产要素的集聚则是城市化的根本动力。城市化水平的提高必须依托于工业化的推进及商业集群规模的扩大。商业集群能带来外部经济和规模经济的好处，并能提高区域经济竞争力，是推进新型工业化的有效载体，这种互动作用决定了商业集群是城市化的重要助推器。反过来，在城市化发展进程中，商业集群发展的外部环境也会逐步得到改善。城市化的过程也就是城市功能不断提升及区域经济发展的演变过程，因此，从某种意义上说，商业集群能够促使城市功能的跃迁及区域经济的发展。

一　商业集群对城市功能跃迁的作用

城市功能是指城市这种特定的组织形式对经济文化等社会活动产生的影响及发挥的作用。[③] 城市经济学认为，城市是一个坐落在有限空间地区内各种市场如住房、劳动力、土地、运输等相互交织在一起的网状系统。

---

① 在此，消费者的布局是固定的，因此，不存在消费者和企业区位的相互作用而产生的相互吸引力。引入一个包含土地弹性需求的土地市场会增强集聚的趋势，见 Fujita and Thisse（1991）。该均衡可以证明是有效率的，详细见附录 B. 1。

② 在 Hotelling 考虑的两阶段博弈中，企业首先选择区位，第二阶段再选择价格，上面所见与这样一种博弈基本上是相同的。参见安德生（Anderson）等人（1992，第 9 章）。

③ 社会学中功能主义学派认为，城市为人类提供重要的生活环境，是现代人类文化创造和传播的中心；城市管理学从城市经营管理角度分析，认为城市功能体现为文化承载体、社会生活依托体和经济中心。

城市就是市场的集合，城市存在的最大功能是服务于交易的实现。城市的形成过程集中体现出两种经济效应，即区域经济效应和集聚效应，城市功能正是在这两种效应基础上得以实现。城市功能的本质是将一定地区的人口流、智力流、物质流、能量流、资金流、信息流集聚起来，通过城市活动满足城市内部需要并向其他地区扩散。

商业集群能为城市化集聚生产要素与产业，进而提升城市功能。城市是生产要素及各类经济活动在地理上规模集中的产物。城市化是各种非农产业发展的经济要素向城市集聚的过程，包括农村劳动力向城市第二产业、第三产业的转移以及生产能力在城市的集聚等，其实质是由生产力变革引起的人口和其他经济要素从农村向城市转变的过程。要素（主要是劳动力，即人口）与产业是城市化的两个主要方面，商业为城市和城市化提供了这两个要素，商业集群为城市化提供了要素与产业的集聚力与承载力。在外部性的作用下，商业集群（如商业街、购物中心、商务中心区等）内的企业有着更高的比较优势、要素回报率，而高的回报率吸引着要素向商业集群地区流动和集聚。企业可以因外部性而共享商业集群的专有劳动力市场、专业化的中间投入品以及技术外溢等经济利益，进而直接吸引大量企业进入集聚体。大量企业的进入又最终导致更强的外部经济作用，从而对企业、生产要素产生更强的吸引力，并最终导致商业集群的扩大与稳固。从某种意义上说，商业集群的产生过程，也就是要素集聚与相关产业的形成过程，也是要素在城市集聚的过程以及农村人口转变为城市人口的过程。商业集群吸引大量农村劳动力向城市转移，城镇人口比重上升，社会总产出中城市经济的比重不断上升，区域城市化进程加快。商业集群作为城市经济发展的强大载体，已经成为驱动城市经济发展的核心动力，可以为社会提供大量的就业岗位，带动城市交通、宾馆、展览、服务、商贸、金融等第三产业和旅游业的发展，进而促使城市功能的不断跃迁。

商业集群通过提升城市竞争力促进城市化进程，并提升城市功能。商业集群（如商业街、购物中心、商务中心区等）使集群内企业共享外部经济、范围经济、规模经济利益，提升集群内企业的竞争能力。城市发展是城市化的最重要内容，商业是城市经济发展的主要载体，商业集群的存在必定提升产业竞争力，促进产业的发展，为城市化提供坚实的经济基础，从而有力地推动城市化的进程。商业集群所根植的区域将形成一个经济增长极，可以在区域范围内吸纳资金与技术，对周边地区的增长起到推动刺激作用，从而有利于促进区域、城市的经济发展和竞争力的提高。城市竞争力的提高过程也是城市化的推进及城市功能跃迁的过程。一方面，城市发展是城市化的重要内容；另一方面，城市竞争力的提高将增强城市吸引、控制资源的能力，为城市居民提供更多的福利。城市竞争力的提高带动了城市的经济增长，而经济增长是城市化的基础，能够为城市提供更多的就业机会与福利，从而吸引更多的劳动力进入，扩大需求进而促进城市经济的发展。

城市作为一个"经济景观"，本质上是一种空间集聚的经济，而商业集群是城市化的基础，实践证明，它可以强化产业集群。集聚经济包括同一产业内部同类企业集聚的地方化经济和不同产业多类企业集聚的城市化经济。地方化经济是指一种产业的集聚经济，即位于某个地区某一特定产业内的同类企业集聚而形成的由整个产业扩大而产生的成本节约。地方化经济本质上是一种典型的空间上的外部规模经济。城市化经济是指多个产业的多类企业的集聚经济，即多个产业在城市集中，由于共享基础设施、公共服务等而获得利益。在经济活力外部性的作用下，企业通过集聚可以获得外部规模经济、外部范围经济以及技术外溢和品牌外部性。企业为了获得外部性带来的经济利益，在某个地方进行联合生产是它们的必然选择，企业员工为了减少工作成本和时间等就会选择在企业附近生活，从而形成人口的集中，企业与人口的集中为其他相关产业（如上下游产业、相关配套的服务业等）进入本区域创造巨大的社会需求，从而吸引更多的企业、人口在此集聚，以共享外部性带来的经济利益，其结果是城市形成，城市化由此开始。商业在城市空间的集聚增强了城市持续演进的自我增强动力机制，导致城市地域的外延与扩展。而商业集群的迁移则是城市化在空间上扩张的动力，如郊外购物中心、专业市场的形成等。大城市的商业集群形成后，由于地价盘升、交通拥挤、人工成本提高等原因产生一种离心力，集群企业会向市郊迁移，带动周边地区产业的发展，周边地区的产业集群发展后，将进一步强化商业集群（如专业市场），从而促使城市化水平快速上升及原中心城市功能的跃迁。

二　商业集群对区域经济发展的作用

商业集群对区域经济发展的影响可以运用增长极理论进行解释。增长极概念及其理论是由法国经济学家弗朗索瓦·佩鲁在20世纪50年代提出来的。在分析经济在空间上的非均衡增长时，佩鲁引入了“推动性单位”和“增长极”的概念。所谓“推动性单位”就是一种起支配作用的经济单位，当它增长或创新时，能诱导其他经济单位增长。“推动性单位”可能是一个工厂或者是同部门内的一组工厂，或者是有共同合同关系的某些工厂的集合。“增长极”是集中了推动性单位的特定区域，它是一种具有推动性的经济单位，或是具有空间集聚特点的推动性单位的集合体。经济的增长将首先发生在增长极上，然后通过各种方向向外扩散，对整个经济发展产生影响。区域经济学者把佩鲁的“增长极”概念和思想引入到其研究范畴之中，融入地理空间概念，从而产生了区域经济的增长极理论。“增长极”就是位于城市内的一组产业，通过它对周边产生影响进而推动区域内的经济发展，其核心理论是把“推动性产业”嵌入某一地区后，将形成集聚经济，产生增长中心，推动整个区域经济的增长。在区域经济发展中，商业集群可以作为这一“推动性产业”而存在，它对区域经济发展的助推作用主要体现在以下方面：引导要素集聚，拓展城市地理空间，降低城市化成本，增强城市功能，提供物质支撑，满足居民不断提升的生活需求，等等。

商业集群能通过其类型之一——专业市场的发展，不断提高城市经济的整体竞争能力，进而促进区域经济发展。商业集群的本质是商业企业在地缘基础上相互交流、竞争与合作的一种新的产业组织形式。与分散的产业组织形式相比，集群的最大优势是能发挥内部企业的集聚效应、共生效应、协同效应、区位效应，使集群内的企业具有较强的竞争优势，产业竞争力增强。当商业集群形成后，如专业市场及市场集群的形成，可以通过多种途径提升整个区域的竞争能力，如降低成本、刺激创新、提高效率、加剧竞争等，并形成一种集群竞争力，而这种竞争力是非集群和集群外企业所无法拥有的。集群加剧了竞争，竞争是产业获得核心竞争力的重要动力，竞争不仅仅表现在对市场的争夺，还表现在集群内企业间的相互合作上。商业集群（如专业市场）内大量的相关产业相互集中在特定的地域范围内，由于地理位置接近，集群内部的竞争自强化机制将在“优胜劣汰”的自然选择机制作用下，刺激企业创新和企业衍生。在商业集群内，大量企业相互集中在一起，既展开激烈的市场竞争，又进行多种形式的合作，由此形成一种既有竞争又有合作的合作竞争机制。这种合作机制的根本特征是互动互助、集体行动。通过这种合作方式，中小商业企业可以实现高效的网络化的互动和合作，克服其内部规模经济的劣势，从而能够与比自己强大的竞争对手相抗衡。许多单个的、与大企业相比毫无竞争力的小企业一旦利用发达的区域经济网络（如市场集群）联系起来，其表现出来的竞争能力是一种比所有单个企业竞争力简单叠加起来更加具有优势的全新的集群竞争力。

集群使得许多本来不具有市场生存能力的中小企业由于进入企业集聚体，不但能够生存，而且还增强了集群的整体竞争力，进而提高了城市经济的整体竞争能力，促进了区域经济发展。其具体表现包括以下方面。

1. 商业集群促进区域生产率提高，形成区域规模经济效应

一是关联性供应商的集聚，不仅能提高区域内企业对供应商的谈判能力，同时也降低供应商的违约风险；二是专业化市场的形成，从原材料供应、配套产品支持到最终产品销售，集群区域内可以自然形成巨大的专业产品市场；三是高素质员工的流入，对专业员工而言，商业集群意味着更多的就业机会和较低的流动风险，由此带来人才的集聚；四是专业信息的共享；五是由政府或其他公共机构投入的公共服务和基础设施上的共享。

2. 商业集群能强化产业集群，进而促进区域创新

产业集群要依托商业集群（如专业市场）的交易网络不断增强其规模经济效应，发挥其区域创新功能。产业集群是新企业诞生的有效载体，专业市场的形成、技术工人的流动、信息资料的共享等，极大降低了集群区域内创立新企业的“壁垒”。

3. 商业集群能提高区域经济竞争力

竞争能力的获得既来源于竞争，又来源于合作。商业集群为区域内企业的竞争与合作提供了双重机会。竞争对手的存在迫使企业不断改变经营方式、创新产品、改进服务。产业结构在竞争与合作中得到优化，竞争使产业内部的分工更加专业化，合作使企业间形成的产业链更加紧密。集群区企业竞争的最大特点是在合作中竞争，这不是一种零和博弈，而是一种正和博弈。

综上所述，商业集群（专业市场）的发展与周围地区经济增长具有多元化的社会经济联系，并对一定地域范围的空间经济活动产生内聚力，构成了依托第一产业、以第三产业为主的经济活动中心（如商务中心区或市场集群）。它既可以通过各社会经济部门之间的关系，组织和带动区域经济增长，又可以依靠其内聚力把周围地区联结成一个整体，并保持空间经济系统上的完整性和统一性。如此而言，商业集群的发展就成了现代区域经济增长的主要空间依托，依托商业集群来组织、带动区域经济，可以卓有成效地推动区域经济增长。

三 商业集群对城市及区域经济发展的依赖

城市化及区域经济发展能创造巨大的社会需求，为产业集群带来不断的要素与产业转移，进而为商业集群提供发展契机。从经济地理学的观点看，在城市化过程中，城市的作用其实就是生产要素、产业的空间地理载体，而生产要素和产业之所以会在城市这个空间地理上集中，主要原因就是生产要素、产业的集中会产生集聚经济，集聚经济会降低经营成本，提高生产效率，也就获得集聚利益。城市化是集聚经济在一国或地区动态发展的过程，当这一过程达到某些标准，便实现了城市化。城市化的过程，同时也是一个城市不断兴起与发展的过程。在这一过程中，城市化会对国民经济产生巨大的社会需求，如城市化需要农产品的大量剩余，工业提供基本建设品和资金，服务产业提供完善的服务，等等。所以，城市化为企业提供了一个优越的区域进行社会生产，更重要的是为企业创造了巨大的社会需求，促使企业为城市化提供资本品。其结果是：一方面，为城市建设、城市发展提供了充足的经济基础，如公共设施、资金等；另一方面，给乡村生产要素转移到城市提供了巨大的经济引力和机会。由于外部经济、规模经济、范围经济的存在，企业的经济活动为了获得这些经济效益会在一定的范围进行集群，企业的集聚为人员、生产要素的集聚提供了引力和承载力，企业与人口的集聚又会强化外部经济、范围经济、规模经济的作用，从而吸引更多企业、人口、生产要素等从乡村转移到城市，带动城市经济及区域经济的发展，并最终促使商业集群的形成和深化。

城市化的过程也就是城市经济与乡村经济的比较经济利益不断扩大的过程，这种比较利益来源于城市的外部经济、规模经济以及范围经济，这种比较利益会不断地把乡村人口、资金等生产要素吸引到城市，为城市经济的发展做出贡献，并进一步扩大城市经济与乡村经济的差距，从而吸引更多的生产要素转移到城市。城市化是一个动态的过程，这个过程会不断扩大城市经济与乡村经济的比较优势。在生产要素趋利的作用下，城市化可以为产业集群带来持续不断的生产要素的流入，只有当城市化的结果使城市经济与乡村经济的比较优势消失，生产要素才不会再向城市转移，这时经济将维持一个平衡发展的过程，这既是城市化完成的标志，也是工业化成功的标志。随着城市化水平的提高，向城市集聚的产业内容也发生相应变化，工业不但不再向城市集聚，而且逐渐迁出城市，而商业、金融业、房地产业和信息产业等第三产业纷纷向城市集聚，使城市产业结构趋向高级化、集聚结构合理化，从而促使城市功能的升级、跃迁，为商业集群提供新的发展契机。

第五节　本章小结

Porter（1990）在《国家竞争优势》中正式提出集群的概念，并把它提高到增强国家竞争力的高度。集群存在于不同行业，其规模和影响力也各有不同。在我国，一些商品的集群也正在形成、发展与不断壮大之中，如浙江省温州市打火机和电器开关、义乌小商品、海宁皮革等都已逐步成为对国内外颇具影响的集群。不过，这些集群都是以生产制造业为纽带而形成的，笔者称之为“产业集群”。

商业集群形式自古就存在，只是随着社会的发展，在批发、零售等商品流通领域出现类似“产业集群”的现象越来越发达，也越来越完善。现代意义上的商业集群的产生绝不是偶然的，它是伴随着社会经济的发展和社会的客观需要，最终经过理论界、实业界不懈探索而产生的结果。

本章首先以集群作为分析的切入点，详细阐述了集群、商业集群的概念，商业集群的分类，并结合商业集群实际以及本研究分析的需要，重点介绍了几种典型的商业集群类型：BCD的商业集群、商业街的商业集群、购物中心的商业集群、专业市场的商业集群等；然后，阐述了商业集群的演变过程；最后，运用空间经济理论构建了商业集群集聚机理的纯数理模型，作为分析商业集群的比较规范的理论框架。

本章的阐述为后面第四、五、六、七、八章的分析做了理论上的铺垫。

第四章　传统商业街的商业集群

本章研究的商业街，是指由若干个大型店铺与众多中小零售商店共同组成的、相互依存的商业设施，是包括各种娱乐活动中心、运动休闲和公共设施之类的，由复合型购物、休闲、文化娱乐等要素构成的商业聚集地。

商业聚集地（商业中心）是城市人流最集中、交易活动最频繁的地带，是城市的核心区以及城市发展的最大影响源之一。商业空间以人类商业交易行为为线索演变，随着时代变迁而发展。传统商业街的形成是与商业活动的需求分不开的。由于长期的时间作用，城市中的商业形态一般表现为沿街道或广场布置的方式。

商业街是城市商业的缩影和精华，是一种多功能、多业种、多业态的商业集合体。现代城市随着街市改造与复合商店街的进一步开发，在功能上已逐步形成能满足集购物、休闲、娱乐、餐饮、健身、运动、旅游等多元化需求为一体的商业集群。

第一节　商业街概述

一　商业街概念的界定

纵览国内外文献，并无一个明确、公认的商业街定义，但有关的概念名词却非常多。比如，商店街、Commercial strips、High street、Main street、Shopping street、Retail strip、Business street、Retail ribbon 等。

依据日本的商店街振兴组合法对商店街规模的认定标准，只要有 30 家以上的中小零售店铺聚集，即可形成“商店街”（蔡淑贞，2003）。

台湾学者认为商店街是商业功能占主导的若干街区所组成的街道的集

合体，其空间范围可能是数百米的一条街，也可能由一条街逐步扩散至邻近数条街的区域（蔡文彩，1980）。商店街的组成除了零售店、批发店之外，还包括业务机构、金融机构及营业性交通运输设施等。如果邻近商店街的商品主题比较一致，形成了地方特色，则常把商品主题称为商店街的名称，如“书店街”“女人街”等。

Commercial strips 被定义为沿线主要分布着商业活动的城市街道。它们通常有很多零售网点、办公建筑、汽车停车场，偶尔还有一些住宅和空地等，这些商业带代表着典型的美国城市景观（Clay，1973）；High street 主要用于英国，指的是城市中心传统的重要商业街（Guy，1994）；Main street 主要用于美国，常指沿主要交通干道的商业街，中央大街位于城镇的中心，街道两边有各式各样的商店，是人们购物的主要场所；Shopping street 指的是城市中心商业网点密集的街道。

黄国雄（2000）认为，商业街就是城市商业最集中的街道，是城市商业的缩影和精华，是一种多功能、多业种、多业态的商业集合体，具有城市商业中心和现代购物中心的双重功能。王希来（2001）认为，商业街是指由众多商店、餐饮店、服务店所组成，按一定结构比例规律排列组合的商品交易场所，其存在形式分为带状式商业街和环状式商业街。王学军（2002）认为，商业街是由若干个大型店铺与众多中小零售商店共同组成的相互依存、能够共生共荣的商业设施，是包括各种娱乐活动中心、运动休闲和公共设施之类的，由复合型购物、休闲、文化娱乐等要素构成的商业聚集地。

笔者认为，本书研究的商业街（Commercial Street，CS）是指众多零售、批发、餐饮服务行业呈现出以线性或团状街区形式分布的商业网点聚集空间，是紧密地聚集于一定地区所形成的商业聚集体，并发挥商业聚集所产生的吸引顾客的“相乘效应”。此处的“街”所代表的意义是商店“聚集体”“众多”的意思，并不表示单纯的“条状”的商店聚集方式。①

① 截止到 2011 年，全国商业街数量达到 5000 条，其中，著名商业街 22 条、中国特色商业街 32 条。由于“商业街”还没有一个权威的定义，一些社区商业项目、区域的商业中心项目，不管室内、室外、地上、地下，不管是什么样的物业形态都能叫“商业街”，而过度的渲染很容易使“商业街”概念走上歧途。2006 年 7 月，商务部专门下发了文件，正式批准将由中国步行商业街工作委员会来制定一部全国商业街区管理规范，这个规范制定完成后将由商务部统一颁布实施。

商业街是由大型店铺与众多中小店铺组成的能共存共荣的商业设施，是包括各种活动中心、运动休闲和公共设施的商业聚集地，是城市社区商业的重要组成部分。现代城市随着街市改造与复合商店街的进一步开发，在功能上已逐步完成了由单一的满足消费者购物的基本需求向购物、休闲、娱乐、餐饮、健身、运动、旅游等多元化需求的转变，在街市的规划上经历了由杂乱无序的自由发展阶段到逐步完善、整体布局协调的成熟阶段的转变，在商业街发展与规划的构造上实现了网点布局、经营结构、经营形态、门市铺面等配置的合理化与高级化。

二　城市商业街的形成与发展

（一）国外城市商业街

对于欧美国家来说，城市商业街的发展历程，大致经历了六个阶段。

1. 形成阶段

早在古希腊、古罗马时代，广场就处于中心的位置，广场一般也是寺庙教堂的所在地，是人流汇聚的中心，是城市最主要的公共空间，因而也是城市商业中心。广场周围的拱廊是商业活动的场所（单霓、郭嵘、卢军，2000），是商业街的雏形。

2. 起步发展阶段

随着经济的发展和城市的扩张，广场逐渐成为城市道路的交会点，城市商业场所也由最先的广场逐渐过渡到街道两边的线性空间，形成了沿街店铺鳞次栉比的商业街（宋智，2002）。商业街的店铺规模一般很小，采用前店后坊的形式。

3. 规模扩大、结构优化阶段

随着城市的进一步发展、工业化时代的到来，百货店及超市等新型商业业态形成并进入商业街成为主力店，从而优化了商业街的业态结构。这一阶段主要体现为结构逐渐优化、丰富的特征。

4. 发展低谷阶段

20 世纪 60 年代，由于城市中心交通环境恶化，大量人口特别是中产阶级迁移到郊区而导致城市空心化的出现，城市外围出现许多“岛式”的购物中心、大型综合超级市场，导致城市商业街的发展进入低谷时期。这一阶段主要体现为发展低落、进入低谷的特征。

5. 步行街阶段

步行街主要位于那些曾经繁荣、享有盛誉的历史老商业街上，商业街的步行化推动了老城区的复兴。这一阶段主要体现为步行街成为商业街发展的重要模式。

6. 复兴阶段

由于城市居民个性的绅士化，老城区发展受到重视，导致传统商业街进一步复兴，在英美等国开始有中小型购物中心进驻商业街。商业街从以购物为主的单一性功能扩大到集购物、餐饮、娱乐、文化、休闲、展示于一体的复合型功能，这一阶段主要体现为发展热潮蓬勃兴起的特征。例如，表 4 - 1 是当前一些国外著名商业街的简况。

表 4 - 1　国外著名商业街简况①

名　　称	简　　况
美国纽约第五大道	世界上最高级的商业街之一，名牌店云集
英国伦敦牛津街	英国主要购物街，每年吸引 3000 万游客，长 1.25 英里，拥有超过 300 家的商场
法国巴黎香榭丽舍大街	地处巴黎中心，全长 1880 米，环境极为优雅，周边人文景点众多
日本东京新宿购物街	街道长 900 米，有 100 多家著名商店，有大型的购物中心和书店、饭馆
新加坡乌节路	位于新加坡中心位置，有大型购物中心、电影院等
德国柏林库达姆大街	德国高级时装和时尚名店最集中的地区
俄罗斯莫斯科阿尔巴特大街	俄罗斯历史悠久的商业街，购物中心、珠宝店、娱乐中心、古玩店云集
韩国首尔名洞大街	购物广场和商场、观光酒店集中区，有数千家服装专卖店，饮食、娱乐、休闲等功能齐全

① 刘菲在《国外著名商业街比较与分析》一文中介绍了国际上著名的四条商业街并进行了分析、比较，对我国商业街的建设与开发提出了设计化建议。

（二）我国的商业街

我国是一个文明古国，在宋朝以前的大多数时期，实行的是市、里区分的规划体制，商肆均集中市内，里中不设商肆。“市”采取封闭形制，“市”的四周构筑市垣，临大道各面开辟市门，形成一个城市的新功能分区——集中商业区。“市”的管理颇为严格，市门有专人掌管，要做好开市前的准备。“市”一般建在城郭内的交通要冲处。一般来说，大城市因人口多、商业发达，往往建置几个市场，以适应广大城市居民生活之需。有的城市分散建置，形成几个独立的集中商业区。因此，其时基本上不存在商业街（贺业炬，2003）。

至北宋晚期，市、里区分的城市格局开始被打破，初步形成了新型城市商业网络，这是以“行业街市”为主干，结合遍布城市各街巷的各行业基层铺店而组成的城市商业网络体系。在城市中心区有些还形成了综合性商业区，汇集各业商店以及大型酒馆、茶楼等，形成一个个繁荣的街市。此外，东京（开封）还有定期的“夜市”，如著名的相国寺夜市，规模颇为可观；扬州等城市形成了“十里长街市井连”“夜市千灯照碧空”的繁华景象。由于“市”的扩展，旧坊制的崩溃，产生了按街巷、分地段组织城市聚居生活的新型坊巷制。坊巷内开设各种日常生活用品店铺，还有酒肆、茶坊，以供居民生活之需。从这时起，城市商业网成为点、线、面相结合的网络，商业街开始快速发展，不但形成了综合性的商业街，而且还形成了许多同行商店聚集的“行业街市”，即专业街（贺业炬，2003）。宋代宫廷画家张择端的传世之作《清明上河图》就生动、形象地刻画了宋代商业街的繁华景象。

除街道外，许多城市的商业往往和庙宇、道观相结合，形成院落型空间，如南京夫子庙、苏州观前街等，这也是一种商业街。鸦片战争后，西方帝国主义列强在我国沿海发达的商埠城市开辟了租界，其中商业设施集中的地区成为庞大热闹的商业街，如上海的南京路和淮海路、武汉的江汉路等（宋智，2002）。新中国成立后至改革开放前，由于我国重生产、轻流通，实行严格管制的计划经济，商品流通业的发展受到严格限制，商业街风光不再，许多传统商业街衰落下去了。

改革开放以后，我国城市经济快速发展，商业率先从计划经济转向市场经济，零售、批发、餐饮服务行业都逐步放开经营，因而促使了我国商业街的复苏和兴起。商业街成为展现城市形象、城市经济实力的最好地区，商业街成为城市竞争的重要手段，其发展为各城市政府所高度重视。尤其是20世纪90年代末以来，由于城市竞争越发激烈，城市的生产功能下降，而消费功能上升，消费成为城市发展的动力，再加上旧城改造、商业地产的兴起，因而商业街建设成为城市的热点问题。一个非常直观的表现就是商业街的数量越来越多，据中国城市商业网点建设管理联合会不完全统计，目前，全国以商业街、步行街命名的街道达到1000多条①，同时，还成立了“中国步行商业街工作委员会”等民间组织，经常举办各种关于商业街的学术交流活动和政府交流活动。我国城市商业街的发展呈现出以下几个特点。

1. 传统商业街众多

我国是一个有着五千年文明史的古国，城市发展历史悠久，因而商业街发展历史也十分悠久，许多城市内都有具有浓厚地方文化传统和特色的传统商业街，尤其在那些历史文化名城中更是如此。表4－2是我国一些主要商业街的历史演变情况。

表4－2　我国主要商业街的演变过程

名　　称	商业街的形成过程
北京王府井	王府井大街最早的商业活动开始于明代，清光绪二十九年建起了东安市场，到20世纪初期，经过改造逐渐形成今天的商业街
上海南京路	该商业街是在南京路的基础上发展而来的。随着城市的发展，商业活动逐渐活跃，并从南京路逐渐延伸到西藏路、静安寺。1999年进行改造后形成了今天的商业街

① 例如，江西南昌建设路就将改成时尚商业街。据介绍，建设路处于南昌市传统中心与昌南地区连接点上，其周边有丰富的商业和自然景观资源，玉带河、抚河故道、十字街、洪城大市场都在其辐射范围内。有史以来，该街道形成了以餐饮、零售、娱乐、休闲网点为主的商业业态格局。其商业街东接井冈山大道，西通抚河南路，东西长约1000米，现宽约30米。区域内现有商业网点面积近2万平方米，是该区向北对接南昌市核心商业区、向南吸引昌南人气、向西承接洪城大市场的重要商业街区。根据规划，着力打造后的建设路商业街的服务对象以外来消费者为主，经营服务档次以中高档为主，服务行业以餐饮购物、娱乐休闲为主。

续表

名　　称	商业街的形成过程
南京新街口	1928 年，南京市当局制订“大首都计划”，东西向的中山大道和南北向的子午大道的交会点就是现在的“新街口”；1929 年，民国政府制订“首都计划”，逐步使新街口地区成为市中心；1932 年，南京首家大型百货公司——中央商场在新街口落成
苏州观前街	清光绪年间，观前街开始建造，并陆续出现商业店铺。到了 20 世纪 30 年代，商贸业开始繁荣，并一直辐射到太监弄和北局。民国十九年（1930 年）进行了拓宽改造。新中国成立后，又经历了多次改造。1982 年，观前街改为步行街，商业企业云集，形成了今天的商业街
大连天津街	该商业街是在天津街的基础上形成与发展起来的。天津街建成于 1909 年，是大连历史最悠久的百年老字号商业街，全长 1720 米。2001 年 10 月 4 日，天津街拆迁改造工程开始启动，一期工程分为六大区域，海昌、天植、新天龙、城市广场等商业项目相继开工。此时正值全国如火如荼地建造 Mall，各项目也不约而同地都以 MALL 的姿态亮相
天津和平路	和平路始建于 1902 年，20 世纪 20 年代，随着天祥、劝业、泰康三大商场，国民、惠中、交通三大旅馆以及渤海大楼、浙江兴业银行等高大建筑的落成，和平路日趋繁荣，成为近代天津商业的摇篮。新中国成立后，和平路成为天津市的商业和文化中心

资料来源：根据相关资料整理而成。

2. 商业步行街

商业步行街（也被称为“步行商业街”）发展很快。表 4－3 是我国部分城市的商业步行街情况。商业步行街可谓是机动化时代的一个特定术语，商业步行街是指在规定的时间和地段内只允许行人步行，而不允许全部或部分机动车通行的街道。商业步行街有利于促进城市传统商业街的发展，促进城市中心商业的繁荣。它大致可以分为三种类型：一是完全步行化的商业步行街，即完全不允许机动车通行，人、车完全分离；二是部分步行化的步行街，允许出租车、公交车通行；三是公交步行街（Transit Mall），只允许行人步行和公共交通经过的步行街。此外，人、车分离方式，又分为三种：一是平面分离，包括同一道路的人、车分离共存，专用道路的人、车分离及专用道路网人、车分离三种类型；二是垂直分离，分为高架道路、人行天桥及地下购物街三种；三是时间分离，规定每日的某个时段或者每周固定某日进行车辆管制。

表 4-3 我国部分城市的商业步行街

城 市	步行街	城 市	步行街	城 市	步行街
北 京	王府井商业街	上 海	南京东路步行街	上 海	雁荡路步行休闲街
哈尔滨	中央大街	天 津	天津古文化街	南 京	夫子庙
沈 阳	太原街步行街	合 肥	淮河路步行街	南 京	东山步行街
沈 阳	沈阳中街步行街	武 汉	江汉路步行街	南 昌	胜利路步行街
长 春	长江路步行街	沈 阳	沈阳路古文化街	苏 州	观前街步行街
厦 门	中山路步行街	广 州	北京路步行街	广 州	上下九路步行街
石家庄	南花园步行街	桂 林	正阳路步行街	重 庆	南坪花园步行街
西 安	骡马市商业步行区	拉 萨	昌都中路步行街	重 庆	解放碑步行街
成 都	春熙路步行街	珠 海	莲花路步行街	重 庆	观音桥步行街
郑 州	书院街商业步行街	海 口	德胜沙步行街	福 州	新中亭室内步行街

资料来源：根据相关资料整理而成。

3. 商业街建设成为商业地产市场的“宠儿”

商业地产比住宅的价格高，也具有更高的投资回报率（投资风险也高）。出现“商业街”热的主要原因是因为我国经济发展速度快，社会消费水平日益提高，城市人口日益增加，城市消费市场不断扩大，同时，商业网点也面临着更新换代的需要。

4. 城市政府普遍高度重视商业街、特色商业街的发展

商业街一般位于城市的中心，是城市活力之源泉、增长之动力、繁荣之象征、社交之中心。因此，城市政府普遍重视商业街的发展，尤其重视特色商业街的发展。

三 商业街的结构与功能

如前所述，商业街也被称为商店街，是随着城市发展而自然形成的零售商店集中和集聚的街市。商业街一般是中心城市零售店群与同一地段的各种文化、娱乐、饮食设施以及金融机构等现代建筑共同发展起来的。商业街是由大型店铺与众多中小零售商业及各类商业设施构成的商业集聚地，是城市社区商业的重要组成部分。商业街的结构是由网点布局、商业业态、经营结构、经营形态、门市铺面等方面构成的。商业街在都市商业发展中，发挥了其应有的聚合作用，主要表现在商业街内在结构提供综合性服务的特有魅力，即商业街店铺构成、业态结构、服务结构、业种结构等几乎囊括了所有零售商业的经营形态和经营方式。

当前，一方面，由于现代城市内外部环境变化尤其是现代城市规模日益扩大，中心商业区空洞化，城市居民外迁至近、远郊区以及零售商业经营业态的不断创新，使得大量的新兴零售业态诸如仓储商店、超市、购物中心等远离繁华商业区，选择近郊、远郊或城乡结合部等地呈环状对繁华商业街区形成包围之势。加之商业街零售服务功能的业种已趋于饱和，同类店铺的竞争日益剧烈，导致商业街零售行业呈现出同位竞争严重、错位经营状况不很明显的境况。行业壁垒又导致新的同类组织难以介入，而商业街中所需要的其他服务产业组织，不论是在数量上还是在提供服务的种类上，都难以形成配套的、一站式购物的综合服务体系。

另一方面，在人们生活质量普遍改善、购买力显著增强、休闲时间逐步增多，消费需求也日趋差异化、个性化和多元化的条件下，单一的购物功能已使得商业街无法产生应有的魅力来吸引足够的客流量，相反会使人们的消费欲望不断弱化。市场的发展、需求的多样化必然刺激现有商业格局的改变，提高商业业态的品位，促使现代商业街的功能由传统的、单一的购物功能向多功能转化。

因而，20 世纪 80 年代末期以来，有关商业街的“功能革命论”成了商业街发展理论的主流。商业街的“功能革命论”包含两方面的内容：一是把商业街的功能与人们生活质量的提高联系起来；二是提出了商业街功能革命的“豪布斯卡”原则。

“功能革命论”的第一个内容认为，人的日常生活主要分布于三个生活空间，即第一空间（居住场所）、第二空间（工作场所）和第三空间（购物休闲场所），要提高人的生活质量必须同时兼顾三个生活空间。而生活质量的提高又往往表现为第一、第二生活空间逗留时间的减少，第三生活空间活动时间的增加。因此，我们必须把提高第三生活空间的质量作为提高人们生活质量的关键点。商业街恰恰是都市中最主要的第三生活空间。传统商业街的功能大多以购物为主，这种单一化的功能定位已越来越不适应社会发展的需要。从人的需求发展方向来看，有形商品的充分满足会使需求向无形商品转移，即所谓的“离物”倾向。也就是说，在人们的消费生活中，休闲、文化娱乐、修养等方面的支出比重会大大增加。很显然，商业街传统的单一化功能已很难适应这种变化了的市场环境。为此，商业街的功能革命就变得非常必要。

“功能革命论”的第二个内容——“豪布斯卡”（HOPSCA）是由六个英语单词的第一个字母组合的读音，即 Hotel、Office、Parking、Shopping、Convention、Apartment。具体内涵是：Hotel 为酒店，在商业街周围建立酒店的目的是增加商业街顾客的滞留时间，把酒店引入商业街区既适应了消费潮流的变化，又可带动连续购买；Office 为办公楼，在商业街适当引进办公楼，主要是为了增加白天的人口；Parking 即停车场，要吸引顾客（购物者、旅游观光者等）就必须有充足的泊车空间；Parking 从广义来看，实际上是交通的问题，即商业街周围应该具备完整的交通网络，这样能够吸纳远距离的客源；Shopping 即购物，这是商业街最基本的功能；Convention 的原意是集会，这里泛指集聚客流的会场及娱乐设施，商业街要增加这方面的设施以适应消费潮流的变化；Apartment 意为公寓，这里指住宅，商业街要保证客流，必须在其周围保留一定的居民数量。

国内外一些知名的商业街能够长盛不衰，一个重要因素是它们除了拥有著名的商店和知名品牌外，还运用“豪布斯卡”原则，对其进行旅游、娱乐、休闲等多元化资源的开发。如法国著名的商业街香榭丽舍大街，不仅是购物天堂，更是娱乐、休闲和旅游的胜地。北京王府井商业街，1992～1998 年的第一次改造后，其经营效果仍不佳的主要原因之一是功能单一，于是在 1999～2001 年又进行了第二期改造，调整了商业结构，丰富了商业街的服务功能：金鱼胡同的清理，强化了其旅游休闲功能；东华门夜市整治成为东华门美食坊，突出了东华门大街的餐饮功能；利生体育商厦前广场，增加了体育娱乐设施；东方广场近 10 万平方米商场的开业以及新东安“老北京一条街”“活力香港一条街”的全新亮相，使王府井的商业特色更加突出。经过改造，王府井不仅仅是一条商业街，更是休闲、娱乐、旅游的场所，王府井得以恢复昔日的辉煌。[①]

四　商业街的种类

不同的研究者出于不同的研究视角，对商业街有不同的划分方法，比如，根据西方国家有关专家的研究表明，商业街就其发展演变的历程而言，大致可分为近邻型、地域型、广域型、超广域型四种类型，如表4-4所示。

表4-4　商业街聚集区的类型及特征

类型特征	近邻型	地域型	广域型	超广域型
本地环境	①居民区住宅地域、城市周边地域；②即便有交通线路通过，仍然缺乏集中性；③商圈人口不超过1万人	①地区型城市中间地域；②限定地区的交通中心地；③商圈人口为3万~10万人；④在其后方拥有多个近邻型商业街	①省政府所在地城市；②铁路、地铁、公共汽车等大批量输送的交通线路的集中地；③商圈人口在15万~20万人以上，聚客能力强，辐射范围较广；④在其后方拥有多个地域型商业街	①大城市商业中心部；②铁路、地铁、公共汽车等大批量输送的交通线路的集中地，交通便利；③商圈人口在20万人以上，聚客能力强，能吸引外地流动人口的购买力；④在其后方拥有多个地域型商业街
规模与密度	①街区长度为20~100米；②商店密度约为50%~80%	①街区长度为500~700米，在街区边缘，多转变为近邻型商业街；②商店密度约为70%~90%	①街区长度为1000~1500米；②商店密度约为80%~100%	①街区长度在2000米以上；②商店密度约为90%~100%
业种构成	①以日常用品为主体，加少数耐用品；②重视实用性，低价格	①耐用品加日常用品；②在顾客层分布和价格上，均较为广泛，重视感觉、流行性、品质等	①以耐用品为主体；②顾客层较窄，重视感觉、流行性、品质等	①以耐用品为主体；②顾客层较窄，重视感觉、流行性、品质等

① 资料来源：http：//www.ccwsc.org/。

续表

类型特征	近邻型	地域型	广域型	超广域型
店铺构成	①店门好进，让人感到亲切，大众形象；②核心店铺为地方性连锁店、超级市场、廉价杂货店等	①高级、个性的形象与亲切形象并存；②核心店铺为全国性连锁店、地方性百货店、超级市场等	①豪华、高级的形象，强调个性；②核心店铺为全国性连锁店、地方性百货店、超级市场等	①豪华、高级的形象，强调个性、享受；②核心店铺为国际性连锁店、百货店、超级市场等

夏春玉：《现代商品流通：理论与政策》，东北财经大学出版社，1998。

基于研究的需要，笔者认为商业街大致可以分为三大类。①

① 中国城市商业网点建设管理联合会会长荀培路（2004）认为，我国商业街根据地域分布、历史渊源、城市规模、支柱产业等诸多因素逐步形成了形态各异的商业街，主要有以下四种类型。一是传统商业街。传统商业街一般是在历史上形成的，位于城市和城市区域中心的步行商业街。它是城市的名片，体现着城市的繁荣程度。如北京的王府井、西单商业街，上海的南京路、淮海路、四川路商业街，广州的上下九路商业街，天津的和平路商业街，南京的湖南路商业街，沈阳的中街，苏州的观前街等。北京王府井商业街形成于元代，到清朝末年逐渐成为一条商业街。700多年的建街史、100多年的商业发展史，为王府井商业街留下了丰厚的历史文化遗产和鲜明的商业特色。北京前门商业街形成于元代，到明朝中叶逐渐成为一条商业街，已有400多年的历史，是京城历史上最大的具有皇家气度的商业中心。悠久的历史造就了许多中华老字号，至今同仁堂药店、瑞蚨祥绸布店、内联升鞋店、六必居酱菜园、都一处烧卖等一些老店、名店尚存，在建筑风格、店铺布局、经营特色等方面均体现出浓厚的传统文化色彩。上海南京路商业街自20世纪30年代起就闻名海内外，享有“中华商业第一街”的美誉，成为上海的标志之一。传统商业街因其独特而具有不可再生性和不可复制性，其深厚的旅游资源、文化资源和商业资源正是核心竞争力所在。目前，传统商业街普遍面临着市政条件改善和经营功能升级的艰巨改造任务。二是专业商业街。专业商业街面向特定消费群体提供专业商品或服务。如北京中关村电子一条街、北京马连道茶叶一条街、洋桥的装饰布一条街、杭州健康路丝绸特色街、广东番禺电器一条街以及散落在各地的很多美食酒吧一条街。专业商业街正在以其高度的专业性和鲜明的特色显示出旺盛的生命力。三是旅游商业街。旅游城市或城市内毗邻旅游景点的商业街一般可成为商业与旅游的黄金结合点。如“先有观前街，后有苏州城”的苏州观前街，坐倚松花江美丽风景区的哈尔滨中央大街，眺望百年外滩异国风情的上海南京路，与香港接壤的深圳中英街，与澳门连通的珠海莲花路，安徽屯溪的老街，北京的琉璃厂文化街等。旅游商业街一般坐落在拥有悠久历史和文化底蕴的古城古镇，具有先天和独特的旅游、观光、休闲和购物优势。四是室内商业街。如北京东安商场的老北京一条街、沈阳兴隆大家庭室内商业一条街等。SHOPPING MALL和地铁、人防工程里的商业街也属于这个范畴。特别值得一提的是，伴随着国家土地政策的严控和城市的迅速扩张发展，地下商业街在我国拥有广阔的发展前景。

（一）中央商业街

中央商业街是大都市商业发展到一定程度的产物，西方国家较早采用了这种提法，如美国纽约的曼哈顿、日本东京的银座等均被冠以“中央商业街”的称号。但中央商业街的内涵究竟是什么，至今没有明确的、权威的界定。从一般意义上讲，作为中央商业街要具备以下几个特征。一是商业特别发达。这里所说的“商业”不能狭义的理解，而是泛指一个具有综合性功能的区域，它不仅涵盖了零售业和服务业，而且包括金融、贸易、信息、展览、娱乐业、房地产、写字楼及配套的商业文化、市政、交通服务等设施，是一个大商业的概念。二是有较高的社会知名度。像北京的王府井、香港的中环、纽约的曼哈顿第五大道等都在区域经济活动中起着举足轻重的作用，甚至影响着世界经济的发展，其社会知名度要明显高于其他地区的商业中心。三是功能要辐射整个城市。换句话说，中央商业街应是一座城市的开放窗口，是整个城市经济和商业发展的中枢，是南来北往的客流集散地，特别是从事商务活动的人都必须要前往的地方。四是位于城市的黄金地段。地价和土地的利用率最高，交通极为便利，人流、车流量最大，建筑物高度集中，有现代化的市政、信息环境，对国际跨国公司有巨大的吸引力。

（二）社区商业街

社区商业街是指分布在各个居民住宅区，主干线公路边，医院，娱乐场所，机关、团体、企事业所在地的商业繁华街道。与中央商业街相比，二者有明显的主从区别，概念不能相互混淆。相对中央商业街而言，社区商业街的主要特征是：第一，社区商业街的总体规模小，它以零售业为主，是简单的商业组合，其功能比较单一，比如超市、百货公司、仓储商店等，其活动范围局限在有限的商圈内；第二，社区商业街是一种社区化消费场所，其经济辐射范围不是整个城市，而只是城市的社区。

（三）特色商业街

特色商业街是指在商品结构、经营方式、管理模式等方面具有一定专业特色的商业街，分为两种类型。一是以专业店铺经营为特色，以经营某一大类商品为主，商品结构和服务体现规格品种齐全、专业性的特点，如文化街、电子一条街等。二是具有特定经营定位，经营的商品可以不是一类，但经营的商品和提供的服务可以满足特定目标消费群体的需要，如老年用品、妇女用品、学生用品等。在我国现阶段，特色街已经取得了长足的发展，在很多地方都形成了各种具有特色的商业街，如北京的隆福寺商业旅游文化街、华龙街餐饮娱乐一条街等。这些特色街或汇集名人故居、酒吧餐馆，以观光休闲美食见长，或荟萃世界名品，以展示流行、提高生活品位为特色。幽静的小路，婆娑的树影，摇曳的灯光，舒适的环境，专、特、精的经营方向，现代与传统交相呼应，散发出浓郁的城市型文化休闲气息。

第二节　商业街商业集群的集聚、发育机理

一　商业街集聚的动因分析

从世界经济范围来看，商业街在城市的建设与发展过程中起到了重要的作用，著名的商业街都有过一段辉煌的历史。

从商业街功能来看，现代商业街的功能正从传统意义上的“购物场所”向“生活广场”转化，即不仅具有一般的购物功能，还具有餐饮、休闲、娱乐、体育、文化、旅游、会展、金融、电信、医疗、代理等多种功能。

现代商业街多集中在交通便利的市中心区域，辐射力强，且疏散较快，因而“商圈”大。现代商业街是商品品种的荟萃之地，汇集国内外各种品牌，既是本国品牌的窗口，又是国际名牌的展台，把民族化与国际化有机地结合起来，因而能给消费者多样化的选择。商业街的重要特色是分工细、专业化程度高，迎合了现代消费从社会消费、家庭消费向个性化消费转变的新要求。现代商业街大多是城市人文景观之地，既是集中购物区，又是游客必到之地。商业街商店林立，竞争激烈，各个商店不是单纯依靠天时、地利，而是各有所长、各显神通，据此占有一席之地，共促商业街的繁荣。

商业街内部结构中的利益导向明显，是实现商家利益的有效导向，是规模化实现低成本与个性化实现高满意度的有效结合。具体表现在以下方面。一是为了获得“集聚性利益”，从事同业种、业态的商家集聚在一个商业街内，这种配置方式有助于吸引顾客，增加销售额。二是能获得“两利性利

益”，将业种虽不同但有互补关系的商家配置在一起，这种方式能达到提高顾客利用率、增加销售额的目的。三是商业街中多样化的业态组合可以有效地消除递减效应。因为同一商品在不同业态形式的商店中出售，顾客的心理体验是不同的，业态形式的多样化可以使顾客形成新奇的心理感受。综观零售业的发展，根据市场需求变化，对零售业态进行置换、创新和混合，是发达国家零售业发展的特点之一。如百货店引进专业店，百货商场经营超市，专卖店超市化经营，超市与仓储商店合一，实行存售一体、批零兼营。特别是大卖场的出现，在坚持传统超市生鲜食品优势的同时，又兼有百货店、专卖店品牌和品种的优势，形成多业态、多功能、多品种的理想购物场所。此外，商业街内还拥有一定数量的在国内外有较高知名度的核心店铺，从而有力地提高了其核心竞争力。因此，商业街中的各商家可以发挥各自的经营优势，变直接竞争为优势互补，以形成商业街的综合竞争力。

商业街商家的集聚机理除了本书第三章的空间经济学解释外，还可以用成本动力机制进行解释。在商业街中，存在着众多同质的企业，在商品销售价格一定的情况下，企业会寻求成本的最小化，从而实现利润的最大化。因此，企业成本的高低是决定其集聚的重要推动力之一。商业街中商家成本的节约可以用图 4 -1 进行解释。

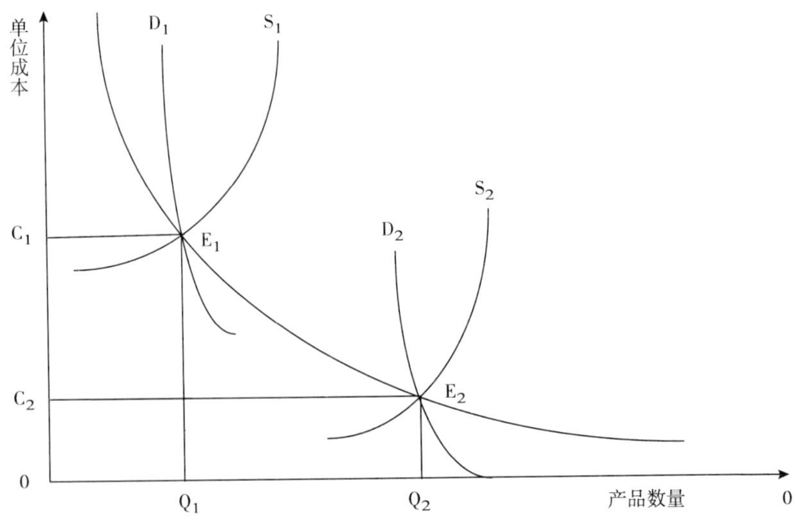

图 4 -1　商业集群对集群中企业成本的影响

在图4-1中，$S1$、$D1$为商业街中商家的短期供给曲线和需求曲线，均衡点$E1$，这时单位成本为$C1$。商家的集聚促使集群规模扩大，集聚的结果是企业获得了规模经济和范围经济，从而使得短期供给曲线移到了$S2$，价格的下降促使需求增加，需求曲线从$D1$移到了$D2$，均衡点变为$E2$，商家的集聚使得集群的平均成本降低，由$C1$降低到$C2$。

在商业街中，商家成本的节约主要表现在以下几个方面。

1. **共同使用基础设施**

商业街内的商家在地理位置上呈现出相对集中的空间布局，分布密度较高。为了提高竞争力，商家可以共同建造商业街内的休闲设施、停车场，节省环境改造费用，改善服务环境，降低单个商家的建设费用。

2. **信息搜寻成本降低**

信息搜寻成本的降低不仅仅体现在商家的成本降低上，还体现在消费者的购物搜寻成本上。商业街内部可以分为若干商业子群，而在商业子群内部，企业是同质的，经营相同或类似的商品。由于商家在地理位置上集中，从而提高了信息传播的速度，降低了企业的搜寻成本，缩短了搜寻时间。从消费者的角度来看，在商业街中，大量商家的存在导致信息流通速度加快，减少了顾客的搜寻成本。搜寻成本的降低，为商业街集聚人气提供了可能，从而促进商家的进一步集聚。

3. **宣传成本降低**

商业街中，商家经营的商品有一些是统一供应的，供应商对商品所做的广告宣传对于商业街内的商家具有同样的作用，每个商家无须对该商品另做广告宣传，进而减少了商家本身的宣传费用。另外，从商业街整体来讲，商业街具有一定的规模之后，会形成商业街的品牌效应以及高的知名度和美誉度，等同于为整个商业街内所有商家做了免费宣传。

当然，商家在商业街集聚之后，还可以通过其他方面降低成本，如多家企业共同运输同种商品以减少运输成本，或共同使用一家仓储设施以减少仓储成本等。

二 基于企业与消费者区位选择的集聚机理

由第三章第三节分析可知，基于企业与消费者的区位（价格）策略选择，当零售商销售产品的差异性足够大或运输成本足够低，或者这两者同时出现时，就会维持无数个商店集聚于市场中心的局面，该市场中心是唯一的集聚均衡区位。

实地观察我们会发现，我国城市商业街存在的地方一般会有几家大型零售商场与无数的中小型商业企业相伴而存在，这种情况非常类似寡头竞争的市场结构条件。第三章第三节的分析是假设企业的数量是一个连续域，这意味着在产品市场上企业间没有战略意义上的相互作用，垄断竞争模型不能说明空间上的接近所带来的战略结果。本节的分析是基于寡头竞争的市场结构，这时企业之间出现了策略价格竞争，这是本节与第三章第三节的本质区别。此时，若假设消费者在空间上的分布是固定的，且当每个消费者使用一单位的土地时，消费者在空间上的分布是均匀的。当企业可以供给具有充分多样性的产品时，企业在市场中心的集聚达到了其所对应的非合作博弈的纳什均衡，亦即当市场能提供拥有充分的多样性产品或是消费者的运输成本非常低时，或者这两个条件都得到满足时，就会出现一个包含许多商店、餐馆或是剧场的商业街区。

在区位理论中有一个传统，它至少可以追溯到霍特林（Hotelling，1929），就是空间竞争导致了企业的集聚。在典型的两个销售者出售相似产品的例子中，两个企业为争夺顾客的竞争最终会导致他们选择最小化他们的空间差异（即彼此将自己布局在市场中心）。[①] 但是，从另一方面来说，销售相似产品的企业为避免价格大战总是希望彼此相距远一些，因为，当两个企业区位间的距离很小时，他们就会进入伯特兰（Bertrand）状态的陷阱（即利润都为零），这种情况不可能是一种均衡。另外，企业也可以通过单向移动增加彼此间的距离以获得垄断权力，这样每个企业就可以将该垄断权力作用于本地区附近的居民，获得正的利润。[②]

---

① 与广泛流传的观点不同的是，这并不是由于边界的存在才产生的结果。

② 例如，当运输费用是距离的二次函数且消费者以单位密度均匀分布，第二阶段的博弈的均衡价格都随着企业间的距离的增加而减小，但第一阶段的博弈的均衡布局点由 $y_1^* = 0$ 以及 $y_2^* = l$ 给定。参见达斯普瑞蒙特、盖布兹维茨和蒂斯（D. Aspremont，Gabszewicz and Thisse），1979。

因此，企业之间的价格竞争使企业间的距离拉大，而对市场的竞争又将他们间的距离拉近，这两种力量的相互平衡导致了绝对的空间分散。[①]

事实上，当企业依次选择区位和价格时，价格竞争就会产生一股强大的分散力，足以摧毁空间竞争条件下的集聚（即价格竞争不利于集聚）。[②]如果只考虑存在两个企业的情况并假设存在一种均衡，那么，无论市场是如何布局的，微利的企业都可以通过布局在同一区位且稍微下调价格来严格地增加利润，降价的企业就会侵占其竞争对手的利润。实际上，这样一种情况的出现是建立在消费者具有极端的价格敏感性的基础上的，即如果区位相邻的两个企业的价格相同，一个企业价格的微弱下降就会吸引来所有的顾客。

但是，当产品是有差别的，而消费者偏爱多样性时，那么对降价的反应就不会有上面的这种结果，因为产品的质量对于消费者来说非常重要。这样，产品的差异化就削弱了价格竞争。这是对空间竞争模型的修正，这个修正模型至少有两个主要的含义。第一，如果消费者对于多样性的偏爱足够大的话，即使当企业的区位非常接近时，企业的需求曲线也是非常光滑的（说明可导，便于数学上的推导过程），这样就存在一种纯战略的价格均衡（即价格和区位相互影响）。第二，在同样的条件下，企业趋向于布局在市场的中心以最方便地进入市场。由于销售者的产品存在差异，所以在市场中心的价格竞争就会缓和很多，这样企业就会获得市场力以使它们在空间上集聚。

所以，当运输成本相对于产品差异来说非常低时，集聚就可以被证明是一种纳什均衡。

以上结论可以从消费者和企业的角度加以分析。

如前所述，消费者的效用是加合的：

$$U(z;q_i,i=1,\cdots,M)=\sum_{i=1}^{M}u(q_i)+z \tag{4-1}$$

这个表达式中企业的数量是有限的（表明是寡头垄断的市场结构）。

---

① 在这种情况下，即价格竞争所形成的分散力大于市场竞争所形成的向心力。

② 经验证据可以参见内茨和泰勒（Netz and Taylor，2001）。

根据分析可以得出，某一企业的产品销售量不仅要依赖于企业的价格和区位，还要依赖于企业的所有竞争对手所选择的价格和区位。因为对于不同种产品的总消费是固定的（便于分析的假设），因此，由于企业的数量是有限的，对某一种产品的消费就会影响到对其他产品的消费。

寡头竞争模型与第三章第三节的垄断竞争模型有所不同。在垄断竞争模型中，价格的弹性与区位不相关；而在寡头竞争模型中，价格弹性是依赖于区位的。因此，企业间在价格和区位上的策略都会彼此影响，而这又会导致一个包含更多企业且更为复杂的相互作用模式。为分析的简便，我们可以采用简化形式来说明问题，即讨论只有两个企业（$M=2$）的特殊情况。通过分析可以看出，当集聚在区位（集群区）的企业个数上升时，对企业 1 的产品需求下降，这使得集聚的企业作为一个整体更具有吸引力。当集聚在区位的企业个数不多或是产品的差异程度不是特别大的话，或是这两种情况都出现时，企业 1 在其腹地内以及与其他企业结合的部分区位有需求，这个需求量超过了布局在市场中心（其他企业集聚在一起）的单个企业产品的需求量。但是，若集聚在区位的企业个数足够多或是产品存在足够大的差异，或者这两种情况同时发生时，这种与其他企业分离所产生的优势就会消失，市场的中心成为最具有吸引力的区位。以上这种情况与 Reilly（1931）在零售模型中所提出的引力原理是一致的（即 Reilly 法则）。这个原理被地理学家和区域学家们扩展到描述真实的旅行模式，并得出了一个非常巨大且内容丰富的研究成果，被称作空间交互作用理论。[①]

另外，根据第三章第三节的分析可知，企业 i 的利润可表述为：

$$\pi_i(p;y) = (p_i - c)\int_0^l q_i^*(x)dx \tag{4-2}$$

若假设此时所有产品的价格 p_i 都是固定且相等的（即在这里不考虑价格

① 一般地说，这个经济地理的分支目的在于分析和预测人们的活动导致的任何空间上的运动（Anas，1987；Sen and Snith，1995；Webber，1979）。就引力模型来说，我们需要再说明两点。第一，引力原理的相关经验在经济学领域已经流传很久了，如 Isard（1956）和 Tinbergen（1962）；第二，Anas（1983）已经证明引力和逻辑型模型可以在随机效用最大化中得出，这将他们带入了经济学理论的领域。

因素的影响），那么，最大化利润就等于最大化需求。因此，我们可以证明当且仅当满足一定条件时，M 个企业在 $l/2$ 区位的集聚是一个纳什均衡。[①] 即如果产品差异的增大或是运输费用的下降，或者这两种情况同时发生，且只要满足一定的条件，任何企业在中心的大规模集聚都是一种均衡。

所以，我们可以发现产品的差异性足够大或运输成本足够低，或者这两者同时出现时，就会维持 M 个商店集聚于市场中心的局面。同时，我们还可以证明市场中心是唯一的集聚均衡区位。

三　集聚体各方可以分享集聚经济效应

Marshall 最早提出了集聚经济，认为一些厂商在某一区位的集中，能使向它们提供商品或服务的另一些厂商的市场规模扩大。这些厂商受益于规模经济，还能更低廉地提供这些商品和服务，而这又会鼓励更多使用这些商品和服务的厂商集中于这一区位。现实中，不但生产活动会产生集聚，销售和服务也会产生集聚。

下面以 gallo 模型为基础，通过一个企业跨期博弈过程来说明产业集群的市场容量机理。

假设共有 n 个企业分布于两个区位，其中区位 1 有 n_1 个企业，区位 2 有 n_2 个企业，$n_1+n_2=n$，区位 1 和区位 2 的企业集合不交叉。消费者不能跨区自由迁移，企业有两期博弈，第一阶段选择生成区位；第二阶段，给定每个企业观察到其他企业区位选择的信息，然后各个企业再同时选择向每个区位供应的商品的数量。在博弈前，企业商品是同质的，各企业的边际成本相同，$MC=c$。区域消费存在“冰山效应”，令 k、l 是两个不同的区位，“冰山效应” $t_{kl}>1$（含义是：在区位 k 的商品到区位 l 销售时，只有$\frac{1}{t_{kl}}$比例的产品能够到达区位 l。a、b、c、d 均为大于零的常数，且 $a<c$，$a>ct_{kl}$）。

对于任一个 $i\in n_1$、$j\in n_2$ 的企业 i、j 而言，在区位 1 中的利润分别为：

$$\pi_{i1}=\frac{1}{d}\left[\frac{a-c+cn_2}{1+n_1+n_2}(t-1)\right]^2 \tag{4-3}$$

① 证明过程参见安德生 Anderson 等人（1992，第 9 章）。

$$\pi_{j1} = \frac{1}{d}\left[\frac{a - ct + cn_1}{1 + n_1 + n_2}(t - 1)\right]^2 \tag{4-4}$$

在区位 2 中的利润分别是：

$$\pi_{j2} = \frac{1}{b}\left[\frac{a - c + cn_1}{1 + n_1 + n_2}(t - 1)\right]^2 \tag{4-5}$$

$$\pi_{i2} = \frac{1}{b}\left[\frac{a - ct + cn_2}{1 + n_1 + n_2}(t - 1)\right]^2 \tag{4-6}$$

企业 i 的总利润是：

$$\pi_i = \frac{1}{d}\left[\frac{a - c + cn_2}{1 + n_1 + n_2}(t - 1)\right]^2 + \frac{1}{b}\left[\frac{a - ct + cn_2}{1 + n_1 + n_2}(t - 1)\right]^2 \tag{4-7}$$

企业 j 的总利润是：

$$\pi_j = \frac{1}{d}\left[\frac{a - ct + cn_1}{1 + n_1 + n_2}(t - 1)\right]^2 + \frac{1}{b}\left[\frac{a - c + cn_1}{1 + n_1 + n_2}(t - 1)\right]^2 \tag{4-8}$$

若 $\pi_i > \pi_j$，区位 2 中的企业有向区位 1 迁移的激励，经分析可得产业集群的交易费用临界值条件 $t < \frac{a}{c} - \frac{d\ (a-c)}{bc}$。

根据以上分析，我们可得一个结论：只要交易费用在一定临界值以下，随着区域市场容量的扩大，企业必然向市场容量大的区域迁移。

在商业街中之所以会产生零售企业的集聚现象，是因为当同行业集中越大量时，越能降低交易成本。因为当卖者、买者、商品较多地集中在一起时，则既有利于降低经营企业的成本，也有利于降低消费者的成本。适度的企业集中可以使企业能共享道路、停车场等基础设施，可以共同进行广告宣传；由于企业多、信息渠道多、信息量大，因此，企业可以降低收集信息、搜索交易对象的成本；由于竞争对手、合作伙伴比较多，企业因而可以降低运输、谈判的成本，可以更容易得到所需要的人力资源，甚至企业之间还可以相互提供协助等。同行业间还可以彼此依赖（如当一家商店没有某一类型的商品时，可以到周围的其他商店去拿货），相互提供信息，增加了商品的专业权威性，从而吸引更多的顾客前来。同业集聚的规模大、可达性高，能增加对顾客的吸引力，使顾客有额外采购的欲望，进而扩大商圈，商家能获得更大的利益。因此，同行业集中越大规模时，越能降低经营的成本，从而有利于提高企业的经济效益。

同时，商业服务企业的集聚，还有利于降低消费者的交易成本。因为消费者可以花费更少的时间进行比较，选择更多的商品和交易对象，消费者的交通成本、信息成本、谈判成本也因此可以降低很多。还由于经营企业相互竞争的影响，消费者可以购买到更为便宜的商品。根据以科斯为代表的新制度经济学理论，降低交易成本是促使企业形成的主要原因。商业街能起到类似企业的效果，通过集聚，降低了小商家的交易成本，从而使得商业街成为小商家高度集聚的地方。因此，集聚经济有利于降低经营专业街企业和消费者的成本，提高他们的收益。这样，自然使得商业街这样的同类商业网点集聚形式有了市场和竞争力。

不过，同行业集中规模也有一定的限制。当集中超过一定的规模时，就会导致竞争过度，导致基础设施不堪重负、租金上升等问题的出现，从而对商业街的发展带来不利影响，也因此使得商业街的规模只能发展到一定程度，而不会无限制地扩大，就像企业的发展也有一定限度一样，过大了就会增加内部管理成本，抵消了交易成本的降低。

商业街的集聚效应充分体现在提高了资源配置的效率。例如，茅于轼在分析市场的作用时曾说过，到旅行社买飞机票反而要比到航空公司买便宜。多一个中间环节反而票价更低，就是因为旅行社起到对资源的重新合理配置的作用。旅行社了解各航空公司的班次、座位等各种信息，可以提供各种选择的机会，多种选择的机会提高了飞机的上座率。根据成本收益比较，当然可以降低票价。表面上看，商业街处于生产者和消费者的中间环节，可能看起来会增加流通成本，进而增加消费者购买商品的成本。其实不然，关键就在于商业街架起了连接生产者和消费者之间的桥梁，因而提高了资源配置的效率，从而不但不会增加成本，反而会有助于降低成本。这也充分体现了流通市场在经济发展中的重要性。

四　品牌效应是集聚体扩张的原动力

“一个品牌凝聚着消费者的综合印象，在消费者心中发挥至关重要的经济职能（黄静，2005）。”商业街商业集群的目标对象是消费者，要以消费者为中心，为消费者提供服务，满足消费者各种需求，因为消费者是最终购买的决策者。如果某一集群知名度、美誉度比较高，即使其他硬件条件相同，消费者也会首先选择知名度、美誉度高的集群实现购买行为，从而为集群内企业减少了宣传费用，赢得了消费者的信任，这就是商业集群的品牌效应。商业街在具有一定的品牌知名度之后，会提高所在城市的知名度，提升城市形象。在商业街中存在大量的国际知名品牌，不仅对本市居民具有一定吸引力，而且商业街所产生的品牌效应还使得商业街成为城市对外交流的窗口。商业街的形象是城市整体水平的代表，高的集群知名度容易提升城市形象。例如，汉正街是武汉的象征，南京路是上海的标志，王府井是北京的骄傲，等等。

在经济学中，消费者剩余通常用来度量消费者从竞争市场获得的总净效益，而生产者剩余通常用来度量生产者获得的总净效益，两者之和则用来测度竞争市场的总效益。在商业街中，假设在其他因素相同的条件下，价格越低经营者让渡给顾客的消费者剩余越多。然而经营者和消费者是一对矛盾体，它们都以自身的价值最大化为目标，若单以价格为着眼点，只会引起消费者剩余和生产者剩余的此消彼长。而要解决这一矛盾，根本途径是发挥商业集群品牌资产效应，实现总剩余增加。

如图 4－2 所示，假定在商业街中，初始情况下，市场需求曲线和供给

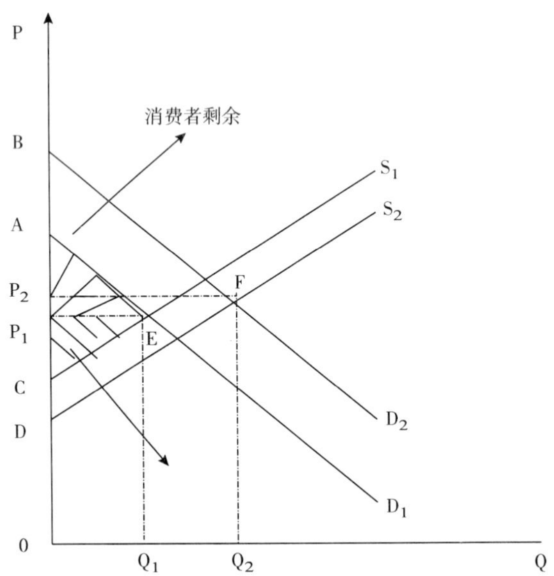

图 4－2　消费者需求供给曲线及帕累托最优

曲线分别为 D_1 与 S_1，在均衡点 E 上形成均衡价格 P_1 和均衡供应量 Q_1。其中，消费者剩余等于需求曲线与市场价格之间的面积 AP_1E，即消费者愿意为某一商品支付的数量 $OAEQ_1$ 与消费者在购买该商品时实际支付的数量 OP_1EQ_1 之间的差额。生产者剩余是位于供给曲线上方直至市场价格的区域，即生产者在提供一定数量的商品时实际接受的总支付 OQ_1EP_1 和愿意接受的最小总支付 OQ_1EC 之间的差额，总剩余为 AEC。

在竞争市场中，品牌知名度和美誉度使顾客获得质量和服务保证，影响着消费者的偏好和购买行为。良好的品牌认知度能降低顾客搜索信息的时间成本、精力成本和体力成本等，这些因素都会使市场需求曲线右移。同时，商业街具有一定的集聚规模效应，商业街品牌资产的形成使商业街内所有的商业经济主体共享品牌价值，在一定程度上节约了商业街整体的采购成本、交易成本和扩张成本等，从而导致供给曲线右移。

与此同时，在商业街集聚效应的作用下，商业街品牌资产效应使商业街的市场需求曲线右移至 D_2，而供给曲线下移至 S_2，它们相交于新的均衡点 F，形成新的均衡价格 P_2 和均衡供应量 Q_2，此时消费者剩余增加为 P_2FB，生产者剩余为 P_2FD，新的总剩余 BFD > 原总剩余 AEC。因此，商业街品牌资产为经营者和消费者增加了福利，为整个社会增加了总效益，这是一种帕累托改进。

五 商业街商业集群是各方利益博弈均衡的结果

总体上讲，在商业街内可以利用其品牌优势构造优越于其他销售渠道的供应价值链，即由供应商、零售企业和消费者之间互相依赖组成了一条完整的商业街商业集群销售渠道供应链，共同参与并完成了产品、服务产出效用和价值的创造及实现过程。对供应商和零售企业而言，商业街内旺盛的需求是它们追求的目标，而商业街商业集群的集聚效用能帮助它们实现此目标。

商业街的本质内涵是为了最大限度地满足消费者的需求，衡量商业街价值的标准是对消费者需求的满足程度。商业街能够顺应消费个性化时代消费者的购买行为特点。由于商业街集中了若干大型百货商场、众多的连锁化经营的专卖店和专业店，地处闹市区或黄金地段，因而能满足消费者追求时尚、展示自我个性的心理及追求品牌消费的货比三家的购买心理需求。商业街成为了集购物、餐饮、文化娱乐、休闲、健身、旅游观光及商务活动于一体的综合商业服务聚集区，消费者能从中获得以下利益：一是满足消费者多元化的购买需求，购物已不完全是消费者光顾商业街的主导动机；二是消费者光顾商业街时，能从娱乐、休闲、健身等活动中，获得精神与文化的高层次享受，追求"美、知、休、健"的生活品质，体现了自我价值，满足了自身对精神文化消费的心理；三是商业街良好的综合服务功能满足了消费者追求便利消费的心理需求。

商业街是城市化的必然产物，是城市商品交易最活跃的场所，是市容市貌中最繁华、最绚丽的景观，是推销一个城市时最引人注目的门面，就好像名片，不管真实情况如何，制作精美的名片最终能带来更多的机会。为了提升城市形象、加强城市竞争力，一些自发形成的老商业街立即被列入政府改造规划，在资金等方面予以支持，因此，从这个角度看，商业街在很大程度上自然而然成了一种政府行为。商业街的独特风格，环境优美、秩序井然的良好气氛，人气、商气两旺的局面，可以给房地产商带来丰厚的地租回报，给商家以高报酬率的利润回报，也可以给地方政府带来税收收入以及就业的增长。

商业街的集聚环境不仅包括购物条件的便利性，还包括购物环境的优雅性以及其他配套设施的完善性等，这些建设费用通过集群内商家共同分担，减少了企业的管理费用。集群整体环境的改善，对整个集群内商家来说，都是有利的，但这些费用是庞大的，如果每家企业只负责自己的范围，那么不仅花费较大，而且也会出现不协调的情况。但如果通过管理委员会统一规划、建设和管理，就不仅节省了企业在环境建设方面所花费的人力资本，还可以节省建设费用以及建成后的统一管理、维护费用。另外，商业街很高的人气所带来的客流量可以给商家带来很高的销售业绩，这一方面可以提高商家的收益，另一方面可以提高商家在进货时与供应商的谈判筹码，分享商业集群销售价值链的利益。[①]

---

① 商业集群销售价值链的概念是笔者提出的一个观点，即供应商、商业集群内企业和消费者共同组成一条商业集群销售价值链。此观点在第八章会被详细阐述。

由此可见，商业街的商业集聚是商家、消费者与政府、房地产商等多方主体追求利益均衡的结果，其先决条件是商业街区的商家集聚。

第三节　实证案例：广州市北京路商业街的历史沿革

一　广州市商业街概况

广州商业街的发展有着悠久的历史和坚实的产业基础。长期以来，城市职能体系以商业职能为核心，商业的繁荣造就了广州许多著名的传统商业街。近现代以来，随着城市现代化水平的不断提高，商业街的数量从少到多、商业街的档次从低档到中高档、商业街的影响从小到大、商业街的风格从单一趋于多样化，商业文化、传统文化在商业街上得到了充分而集中的体现。广州商业街的发展大致可以划分为四个时期。

第一个时期：19 世纪末以前。历史上广州城市空间较小，到隋唐时，广州城规模不足 1 平方公里，到宋朝时也才 20 平方公里（司徒尚纪、李宁利，1998），城区主要位于现在的越秀区、荔湾区东部，因而商业街数量较少，主要商业街有双门底（北京路）、惠爱路（中山五路）、一德路、第十甫路、上下九路、高第街、天成路、状元坊、西来初地、十三行等。商业街大多沿珠江分布，靠近码头，以利用水运，方便货物的集散。商业街弯曲狭窄，一般 3～5 米。商业街建筑主要是传统的竹筒屋，商业街多为东西走向。

第二个时期：19 世纪末至新中国成立前。这一时期，尽管政治形势动荡不安，但是广州的商业、商业街发展仍然显示出强大的生机与活力，商业街的数量明显增多。从 1886 年在天字码头堤岸修筑马路起，广州开始了近代城市的市政建设，东山区作为住宅区被开发，东山区的商业街也开始形成并快速发展。城市空间范围迅速扩大，因而商业街也快速增多。广州的商业在国民经济中占有十分重要的地位。据 20 世纪 40 年代统计，广州经商人口占总人口的 40.8%。同时，骑楼建筑开始在广州大规模建设，这种建筑风行全城，逐步成为广州商业街道的主要模式。当时，荔湾区的商业街发展最为迅速，在十三行被火灾毁坏后，上下九路、第十甫路成为全市性的商业中心。

第三个时期：新中国成立至改革开放前。由于重生产、轻流通，实行严格的计划经济，使得商业流通业受到极大的抑制，许多商业街也相对衰落下去了。

第四个时期：改革开放后至今。广州成为我国改革开放的前沿阵地，率先对外开放，经济快速增长，消费市场急剧扩大，商业流通业、贸易业高速发展，因而在传统商业街迅速恢复的同时，广州也兴起了许多新商业街。商业街随着城市的扩展、人口的聚集和交通环境的变化，形成了新的商业街。20 世纪 80 年代末，广州火车站的所在地环市西路、站前路、站南路、站西路成为重要的商业街，逐步集结了许多大型服装市场、鞋帽皮革市场等。20 世纪 90 年代中期后，天河、海珠等新城区商业街发展迅速，天河路、天河北路、江南西路、江南大道、宝岗大道等商业街快速兴起。为改善传统商业中心区的购物环境，上下九路、北京路先后在 1995 年、1997 年被辟为商业步行街。商业街的分布开始地域更广、分布类型更多样，其中有就近于消费市场分布的商业街，有分布于市级商业中心、区域级商业中心的商业街，有紧邻火车站、汽车站等交通枢纽分布的商业街。随着广州城市的扩展，旧城改造的加快，经济全球化、以信息技术为核心的电子商务的发展，商业街的数量在大幅度增多，商业街环境趋于改善，商业业态趋于改变，商业企业趋于多元化、信息化。商业街的资本结构也发生了显著变化，跨国资本对商业街影响非常显著，商业街成为传统文化和现代文化的交汇之处。

二　广州市北京路商业街概况

广州北京路商业街目前是北京路商业步行街，其实施全日制步行经过了三个阶段：1997 年 2 月 8 日，经广州市人民政府批准，北京路部分路段逢双休日实施准步行；1998 年 5 月 1 日至 2001 年 11 月，步行街逢节假日实施全步行；2002 年 1 月 1 日起，步行街正式实施全日制步行。

北京路是广州城建之始的所在地，也是有史以来广州地区最繁华的商业黄金宝地。北京路地处广州市中心，交通十分便利。它位于广州地铁一、二号线的交会点，在广州百货大厦附近的地铁公园前站是东南亚最大的地铁站。同时，便利的公交车路线连通市区各地。另外，在广百广场、北京路东北端的外商投资一条街和广州大厦设置了三个大型停车场，此外在周边地区还有五个临时停车场。

北京路步行街北起中山五路，南至惠福路，全长 440 米，沿街商铺 138 户，以经营服装、百货、鞋类、餐饮、珠宝为主。其中，服装类的专卖店占 34%，百货类占 17%，皮革鞋业占 15%，餐饮类占 14%，珠宝类占 11%，文化类占 5%，医药保健类占 3%，服务类占 1%。在这不足 0.38 平方公里的商业旺区，不仅有广州百货大厦、新大新百货公司、光明广场、名盛广场、丽立百货公司等商业翘楚，还有皮尔卡丹、堡狮龙、佐丹奴、百图、多利安奴、卡佛莲、科春得、莱尔斯丹、耐克、阿迪达斯、苹果等香港乃至世界著名品牌的连锁店 100 多家。[①]

作为广州市最繁华的步行街，北京路上除了有麦当劳、肯德基、必胜客等知名的国际连锁快餐店，还有众多家喻户晓的中西美食名店、老字号，如美利权冰室、周生记、聚宝海鲜酒家、太平馆西餐厅、自然门印度餐厅、芝加哥牛扒屋、莱茵阁咖啡厅等。三星级的丽都大酒店位于步行街的南端，酒店内设有以粤菜为主、聚东方饮食文化之精华的敦煌酒楼，附设西餐厅咖啡厅、商务中心、各类型会议室等配套服务。在步行街北端，有四星级的广州大厦，拥有现代化的商务中心、各类娱乐健身场所、可容纳 400 余人的宴会厅和各具特色的餐厅，还有汇集了各式民间小食的榕园坊食街。北京路不仅有浓郁的商业氛围，而且积聚了浓厚的文化底蕴。在这里，汇聚了 6 个有千年以上历史的文物古迹，现已成为市民与游客购物、休闲和娱乐的最好去处。

商业街内店铺众多，经营样式齐全，呈现显著性的同类集聚及异类集聚。商业街内有近千家商店，如交电、服装、鞋帽、眼镜、文体用品、科学仪器、乐器、图书、照相器材、医药、家具、茶叶、日杂陶瓷、土特产品、工艺品、南北调味品酱料、文物古玩及各式金银首饰等，仅专业商店就有 94 多家，其中有 8 家是全市最大的专业商店，如北京路药材商场、健民医药商店、南粤糖烟酒商店、集雅斋、致美斋、长江琴行等；著名的老

① 资料来源：广州市越秀区统计局（2011）。

字号商店就有23家，占了全市的一半。此外，书店、公园、影剧院、文化宫之多亦居全市商业区之首；饮食业兴旺，西餐厅、粤菜馆或北方饭店各具千秋，衣、食、住、行、娱乐等消费都可在这里得到满足。

从表4－5可以看到，北京路商业街的专业（专卖）店占了32.06%，加上百货商店（场）占到了57.44%，因而临街的铺面大部分被各类专卖店所占据，专卖店主要以经营服装、鞋、皮革制品、珠宝首饰等为主。因此，北京路商业街的中高档时尚商店较多，经营商品档次普遍较高。另外，超市只有1家，所占营业收入比重仅0.47%，说明在商业街上，日常生活用品销售市场很小，商业街主要是比较购物商品的销售场所。

表4－5 广州市北京路商业街零售业态构成

业　态	户数（户）	营业收入（万元）	营业收入占比（%）
百货商场（店）	34	106565.59	57.44
购物中心	10	17222.04	9.28
超市	1	866.52	0.47
专业（专卖）店	101	59486.81	32.06
其他	673	1388.02	0.75
合　计	819	185528.98	100

资料来源：广州市越秀区统计局（2011年）。

三　北京路商业街商业集群的经济学解释

从消费者的角度来讲，商业企业集聚有其存在的必要性；从其购物行为上来看，消费者购物具有比较购物行为。正是这种比较购物行为，决定了商业企业在空间上的集聚是有益的，同时也为商业企业的集聚提供了必要条件。

从商业企业的特性来看，商业街存在“店多成市”所产生的集聚效应。零售商以适当的价格向消费者出售富有吸引力的商品组合与服务，通过集聚不仅可以提供“一站式”购物，还便于消费者进行价格和性能的比较选择。如广州北京路商业街北起中山五路，南至惠福路，全长440米，沿街商铺100多户，以经营服装、百货、鞋类、餐饮、珠宝为主，这种商业店铺的集聚能满足消费者“一站式”购物及选择购物的需要。

集聚优势还表现在集群的吸引力上，包括消费者的吸引力和企业的吸引力。商业街是一个商业企业群体，其集群的吸引力首先表现为对消费者的吸引力。据调查，广州北京路商业街的客流量主要来源于中山路口、惠福路口和西湖路口，约占日总客流量的90%，其中中山路口和惠福路口约占日总客流量的70%～80%。从中山路口和惠福路口的交通现状来看，大部分来商业街的游客是采用乘公交车的方式前来，只有极少数是乘出租车和地铁的。而西湖路口则是一部分自驾车、一部分乘出租车、一部分乘地铁，西湖路口的客流量相对要少许多。在时段差异上，工作日在16:00和20:00左右会出现两个客流高峰，休息日则只在16:00左右出现客流高峰。正午12:00以后，休息日的客流量能够保持较高的水平，过了高峰期后虽也有下降，但相对饱满的客流量能够持续较长时间，这也是休息日商业街客流量比平时多的一个重要保证。[①] 对店铺的吸引则是通过丰厚的投资回报，促使商家不断在商业街内投资设点。

在经济学理论的分析中，像北京路商业街那样的街区中存在着众多同质或异质的企业，它们之间的竞争接近于完全竞争。[②] 由于企业的目标是追求利润的最大化，因而在商品销售价格一定的情况下，企业会寻求成本的最小化，从而实现利润的最大化。由此我们可以看出，商业街中企业运行成本的降低是决定商业街形成的重要推动力量，主要表现在以下方面。一是店铺共同使用基础设施，促使成本降低；二是消费者信息搜寻成本降低；三是店铺的宣传成本降低。此外，在商业街中商业企业集聚之后，在其他方面也会降低经营成本，如多家企业共同运输同种商品以减少运输成本，共同使用一家仓储设施以减少仓储成本，等等。

Hotelling（1929）认为，在一个有限的线性均质市场，当消费者市场的需求完全相同且完全无弹性，消费者光顾哪一个业主完全取决于其交付价格的情况下，假定存在两个业主，其销售目标为利润最大化，销售同质的产品，且运输成本不变。如果一个业主可以自由地重新选址，他将通过选址在较长的市场上并邻近另一个业主来最大化他的市场领地（Hinter-

① 谢涤湘：《广州商业街发展研究》，中山大学博士论文，2005。

② 笔者认为不同的商业集群类型存在于不同的市场形态之中，在此分析中假定是完全竞争的市场结构形式。

land)，以此最大化其利润。这说明商业街布局中零售商集聚是它们的首选策略。其他学者的观点也印证了这一理论基础，经典的两个卖冰淇淋的人的问题为这一原理提供了很好的解释。[①]

商业信息的不完整性必然导致商业业主倾向于在其竞争对手的地点附近选址。业主为方便消费者的比较购物行为，以及业主认为在商业集聚区选址所获取的利润大于独立选址所获取的利润的可能性大，会在一个垄断竞争市场中，通过同时选择的区位和价格策略行为，实现策略主体（企业）集聚在市场中心的区位均衡。

广州北京路商业街商业集聚的形成和发展符合上述经济理论的作用机理。目前，广州北京路商业街内云集了全国知名的广百、新大新两大主力百货店和中旅商业城、光明广场、名盛广场、五月花广场、潮楼等新兴的商业大厦，加之千年古道遗址等景观，通过商业资源和旅游资源的整合，使广州北京路商业街成为外地游客到广州不容错过的一个购物天堂和旅游景点。这些情况也符合 Eaton、Lipsey Reilly、Thompson 以及 Buchlin 等学者的理论主张，因为从企业组织结构上看，广州北京路商业街属于“龙头＋网络”式的商业集聚，一些大型商业如广百、新大新起到龙头作用，而众多的专卖店、专业店、连锁超市等则构成集群的网络，整个商业街呈金字塔形结构。

第四节　本章小结

任何一个国家的大中城市都有一条或几条著名的商业街，这些商业街不仅是一个城市对外展示的形象窗口，也是当地居民休闲、购物、娱乐、消费的汇集地，更是一个城市经济发展的活力象征。城市因商业街而具魅力，商业街更为城市增添风采。我国很多城市都把商业街的建设作为城市规划的重要组成部分，商业街已经成为城市商业发展、城市风貌和城市综合竞争力的代表，并成为重要的“城市窗口”和“城市名片”。

---

① 两个商人以同样的价格出售同样的冰淇淋，他们通过竞争区位来争取统一居住在一个线性区域（主街）的消费者。结果每个消费者都从距离自己最近的那个商人那里购买冰淇淋。这样消费者就被分成了两部分，每个企业的市场区的长度就可以用来表示其产品的市场需求。

本章的论述中，作者运用空间经济学等理论分析了商业街商业集群的集聚机理，并阐述了集聚经济效应是集聚的内因，品牌效应是集聚的外因以及商业街商业集聚的各参与主体的共赢利益机制，还以广州北京路商业街为例进行了实证分析。

现实中，商业街商业集群的结构形式非常类似寡头竞争的市场结构，其集聚力是通过企业与消费者之间的市场相互作用而产生。根据竞争性一般均衡空间的不可能性，在市场结构中必须考虑报酬递增和不完全竞争的存在，而这也非常符合空间经济理论的分析模式。通过数理模型分析得出的结论是，当产品的差异性足够大或运输成本足够低，或者这两者同时出现时，就会维持无数个商店集聚于市场中心的局面，同时，该市场中心是唯一的集聚均衡区位。

第五章　商务中心区（BCD）的商业集群

本章研究的商务中心区（BCD）的商业集群是指流通领域中的大商业概念，它是城市的功能核心，包括零售业、金融业、服务业、商务中心、批发业、仓储业及娱乐业、文教事业、现代旅游业、房地产业以及信息服务业等，经营业态齐全，具备完善的市政交通与通信条件，是市场机会最多、运作成本最低、最便于开展现代商务活动的中心区域。

第一节　商务中心区（BCD）概述

一　BCD概念的演变

（一）BCD的产生

中央商务中心CBD即Central Business District的缩写[①]，是由商务中心区BCD即Business Central District演化而来的，最早是在1923年由美国社会学家伯吉斯（E. W. Burgess）提出，伯吉斯将CBD定义为“商业汇聚之

---

① Central Business District，有的翻译成中央商务区，或商务中心区，最初起源于20世纪20年代的美国，意为商业会聚之地。现代意义上的中央商务区是指集中大量金融、商业、贸易、信息及中介服务机构，拥有大量商务办公、酒店、公寓等配套设施，具备完善的市政交通与通信条件，便于现代商务活动的场所。在我国，只有像北京、上海、广州与香港这些大城市，才可以允许CBD存在，也才有资格建设出世界性的CBD。因此，我国的绝大部分城市只能建设BCD（Business Central District），而不是建设CBD。商务中心区BCD的建设是市场的产物，政府主要起了规划领导的作用。从这层意义上讲，国内的二线城市由政府硬性规划出一个经济中心区CBD是不合适的，二线城市的CBD实际上只能称为商务中心区（BCD）。

处”，主要是指城市地理及功能核心区域，它的形成是区域中心城市经济发展的必然结果。在美国，CBD 被认为是“Downtown”的高级化，美国人把“Downtown”称为城市中心或商业区，可见 CBD 的产生离不开商业，离不开城市中心。[①] 在我国，目前绝大部分城市只能是建设商务中心区 BCD，而非 CBD，即使是像北京、上海、广州等特大城市，现阶段也还不具备建设 CBD 的条件，只能说 CBD 是其未来的发展方向。[②]

BCD 从产生到现在，其含义随着经济的发展、产业结构的转换以及交通工具的变化，经历了一个长期的发展过程。概括起来说，BCD 脱胎于商业，形成于办公业，发达于金融业。现代 BCD 一般是商业、办公业和金融业的混合功能区。

20 世纪 20 年代以前，是马车和电车时代。由于交通工具落后，城市用地十分紧凑，大部分的城市功能都集中在市中心周围，BCD 功能的构成是：以商业贸易为主，商务办公楼、交通运输枢纽（火车站、码头）共同组成核心部分，外围依次是工厂和工人住宅、大部分富人和部分中产阶级住宅。

20 世纪 30 年代以后，汽车的拥有量剧增，城市中心空间布局开始剧烈地变动，具体表现在以下几个方面。

第一，城市中心的制造业纷纷迁往郊外，减少在城市中心的投资，以节约地租，降低经营成本。

第二，郊区购物中心（Mall）悄悄兴起，城市中心零售业主导地位遭遇强烈竞争，其零售业总额占全国零售业比例一度大幅度下降，迫使城市中心商业活动不得不进行结构转换，保留那些高品位和稀有的并且对整个城市甚至全国的顾客有吸引力的商品零售。光临城市中心购物的顾客也不

---

① 广义上，大商业和商务之间没有显著区别，两者都是流通领域的主要组成部分，都能够实现商流、物流、资金流、人才流和信息流的运动。狭义上，商业是由专门人员从事的，实现货币—商品和商品—货币过程的商品交换活动；商务是从事或围绕交换或贸易行为，通过直接参与生产经营、贸易、结算、筹资等，以有形或无形的方式实现商品贸易和生产要素在国内或国际间的合理配置和转移的活动。

② 笔者认为，CBD 是大都市的商务中心，汇聚了世界众多著名企业，美国也只在少数几个城市形成 CBD。我国是发展中国家，不可能像目前理论界炒作的那样到处可以建设 CBD，现阶段我国充其量只能提倡建设 BCD 的问题。

再以本市的居民为主，而是以外地和办公楼的白领为主。

第三，城市中心制造业办公机构大幅增长。随着制造业的快速发展，制造业部门的专业化分工越来越明显，分为决策部门、生产部门和营销部门等。首先是营销部门为了加强同市场的联系，在城市中心设立办公机构；随后决策部门也逐渐迁入城市中心区，以便获得更多的商业机会和商业信息；工厂区只留下控制部门、生产制造部门。

第四，公司服务办公机构大量增长。一方面，随着制造业的急剧发展，制造业内部的各部门开始分化和独立，如会计部门，只保留了基本的会计工作，大量的会计服务内容由独立的会计咨询服务公司承担，既节约了成本，又提高了专业化水平。类似的服务还有法律、贸易、广告等，这些服务公司都布局在城市中心区内，以便获得较多的信息和较多的客户。另一方面，为制造业服务的相关部门也大量催生、细化，并集中到城市中心，如审计、评估、金融、法律、人才服务等。

此时的城市中心区已经发生了分化，部分中心区完成了由商业为主到公司办公服务业为主的转变，形成自己的特征和独立功能，BCD 的概念开始深入人心。

（二）CBD 与 BCD 辨析

CBD 的全称是 Central Business District，我国现有三种译法：中央商务区、商务中心区或中央商业区，如上所述，其概念最早产生于 1923 年的美国，当时定义为“商业会聚之处”。随后，CBD 的内容不断发展丰富，成为一个城市、一个区域乃至一个国家的经济发展中枢。一般而言，CBD 应该具备以下要素特征：一是城市的功能核心，城市的经济、科技、文化、商业等高度集中；二是交通便利，人流、车流、物流巨大；三是白天人口密度最高，昼夜间人口数量变化最大；四是位于城市的黄金地带，地价最高；五是高楼林立，土地利用率最高。许多国际大都市都形成了相当规模的 CBD，如纽约的曼哈顿、东京的新宿、香港的中环等，如表 5 - 1 所示。

CBD 是现代城市的商务中心，汇聚了世界众多知名企业，经济、金融、商业高度集中，拥有众多最好的写字楼、商务酒店和娱乐中心，最完善、便利的交通，最快捷的通信与昂贵的地价。在我国，只有像香港、北

表 5-1　世界 CBD 等级划分

等　级	功　能	城　市	金融保险业就业人数
第一级	全球性 CBD	纽约、伦敦、东京	约 30 万人
第二级	区域国际性 CBD	欧洲：巴黎、法兰克福	10 万～20 万人
		北美洲：芝加哥、洛杉矶	
		亚洲：香港、大阪、新加坡、首尔	
		大洋洲：悉尼、墨尔本	
第三级	地区性 CBD	欧洲：鹿特丹、苏黎世、米兰、慕尼黑、布鲁塞尔、罗马、马德里、阿姆斯特丹	10 万人以下
		北美洲：迈阿密、休斯顿、旧金山、多伦多	
		拉丁美洲：圣保罗、布宜诺斯艾利斯、加拉加斯、墨西哥城	
		非洲：开罗、约翰内斯堡	
		亚洲：台北、曼谷、上海、马尼拉	
第四级	地方性 CBD	……	……

资料来源：叶明：《CBD 的功能》，《结构与形态研究》2003 年第 10 期。

京、上海、广州这些一线大城市，有资格建设真正意义上的 CBD。如此看来，当前我国绝大部分城市只能建设 BCD（Business Central District），而不是 CBD。[①]

商务中心区，英文简称 BCD（Business Central District），是在城市中心区内部，有一批制造业公司、金融和信息企业集团总部入驻，有大量商业服务机构及商务办公、酒店、公寓等配套设施，具备完善的市政条件，是便于开展现代商务活动的商务机构集聚区。商务中心区（BCD）具有以下显著特征。一是地理特征。首先它不局限于一个大城市，小城市也可以叫商务中心区，但真正意义上的商务中心区一定是公认的有影响的城市，

① 2008 年，南昌市老城各区抓住旧城改造机遇，大力提升老城区的商贸水平，启动了一大批商业设施建设。具体来说，就是将叠山路打造成南昌“淮海路”，继续打造民德路、象山北路等商业街区，带动南京西路、青山路、阳明路等道路的商气、人气，建成集金融、时尚、商务、休闲等服务功能为一体的现代都市商务中心区（BCD）。资料来源：《信息日报》2008 年 3 月 19 日。

如上海、北京、广州等。事实上，商务中心区在一定意义上已经成为一个城市的代名词，代表着整个城市的精华、超景观的区域。二是地价特征。因为是黄金地段，它的楼价在这个城市内部或者一个区域内应该是最高的。三是建筑特征。从传统意义上讲，商务中心区往往是高楼林立，如上海的外滩、北京的中关村，都体现了高密度建筑物的特征，一般建筑面积都是上千万平方米。四是产业特征。这是核心的特征，BCD 以第三产业为主导，既包括传统的第三产业，如购物、休闲、娱乐、旅游等，还主要包含那些代表了当今时代最先进、最发达的第三产业（现代服务业），如金融、保险、证券、中介、会计等。五是功能性特征。商务中心区具有经济控制的功能，实际上，虽然政府对经济起到宏观调控的作用，但在市场经济条件下，经济的控制能力往往也集中在一些大的金融、贸易、保险等公司总部云集的地域，这一区域对经济的支配、经济的主导、经济的控制力比较强。因此，从某种意义上讲，BCD 实际上是市场经济体制下一个经济的枢纽机构。六是时代性特征。商务中心区 BCD 从 20 世纪 20 年代演变至今，其构造、功能、建设等方面都发生了很大变化，呈现出一些新的特点。公司总部、金融中心和专业化生产服务，构成了当今商务中心区的三大职能机构。BCD 还包括经营管理（总部）、金融、专业服务、展览及会议、酒店和配套公寓、娱乐及高档零售业等，体现了现代 BCD 的基本特征和内涵。

商务中心区（BCD）的建设是市场的产物，政府主要起了规划指导的作用。从这层意义上讲，国内的大部分一级大城市及二级大城市政府硬性规定建设一个中央商务区（CBD）是不合适的，大部分一级大城市及二级大城市的 CBD 实际上只能称为商务中心区（BCD）。总体上说，商务中心区（BCD）是城市经济发展过程中的一种企业集聚现象和结果，其核心是在城市经济和区域经济中发挥集聚经济功能。在当前日益激烈的国际竞争中，商务中心区（BCD）的发展实际上是现代服务业集群发展的有效载体和平台，其作用表现在三方面：一是商务中心区（BCD）是集聚国际商务和管理及其他现代服务产业优秀人才的人才库，是吸引国际资本的重要窗口，为集群发展提供有力的要素支撑；二是商务中心区（BCD）是国际重要的经济和商务信息的集散地和传播中心，各种信息在 BCD 内汇集、发出、交流，为现代服务业集群发展构建有效的创新机制；三是商务中心区（BCD）是大公司、知名企业实力及其品牌传播的最佳媒介，具有独特的窗口效应、示范效应和辐射效应，是大公司发展战略的重要基地，为现代服务业集群发展储备大量有实力的市场主体。

（三）BCD 的演变

BCD 最初在欧美兴起时，是与传统产业密切联系的，使得企业形成一定的集聚效应。BCD 最初是城市中心的商业区，是为满足人们的购物需要而存在的，随后才有了休闲、旅游等功能的出现。随着社会经济的发展，传统的商业模式被削弱，尤其是 20 世纪 80 年代，随着全球信息化、国际化的提高，高效、集约的城市商务中央空间已经开始独立于传统的商业闹市而存在。现代 BCD 的概念已经升级，少数城市的 BCD 发展演变成 CBD，这与全球经济的发展密切相关，无论是在功能构成、空间形象还是在交通运转方式、设施配套等方面，都已经演化为一个相当独立的地域。它的职能已经超出了城市本身的意义，变成了全球或区域经济一体化系统中的一个重要单元，管理和控制着区域、全国乃至全球经济，并相互形成网络。

自 20 世纪 90 年代中期以来，以信息科技和数字网络为基础和先导的新经济浪潮方兴未艾，正在将人类带入一个全新的经济全球化及知识经济时代。经济全球化包括商品贸易全球化、直接投资全球化、金融资本全球化以及人才流动全球化等，其中金融全球化对世界经济影响最为深刻，BCD 或 CBD 内汇聚了世界各国的金融机构，如外汇市场、证券市场、期货市场、基金交易、外汇套购业务、远期利息合约、货币、利率、期权、存款证业务和票据等衍生金融工具交易活跃，资本市场容量巨大，能为跨国公司地区总部创造更多的拓展空间和发展机遇。跨国公司纷纷在 BCD 或 CBD 设立区域总部、职能总部、采购中心、研发中心、资本运作中心、离岸业务中心，以便更有效地指挥和协调这一地区的生产和销售及决策新的投资。

（四）BCD 的界定

早期的研究者们认为，BCD 是城市中具有某些特征的不很确定的地区，他们并不太关心给BCD下个确切的定义。他们认为只要是具备了下述特征的城市专区均为BCD，即BCD是城市的功能核心，城市的经济、文化活动如零售业、服务业、商务中心、批发业、仓储业及娱乐业、文教事业等高度集中；对内、对外交通极为便利、高度发达，人流量及车流量最大；白天人口密集度最高，昼夜间人口数量变化最大；城市地价峰值所在，土地利用率最高，高层建筑林立。研究者们还认为BCD的功能有向周围转换地带急速扩展的趋势，城市地价从BCD由内向外逐渐递减。

流通产业集群与BCD有必然的联系，它既与商业集群的概念有着密切联系，又不同于商业集群的概念，是广义的商业集群。[①] 流通产业集群是指以流通产业为龙头的相似或相关产业在一定区域内的大量聚集，并在流通产业集群信息的引导下，企业之间形成完整的内部分工体系，为城市（区域）的经济增长提供了有力的支持和引导。从这个意义上说，流通产业集群不仅包括批发企业、零售企业、物流企业和餐饮企业，而且还包括了因为流通产业的引导而聚集在流通产业周围并为流通产业提供产品和服务的生产性服务企业、金融服务企业、律师事务所、会计师事务所、税务师事务所等商务服务企业以及休闲娱乐等消费服务企业。

因此，流通产业集群的概念是建立在商业集群的基础上，但是其外延又大于商业集群。仅就一个城市而言，流通产业集群与城市商务中心区（BCD）在本质上来说是一样的，只是同一事物的不同表达而已。[②]

综上所述，笔者认为，商务中心区BCD是指在一个现代都市（城市）内集中有大量金融、商业、贸易、信息以及中介服务机构，拥有大量商务办公楼、酒店、公寓、会展中心、文化娱乐等配套设施，具备完善的市政交通与通信条件，是市场机会最多、运作成本最低、最便于开展现代商务活动的中心区域。

---

① 笔者观点，因为流通产业的外延要远远大于商业。

② 严格意义上说，流通产业集群与城市商务中心区（BCD）是有区别的，因为流通产业集群中的前向、后向企业可能有必然的产业联系，而城市商务中心区（BCD）一般并不一定具备这种产业联系，本书为方便分析，对两者不进行严格意义上的区分。

（五）商业集群是BCD的主要内容

商业集群是指大量相互关联密切的商业企业在空间上聚集，并形成强劲、持续的区域竞争优势的现象。商业集群是产业集聚的一种类型，是区域经济发展过程中的产业集聚现象。从模式上来讲，商业集群属于水平型的产业集聚，即由经营同类产品、互补产品或相关产品的企业构成。BCD内商业企业集聚在一起形成的主要效应包括外部经济效应、聚集经济效应与组合经济效应。

美国学者H. F. Bracey认为①，CBD是美国城市的心脏地域，最大限度地集中了城市中的事务所和零售商业。B. J. L. Berry认为，CBD是城市中占支配地位的零售中心，除了零售业之外，这个地区还集中了批发商业、服务业、办公大楼、行政机关以及各种制造业。因此，从CBD广义上的理解来看，美国学者认为CBD中应该有商业的存在。②

日本学者木地节郎认为③，有些学者把CBD解释为中心商业区，有些学者认为二者不等同，但中心商业区（购物区）应位于CBD之内，是CBD的主要地区、核心区。杉村畅二认为④，如果从广义的角度解释，CBD应该包括业务中心区和商业中心区；从狭义的角度解释，CBD是指中心商业区。他还认为，这种划分与城市的规模和等级有着密切关系，对大都市来说，CBD的功能是全面的，包括中心商业区、娱乐区、办公区、行政区等，但是对于中小城市来说，CBD则是指中心商业区。

由此可见，无论从广义还是狭义上来理解，各国的学者们都认为BCD中应该存在商业的集聚。在这一点的认识上，大家是统一的。那么，商业集群在BCD中的地位如何？应该发挥什么样的作用？笔者认为杉村畅二的解释比较科学，即商业在BCD中的地位和作用与城市的规模和等级有着密切关系，也就是在规模较大的城市中，商务是BCD的首要功能，商业为之服务，但BCD也发挥着其他方面的作用；在规模较小的城市中，BCD就是

① H. F. Bracey：《城市的地域功能》，大明堂出版，1971。

② 美国以及日本学者认为的CBD其实就是我国实际意义上的BCD。

③ 〔日〕木地节郎：《零售商业的集聚和选址》，大明堂出版，1975。

④ 〔日〕杉村畅二：《城市的地域功能》，大明堂出版，1971。

指商业中心区，商业几乎是 BCD 的全部内容。[①] 表 5－2 显示的美国部分城市的 BCD 零售业楼面面积就是很好的例证。虽然商业包括批发、零售以及部分服务业，但 BCD 的商业主要是以零售为主，所以可以通过零售业研究 BCD 的商业功能。表中各城市楼面面积占 BCD 楼面面积皆较大比重，同时城市规模（主要以城市地区人口为参考）虽然与 BCD 面积呈正相关，但是其中人均零售业楼面面积随着 BCD 的发展而有减小趋势，由此表明在规模较小的城市中，商业可以说是 BCD 的全部内容。

表 5－2　美国部分城市的 BCD 零售业楼面面积

项目 城市名	1950 年标准大城市地区人口（万人）	楼面面积		零售面积占 BCD 楼面面积的百分比（%）	人均零售业楼面面积（平方米/人）
		BCD 总数（万平方米）	BCD 零售（万平方米）		
费城	367.1	357.7	107.4	30	0.29
辛辛那提	90.4	92.1	27.7	29	0.36
凤凰城	33.2	56.2	19.1	38	0.58
大急流城	28.8	79.1	20.6	26	0.72
萨克拉门托	27.7	92.4	31.4	34	1.13

Edgar M. Horwood and Ronald R. Boyce, *Studies of the Central Business District and Urban Freeway Development*, University of Washington Press, 1959, Table 3－1.

本书主要研究包括商业集群，但主要为以现代服务业为重点的 BCD 商业集群现象，探究其集聚的成因及其运行机理。[②]

二　BCD 的特征、职能构成及其功能

（一）BCD 的特征

BCD 的一般特征也是 BCD 概念内涵和外延的依据。一般是从 BCD 的人口密度、车流量、人流量、地价、产业组成和分布、交通便利度等方面加以描述。

---

① 本研究偏重日本学者杉村畅二的观点，即在规模较小的城市中，BCD 就是指中心商业区，商业几乎是 BCD 的全部内容。为了方便分析，笔者认同商业是 BCD 的主要内容。

② 本书的研究范畴其实就是现代服务业集群。

第一，拥有高盈利水平的产业。第三产业占主导地位，金融业、贸易业、零售业、服务业、商务中心、批发业、仓储业及娱乐业、文教事业等高度集中。

第二，拥有最高的地价，从 BCD 向外地价逐渐递减。BCD 虽然不一定是城市地理中心、科教中心、文化中心和行政中心，但一定是经济中心，因此其地价也最高，并且与城市的地理中心有一定的关联性。

第三，具有良好的社会服务条件、技术设施和城市景观。

（二）BCD 的职能构成

1. 中心商业职能

中心商业包括零售商业、批发、餐饮等。20 世纪 50 年代，美国商业活动建筑面积达到 BCD 的 30% 左右，就业人数占 BCD 就业总人数的 15% ~ 20% 。随着城市规模的增加，BCD 的商务办公功能日益成熟，零售活动份额逐渐减少。

2. 办公职能

办公包括总部办公、普通办公、金融办公、其他办公（包括出版、商务咨询等）等类型。办公就业人数占 BCD 就业人口的 50% ~60% ，办公面积一般在 BCD 建筑面积的 40% ~80% 之间浮动，其比重与城市结构松散程度、城市类型、城市在地区经济活动首位度以及办公类型有关，其中银行、律师行、保险公司、金融机构、电力公司对中心区位需求高、不易迁移，上述行业在发达城市 BCD 的办公比重高。

3. 其他职能

国际大都市的 BCD 演化成 CBD，这时的 CBD 或多或少拥有 BCD 的职能成分，包括娱乐、居住、旅游、政府机构、教育、医疗卫生、工业、仓储、旅馆、娱乐、展览及会议等。

（三）BCD 的功能

商业及商务是 BCD 的核心功能①，围绕着这一核心，BCD 具有以下五

① 这里所指的商务已经远远不是初级状态下的原始商业，而是具有最新业态的以国内外资源最优配置为目标、相关领域高科技为手段、国际金融要素贸易为主体、各类最新业态为载体的“现代商务”。

项功能。

1. **集聚功能**

在现代城市中，BCD 处于流量经济的发生中心，各类人流、物流、信息流、资金流在此汇聚和集散，是区域性甚至国际性的商品、资本、技术、信息和劳动力的集散中心。它是所在经济中心城市经济功能的核心，集中了大量的金融、商贸、文化、服务机构以及商务办公楼宇和酒店、公寓。在国际性的大都市，国内外著名的跨国公司、国际银行以及金融财团也纷纷在 BCD 设立区域总部、职能总部及代表机构，这时的 BCD 其实就是 CBD。[①] 在一些国际性的 BCD 内，还时常可见到国际经济组织的代表机构，它们是国际性新思想、新机制的创新基地。

2. **交易功能**

BCD 的本意就是创建一个平台，提供一个国内甚至国际一流的交易和竞争舞台。[②]

从国内外现有 BCD 的状况来看，这个平台或舞台大多具有很高的开放度，有通行的国际惯例和国际法则，交易秩序规范，拥有最多、最活跃的市场机会，具有快速的办事效率和较低的交易成本。在一些国际性的 BCD 内，交易的领域涵盖各类金融保险产品、有价证券、现货批零、期货产权等，银行机构可以在很短时间内自由地实现巨额资金的跨地区、跨国界的支配和调动。

3. **辐射功能**

BCD 的辐射功能包含着四个层面，即由里到外，分别是对所在城市本身的辐射、对城市周边区域的辐射、对所在国家的辐射以及对其他国家乃至全球的辐射。其辐射强度则取决于该 BCD 所依托城市及国家的科技水平、市场潜力和经济活动总量。

在知识经济时代，辐射除了资本的运作、产业的梯度转移和技术专利的传播以外，更为突出的是服务，BCD 应该是以现代服务业为主导的经济区域，其主要包括金融服务、保险服务、证券基金、会计评估、资

---

① 一些国际性的 BCD 其实就是 CBD，以下相同。

② 这样的舞台使商品的价值得以实现，正如马克思所说的“惊险的一跳”，它是市场得以正常运作并持续发展的关键所在。

信认证、咨询中介等，尤其是在一些国际性的 BCD 内，如在香港中环内外就吸引了数以千计的国际经济会计师事务所、评估行、咨询公司等为全球提供服务。BCD 的辐射与其所在城市及地区对它的支撑是相辅相成的辩证关系，两者是一个有机的整体，密不可分，是互为发展前提的关系。

4. **文化功能**

BCD 是国际经济活动的舞台，也是人类文化交流融汇的园地。BCD 中体现着国内各地区甚至世界各国不同建筑流派艺术风格的楼宇馆所，本身就是一曲“凝固的交响乐”。在这些建筑中，本国的金融贸易机构展示的是本土文化和民族文化，境外投资者和外国公司、外籍员工带来的是形形色色的境外管理机制、经营理念与现代气息的企业文化。不少 BCD 还在配套的教育和社区等领域中，存在着各种各样的移民文化色彩，如旧金山、纽约等城市的“唐人街”就在 BCD 内。此外，BCD 还有各国习俗的餐饮文化，使不同民族的从业人员到来后都有“宾至如归”的感觉。

会展和旅游是 BCD 文化功能另一个不可缺少的内涵。不少城市的 BCD 又同时拥有区域性甚至国际性的会议展览活动中心，如中国香港、新加坡等城市的国际会展中心就建在 BCD 区内，与周边的写字楼和五星级酒店一起将贸易、展览、零售和宾馆业的功能进行有机组合。

5. **标志功能**

每当人们提到某个国际经济中心城市，往往首先想到的都是它的 BCD，如国际性的大都市纽约曼哈顿、伦敦码头区、东京新宿和香港中环地区，都成为所在城市的国际标志和象征。

BCD 的标志功能不仅体现在外观形象上面，而且具有丰富的实质内涵，通过它向外界展示其所代表的经济控制力、要素辐射力和科技创新力。BCD 的控制力更多地体现在区内跨国公司总部、跨国要素交易市场和国际金融财团对国际经济的调控力度方面。

当前，经济全球化带来竞争的全球化，这一全球化的竞争也包括国际大都市及其 BCD 之间的竞争，竞争焦点是抢占全球资源配置、生产制造和市场运作的制高点。现代化国际大都市凭借其各种功能（金融、贸易、信息、技术、航运、经济等）的集聚和优越环境的条件，成为全球经济重要的决策中心、控制中心、市场中心和服务中心。作为国际大都市经济功能的核心构成，BCD越来越成为所在国经济实力和国际竞争力的象征与标志，成为区域性乃至全球性经济控制中心的载体和象征。

三 BCD商业集群的形态

（一）BCD内业种、业态的集聚模式

美国著名城市商业地理学者B. J. L. Berry和R. J. Tennabt（1963）依据对芝加哥的商业地域分析，提出了大都市商业地域分类模式。他们认为，大都市的商业集聚共分为商业中心、交通干线商业街和专业化商业区三种类型。其中商业中心又分为大都市BCD、地域商业中心、区域商业中心、社区商业中心、邻近商店五个类型。消费者根据购买商品的性质和购物的搜寻费用来选择购物的商业中心类型。例如，如果是购买生活必需品，消费者往往到邻近商店或社区商业中心购物，但如果是购买奢侈品、流行商品，消费者则会到大都市BCD去购买。因此，贝里（Berry）认为，大都市BCD的业种和业态的集聚主要包括大型百货店、专卖店、特色杂货店、名食品店、美容理发店等，以经营高级品、奢侈品、名牌商品、流行商品为主。

此外，还有以招标地价理论为基础的商业地价模式，在这种模式里，每个零售、服务企业都是以利润最大化为导向，以最大可能接近潜在顾客的地点为最理想的选址地。大都市零售业的选址模式是以每个零售业支付地价能力来决定的。在这种模式里，大都市BCD中心商业区是由支付地价能力最高的业种和业态构成。大型百货店、名品专卖店、流行时尚商品店以及酒吧、俱乐部、其他娱乐业等利润率很高的零售、服务业是BCD商业业种、业态构成的主要形式。

从发达国家成熟的BCD的商业构造来看，BCD中心商业区业种、业态的构成基本上是以大型百货店、名品专卖店、流行时尚商品店、特色食品店、杂货店以及形形色色的餐馆、酒吧、娱乐场所构成。

（二）BCD内商业的空间构造

1. 立体化商业街

传统BCD商业中心区的内部构造往往是根据服务功能和商品特性的分化而平面化地进行布局，形成文化、娱乐、饮食等许多功能街区。由于BCD内中枢业务功能和规模的扩大、地价的上升以及BCD内零售商业功能与金融、保险、旅行等其他功能的混合存在和空间竞争，使得BCD内高层商用建筑以及大规模集办公、商业于一体的综合商业大厦不断出现，并由此形成BCD中心道路两侧的立体化商业街景观。

立体化商业街的形成促使BCD中心商业区的零售、服务业的功能开始分化，由传统的、水平的、平面的区域功能分化向立体的、垂直的功能分化转移。垂直的功能分化使不同的行业、业态的功能综合地容纳到同一大规模、高层的综合商业大厦中，不仅形成了零售、服务业务功能的垂直体系，而且也促使消费者形成垂直的购买行为。

2. 地下商业街

地下商业街是欧、美、日国际大都市BCD中核心商业区商业集聚的主要形态，比如美国纽约洛克勒中心地下商业街、东京新宿地下商业街、汉城车站地下商业街等都是国际大都市中BCD商业集聚形态的典型代表。在我国，大部分省会城市以及直辖市都有类似的地下商业街存在。地下商业街成为大都市BCD商业集聚的主要形态有以下两个主要原因。首先，地下商业街是活跃和繁荣BCD区域商业的客观需要。由于BCD区域高度集聚着银行、保险公司、跨国公司、传媒集团的总部大楼，这些大规模业务大楼的存在使地面商店街被分断而失去其连续性并威胁中小零售商的生存空间，其结果往往造成地面商店街的衰落。另外，从消费者方便购买的角度看，也要求BCD中心商业区能够提供使交通体系与各种商业、服务业能有机结合的大规模商业空间，使消费者的购买行为连续而系统化。由于地面大型百货店、专卖店的地下一层往往与地下商店街相连，使地面商店街的中断能够得到有效的连接，由此可以最大限度地避免地面的衰落，维持BCD中心商业区的繁荣和发展。其次，地下商业街是以中小店铺为主的经营形态，地下商店街不仅起到连接各种交通体系的作用，更重要的是为中小零售业、服务业提供了生存的空间以弥补地面大型店在功能上的不足。

第二节 BCD 商业集群的集聚、发育机理

一 BCD 内商业企业的集聚动因分析

BCD 作为城市空间的一个功能分区，它的形成是社会分工的产物。生产的社会分工是生产力进步的源泉，企业间分工和企业内分工的不断深化，不仅促进了产业结构的分化与升级，而且极大地提高了企业的利润水平并促进了企业的全面发展，其中企业内部分工的外在化是形成 BCD 的首要因素。企业内部分工的外在化是指企业根据资源优化配置的要求，在生产、经营、投资、管理、产品研发、人力资源开发等方面部分或部分功能在空间上的分离与整合。传统企业生产、经营、管理等职能的分离是一种内部的专业分工与协作，但在空间上并不分离。随着企业规模的扩大，一些企业为了开拓市场、降低成本、提高竞争力，会根据要素禀赋的不同，实现跨区经营，使企业内部的专业分工与协作实现了空间上的分离与整合，从而在更大范围内促进资源的优化配置。如企业的生产基地可以建在偏远的郊区，而经营、策划、产品研发等机构则可以建在城市商务中心区，从而取得市场辐射力强、融资（投资）方便、人才集聚、信息灵通等便利。

BCD 内商业企业集聚是指各种群体（如商店群等）和居民在地域空间的集中程度，即商业、银行、保险、咨询、服务业、运输、旅游等行业的集中程度，尤其是大公司、大银行、大商团等集中的程度所产生的集聚，这种大规模集聚带来专业化和分工协作的便利，使得相关产业部门迅速发展。BCD 商业企业集聚的发展受集聚力、排斥力、吸引力等相互叠加的影响。

1. 集聚力

它包括以下五个方面。

（1）工业化、城市化是形成 BCD 的原动力。19 世纪末 20 世纪初，

部分西方发达国家城市由农业社会城市阶段进入工业社会城市阶段，城市人口不断增加、规模不断扩大，制造业在主导城市经济的同时，为制造业提供贸易、商业、金融、办公、娱乐等服务的第三产业繁荣兴盛，逐步导致了具有新兴复合功能的城市中心区的产生。工业化和城市化进程成为 BCD 产生的原动力，中等规模（人口在 10 万以上）的城市逐渐形成了 BCD。

（2）第三产业的发展，促进了 BCD 的发展。第二次世界大战后，大量生产服务和社会服务活动由第二产业分离出来，并迅速成为许多独立的行业，构成多达几百项的第三产业群，仅仅几十年时间，第三产业的就业人数和产值就达到生产总值的一半以上。以服务为产品的第三产业要求空间集聚能汇聚人流、物流、信息流，从而促成了商务中心区的形成。

（3）服务业的汇集吸引了大量的跨国企业总部。随着产业间的调整和国际间劳动市场的形成，许多企业集团的生产、销售等环节在地域空间上变得越来越分散，世界的商务环境也越来越复杂。在这种情况下，为保证企业经营的成功，集中的最高层控制与协调就变得尤为复杂和重要。由于大公司总裁对法律、会计、管理、咨询等生产性服务业的依赖性加强，使得提供这些生产服务的公司因其重要度提高而不断壮大。生产服务业的集聚进一步吸引了跨国企业总部的选址。在此过程中，一些城市集中了为数众多的生产服务业和跨国公司总部，形成了强有力的 BCD，进而成为区域或国际的经济控制协调中心。而另外一些工业中心城市则因未能适应经济格局的变化，BCD 不明显，导致地位下降。

（4）信息时代交通通信业的发展使 BCD 成为可能。信息时代是 BCD 发展的根本原因，交通和通信的发展使得管理、生产、销售、服务等各个环节可以分离，从而可以使公司总部与生产车间分离，而集中于 BCD。

（5）高地价对土地用途转换产生推动力。市场经济条件下，地价是用地功能的决定性因素，中心区的高地价吸引了高附加值的商务活动和服务业在此集聚。地价与承租能力之间的矛盾是推动 BCD 结构演化的内在动因。

2. **排斥力**

随着BCD的发展，功能内涵及规模的不断扩大，现实需求要求扩展BCD空间。而原有BCD由于地价飞涨、交通拥挤、基础设施落后及环境质量低劣等原因，已不能满足BCD功能发展的要求，成为阻碍BCD发展的排斥力，导致了BCD的分散化。

3. **郊区的吸引力**

郊区廉价的土地资源、优美的环境，吸引人口外迁，部分中心商业职能随之外迁到郊区。另外，汽车普及与信息技术的发展，使城市职能外迁成为可能。部分城市BCD的商务活动向郊区转移，BCD呈现分散化、多中心化的现象，城市中心区成了主要为外地游客服务的地区。

以上三种力的交互作用形成了BCD商业企业集聚—分散—高层次的再集聚的发展进程。

二　基于企业与消费者区位选择的集聚机理

城市中心的出现，一方面主要依赖于经济人之间非市场相互作用（外部性）的存在，最典型的是高活动水平的商务中心区的出现；另一方面也可以依赖于经济人之间的市场相互作用而产生。在现实世界中，我们经常会观察到由出售相似商品（如零售店、时尚服装店、餐馆、电影院、剧场、古玩店等）的店铺等业态形式构成的集聚区。在这种情况下，其集聚力是通过企业与消费者之间的市场相互作用而产生的。

通过第三章第三节的分析可知，商业集群的集聚力是通过企业与消费者之间的市场相互作用而产生的。笔者认为，BCD商业集群非常类似于出售不同种产品的零售企业的连续域之间的垄断竞争市场结构，即如第三章第三节分析的那样，产品市场上的垄断竞争是模型分析的主线，也是模型均衡集聚出现的必要条件，这时，企业不能以给定的市场价格销售它们想要销售的任何产品，相反，每个企业都认识到它的最优选择（区位和价格）依赖于它所供给的产品的需求，而这种需求本身又依赖于消费者的分布，这说明消费者的选择直接影响企业的选择。反过来，消费者的最优选择（区位和消费）又依赖于企业的整体分布情况，这是因为不同的企业销售不同的产品，而消费者又偏爱多样性。所以，消费者购物活动的分布是跨区的，他们购物的旅行轨迹是随着每个区位提供的产品数量的变化而变化的。这就在两种分布之间产生了空间的相互依赖，这种相互依赖需要通过企业与消费者间的竞租函数的相互影响来解决。[①]

通过第三章第三节的分析我们可以得出结论，即在城市 BCD 中总是存在一个唯一的空间均衡，这个均衡具体表现如下。第一，当企业数量小于消费者数量时，所有的企业都以一个小于 1/2 的不变密度集聚在商务中心区，这个商务中心区还集聚了一部分消费者，而其他的消费者则居住在该中心区附近的两个区域内；第二，当企业数量大于消费者数量时，所有的消费者都以一个小于 1/2 的不变密度集聚在商务中心区，这个商务中心区还集聚了一部分企业，而其他的企业则集聚在包围镇中心区的附近两个区域内；第三，当企业数量等于消费者数量时，城市由一个唯一的混合区构成，密度恒为 1/2，即企业和消费者各占一半集聚在商务中心区。

因此，我们可以发现围绕城市中心的土地被两种类型的经济人占用。[②]这个结论并不是不切实际的，在现实中经常会看到一些居住活动与商务活动混合在一起的布局形态（如纽约的休南区、巴黎的蒙帕尔纳斯、东京的 Shinjuku 以及我国各大城市的商务中心区）。

三　企业间集聚产生的根源：集聚的经济性

成本分析是任何经济现象研究的逻辑起点之一，基于集群的研究也要从成本根源上深入剖析。集聚经济性是基于产业集群的规模、用集群企业的成本来衡量的，是指在某一产业集群中随着集群企业数量的增加，集群企业的长期成本不断降低。从这个意义上说，聚集企业成本的高低直接影响到产业集群的形成及效率。只有企业“扎堆”并推进成本不断降低，企业才有集中的激励。成本递减与市场容量扩大、外部政策激励等一样是产业集群产生的基础。成本节约是企业进行集群式生存的一个动力来源。成

① 库普曼斯（Koopmans，1959）对另外一种不同但相关情况的叙述为：最主要的困难是中间产品从一个企业到另一企业的运输产生了一种相对优势，这种优势源于一个给定企业的特定区位相对于其他企业的区位。

② 帕帕乔治和蒂斯（Papageorgiou and Thisse，1985）曾经在一个相关的模型中证明过企业和居民集聚情况的出现，不同的是，在该模型中，区位的数量是有限的。

本递减导致产业集群形成是通过“企业集中→聚集竞争→聚集经济性→区域专业化→交易成本下降”过程来实现的。其中，聚集经济性是产业集群产生的必要条件，其实质是外部规模经济和外部范围经济在地域产业层次上的延伸。企业的聚集竞争降低了聚集者的成本，继而提升了区域的整体绩效，使得区内企业比起那些散落在各地的企业具有更强的成本竞争优势，从而促进产业集群的形成。聚集经济性是指在某一产业集群中，随着集群企业数量的增加，集群企业的长期平均成本不断降低，表现为集群企业的长期平均成本曲线向下倾斜，即集群企业平均成本随着集群企业数量的递增而呈逐渐下降的趋势（王步芳，2007）。如图 5－1 所示。

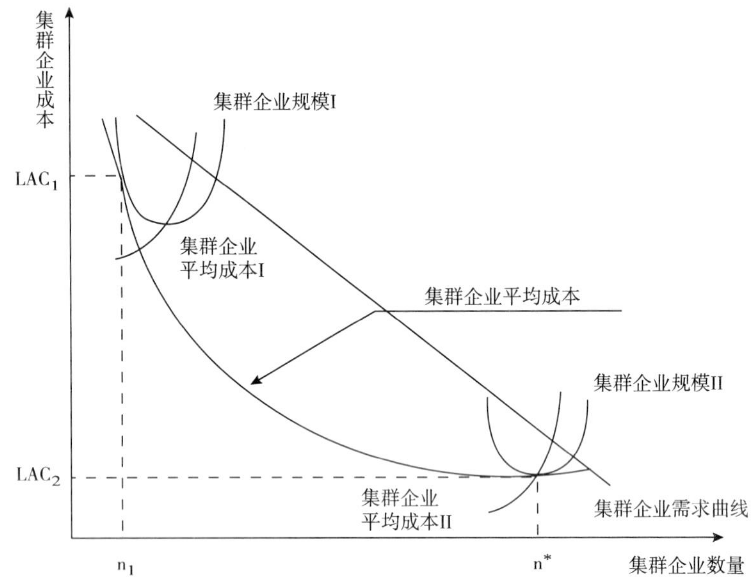

图 5－1　以集群企业成本反映的聚集经济性关系

假设在某个区位上，同一产业的企业以及上、下产业链上的企业都非常少（即集群企业规模Ⅰ并相应地有集群企业平均成本Ⅰ），企业之间的联系稀少，此时此区位企业的短期平均成本很高，即此区位企业数量 n_1，所对应的高为 LAC_1；随着此区位产业规模的扩展，越来越多的企业进入此区域，由于集群企业之间的内部联系和互动作用加强，使得集群企业增加导致的企业平均成本不断下降至 LAC_2，在 n^* 点达到了这一产业集群的最优规模，形成了集群长期平均成本曲线的最低点。图 5－1 表明，集群企业的数量与产业链上的企业运行成本成反比。这个结论得出了一个重要的推论，即集群的形成有很重要的成本根源。

四 BCD商业集群是城市发展规律的结果

区位选择理论对BCD商业集群进行了合乎逻辑的理论解释，但是，从另一方面来看，综观国内外城市商业的发展历程，可以得出其普遍的发展规律，即早期城市商业主要集聚在城市中心区。19世纪20年代以后，由于生产性服务业的发展，城市中心逐步演变为商业（CR，Central Retailing）与商务（CB，Central Business）职能并重的中心区，并在城市外围主要交通节点周围形成社区商业中心。第二次世界大战后，城市郊区化带动了商业的郊区化及离心化，在郊区化高度发达的北美，城市中心变成以办公为主的BCD，郊区出现分散的大型购物中心。在日本，城市中心区部分商业职能开始向副中心转移，并在外围郊区化地域形成低职能的商业设施集聚地。因此，我们可以得出结论：BCD商业集群符合城市的发展规律，是城市经济发展的必然结果。

1. 零售引力法则的理论解释

美国人威廉·雷利调查了美国150个以上的城市，在1930年提出了“零售引力法则”，又称“雷利法则”。① 他认为，“具有零售中心的两个城市（城市若干中心中的两个），从位于它们中间的城市吸引的交易量与各自城市的人口成正比例，而与从中间城市到市场的距离的自乘成反比”。也就是说，一个城市（城市若干中心中的一个）的人口越多、规模越大，对顾客的吸引力就越大。城市（或城市中心）的吸引力除了依赖上述的人口和距离因素外，还与诸多因素有关，如区域内经济发展前景与产业多元化的程度，

① 1929年，美国人威廉·雷利（W. J. REILY）教授在对美国的都市圈调查后，根据牛顿力学的万有引力理论提出了“零售引力规律”，该理论法则对未来的城市商圈的研究起了重大的作用，人们称之为“雷利法则”。其核心观点是“具有零售中心的两个城市，从位于他们中间的城市吸引的交易量与各自城市的人口数成正比例，而与从中间城市到市场的距离的自乘结果数成反比例”。雷利认为，确定城市商业商圈要考虑人口和距离两个变量，城市商圈的规模由邻近地区人口的多少与距离城市的远近不同而不同。城市人口越多，则说明该城市越发达，对周边地区顾客的吸引力也就越大；如果某城市离周边特定区域的距离越远，顾客前往该城所需时间就越长，则其对此特定区域的吸引力也就越小。

区域内交通、运输、服务、金融、信用、物业等状况，劳动力市场条件，法律、工商行政管理因素，民情风俗以及为吸引顾客所特有的公共和文化教育设施，如公园、剧院、博物馆、纪念场所、学校、科研机构等。

2. 招标地价理论的解释

美国经济地理学家阿隆索（Alonso）在图能（Von Thunen）农业区位理论的基础上创建了招标地价理论。他将区位空间作为地租问题的一个核心进行了探讨，提出了区位平衡的概念。他创建的 Alonso 模式假设一个商业中心的城市坐落在某地，通往商业中心的各方交通条件相同，空间距离代替时间距离，考虑的重要因素是通达性和相关运输费用，不同土地使用者由于对通达性的要求不同而具有不同陡缓的地租曲线。最陡的地租曲线占据最好的土地即距离商业中心最近，而最缓的地租曲线则位于距离商业中心最远处。Alonso 研究的是针对理性状态（如经济理性、完全竞争和最优决策）下的选址行为。由于不同的预算约束，各个土地使用者对于同一区位的经济评估（单位面积的投入和产出）是不一致的。随着与城市中心的距离递增（意味着区位可达性的递减），各种土地使用者的效益递减速率（边际效益的变化）也是不相同的。基于这样的假设，Alonso 提出的核心概念是：竞标价格（bid - price）或竞标地租（bid - rent），竞标价格或地租曲线（bid - price or rent curve）。竞标价格曲线如图 5 - 2 所示。

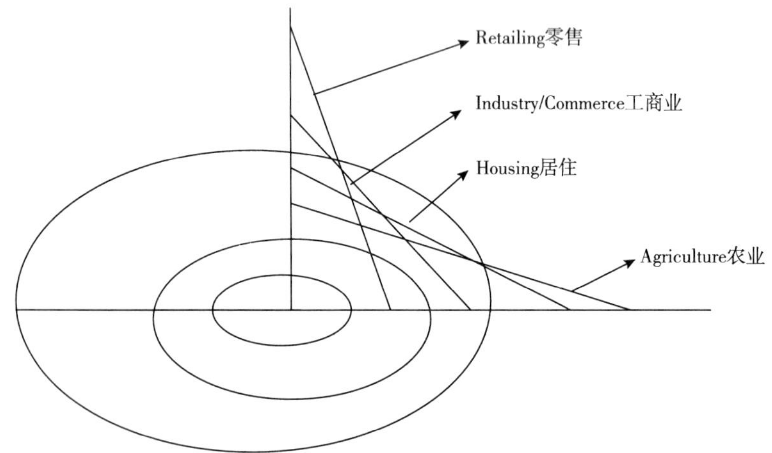

图 5 - 2　城市土地使用的空间分布模式（竞标价格曲线）

资料来源：Knox，1982。

图5－2中，竞标价格曲线表示土地成本和区位成本（克服空间距离的交通成本）之间的权衡。不同的曲线表示不同的土地使用，曲线上的任何一点都表示一种选址可能性，同一曲线上的任何一种选择方案的经济效益都是相同的。于是，城市土地使用的空间分布模式就可以用一组竞标价格曲线来加以表示。在图5－2中，共有四条由高到低的无差异曲线：零售业、工商业、居住以及农业，每一条曲线都代表了相同的经济效益。如零售业地处城市中心地区BCD，其所对应的曲线表示的经济效益最高；工商业和居住（住宅用）依次次之；而农业地处城市最外围，其所对应的曲线表示的经济效益最低。竞标地价曲线的另一层含义是，由于相同或相似的产业往往面临着相同的约束条件，所以它们在同一条无差异曲线上。把这一结论推广到商业上，就意味着相同和相似的商业业种和业态在空间上往往集聚在一起；从城市中心BCD到城市外围，依次分布着不同的商业业种和业态。现实中这样的例子很多，如城市BCD中酒吧一条街、金融街等。

3. **中心地理论的解释**

克里斯塔勒提出的中心地理论（Central Place Theory）解释了在某个城市或区域（BCD）商业集群的产生原因、规模及地理分布。[①] 该理论认为，城市的基本功能是作为其腹地的服务中心，为其腹地提供中心地商品和服务，如零售、批发、金融、企业、管理、行政、专业服务、文教、娱乐等。由于这些中心地商品和服务依其特性可分为若干档次（order of goods），因而可按其提供商品和服务的档次划分成若干等级。各中心地之间构成一个有规则的层次关系，区域有中心，中心有等级，区域聚集的结果是结节中心，即中心地的出现。服务是中心地的基本职能，服务业处在中心地的不同中心地。不同等级中心地的重要性不同，高级中心地提供大量和高级的商品和服务，而低级的中心地则只能提供少量的、低级的商品和服务。BCD不仅是城市的，而且是区域的专门化零售中心。它是城市中最高级的中心地，在所有商业区中序位是最高层的，这意味着它提供的商

① 王朝晖、李秋实编译《现代国外城市中心商务区研究与规划》，中国建筑工业出版社，2002。

品和服务可以超过任何比它次一级的商业区，且作为城市的最高级中心地，BCD占据了最具可达性的位置，它是由整个城市及其服务地区的最易到达的设施形成的集中区，因此非常吸引专门零售、大型银行、先进服务及其他功能，以至于城市各区乃至更小的邻近城市的人们都来此享受这一优势。

五 BCD商业集群体各方可以分享外部经济利益

依据空间（集聚）经济理论，在城市商务中心区（BCD）内，如果企业提供产品的差异性足够大或运输成本足够低，或者这两者同时出现时，就会出现无数企业集聚于城市商务中心区（BCD）的结果，即在城市BCD中总是存在一个唯一的空间集聚均衡。而这个空间集聚体所形成的外部经济效应能给集聚体各方带来利益，这是该集聚体集聚力增强进而促使集聚体稳定发展的内在条件。

如前所述，商务中心区（BCD）是城市经济发展过程中的一种企业集群现象和结果，其本质特征是在城市经济和区域经济中发挥总部经济职能，体现其双重功能作用，即第一层次的商务功能（现代服务业）和第二层次的商业服务功能（购物、休闲、娱乐与旅游等）。A. J. Scott率先提出“服务业集群”的概念，他认为服务业集群追求的主要是外部联系和劳动力市场。Keeble和Nachum认为，极为适应外界变化的外部联系和劳动力市场关系的网络对于专业性服务业集群十分重要，因而专业性服务业集群高度重视空间上集聚的“网络”对获取重要新知识，尤其是专业和市场知识的重要性。而马歇尔则认为，集群的外部经济效应主要体现在三个方面：一是具有专业技能的劳动力市场；二是市场规模扩大带来的中间投入品的规模效应；三是可以获得技术和信息。其中，前两者可以被称为由于规模效应而形成的外部经济，后者是技术型外部经济。企业集聚有利于技能、信息、技术诀窍和新思想在企业之间的传播与应用，既有利于辅助人才成长，也有利于人才集聚。

笔者认为，BCD商业集群研究的范围其实就是现代城市中服务业（即大商业）集群的概念，而BCD商业集群体的特征明显符合马歇尔关于产业集群外部经济的分析。这类集群所产生的外在经济性十分突出，可以给商业集群体企业带来明显的正外部经济利益，主要表现在以下几个方面。

（一）人才的易获得性

现代服务业是智力密集型企业，人才是企业的命脉。随着现代服务业的集聚，在该地区便会出现相关人才的聚焦，这无形中形成了一个专业化的人才市场，使高技术人才能够很容易找到适合自己的企业，同时企业也能够很容易地找到自己所需要的人才，减少搜索成本。这种人才集聚的形成有助于企业应付服务生产上的一些不确定性。同时，现代服务业的聚集也营造了一个高技术人员工作、生活的良好氛围，可以利用“雷尼尔效应”，塑造良好的环境来吸引和留住人才，形成良好的人际关系和亲和的氛围。另外，从事脑力劳动的雇员与雇主间容易在工资的确定问题上出现信息不对称，BCD 商业集群则为雇员工资水平提供了一个区域水准，这样既避免了因工资过低而造成人才流失，又不会因工资过高而使雇主承担不必要的成本。

（二）市场的聚集与辐射性

究其根源，企业集群的形成是为了获得需求（demand）和供给（supply）两方面的利益（Swann，1993），服务企业集群的形成也是为了获得这两方面的利益。从需求方面来说，面向外部市场的现代服务需求是促进集群形成的重要因素之一。作为现代服务业集群的中心城市面对的应该不仅仅是一个当地市场，而应该是一个遍及区域甚至全国乃至全球的市场网络，强烈的市场需求诱发有关服务型企业的崛起和发展，从而促使现代服务业集群发展。另外，对服务部门的区域分布而言，由于服务的不可分割性，即服务的生产和消费同时进行的特点，使得服务企业必须在人流量较大的经济繁荣的区域聚集，这也是服务企业集群与制造企业集群在形成原因上最大的差异。尤其是高知识和高信息含量的现代服务特别强调与顾客及合作者之间的高度互动，因此对这类企业来说，地理的接近性更为重要。在服务的供给上，主要是现代服务企业居多，受规模和资源的制约，它们在不断适应市场和技术的迅速变化过程中，必须充分利用各种外部资源以弥补自身的不足与缺陷。现代服务业之间往往在知识、产品和服务方面存在大量的交互关系，有时甚至是互为投资或战略联盟的关系，因而企业之间的垂直整合、水平联盟更为明显。同时，由于聚集区内服务企业本身的关联性，各企业所提供的服务也有其内在的生态链和互补性，这使大量提供同类和不同类服务的现代服务企业可以形成一个良性竞争与合作环境，这种配套服务的提供会成为一种规模经营，很容易吸引客户的注意力。这两方面相结合共同导致现代服务业表现出较为明显的集聚特征。

（三）知识、信息、技术的可获性

随着知识经济的到来，信息和技术资源成为企业发展的决定性因素之一，企业的区域聚集不再仅限于原料、劳动力资源成本方面的考虑，而是基于信息和技术渠道的通畅。现代服务业特别强调其服务的高新知识特性，因此对于知识的储备与恰当运用，是现代服务业核心能力唇齿相依的两大方面。对于现代服务业而言，在这竞争激烈的时代要维持竞争优势实在不易，知识是少数能提供可以维系竞争优势的重要资源之一。而且任何一个服务企业随着其对所掌握知识的广泛传播与运用，在专业知识方面的优势都将逐渐消失，因此对现代服务业来说，至关重要的是自身知识的储备和更新。唯有当知识容易取得，而且其价值会随着使用程度的加大而逐渐升高时，它才算是真正有价值的组织资产。同时，大批类似产业的企业集聚在同一区域会产生知识外溢的现象。现代服务业产业集群的一个重要的外部性，就是把许多具有相同专业素质的高科技或管理人员聚集在一起，在集群内部产生一个非正式的知识交换场所，通过他们之间的交流使知识尤其是隐性知识在企业间传播、交流，形成一种相对分散和非正式的学习过程。因此，在集群中的服务企业往往可以更方便地获得技术和知识。另外，由于知识、信息的可获性直接导致这类集群往往出现在更容易获取新知识和信息的中心城市，同时，这类知识型服务业的集聚也同时催生出更多的新知识和新技术，从而促进集聚的良性发展，进而形成现代服务业集群。

六　BCD商业集群是各方共赢利益机制驱动的结果

从以上的分析可以看出，集聚在城市中心是BCD商业集群的本质特征，集聚所产生的效应会给各参与主体带来利益，对利益分割而形成的共赢机制是推动BCD商业集群不断发展的持续动力。

国内外对于BCD的相关研究大都源于城市区位与空间结构方面，城市BCD的形成发展虽然受历史地理、政治政策、技术创新等因素的影响，但从经济学角度看，BCD形成发展的动因首先是市场力量，而促进BCD形成的市场力量主要源于集聚效应。如果没有集聚经济利益的存在，就不会有大批的企业在BCD集中，更不会有大量的经济交流活动在BCD存在；如果没有集聚不经济带来的集聚成本，就不会有BCD功能的分化升级，更不会有城市副中心的出现。BCD的集中和分散都是集聚正负效应相均衡的结果。

聚集效应指社会经济活动因空间聚集所产生的各种经济效果，这种效果分聚集经济和聚集不经济两种情况。所谓聚集经济，主要指社会经济活动及相关要素的空间集中而引起的资源利用效率的提高，由此带来成本节约、收入或效应增加；而聚集不经济指的是由集中导致的资源利用效率下降、成本上升、效益减少。聚集经济产生的效应为商务企业带来利益，即基础设施的共享，产业链上、下游企业的合作，信息互通，专业人才市场的形成，知识溢出和创造效应等。聚集经济的结果是城市形成并不断发展，在城市里形成更高一级的聚集区即中心区。在一定范围内，聚集规模的扩大与聚集效应的多少是正向的关系，这就是所称的商务中心商业集聚的聚集机制。

当然，聚集到了一定规模，会导致一系列问题产生，如聚集区土地租金的上涨、交通治安问题、污染问题、环境景观问题等，这些因素又会促使原来聚集的企业和居民不得不离开原中心向外扩散，这就是中心区的扩散机制。而城市商务中心区商业集聚就是这两种效应机制均衡的结果。如表5-3所示。

表 5－3　BCD 的聚集、扩散因素分类

行为主体	聚集因素	扩散因素
居民（消费者）	良好环境，交通不便，房价低	交通便利，中心区环境恶化，中心区房价高
企业管理控制机构	信息完备，交通、通信设施完备，通达性好，企业间经济联系强	信息落后，通达性不好，联系单位搬迁
政　府	中心区位，环境，通达性	环境恶化，交通通达性差，特殊原因

就消费者而言，BCD 商业集群尤其是集聚区内的商业集聚可以使其购买活动的空间范围相对集中，节省其用以购买商品和获得商业服务的时间与精力，缩短购买路线，并方便满足其多样化、多层次的消费需求。BCD 商业集群还可以为消费者的商务活动提供方便以及节省时间，以满足其对城市现代服务业的需求。

就企业和政府而言，BCD 商业集群还具有旁侧效应。商业集群虽然不生产具体的产品，但是它的存在却能极大地带动第一、第二产业以及第三产业中其他部门的发展，进而带动整个城市及区域经济的发展，形成旁侧带动效应。经济学家佩鲁认为，推进型产业和被推进型产业通过经济联系建立起非竞争性的联合机制，并在一定地域上集聚，形成产业间的关联效应。BCD 商业集群具有的竞争优势，能促使更多的企业进入，为城市及区域经济发展带来更多的资金、技术、人才，促进集群的良性循环。它不仅能带动上游产业——生产企业的集群化发展，而且还能带动相关服务业——如物流运输业、餐饮业、娱乐业等支持产业的发展，这些产业的发展会促使地区经济呈现倍数增长。BCD 商业集群发展到一定规模之后，会形成一定的品牌知名度和美誉度，吸引外地旅游客源，带动当地旅游业的发展，进而改变人们的消费结构和消费习惯，便于政府管理部门的管理，形成良好的集群发展环境。BCD 商业集群的发展还会吸引资金进入，而外资企业的进入会引发经济增长的乘数效应。良好的消费市场还会促使相关产业的上游企业在商业集群周边投资开发，引发该地区经济增长的乘数效应。

如图 5－3 所示，BCD 商业集群的发展促进了城市及区域经济的增长，城市及区域经济的增长带动了区域可支配收入的增加，从而促进区域相关

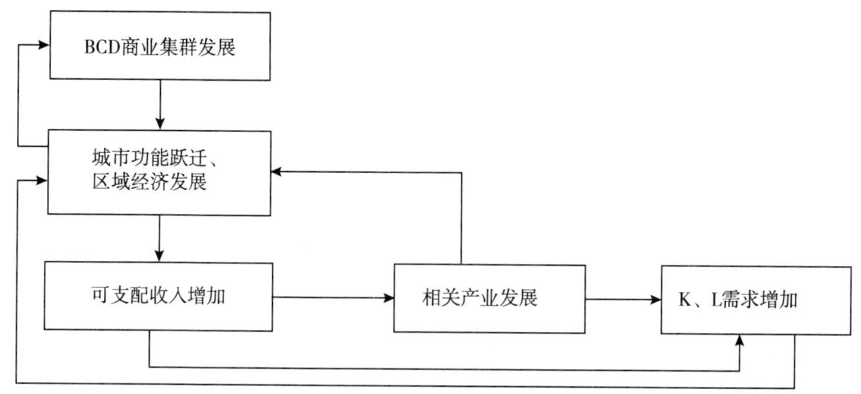

图 5-3　BCD 商业集群的乘数效应

产业的发展和对劳动力需求的增加，反过来又促进了 BCD 商业集群的发展，如此循环下去，形成 BCD 商业集群的良性互动发展模式。

随着 BCD 商业集群规模的扩大，必然引起周围环境或消费结构的改变，甚至引起所在地区产业结构的调整，如带动本地区金融业、专业服务业、建筑业、房地产业和交通运输业的发展。这在客观上要求有关法律问题和市场关系的专门人才大量增加以及其他先行投资资本的增加，也会要求在商务中心内增加金融部门和信息情报部门等。商业集群规模的扩大有可能改变周围人口的思想观念，提高消费意识，从而使消费结构发生改变。这些变化的发生都会促使当地经济的不断增长，从而使得当地政府税收增长、就业增加与城市面貌的改善。这是政府从 BCD 商业集群中分享的集聚利益，也是 BCD 商业集群不断发育、完善的制度保障。

第三节　实证案例：广州 BCD 商业集群分析

一　广州市经济、商业发展情况简介

广州市目前有 10 个区（越秀、天河、荔湾、海珠、白云、黄埔、萝岗、番禺、花都、南沙）和 2 个县市（增城市和从化市），共 12 个行政区，市政府所在地设在越秀区。2007 年年末，全市常住人口数突破千万，

2011 年达 1275.14 万人。[①] 按经济区域划分，广州市可分为中、东、南、北四个片区。中部片区包括越秀、天河、荔湾，东部片区包括黄埔、萝岗、增城，南部片区包括海珠、番禺、南沙，北部片区包括白云、花都、从化。

我国实行改革开放政策以来，广州经济取得了举世瞩目的成就。1978 年，全市的 GDP 只有 43.09 亿元，2005 年达到 5154.23 亿元，2011 年更达到地区 12303.12 亿元，按可比价格计算，比上年（下同）增长 11%。其中，第一产业增加值 203.06 亿元，增长 3.1 %；第二产业增加值 4532.52 亿元，增长 11.5 %；第三产业增加值 7567.54 亿元，增长 11.0%。第一、第二、第三产业增加值的比例为 1.65∶36.84∶61.51，对经济增长的贡献率分别为 0.5%、38.8% 和 60.7%。据城乡居民家庭抽样调查，全年城市居民家庭人均可支配收入 34438 元，增长 12.3%，扣除价格因素，实际增长 6.5%；农村居民家庭收入大幅增长，全年农村居民家庭人均纯收入 14818 元，增长 16.9%，扣除价格因素，实际增长 10.6%；全年城市居民家庭人均消费性支出 28210 元，增长 12.8%，扣除价格因素，实际增长 6.9 %。其中，服务性消费支出 10414 元，增长 13.8%，占消费性支出的 36.92%，城市居民恩格尔系数为 34%；农村居民家庭人均生活消费支出 10101 元，增长 12.4%，农村居民恩格尔系数为 45.2%。[②] 2012 年 1～11 月，广州市经济运行呈稳中趋升态势，工业生产、消费品市场、投资增速均为当年以来最高，其中全市实现社会消费品零售总额 5408.94 亿元，同比增长 15%，比 1～10 月提升 0.1 个百分点。其中，批发零售业、住宿餐饮业分别实现零售额 4680.51 亿元和 728.43 亿元，同比分别增长 14.9% 和 15.7%；与 1～10 月相比，批发零售业增速持平，住宿餐饮业增速加快 1 个百分点，呈现批发零售业增速稳、住宿餐饮业增速快的特点。全市批发零售业商品销售总额为 28063.69 亿元，增长 22.8%，增速比 1～10 月加快 3 个百分点。[③]

广州是我国华南地区的中心城市，是广东省的省会，是一座具有

---

① 《广州统计信息手册 2012》，广州统计信息网，2013 年 1 月 17 日。

② 《2011 年广州市国民经济和社会发展统计公报》，广州统计信息网，2012 年 3 月 31 日。

③ 《2012 年 1～11 月广州经济运行简况》，广州统计信息网，2012 年 12 月 24 日。

2200 多年悠久历史的文化名城，是我国历史上最早对外开放的商业都市之一和对外商贸的重要口岸城市，享有“千年商都”的盛誉。20 世纪 80 年代初，广州率先改革开放，商贸流通业快速发展，在促进城市经济增长和市场繁荣、满足人民消费需求等方面发挥了重要作用。在过去的 20 多年中，广州经济取得了长足的进步，迅速成为华南地区最大的商业流通中心。广州人自古崇尚经商，商业意识已渗透到市民的思想深处，广州人经济务实的作风、敏锐的市场洞察力、兼容并蓄的开放姿态，为广州商业的发展营造了良好的历史文化氛围。现代的商业业态和营销理念在广州都易于得到吸收和发扬，长期形成的商业文化极大地促进了商业的发展。自改革开放以来，广州的产业结构不断优化调整，第三产业的地位逐步上升，成为国民经济的重要组成部分。GDP 中第三产业所占的比重从 2006 年的 57.7%，上升到 2011 年的 61.51%，在大城市中仅次于北京，位居第二。①

产业结构的不断优化促进了商业的迅速发展，商业在现代经济中的地位迅速提高。广州以流通体制改革为突破口，在全国率先放开搞活，发展大商贸、搞活大流通、培育大市场，基本形成了多业态、多功能、多层次融合的流通体系以及多种经济成分并存的商贸流通发展格局，商贸流通业成为广州市重要的支柱产业。广州市的社会消费品零售总额增长较快，1978 年全市社会消费品零售总额只有 17.63 亿元，2006 年上升为 2182.77 亿元，2011 年达到 5408.94 亿元，总额居全国大城市第三，人均社会消费品零售总额第一。

二　广州商务中心区 BCD 概述

BCD 不是与生俱来的，它是伴随着经济的不断发展，第三产业的壮大、聚集、内部结构优化的过程成长并成熟起来的。广州 BCD 的形成及演变经历了一个长期的过程。广州一直商业发达、商贾云集，很早就形成了有一定规模的商业中心，即我们所称的 BCD 雏形。广州 BCD 随着时代进步在不断发展、不断改变形式和提升功能。

---

① 《广州市 2011 年国民经济和社会发展统计公报》，广州统计信息网，2012 年 3 月 31 日。

BCD与商圈之间有必然的联系，我们可以这么认为，BCD就是商圈所辐射的经济区域。[①] 经过多年的发展，广州的商圈已日渐成熟，较之发展初期，各商圈的形象更为鲜明，定位更加清晰，功能配套更加完善，商圈的辐射范围不断扩大。广州现已形成7个具有代表性的商圈。按照各商圈主要消费群体来源划分，可分为市级商圈和区域商圈两类。其中上下九路商圈、北京路商圈、环市东商圈、天河商圈、英雄广场商圈属市级商圈，农林下路商圈、江南西商圈属区域商圈。其中，天河商圈和环市东商圈构成了广州市的重要商务中心区BCD。

天河商圈位于天河区，是广州最大的商圈，属市级商圈，也是国内最大的Shopping Mall集聚地，正佳广场、宏城广场、天河城广场、中怡时尚购物广场、维多利广场形成带状式Mall群，汇集广百、友谊、天河城百货、正佳百货等大型百货店以及吉之岛、百佳、国美、苏宁、永乐等大卖场和专业店；往东延伸至岗顶，有南方电脑城、颐高数码广场、天河娱乐广场和摩登百货、丽特百货。该商圈以百货零售、IT数码、文化娱乐三大产业为主，集购物、休闲、娱乐、餐饮、会展、康体、旅游及商务等多功能于一体，具有强大的集客力。太古汇——广州报业文化广场是国内首个集艺术及文化设施、大型零售商场、高档写字楼及五星酒店于一身，可供数万人工作、购物、娱乐和消闲的单项综合开发项目，落成后使天河商圈的档次和人气进一步提升。该商圈主要满足了广州市有一定消费能力及"珠三角"地区有消费力的客群。

天河商圈是广州城市发展的产物，是广州甚至华南地区最大的商圈，是广州商业极其繁荣的象征。天河路是广州商业的制高点，天河路商业黄金大道上商号之多是广州其他商圈无法相比的。"得天河者得广州"，不少人这样形容天河商圈的魅力。例如，如果按建筑面积排序，中国十大MALL排行榜中有5家在广东，其中3家在广州，而在广州的3家中就有2家在天河（正佳广场与天河城）。

近年来，广州城市建设突飞猛进，实施了"一年一小变，三年一中变，2010年一大变"以及"南拓、北优、东进、西联"的城市发展战略。

---

① 这里指的是狭义的商圈范畴。

随着广州城市建设的巨大发展以及城市化进程的加快，广州的城市商业中心发生了转移，并产生多中心的趋势。原来的城市商业中心，如西堤已风光不再，北京路无法一枝独秀，上下九路定位下移，而天河商圈则迅速成为广州一个新的城市商业中心。广州地铁一号、三号线在天河路交会，城市地铁的交通功能聚集着城市的人流，也使以天河城广场为核心的天河商圈因处于地铁上盖而深得地铁“洼地效应”之利，成为特殊的商业资源。这些资源依附于地铁站，使站点周边地区的土地开发向商业开发转变，形成“立体商业”的格局，尤其是距地铁站大约 500 米范围内的步行区特别获益。如今，天河商圈已成为广州现代化大都市的一张靓丽“名片”。

天河中心商圈以持续强势的“铁三角”（天河城广场、宏城广场、广州购书中心）为核心，它和环市东商圈涵盖了广州市的 BCD。天河中心商圈以大型综合性购物中心为发展基点，目标对象超越了当地居民的小圈子，以发达的交通营造了一个面向全市、全珠江三角洲甚至更大区域的发散性商业环境。其辐射圈则走“受众细分”路线：石牌岗顶面向青少年电脑爱好者；广客隆和美居中心则为专业化的家居市场，主要面对二三十岁的置业人士；时代广场及中泰国际广场则走中高档白领路线，附近的高档写字楼为他们提供了有力的人流支持。最近该商圈的焦点可谓是中泰国际广场，它占据火车、地铁、公交车和“轻轨”总站的“地利”，拥有中信广场、大都会广场等成熟写字楼白领一族的“人和”，再加上强劲的广告攻势，引起了不少投资者的兴趣。

环市东商圈位于越秀区，是广州的高端消费商圈，属市级商圈。丽柏广场与友谊商店、世贸新天地、好世界广场、谊安广场等高档消费品商场连成一体，包括附近的花园酒店、白云宾馆，向东延伸有东山广场、新大新百货，形成了广州 BCD 高档商业中心。这里总部企业云集，总部经济效应明显，已经成为越秀区的一大特色品牌。该商圈主要针对高端消费群体和外宾。有统计显示，环市东消费人流平均每月高达 70 多万人次，人均消费在 2000 ~ 5000 元，38% 的人士表示在该商圈一次性购物超过 5000 元，58% 的人士看好在该商圈建高级商场。位于白云宾馆的丽柏广场开业后，与友谊商店、世贸新天地等高档消费品商场连成一体，加上附近的花园酒店、白云宾馆及丽柏广场，形成了广州BCD高档商业中心，环市东商圈将成为广州走在世界潮流尖端的标志性区域，也最有可能成为广州的香榭丽舍大道。环市东商圈的日趋成熟吸引了众多国际品牌的关注，丽柏广场的建造给这些品牌的进入提供了一个新的平台，大型高端百货店的加盟也使环市东的商业品位有了质的飞跃。改造后的友谊商店总面积2.5万平方米，世贸中心商场总面积约2万平方米，加上丽柏广场约1万平方米，环市东商圈已形成一个面积超过5万平方米的超强百货精品金三角，辐射能量大大增强。环市东总店作为广州友谊的旗舰店，现有国际著名品牌153个，其中国际一线品牌49个，商品系列结构比较合理。①

环市东商圈作为广州的商务中心地带，周边盘踞了花园、白云、假日等众多星级酒店，商务会议密集，往来商务人士消费潜力巨大。另外，该地段写字楼、高档住宅隐匿其中，许多跨国公司地区总部、分公司在此设点，整个商圈的消费潜力巨大。

据称是“广州最豪华百货店”的丽柏广场于环市东路现身，无疑提升了环市东商圈的档次和整体氛围。投资近亿元的丽柏广场总面积有1万平方米，东面主体分别与白云宾馆大堂、友谊商店相互连通。丽柏广场引进了15家国际高端品牌，据称其“百货规格之高是珠三角独一无二的”，其定位是要“在硬件与软件上与香港置地广场媲美”。这种规模在广州乃至珠江三角洲实属罕见。丽柏的加盟，对周围的友谊及世贸来说，无疑形成了一种商圈共荣的局面。商圈中的另一要角——世贸新天地经改造后，引进了更多时尚潮流的服饰品牌，同时以蕉叶、怡景西餐厅、日本料理、7-11、屈臣士、咖啡吧等多元化因素增加了餐饮娱乐等配套功能，从而使该商圈的商务功能更完善，并提升了区域的消费档次。2004年初开业的好世界分店，融入更为丰富的新生活元素——广州首家“星巴克”咖啡旗舰店、国内首家会所式健身SPA中心“动静界”以及动感的服饰品牌、时尚的消费元素，这对商圈目标客群的聚合也是一大利好。以丽柏广场、友谊、世贸为支柱的环市东路高档消费商圈已日益成形，并逐渐与体育中心、北京路各商圈拉开距离，以高端商务消费为主。

---

① 资料来源：中国广州政府网 http://www.gz.gov.cn/vfs/web/index.htm。

三 广州 BCD 商业集群的经济学解释

依据空间经济数学模型结论，如果企业提供产品的差异性非常大或当运输成本非常低时，或者这两种情况同时发生时，在城市 BCD 中总是存在一个唯一的空间均衡。广州 BCD 商业集群可以运用中心地理论、招标地价理论以及 BCD 内零售业规模理论进行解释。广州 BCD 的基本功能是作为其腹地的服务中心，为城市或区域提供商品和服务等，为经济发展提供核心服务工作，这就决定其在城市中心集聚的必要性。BCD 不仅是城市的，也是区域的，它是城市中最高级的中心地。从广州地理布局的实际来看，其城市中心 BCD 到城市外围，相同和相似的商业业种和业态在空间上往往集聚在一起，呈规则分布状，依次分布着零售业（现代服务业）、居住、农业以及工业等，服务业地处广州城市中心地区 BCD，典型的 BCD 是广州天河区。随着广州城市规模的扩大，BCD 的零售业规模也在不断增大，但增长速度是递减的。城市郊区化会使零售业郊区化和多中心化，客观上相对降低了 BCD 在城市零售业中的份额和地位，广州城市商业的发展历程，印证了零售业的这一发展规律。

如前所述，从空间经济学的角度看，集聚效应是指社会经济活动因空间集聚而产生的各种效果，其综合作用的结果包括集聚经济和集聚不经济。集聚效应是通过集聚区内企业与消费者相互之间区位的选择所决定的，其本质是集聚经济和集聚不经济的相互作用最终达到平衡的结果，即一方面集聚经济作为空间集聚的吸引力推动着城市 BCD 商务集聚的集中，另一方面集聚不经济作为排斥力促使了 BCD 商业集聚功能的分化升级，导致了 BCD 商业的分散，最终产生了城市副中心。①

广州 BCD 商业集群的运行可以从其形成发展的动因方面去分析。广州 BCD 商业集群形成发展的动因首先是市场力量，而促进其形成的市场力量

① 在不完全竞争市场条件下，企业与消费者、企业与企业之间是通过竞租函数来达到空间均衡的，即每个企业都认识到它的最优选择（区位和价格）依赖于它所供给的产品的需求，而这种需求本身又依赖于消费者的分布，这就说明消费者的选择直接影响企业的选择；反过来，消费者的最优选择（区位和消费）又依赖于企业的整体分布情况。企业与企业之间的相互关系与此类似。

主要源于空间集聚效应，而空间集聚效应决定于企业与消费者的区位选择。也可以说，由企业与消费者的区位选择而决定的空间集聚是广州 BCD 商业集群形成发展的动力源泉，因为如果没有集聚经济利益的存在，就不会有大批的商业企业在广州 BCD 商业集群区的集中，更不会有大量的经济交流活动在广州 BCD 商业集群区的存在。广州 BCD 商业集群的集中和分散都是集聚效应作用最终平衡的结果，从目前来看，集聚经济所导致的集中力大于集聚不经济而导致的排斥力（分散力），因而使得大量的商业企业在广州 BCD 商业集群区集聚。

随着社会经济的发展，集聚不经济的负面影响同样不容忽视，如前所述，集聚不经济指社会经济活动由于空间过度集中所引起的额外成本费用或效用损失，如延长到达 BCD 商业集聚区的时间，从而产生交通拥挤成本、办事效率下降等现象。如果说集聚经济为广州 BCD 商业集群规模的扩大提供了吸引力和推动力，那么集聚不经济则构成了空间的排斥力和约束力。从广州 BCD 商业集群的发展历史中可以发现，在 BCD 商业集群诞生的早期，在一定规模下，集聚经济起到主要作用，集聚利益吸引着大量商业企业集中在 BCD。但是，随着广州 BCD 商业集群的发展和规模的扩大，集聚不经济逐渐显露出来，BCD 商业集群区内出现了地价飞涨、交通拥挤、环境质量下降等不经济现象。这就造成了 BCD 商业集群的分化升级，那些不能支付高额地租而且污染严重的商业企业和居民逐渐迁出了 BCD 商业集群区，而留下来的则是商业、办公、金融等高利润的服务性行业。例如，20 世纪 90 年代初，为了集中城市商务办公功能以发挥更大的聚集效应，提升广州市的城市竞争力，同时也为城市建设筹集资金，市政府于 1993 年出台《珠江新城控制性规划》，目标是把珠江新城建设为未来城市的新中心，集金融、康乐、文化旅游、行政、外事等城市一级功能为一体的高级功能综合体。其规划用地 6.19 平方公里，规划建筑面积 1300 万平方米，其中商务办公面积 655 万平方米，居住人口 17 万 ~18 万，提供 30 万个就业岗位。珠江新城是我国首批建设的 CBD（笔者认为目前还只能是 BCD）之一，具有得天独厚的区位优势。它与广州新城区的开发同步进行，位于新城区的中轴线上，南部靠珠江，与珠江垂直相交，不难想象人类建筑艺术与自然风光结合时的美丽与壮观。随着 BCD 商业集群规模的进一步发展扩大，集聚不经济导致了传统BCD商业集群的衰退，使得BCD商业集群向外围扩散、再聚中，形成了副中心。

在广州BCD商业集群内，就企业和政府而言，它所具有的旁侧效应能极大地带动国民经济中各产业的发展，尤其是专业服务业、房地产业等现代服务业的发展，进而带动整个广州城市及“珠三角”区域经济的发展。因为广州BCD商业集群具有的竞争优势，能促使更多企业加入，带来更多资金、人才等生产要素，促进集群的良性循环。而这不仅带动了上游产业——“珠三角”制造业集群的发展，而且还能带动相关服务业——如物流运输业、餐饮业、娱乐业等支持产业的发展，进而促进“珠三角”地区经济呈现倍数增长。广州BCD商业集群规模的扩大，必然引起周围环境或消费结构的改变，甚至引起所在地区产业结构的调整，如带动了“珠三角”地区金融业、专业服务业、建筑业、房地产业和交通运输业的发展，在客观上带动了有关法律问题和市场关系专门人才的大量增加以及投资资本的增加，此外，还改变了周围人口的思想观念，提高了他们的消费意识，从而使消费结构发生改变。而这些变化都会促使广州区域经济的不断增长，从而使得广州政府税收增长、就业增加与城市面貌得到改善。

因此，可以说，广州BCD商业集群的形成发展是集聚经济产生的吸引力和集聚不经济产生的排斥力共同作用的结果，而由企业和消费者区位选择决定的集聚效应以及城市发展规律是广州BCD商业集群发展的内在原因。

第四节　本章小结

随着经济的发展和改革开放的深入，在国内外的大城市中，BCD的作用正在日益扩大，并成为城市及城市所在区域繁荣与发展的标志和依靠。正确认识并合理规划BCD商业集群，是具有理论和实践意义的课题。本章通过相关经济学理论，并以广州BCD商业集群为例阐述了城市BCD商业集群的基本概况及运行机理。

空间经济理论是通过企业与消费者之间的区位选择而最终达到均衡的结果。商务中心区（BCD）一般由多条商业街构成，商业街是城市中商业集聚较为集中的地方。这种实际布局状况非常符合不完全竞争当中垄断竞争的市场结构，因而在垄断竞争条件下，基于消费者和企业的角度分析BCD商业集群的形成是本章分析的重点。我们得出的结论是，城市中心总是存在一个唯一的空间均衡，且这个均衡是有效率的。

中心地理论认为城市的基本功能是作为其腹地的服务中心，为其腹地提供所需商品和服务，如零售、批发等。BCD不仅是城市的，而且是区域的专门化零售中心，是城市中最高级的中心地，在所有商业区中序位是最高层的。招标地价理论认为从城市中心到城市外围，相同和相似的商业业种和业态在空间上往往集聚在一起，依次分布着不同的商业业种和业态，即零售业、工商业、居住以及农业，零售业地处城市中心地区。

通过本章的分析，我们得出的基本结论是：BCD的商业集群布局体现了区位理论的集聚思想，符合现实中的城市发展规律；集聚经济效应和外部经济性是BCD商业集群发展的内在动力；BCD商业集群是集聚体各方共赢利益机制驱动的结果。

第六章　城市购物中心的商业集群

本章研究的购物中心商业集群是指企业有计划地开发、拥有、管理运营的各类零售业态、服务设施的集合体，是建立在统一管理基础之上，集各种零售业、娱乐、餐饮及休闲为一体，组织严密、规模庞大，可以提供多种服务的购物、休闲场所。

购物中心是20世纪初在北美兴起并在第二次世界大战后蓬勃发展的新型商业业态形式。20世纪90年代后期以来，随着广州天河城、大连新玛特、上海友谊南方商城等购物中心的陆续建成开业，我国形成了一批业态复合程度高、规模面积较大的现代购物中心。从整体上讲，购物中心是一种比较高级的商业集群，它的形成和发展需要较高的经济发展和消费水平、现代化的管理方式和手段等条件。

第一节　购物中心概述

一　购物中心的概念

购物中心一词译自英文“Shopping Mall”和“Shopping Center”，在实际运用中，购物中心除了直接称为Shopping Mall或Shopping Center以外，还可能称为Plaza、Square、Pavilion、Marketplace、Hall以及Shopping City等。购物中心也叫零售中心，是多家同类零售商或异类零售商集聚在同一地点的零售商空间布局方式。

购物中心出现至今已有100多年的时间，随着世界经济和文化的进步，购物中心也在不断变革和发展，因而对购物中心做出全面准确的定义并非易事。

根据国际购物中心协会（ICSC）的规定，购物中心是指商业企业的一个集中设施，按其商圈选择设施的位置、规模和形态，并将这一设施的多种店铺作为一个整体来计划、开发、所有和经营，同时拥有其相应的停车场所。

从ICSC的定义中可以看出，购物中心并不仅仅是某一地段上集中的一群商店，它反映了一个整体的建筑计划和场地规划。一个购物中心应包括各种标志的控制、景观美化和统一的管理政策。零售和服务业的租户是根据整体经营的平衡和互动来选择的。除了创造基本的零售和服务业绩，购物中心强调的是承租方和开发商的协作努力，以期创造共同的价值并获得双方的共同利益。

在我国，购物中心尚属于一种新生事物，因此，对它的认识和理解还比较模糊。[①] 购物中心从物质形态上讲，与专卖店、百货商店、超级市场一样，是一种商业建筑类型，但是，严格地讲，购物中心不是一种零售业态，而是一个汇聚多种业态的场所，其所有者主要从事物业管理、入租店铺管理，一般不从事商品销售活动。我国当前的商业设施名称混乱，大多含糊地称其为商城、商厦、广场等，一些商业设施热衷于给自己取上“某某购物中心”的名称，但大多数仅仅是店名而已，实际只是百货商店或者综合商店罢了，它们并不具有如上所述购物中心的经营管理以及建筑特征。

综上所述，本研究涉及的“购物中心”（Shopping Center）是指企业有计划地开发、拥有、管理运营的各类零售业态和服务设施的集合体。其营运模式为：由发起者有计划地开设，实行商业型公司管理，中心内设商店管理委员会，开展广告宣传等共同活动，实行统一管理；内部结构为：以百货店或超级市场为核心店，由各类专业店、专卖店等零售业态和餐饮、娱乐设施构成；其服务功能齐全，集零售、餐饮、娱乐为

① 在《中国大百科全书·城市规划园林建筑卷》中，对购物中心有这样的描述：“除保持传统商业街的特色外，还设有自助食堂、电影院、游乐场、美容院、游泳池和展览厅等活动内容，使单一的商店群发展成具有各种功能的综合性商业、服务、娱乐和社交中心。”我国国家质量监督检验检疫总局于2000年5月19日发布的国家标准《零售业态分析》中，对购物中心的定义为：企业有计划地开发、拥有、管理运营的各类零售业态、服务设施的集合体。

一体；根据销售面积，设立相应规模的停车场；选址为中心商业区或城乡结合部的交通要道；商圈根据不同经营规模、经营商品而定；设施豪华、店堂典雅、宽敞明亮，实行卖场租赁制；目标顾客以流动顾客为主。

购物中心包含的内容比较广泛，在服务功能上表现为经营范围的复合性，在经营管理上表现为各类业主利益的一致性，在服务设施上体现为迎合消费者需要的完整性，在服务范围上表现为城市的特定商圈。因此，购物中心不是一个简单的分散式经营模式，而是一个统一高效运作的有机经营整体。[①] 表6－1是购物中心与商业街的比较，由此可见，购物中心是经济发展到一定阶段的产物。

表6－1　购物中心与商业街的比较

对比要素	商业街	购物中心
地理位置	一般在城市中心地带	多数在城市郊区
形成时间	历史悠久	社会经济现代化的产物
商业设施规模	虽经过改造，但规模相对较小	规模化、商业设施现代化
商业基础设施内容	停车面积小，休闲娱乐设施少	现代化便利、充足的停车泊位，休闲娱乐服务设施齐全
业态种类及结构	由百货店、专业店、专卖店等多种业态构成，但业态结构相对简单	由百货店、超市、专业店、专卖店、仓储式商店、会员制商店等多种业态构成，业态结构相对齐全丰富
服务整合度	服务内容较丰富	精神文化、娱乐服务丰富，集购物、休闲、娱乐、餐饮、健身运动等于一体，实现“一站式”购物
人文环境	地处城市商业中心，周围的人文环境较好，商业文化底蕴深厚	现代化社会的产物，文化底蕴相对不足

① 购物中心被视为百货零售业的一种最高级业态，代表了百货零售业的未来。如百联西郊购物中心坐落于上海市长宁区新径镇，占地面积3.4万平方米，建筑面积达到11万平方米，经营面积为6.25万平方米，是国内第一家建筑形态呈开放式的购物中心。整个购物中心涵盖了超市、百货、专业卖场、品牌专卖、餐饮、娱乐、社区服务等7种不同类型的业态。

续表

对比要素	商业街	购物中心
便利程度	相对于街区居民和流动人口而言，相对便利	相对于城市整体居民而言，比较方便
旅游价值	大多作为一个城市的标志性景观而受到人们的青睐，具有较高的旅游价值	旅游价值越来越高

资料来源：根据相关资料整理而成。

二　购物中心的产生及演变

（一）国外购物中心的产生及演变

迄今为止，购物中心已经经历了100多年的发展历程，在不同的国家、社会和经济发展水平下，其发展、演变模式既有自身的特点，又彼此影响，其中，美国购物中心的建设和发展始终居于领先地位，对欧洲、大洋洲和亚洲国家产生了显著的影响。纵观世界各国，国外购物中心的发展大体上可以分为五个阶段。

1. 早期探索阶段

早期的购物中心探索和实践主要集中在美国、英国和澳大利亚，特别是美国，它是发展购物中心的先驱。

早在19世纪，美国购物中心的建设就已经拉开序幕，但是它在20世纪以前的发展相当缓慢。19世纪二三十年代，购物中心在设计、开发和运营方面取得了显著的进步，同时美国的城市郊区化使购物中心向交通枢纽扩散。为迎合新的区位选择，带形中心是美国早期购物中心的典型代表，它在20世纪30年代的美国郊区非常普遍。

探索阶段的购物中心虽然还比较原始，但是，它已经具备了一些现代购物中心的基本特征。根据美国城市土地机构的归纳，主要有以下特征：购物中心使用不被公共街道分割的整块土地，拥有众多个体商店，统一商店形象，由唯一的所有者控制经营，根据需要提供一定数量的即时停车场，等等。

英国对早期购物中心的探索也同样做出了重要的贡献。20世纪20～30

年代，英国郊区的独立商店纷纷组合成小型邻里中心，开发商将邻里中心作为居住区的配套建设内容，而邻里中心是英国早期购物中心的先驱。

根据资料显示，20 世纪 20 年代在澳大利亚，购物中心的建设已经纳入首都堪培拉的规划。由于地广人稀的环境，澳大利亚主要吸收了美国购物中心的经验，重点发展了小型郊区带形中心。20 世纪 30 年代中期还建设了一些小型邻里中心，为郊区兴起的居住区提供服务。

2. 20 世纪 50 年代成形阶段

20 世纪 50 年代，现代意义上的大型区域购物中心在美国郊区正式出现，百货商店与小商店群的结合形成了第一个区域购物中心。[①] 大百货商店除了在郊区购物中心开设分店外，还迫切要求建设以自己为核心的购物中心。20 世纪 50 年代中期，郊区区域购物中心的布局和组成已经趋于固定，最常见的“哑铃形”模式出现了。[②] 百货公司作为核心商店的角色和地位已经得到了充分的认识，此外，通过景观设计和环境设计来强化购物行为、增加购物兴趣的一系列设计方法也日臻成熟。因此，郊区大型购物中心的发展，标志着购物中心已经成形。

在英国，英国政府为了满足新建居住区居民的购物需求，在某种程度上也参与了购物中心的开发。伴随着城市重建和新城建设，一些大型区域购物中心也取得了成功。

3. 20 世纪 60 年代兴盛阶段

20 世纪 50 年代末期到 60 年代是购物中心蓬勃发展的时期，美国大型

---

① 国际购物中心协会（ICSC）国际事务部副主任 Scott Harris 在《购物中心——最理想的零售模式》一文中，提到美国最早的购物中心是 1922 年在美国密苏里州堪萨斯市的 J. C. Nichols，开发建设大型住宅项目中的商业区，建有人行道及专用的停车场，采用单一管理单位的物业形式。20 世纪 20 年代后期，由于大都会中心商业区越来越拥挤，小型的、简易的购物中心在市郊开始兴建，一家超市及一家日用品杂货店，加上几家便利型商店，通常成为沿街直线形的商店布局，此外再加上相邻的停车场。直至 1956 年，Sears Roebuck & Co. 及 Montgomery Ward 两家大型百货公司开始在大城市郊区开发大型、独立式、附设停车场的商场。1956 年兴建的明尼苏达州印第安纳市的 Southdale 购物中心，为第一家完全封闭式、两层楼面设计的购物中心，设有中央空调和舒适的公共空间，并首次引进两家竞争的百货公司为核心店。

② 购物中心的哑铃式或三叶式平面结构是指购物中心的整体布局外观，即由一连串的专卖商店、餐馆、小吃部、美容店和端部或两侧的大百货商店组合在一起，形成一条曲折的商业街状商家布局结构。

郊区购物中心迅速崛起，大量大型室内购物中心相继建成，遍布美国各大城市。20 世纪 60 年代末期，美国大小购物中心数量已经超过 1 万多个。[①]第二次世界大战后，欧洲购物中心的发展速度虽不及美国，但一些经济发达的国家也不甘落后。例如，英国试图借鉴美国郊区购物中心的经验进行城市市区的改造。20 世纪 60 年代中期的亚洲，日本和新加坡等国家也已经着手建设购物中心。

这一阶段，购物中心在各地的发展虽然各具特色，但是由于彼此互相影响，仍然呈现出某些共同的特征，主要表现在热衷于采用封闭室内步行街模式，过分依赖人工照明和人工空调等。而这些能源消耗方面的潜在问题直到 20 世纪 70 年代才彻底暴露出来，这些问题的出现在一定程度上也影响了购物中心的发展。

4. 20 世纪 70 年代成熟阶段

20 世纪 60 年代购物中心的建设势头一直持续到 70 年代早期。欧洲城市的购物中心建设方兴未艾，而此时日本和新加坡的购物中心也正处于积极的建设过程中。与此同时，美国又出现了所谓的巨型购物中心。但是好景不长，70 年代中期的石油危机给购物中心，特别是郊区购物中心的发展带来了巨大的冲击。

石油危机之后，郊区购物中心的辉煌时代迅速成为过去，人们开始对城市郊区化和郊区购物中心大规模的建设进行反思。购物中心的发展重点从郊区转向城市市区。面对新的复杂环境，购物中心在规模、类型和设计方法等方面都发生了适应性的变化，并开始逐渐走向成熟。

5. 20 世纪 80 年代以来多样化阶段

20 世纪 80 年代以来，购物中心的建设进入了一个新的高潮期，这也是 20 世纪购物中心最富成效的建设阶段。值得注意的是，一些发展中国家在这一时期也开始掀起了购物中心建设的热潮。

20 世纪 80 年代，购物中心的改造和更新成为各国发展购物中心的最主要的工作。以购物中心模式改造旧城商业区也得到了各国的普遍重视，购物中心建筑常常成为城市景观的标志。同时，购物中心在设计方面也面

---

① 徐瑾瑾：《美国购物中心的发展及借鉴》，《上海综合经济》2003 年第 10 期。

临着新的挑战，购物中心在设计上除了要考虑自身的内在功能之外，还需要考虑如何处理与城市之间的关系。另外，城市市区用地和各种条件的限制更加促使购物中心类型的多样化。这一阶段，尽管购物中心的面积变化不大，但是类型演变异常活跃，主要体现在针对人口分布状况、区位和市场、竞争消费方式的变化而做出相应的反应。购物中心的新类型和亚类型迅速涌现，彼此之间相互影响，不断地推动着购物中心的发展演变。

（二）我国购物中心的演变及其特殊性

在我国，购物中心是伴随着经济发展和居民生活水平的提高而出现的。改革开放后，我国居民收入水平大幅度提高，尤其是20世纪90年代以来，我国已经具备了发展购物中心的各种条件。我国的购物中心虽然开始于20世纪90年代中期，但是，其发展势头十分迅速，同时又与欧美国家购物中心的发展存在很大的差异。[①] 截至2011年年底，我国开业的购物中心总量达到2812家，累计商业建筑面积1.77亿平方米，预计到2013年年底达到2.5亿平方米。

1. 购物中心的产生

20世纪80年代末期，我国出现了许多称为购物中心的商场，如北京西单购物中心、北京赛特购物中心、北京隆华购物中心等。这些购物中心位于中心商业区，营业面积一般在2万平方米左右，有小型停车场，有很好的商业环境，因此，开业以来效益都比较好。[②] 但是，笔者认为，这些购物中心只有购物中心的名字，它们既无购物中心的功能，也无购

① 郭增利：《中国购物中心发展总论》，《中国购物中心发展报告》，2003，第78页。

② 北京市西单购物中心是一座现代化综合性商场，坐落在首都最繁华的闹市区——西单北大街东侧，交通便利，客流集中；经营涉足商品零售、批发、餐饮、生产加工、广告等多种行业；营业面积6000平方米，经营范围主要包括各类食品、熟肉制品、滋补保健品、干鲜果品、日用百货、针纺织品、化妆洗涤用品、妇女儿童用品、服装、小民电、工艺品、金银饰品、珠宝镶嵌、钟表、照材、音像制品、图书等几十个大类，近3万种商品。“中心”自1991年开业以来，在经营上采取“错位竞争，抢占市场，独创特色，不断求新”的策略，突出以食品为主的经营特色，以妇女儿童为主要服务对象，企业经营效益始终保持稳步上升趋势。“中心”年营业收入和利润在全市以至全国同类型企业排行榜上连续多年名列前茅，在西城区则名列榜首，被授予“全国最大规模、最佳效益企业”和“北京市经济百强企业”称号，资信被评为AAA企业。资料来源：http：//www. xdgwzx. com/。

物中心的规模，它们都不是真正意义的购物中心，仅仅是“名副其实”的百货店而已。

在我国，完全符合国际概念的购物中心始于20世纪90年代的中期。随着上海港汇商城、广州天河城、北京国贸中心的陆续建成开业，我国内地开始拥有了一批业态复合度较高、规模面积也较大且经营也较成功的真正的购物中心。这些购物中心是一些香港房地产巨头在内地开发的纯物业出租型购物中心，其经营内容突破了单纯百货店的经营模式，将简单、小规模娱乐、餐饮项目融入其中。借助内地商业的发展之力，这批港派购物中心迅速突破了招商瓶颈，经营非常成功。经过初期的发展，首批购物中心对我国零售行业起到的示范作用开始显现出来，这使得内地各大资本相继跟进，陆续建设起有一定规模的购物中心。但是，由于经验不足，这些购物中心大多是模仿初期的港式购物中心模式建设的，所提供的服务较为有限，加之当时我国内地各种条件的限制，所以，这一时期的购物中心在与其他各种零售业态的角逐中并没有竞争优势，也没有真正体现购物中心“魅力”之所在。[①]

这一时期的香港式购物中心的共同特点是，购物中心都是由房地产商开发，由于它们缺乏商业经验，以及港资经营的风险性很大，所以，它们普遍采取租赁的形式进行经营，因为这样可以保证稳定地获取租金收益。因此，房地产开发商只能把写字楼下面的商业部分完全交给一家商业公司来经营，但是，由于受限于当时我国内地的经营条件，很难找到具备大规模资金的合作对象，因此，不得已只能采取招租的形式。由于这种形式缺乏统一的规划和管理，业态复合度很低，规模及面积也偏小，因此，从严格意义上来讲，这一时期的购物中心还称不上真正的购物中心。

2. 购物中心的快速发展

购物中心在我国出现以后，其发展速度是非常惊人的。[②] 我国的购物

---

① 即满足消费者有“更充分的消费选择权”。

② 据上海商业联合会资料显示，截至2006年年底，共有47家购物中心开业，总经营面积达到571万平方米，年营业额达到320亿元；到2007年年底，总数达到50家，经营面积达到600万平方米，年营业额达到400亿元；到2010年，购物中心总数达到80~100家，经营面积达到800万~1000万平方米，年经营额占上海社会消费品零售总额的比例由8%上升到15%~20%。

中心大概只用了10年的时间就走完了发达国家几十年的发展历程，从萌芽期发展到了成长初期。[①] 20世纪90年代末期，北京新东方等购物中心的开业标志着购物中心在我国的发展步入快车道。此后，购物中心不仅在数量上增加，而且在结构上也有了很大的变化，并呈现出如下特点。第一，购物中心在我国的分布不平衡，以前的购物中心只是分布在北京、上海、广州等特大城市，虽然目前的购物中心已经发展到除省会级城市以外的如珠海、宁波等二级城市，但其数量在各城市之间分布差距悬殊。第二，购物中心的规模有越建越大的趋势，以前的规模多在10万平方米左右，而新建购物中心中规模小的也将近20万平方米。第三，郊区型购物中心的兴起。由于私家车的拥有量不高，所以我国早期购物中心绝大部分都是建在繁华商业中心。但是，随着我国经济的发展以及居民收入水平的迅速提高，私家车开始进入普通百姓的家庭，建在市郊的购物中心也开始出现，比如上海的莘庄购物中心有17万平方米，是典型的城郊型购物中心。第四，购物中心有了不同的主题，购物中心的主题形式由单一到多元化，如出现了购物、生活、娱乐、文化、旅游等不同主题形式的购物中心，不再仅仅是最初的港式购物中心。

3. 我国购物中心发展的特殊性

从国内外购物中心的发展历程来看，我国购物中心的发展与欧美国家存在着很大的差别，其主要表现在以下方面。

第一，欧美国家零售业态是按照一般零售业态演变规律发展的；而我国零售业态没有遵循零售业发展的一般规律，超级市场、便利店、专卖店、购物中心等新兴业态几乎都是在20世纪90年代出现的。

第二，欧美国家购物中心自20世纪20年代至今，已经经历了导入期与成长期，现已走入成熟期；而我国购物中心自20世纪90年代至今，还处于导入期和成长期，即我国购物中心的发展与美国购物中心的生命周期存在很大的滞后性。

第三，欧美国家购物中心的发展模式遵循的是由郊区到城区的方式，

---

① 武占云：《基于GIS的上海市购物中心发展与区位评价研究》，中国知识网中国优秀博硕士学位论文全文数据库，2007，第13页，表2－6。

而我国遵循的则是从城区向郊区发展的方式。

我国和欧美国家购物中心的不同发展历程和特征，决定了两方的购物中心区位选址因素及其运行机理也存在着差异。从目前我国购物中心的发展条件和形式来看，购物中心只能立足于沿海地区以及内地经济发达的大中城市，上海、北京、广州等作为世界重要的中心城市之一，随着城市建设和商业的发展以及居民消费需求的变化和提高，购物中心已成为这些城市零售商业的最先进形态，其发展令人瞩目，它们也是我国购物中心发展的典型。例如，据资料显示，截至2010年年底，上海已开业的购物中心有75家，总建筑面积达875.1万平方米。[①] 因此，对我国购物中心运行机理的研究有助于分析我国购物中心的现状并把握其发展趋势，还对亚洲地区购物中心的发展具有一定借鉴作用。

三 购物中心的功能

购物中心作为一种涵盖了多种零售业态和服务业态的商业模式，与其他商业集群类型相比，其功能有着明显的优势，突出表现在以下方面。

（一）集聚功能

购物中心的首要功能就是通过多类业态的聚合，实现多家商户的集聚，使各商户借助集聚效应而共用设施、共享客流、共同造市、共生共荣。购物中心是对多种零售业态的集成和包容，它与其他零售业态是一种互利互补关系。它既不同于传统的百货商店，也不同于一般超市，它是不同业种的混合物，是多种业态的集聚体。它通过将百货商店、超级市场、各类专业商店等汇集于一个建筑体内，实现多种业态的共生，并以这些共生业态形成的综合商圈来拓展各个成员的盈利空间。购物中心恰到好处地体现了公共空间和商业活动的相互依存性，为城市商业和客流提供了新的聚合点。这种多业态的集聚不仅可以满足人们的物质需要、生理需要，而且还可以满足人们的文化需要、精神需要，逐步实现由购物中心到生活中心，再到精神乐园的循序演进。

---

① 李骏阳：《上海零售业将步入购物中心时代》，《海商论坛》2012年第2期，第17页。

（二）销售功能

购物中心是各类零售业种的集聚地和各类业态的集合体，也是各类商品的销售地。作为商品世界、销售中心、购物天堂及消费乐园，售卖是购物中心最重要、最基本的功能。第一，从售卖主体层面上看，购物中心是以场地为资本，以品牌为纽带，以核心店为龙头，实施合理的业态组合战略。它以有品牌实力的大百货商店为核心店，招租专卖店、专业店等多业态进场经营，在保持大百货店原有吸引力的同时，通过多业态拉动新的购物增长点，形成百货商店、大卖场、专卖店、专业店、一般超市等多业态协调发展，连锁直营、加盟连锁、特许经营、单体经营等多种方式相互交融，零售业、餐饮业、服务业、文化业、娱乐业、健身业等多行业共同参与，融购物、休闲、餐饮、文化等消费于一体的理想格局。第二，从售卖品种层面上看，购物中心的品种设定与百货商场和自选超市不同，它是把高、中、低各类消费层次的顾客都作为自己的服务对象，注重经营范围的完善和商品品种的齐备，使购物中心成为国内商品的销售展厅和国际品牌的展示窗口，实现民族化和国际化的有机结合，最大限度地满足各类消费者的各种需求，满足顾客的“一站式购物”需要。第三，从售卖促进层面上看，购物中心在引领消费、创造流行、领导时尚、促进售卖方面功能显著，已成为流行、时髦的代名词及现代消费信息的传递中心。第四，从售卖风格层面上看，购物中心根据商圈内购买力的不同特征和条件，结合自己的经营特点，确定自己的经营目标，塑造自己的卖场风格，使整个购物中心的空间布局更趋合理，卖场风格形成互补，以满足消费者的多种需要，完善购物中心的售卖功能。第五，从售卖空间层面上看，购物便利、方便快捷是购物中心售卖功能的重要体现。以交通带动流通，以车流汇集人流，以人气带来商机，实现充分的方便、快捷，实现真正意义上的绿色消费、环保营销。

（三）休闲功能

随着社会进步、收入增长、消费水平提高及工作时间缩短，人们拥有更多可自由支配的闲暇时间，生活方式逐渐从“静态”走向“动态”，并呈现个性分层的趋势。“小资”的浪漫生活模式正成为时尚，一次购足、休闲购物日渐成为新的消费主流，而购物中心“寓休闲于购物之中，融购物于休闲之列”的功能，正好迎合了人们的上述需求变化。如欧美国家出现的以家庭娱乐为对象，将消费者的生活方式和价值观结合起来的“主题公园”式购物中心，从根本上改变了传统的购物行为和消费观念，使休闲和娱乐功能得到了进一步的强化。因此，购物中心作为一种全新的商业集聚方式，不仅是消费者购物的场所，还是消费者享受精神生活及人际交往的乐园，它能让消费者真正地感受到，购物中心是购物与休闲、购物与享受、物质满足与精神愉悦完美的结合，是人们购物、休闲的天地与娱乐、社交的世界。

（四）服务功能

顾客光顾购物中心，不仅为了购物，而且需要“以人为本”的现场感觉、顾客至上的精神享受以及更加完善的高品质服务。因而，以人为本、以客为尊，顾客至上、服务第一，为顾客提供全面、细致、周到的人性化服务，让顾客得到愉悦的精神享受，是购物中心的重要功能。购物中心一般要制订统一的服务标准、服务内容、服务守则、服务要求、服务流程，并对服务人员进行强化培训；各承租商店要按统一的服务要领，为顾客提供优质服务，使消费者在购物中心的任何一家商店都能得到同样良好的服务，使之感到温馨、亲善、关爱和尊重，享受超越购物本身的乐趣和满足。购物中心要通过完善的售前、售中、售后服务体系，以良好的态度、完善的技术，为消费者提供全方位的服务，提供诸如理发、美容、洗衣、照相、旅游、咨询、银行、邮局、儿童游乐场等综合服务，体现出对顾客浓厚的人文关怀。

（五）文化功能

购物中心既是城市无声的“代言人”，又是城市有形的“推销员”，是城市实力的标志和城市文化的象征。购物中心所经营的不仅仅是一般意义上的商品，从某种程度上讲，更是一种文化，代表着生活方式的转变，其核心是满足顾客的精神和文化需求。购物中心的运营要十分注重对文化的弘扬和光大，融商业性于文化性之中，以商兴文、以文促商，以各式各样的文化，如通过文化教室、书城、琴房、音乐厅、影剧院等营造浓厚的文化色彩，引导顾客的物质消费和精神文化生活，并体现民俗风情、文化特色，最大限度地提高艺术情趣。如东莞华南 Mall 利用珠江三角洲的河道水网营造出供游客泛舟观光的水上景观，突出水乡文化主题，打造“乘船逛大 Mall、购物看风景”的特色，以“购物天堂、娱乐之城、文化之都、梦幻之旅”的功能定位吸引顾客前来消费购物、休闲旅游，把商业与文化的结合演绎到炉火纯青的地步，达到了水乳交融的境地。

四 购物中心的分类

购物中心的性质也即分类标准主要体现在以下六个方面：购物中心的规模、核心租户、商品类型、场地规模、距离和交通时间、消费者基础。根据这些标准我们可以区分不同的购物中心类型。

（一）购物中心的传统分类

美国城市土地协会（Urban Land Institute，ULI）和国际购物中心协会（ICSC）根据核心租户、商品类型和可出租面积把购物中心分为了四大类，即邻里中心、社区中心、区域中心与超级区域中心。[①] 表 6－2 反映的是国际上流行的按规模大小对购物中心进行分类的情况。

表 6－2 购物中心按规模大小分类

类 型	邻里型（小型）	社区型（中型）	区域型（大型）	超区域型（超大型）	超级型
出租面积平均（平方米）	7000	1.3 万	1.5 万～1.7 万	7 万以上	10 万以上
入驻商户（家）	10～20	20～100	100 以上	150～200	250～700
商圈内人口	5 万～10 万	10 万～20 万	20 万以上	50 万以上	几百万甚至千万不等

① 俞稚玉：《关于美国购物中心的研究报告》，《上海商学院学报》2005 年第 6 期。

续表

类 型	邻里型（小型）	社区型（中型）	区域型（大型）	超区域型（超大型）	超级型
商圈半径（距中心车程）	≤15 分钟（通常≤10分钟）	10～20 分钟	30 分钟以内	覆盖整个城市	覆盖城市周边区域的城市
停车位	约 100 辆	500 辆	1000～5000 辆以上	5000 辆以上	1 万辆左右或更多

资料来源：根据巴里·伯曼、乔尔·R. 埃文斯著《零售管理》（第七版）有关资料整理。

1. **邻里中心**（Neighborhood Centers）

邻里中心以提供日常生活的便利商品如食品、药品和杂货以及个人服务如修鞋、洗衣、理发为主，超级市场是其主要的核心商店。邻里中心的可出租面积根据核心商店的大小有 3 万～10 万平方英尺，是最小的购物中心类型。邻里中心的发展最为迅速，与住宅社区的结合也最紧密，在挑选租户时，它们往往优先考虑那些最能迎合消费大众的经营者。不过，虽然它们的数量大、成长也快，但其经营管理水平远不及区域和社区性购物中心。

2. **社区中心**（Community Centers）

社区中心提供范围更宽的商品服务，除了邻里中心的便利商品和个人服务外，还包括非耐用性商品（男女服装、寝具等）和耐用性商品（五金、家电等），社区中心提供给居民更多的尺寸、款式和价格选择。社区中心的核心商店一般是一个中小型的百货商店或折扣商店，还可以包含一家超级市场。社区中心的可出租面积在 10 万～30 万平方英尺，它是一种介于邻里中心和区域中心之间的过渡类型的购物中心，因此，它的规模和商业驱动力较难评估。在美国，近些年来，中小型百货公司已逐渐没落，代之以全国性的连锁商店、五金店、家居店和园艺店等。一般情况下，建于大城市郊区的社区中心易受新兴商业竞争的威胁，难以持久发展，从而转变成特色经营或专业型购物中心，而建于中小城市的社区中心多数能避免这种竞争压力。

3. **区域中心**（Regional Centers）

区域中心提供较全面的商品服务，并且由单纯的商品销售演变为区域性社会生活的中心，可进行购物、娱乐、餐饮、电影及其他休闲活动。区域中心主要销售需要进行比较购买的商品即前所述的高端商品，例如服装、家具等，而不注重便利商品。区域中心的核心商店为一个或多个大型百货公司，它的可出租面积一般在40万~75万平方英尺。区域中心多建于人口众多并且是交通枢纽的地方。

4. **超级区域中心**（Super - regional Centers）

超级区域中心是以零售为中心的多功能综合体，集中了零售、娱乐、餐饮、办公、文化体育等各种设施。郊区区域性购物中心本身的扩张以及周围地区的发展，有可能形成规模庞大、功能更全的巨型中心。超级区域中心含有至少三个以上的大型百货公司作为核心租户，可出租面积在80万平方英尺以上。

在我国，购物中心的分类主要取决于所处地域、商圈辐射范围、停车位、购物中心自身面积、内部业态组合、经营方式等。依据这些条件，我国将购物中心分为社区购物中心、市区购物中心、城郊购物中心三类。[①] 例如，截至2006年年底，上海市已开业的购物中心共有61家，其中社区型14家、市区型37家、城郊型10家，如表6-3所示。

表6-3　上海市购物中心类型情况

类型	数量（个）	比例（%）	平均建筑面积（万平方米）	建筑面积（万平方米）	比例（%）
社区购物中心	14	22.95	4.53	63.47	10.18
市区购物中心	37	60.66	12.37	457.67	73.42
城郊购物中心	10	16.39	10.22	102.2	16.40
总　计	61	100	10.22	623.36	100

资料来源：武占云：《基于GIS的上海市购物中心发展与区位评价研究》，中国知识网中国优秀博硕士学位论文全文数据库，2007，第25页。

（二）专业购物中心的分类

除了传统的四种购物中心外，还有一种专业购物中心类型，该购物中心不具有传统核心租户，取而代之的是另一种类型的租户，或者是由一群租户共同行使核心租户的功能，或者是采取其他类型。专业购物中心包括

---

① 武占云：《基于GIS的上海市购物中心发展与区位评价研究》，中国知识网中国优秀博硕士学位论文全文数据库，2007，第65页附表。

节庆中心、时尚中心、低价中心、直销中心、折扣中心、力量中心、特级市场等。[①]

节庆中心（Festival Centers）一般既销售冲动型商品（指顾客购买前并无寻购计划，一时冲动而买的商品），也销售专业类商品（指顾客在购买前仔细审察过，花了很大精力准备购买的商品），这些商品在所有销售品中占有很大比重。节庆中心的营业面积有很大部分出租给了饭店和食品店，它们往往带有独特的民族风格和异国情调的气氛。节庆中心还经常有食品热卖和特色食品零售。通过一些非正式的演出如街头音乐、杂耍、哑剧等，节庆中心烘托出很浓的娱乐主题。有时，在一个主要的区域购物中心旁边的比较小的购物中心也被称作节庆购物中心，这样的节庆购物中心既销售高端商品，也提供便利商品服务。

时尚中心（Fashion Centers）的典型特征是汇集了服装店、精品屋、服装定制店等店铺，提供专业的、高档的商品。一个时尚中心可以拥有一个或多个高品质的时尚公司。另一种概念认为，在所有商店中时尚的和高档的店铺占主导的购物中心就可以称为时尚中心。在某些情况下，便利中心因为坐落在一个高收入阶层的商业住宅区中，也能提供一个精美设计、富于魅力的氛围，租户的品质和搭配都与该商业区人口的经济状况相匹配，这也能构成时尚中心。这样的购物中心可以拥有一个或多个主要的专业商店或更高档的百货公司作为核心租户，也可能是由一个中等大小的专业商店辅以一系列由当地租户组成的具有时尚导向的小型精品屋。

低价中心（Of Price Centers）和直销中心（Outlet Centers）在性质上有所区别。低价中心更像一家折扣店，销售比其他地方价格更低廉的品牌商品。而直销中心一般由生产厂家即制造商拥有并负责管理，向大众直接销售产品。低价中心和直销中心在实践中经常是合为一体，既有低价零售，又有厂家直销。

折扣中心（Discount Centers）最简单的形式是拥有一家以折扣百货公司为核心商店的社区中心，折扣中心与其他类型的购物中心的不同体现在

① 衣龙新等：《西方国家购物中心发展经验及对我国的启示》，《北京市财贸管理干部学院学报》2003 年第 1 期。

两点上：一是它比拥有一家核心百货公司的区域中心小一些；二是在折扣中心内，国家性的和区域性的租户比例小，而当地的租户比例大。折扣商店的发展演变经历过几次更新换代，现在的第三代是因传统的百货店受第二代折扣店的竞争而转型成为环境更为舒适美观的折扣商店的，因而也吸引了更多顾客。折扣商店是折扣购物中心的主力租户，在社区中心里，超级市场也一并作为主力租户。

力量中心（Power Centers）是面积超过 25 万平方英尺的大型社区中心，核心租户有 3～4 家或更多，占可出租面积的 75%，一般建在郊区区域中心附近。力量中心反映了一个新观念，即力量中心的重点在于获得高比例的核心租户可出租面积，它改变了购物中心追求最大可出租面积的模式。力量中心的核心租户一般是打折的专业零售店，有时也被称为“同类杀手”或“零售杀手”。[①]

特级市场（Hyper markets）在所售商品的种类和范围上类似于社区中心，但从它所建立的半垄断性地位看，更像一家区域中心。特级市场拥有社区中心典型的零售商，包括杂货、药品、服装等。因为它所售商品的性质，所以往往能拉走邻里中心、社区中心以及孤立的零售商店的客源。区域中心由于销售更为时尚的服装物品、更倾向于比较购物，一般不会受到特级市场的威胁。而小型的邻里中心和便利中心由于与消费者的距离更方便，也不大会受其影响。特级市场的优点是广泛、丰富的商品品种和低廉的价格，缺陷是它的场地覆盖面积很大，不利于一次购物（One Stop），而且倾向于批量贩卖。

（三）Shopping Mall

Shopping Mall 发端于 20 世纪 50 年代的美国，现已成为欧美国家的主流零售业态，销售额已占据其社会消费品总额的一半左右。近年来，我国

---

① 这是一种出现在欧美零售商业中的经营方式，其内容是，由一系列标准化的连锁商店组成销售体系，每个商店按照超级市场布局，只销售某一类商品，但品种极其丰富，各种牌号、各种规格型号和花色的同类商品无所不有，且价格低于一般商店。这种商店一开张，马上就给经销同类商品的零售店以致命的打击，使它们迅速丧失这一部分商品市场的份额，由此号称“同类杀手”或“零售杀手”。

商界也兴起一股“造 Shopping Mall 运动”的热潮，北京、上海、广州、深圳、武汉、大连、成都、青岛、西安等地都兴建了 Shopping Mall 项目，继连锁超市、大卖场之后，Shopping Mall 正在掀起我国商业新一轮的业态革命。

Shopping Mall 是 Mall 的全称，音译“摩尔”或“销品贸”，意为大型购物中心或超级购物中心，是指在一个毗邻的建筑群中或一个大型建筑物中，由一个管理机构组织、协调和规划，把系列的零售商店、娱乐设施和餐馆等服务机构组织在一起，提供购物、休闲、娱乐、饮食等各种服务的“一站式”消费中心。

Shopping Mall 在西方国家也称为 Shopping Center，即“购物中心”，但和国内通常所指的购物中心含义不尽一致。[①] 严格意义上讲，小于 10 万平方米的，叫做购物中心，大于 10 万平方米的可称作 Shopping Mall（简称“Mall”）。而大于 20 万平方米的，可叫作超级摩尔购物中心 Supper Mall。与 Center Mall 相似，其他常见的英文名词还有 Plaza Galleria，指的是具有长廊、广场、庭院的特点，就是在建筑物的遮蔽下，不论天气如何，都可以进行休闲、购物或聚会。Shopping + Center（或 Mall、或 Plaza、或 Galleria）两词的结合，表示购物空间能带给消费者愉悦的感受，以有别于百货公司（Department Store）。

1. **按开发商背景及 Shopping Mall 经营管理的模式（包括自营的比例）分类**

（1）物业型 Shopping Mall，一是物业型购物广场 Shopping Plaza/Square/Center，一般由大房地产商开发，建在市中心黄金地段，实行的是租赁制；二是物业型摩尔购物中心，又称普通摩尔购物中心，是将场地出租给专业零售商，委托专业管理公司进行管理，实行所有者、管理者与经营者的分离。

（2）百货公司型 Shopping Mall，由大型连锁百货公司发展或扩建而成，面积一般在 10 万 ~ 15 万平方米，其定位是突出某一目标顾客群体，

① 国内的购物中心实为百货店的另一种称呼，只是分门别类提供货品的商店，无法提供如漫步在长廊、广场、庭院般悠闲的购物享受。

入驻的业种一般很齐备，但业态的复合度不够高。

（3）连锁 Shopping Mall，由专业的连锁购物中心集团开发并经营，自营比例较高（50%～70%）。对我国而言，由于国内的商品品种和各类专卖店只有国外的30%左右，购物中心的招租就更难，所以专业连锁购物中心是一种值得推广的购物中心经营模式。

2. 按 Shopping Mall 的商场面积规模分类

（1）巨型/超级购物中心 Super Mall/City Mall 面积在 24 万平方米以上，如曼谷西康广场 Seacon Square、台北京华城、新加坡义安城、上海正大广场、香港海港城等。

（2）大型 Mall，面积在 12 万～24 万平方米，如广州天河城和中华广场、大连和平广场和新玛特等。

（3）中型购物中心，面积在 6 万～12 万平方米，如上海友谊南方商城、成都摩尔百盛、广州中泰百盛、北京东方广场、北京中友百货等。

3 . 按 Shopping Mall 的定位档次分类

真正的“摩尔”由于面积巨大，故定位于家庭（全家/全客层）的“一站式”购物消费和休闲享受，商品高、中、低档必须齐备，以保证商品品种齐全，高：中：低的理想比例为3：5：2。

4. 按 Shopping Mall 的选址地点分类

（1）城市中心 Shopping Mall，处在城市中心地带，鉴于地域空间的限制、交通条件的限制、停车设施的限制，更多依赖公共交通条件；因为城市中心土地价格较高，极高的投资成本迫使大多数开发商不得不采取综合开发的方式，将 Shopping Mall 作为大型综合项目的一部分进行发展，把商业设施、写字楼、酒店及公寓项目放在一个地块上规划组织。城市中心 Shopping Mall 又可以分成两类：都会型 Shopping Mall 和地区型 Shopping Mall。

（2）城郊型 Shopping Mall，通常位于城市边缘地带，而且往往处在数条高速公路的交会处。欧美国家多为城郊型购物中心，位于城郊高速公路交会处，交通便利。城郊 Shopping Mall 特殊的位置条件、城市外围低廉的土地成本特点，决定了城郊 Shopping Mall 占地面积大，一般楼层较少，营业楼层为地下 1 层、地面 2～4 层。室外停车场巨大，达到 1000 车位以上，甚至还有 1000 车位以上的大型停车场附楼。

五　购物中心商业集群的特征

（一）企业的高同质性

不管是以零售业为主的商业集群，还是以其他形式为主的商业集群，在商业集群内部，企业之间经营的产品相同或类似，存在很强的同质性。如在全国的各类购物中心内，主营业态是百货业，比重达70%，局部比重甚至高达90%，包括大中型的百货企业和大量的小型专卖店、专业店等，而购物中心内企业的高同质性往往是“价格战”发生的根本原因。

（二）业态的高模仿性

购物中心内的企业是处于一个层次上的，它们的区别是经营业态上的区别，而不存在核心生产技术上的区别，因此，一般来说，商业企业的进入壁垒比较低，在购物中心内部容易产生企业的模仿性。对于一种新出现的商业业态，它的营利能力一般比较强，这就会吸引其他经营者的进入，模仿先出现的企业。企业经营业态上的模仿性使得购物中心内同质企业数量增多，导致购物中心中价格战的发生。相比较而言，产业集群是基于一定的竞争优势而形成的，如资源优势、核心技术等，不容易被模仿。而购物中心是由于大量商业企业在地理上的集中而形成的，只要有城市存在，就有不同层次购物中心的形成，购物中心只有大小和档次之分，而本身没有核心技术可言，因此，购物中心整体具有很强的被模仿性，很容易被复制。

（三）经营的高竞争性

由于购物中心内部企业的高同质性，造成企业之间存在激烈的竞争，因为消费者对价格具有很强的敏感性，所以价格策略是商业企业经常采用的竞争手段。为了在激烈的竞争中赢得生存的空间，只要购物中心中有一家企业采用价格策略，其他经营同种产品的企业就会跟进，而商业企业的轮番降价最终导致价格战的发生。如江西南昌金龙购物中心开业不到一年，终因激烈的市场竞争而关门歇业，而数量颇多的中小型鞋城、服装城等更是经常更换业主。

（四）空间的高集聚性

购物中心中的企业具有很强的空间集聚性，但它们又是各自独立核算的企业。这些企业会呈现很强的空间接近性，原因在于，一方面，从消费者角度来讲，消费者在购物的时候不仅要考虑商品的价格，还要考虑为购买该商品所花费的隐性成本（搜索成本），比如时间成本、交通费用等，另外还要考虑商品种类、质量等，因此，购物中心规模大，也就是说购物中心中商业企业的数量越多，业态越齐全，对消费者的吸引力也就越大，进而对商业企业的吸引力也就越大，促使更多的商业企业进行集聚，导致了商业企业在空间上的接近性；另一方面，从商业企业本身来看，商业企业的集聚可以减少产品的运输成本和宣传成本，还可以增加顾客流量，因此，商业企业本身也乐于在空间上接近。

（五）环境的高共享性

购物中心内的企业共同处于一个相对狭小而且稳定的地理范围内，在集群内部的企业，共同存在于相同的经营环境、社会环境、文化环境、消费环境中。商业企业在地理范围内的集聚，为集群内的企业提供了专业供应商、物流商、配送中心、储藏中心等，降低了集群内企业的信息搜寻成本、运输成本、储藏成本等各种交易成本。共同的消费环境为集群内企业提供消费者的需求信息，促进流行时尚的形成；共同的社会环境和文化环境可以提高集群的根植性，容易形成集群的品牌文化，促进集群知名度和美誉度的提高。

（六）功能的高互补性

购物中心主要以商业为主体，但是其他相关的产业也是购物中心的支撑，它们在功能上是互补的，共同支撑起了购物中心。在以零售商业为主的购物中心中，不仅存在商业子群，还存在餐饮、娱乐休闲、咨询、金融等其他子群。在各子群中，企业是同质的，存在激烈的竞争关系，但是在不同子群中，他们是功能互补的，共同构成购物中心。

第二节　购物中心商业集群的集聚、发育机理

一　郊外购物中心店铺集聚的动因

购物中心的种类很多，有设在郊外的，有设在市内繁华区的，也有设在社区的。郊外型购物中心产生于第二次世界大战后的美国，之后在经济发达国家快速发展，其动因是城市人口的膨胀以及同时出现的向城市周边地区的人口移动，而这种人口移动是以汽车普及为支撑的。郊外型购物中心与市内的购物中心有着本质的不同，前者的出现，标志着社会经济与零售业发展的一个新阶段。

郊外型购物中心可以定义为以大型百货店、大型综合超市等新零售店为核心，招租众多的各类专业店，备有大型停车场，以汽车购物商圈为前提吸引广域的顾客，是一种有计划开发和综合管理的郊外大型商业集聚。郊外型购物中心虽然叫作购物中心，但并不是单纯购物的场所，还包括餐饮设施、运动设施、文化设施、娱乐设施，展馆剧院、银行、游乐园等，在国外甚至还包括教堂。因此，就消费者而言，一旦进入郊外型购物中心，自然而然地会长时间逗留，购物仅仅是其中的一部分。

郊外型购物中心的主要特征是计划性开发、统一管理。由开发商对集聚的经济运营进行规划，商业集聚内部组织化，对店铺进行综合管理。郊外型购物中心是由很多店铺组成的商业集聚，不是常见的独立店铺。但这种商业集聚从整体上实行综合管理，这又使其像独立店铺那样行使机能。郊外型购物中心规划的核心是通过策划来实现商业集聚的经济性，根据商圈内的消费结构、租赁者业种间的乘数效果和波及效果，决定租赁者业种构成、商场面积及其空间配置。商圈内的消费结构和竞争结构如果发生变化，就有计划地更换租赁者。所以，郊外型购物中心的最主要特征就是其具有可以应对市场环境变化的灵活性。与城市内传统商业集聚相比，郊外型购物中心的特征如表6－4所示。中心商业区与郊外型购物中心二者的本

质是不同的，市内的商业集聚中心是开放的，郊外的商业集聚（大型购物中心）是封闭的。这里所说的“封闭”并非指建筑设施的物理性封闭，而是指运转体系的封闭性。

表 6-4　郊外型购物中心与中心商业区的差异

集聚的特征	中心商业区	郊外型购物中心
集聚资产所有权	分散个别所有	少数所有者和合同租赁者
集聚规模	自然产生	根据商圈调查有计划地决定
店铺业种构成	自然产生	根据商圈消费结构有计划地决定
停车场	狭窄不便	在方便的地点设定大面积
顾客管理	不管理	根据业种有计划地配置管理
共同促销	少	多
业种结构的变化	自然产生	有计划地更换租赁者

资料来源：根据相关资料整理而成。

“依存关系是商业集聚必不可少的，大型综合零售商试图将这种依存关系内部化，但却仍处于这种依存关系之中，而把这种依存关系内部化推进到极致的表现形态便是郊外型购物中心。”①

提供“一站式”购物的大型综合零售商如百货店、大型综合超市，是将外部依存关系内部化的一种尝试。综合零售商虽然强调跨业种、跨部门的一贯定位，其结果是无论在哪个业种或部门，都只能经营其中符合自身定位的一部分商品。从消费者多样化的消费行为来看，这仅仅是极小的一部分。零售商即便给出很宽的定位，也不可能将依存关系完全的内部化，因为定位如果过于宽泛，也就失去了意义。所以，即使是综合零售商，扩张也有其自身的界限制约，这就是说，在综合零售商的外部，存在着其无法内部化的广泛的商品群，消费者显然也还需要外部的商品。因此，即使是综合零售商，如果不能满足消费者所有的购物行为，也就不可能单独地吸引消费者。从消费者来看，即使是接受综合零售商定位的消费者，也不会把自己想要的商品完全寄托于一家店铺，他们会去关注相同或类似定位的其他店铺的货物，通过比较后，再确定哪个商品对自己是最合适的。尤

① 吴小丁：《郊外型购物中心的理论解释》，《商业时代》2006 年第 7 期。

其是消费者在事前对自己的需求没有具体认识的情况下，这种比较就更为重要。所以，即使是综合零售商，周边的竞争者也是必要的，不依赖于这种竞争关系，就不能充分吸引消费者。

而郊外型购物中心就不一样，它能完全把这种依存关系内部化。郊外型购物中心的狭义概念是指在空旷的土地上建设大商业地，周边既没有竞争的依存关系，也没有互补的依存关系。因此，要想在郊外吸引消费者，就必须自己备齐所有必要的机能和设施，然后按照自己的定位，将必要的机能和设施完全内部化管理，创造出一个独立的世界。这正是郊外型购物中心的基本目标，但与以往所有零售业态及商业集聚有着明显的区别。所以，郊外型购物中心必然是大型的。反过来说，拒绝外部扩张的依存关系并决心将依存关系完全内部化的商业集聚，只能在可以利用广阔土地的郊外选址。

郊外型购物中心在开发者或管理公司的指挥下，以统一的定位向有经营欲望的商业者招商，形成商业集聚。在这个过程中，开发者要使成员之间在市场定位、基本经营姿态、资金能力等所有方面尽可能缩小差异。此外，管理运营的方法也要在租赁签约时得以确认。当确立了开发商或管理公司的指挥权，并且明确了公共事业的范围，限制了一部分私权，则郊外型购物中心便作为伙伴型商业集聚而成立。

郊外型购物中心采取内部统一管理，对自然生成的商业集聚的局限提出了挑战。郊外型购物中心在计划开发时就基本划定了商业集聚的空间范围。因此，也可以说，郊外型购物中心只可在既不能缩小也不能扩大的给定空间中从事经营活动，这也是与自然生成的传统商业集聚的本质区别。

二　基于消费者搜寻购物中心的商业集聚机理

郊外型购物中心的集聚规模是根据商圈调查有计划地决定的，而设在市内繁华区或社区的购物中心都是自然生成的传统商业集聚，正如第三章第三节分析的那样，现实中，为什么店铺通常会不顾竞争激烈而集中在一处设址？最本质的原因就是，店铺间的相互依存关系所带来的利益远远大于竞争关系所损失的利益。

在购物中心内部，表面来看同业种店铺相邻选址，似乎会因竞争激烈而减少各店铺的客源。但实际上，有时同业种集聚内客流的增加量，要超过竞争激化引起的顾客减少量。这种现象在同业种中商品的备货由多品目构成，且各品目在店铺间没有标准化的情况下尤为突出。在这类商品的购物中，消费者因缺少对信息的把握而具有极大的不确定性。消费者必须走访多家店铺，对价格和质量进行比较后，才能形成购物选择顺序。在这种情况下，同业种店铺集中选址可大大降低消费者的搜寻费用，也可减少去店铺的移动费用以及购物所需的时间费用。由于消费者费用降低，在商业集聚内选址便有可能促使顾客数量不断增多，并超过竞争激烈引起的顾客减少的数量。

同理，这种集聚的经济性同样体现在不同业种的集聚上，这在消费者多目的出行的情况下尤其明显。不同业种的集聚大幅度减少了多目的出行的消费者费用，购物中心中“一站式”购物就是其典型代表。此外，集聚的经济性所增加的顾客，由相邻店铺波及来的顾客和乘数效果吸引的顾客将大大增加集聚内顾客的数量。不同业种集聚的波及顾客和乘数顾客要多于同业种集聚的情况，因为不同业种的集聚与多目的出行的波及效果和乘数效果密切相关。

在购物中心中，虽然典型消费者知道市场上都出售哪些种类的产品，但他却不知道每一种产品分布在什么地方、以何种价格出售。由于消费者在购买前必须对不同种类的产品进行比较，因而他们必须在企业间进行搜寻。[①] 实际上，如果不亲眼见到一种商品，消费者很难判断其是否符合自己的要求。况且，在空间条件下，收集信息的费用与消费者的区位以及企业的区位都有关系。

当若干个企业集聚在一起时，典型的消费者只知道这种集聚的规模，但不知道这个集聚的构成（产品构成，即企业提供什么产品）。一旦消费者到达这个集聚的市场，运输费用就会大大下降，消费者就可以以极低的费用来浏览每个商店。换句话说，每个光顾这个集聚市场的消费者都在搜

---

① 更为确切地说，就是假设他们找出哪种产品在哪一特定商店出售的唯一途径就是光顾这个商店并支付相应的运输费用。

寻过程中享受到了规模经济。否则的话，消费者就必须为他光顾的每个独立分布的商店支付运输费用。因此，商店在地理上的集聚是商店可以方便消费者搜寻过程的一种具体方式。

实际上，一个消费者更喜欢去光顾一群商店而不是一个独立分布的商店，因为他光顾一个独立分布的商店时，很可能会面临商品很中意但价格也很高的情况。当企业认识到这个事实时，它们中的每一个都知道与其他企业共同组建一个市场对自己是有利的。[①] 换句话说，当一个企业考虑加入其竞争者所在市场中的可能性时，它就面临下面两种效应的相互作用，即负面的市场竞争效应和正面的市场地区效应，两者都由销售相似产品的企业的集聚所产生。当负面的市场竞争效应大于正面的市场地区效应时，就会导致分散的市场结构；反之，当正面的市场地区效应大于负面的市场竞争效应时，市场的唯一结果就是企业集聚。

三　基于消费者搜寻的集聚模型

在一个城市中，商业中心如何布局才能为大多数市民提供方便？可以说，城市购物中心的选址对城市的发展至关重要。下面，我们通过建立一个数学模型，来分析商业中心的影响范围。

（一）初步分析

假设 A、B 为两个商业中心，T 表示某顾客去商业中心购物的概率，我们考虑 T 应与哪些因素有关？T 所依赖的因素可能很多，例如，顾客的爱好或需要，到商业中心的交通是否方便，天晴还是下雨，等等。为了使问题简化，我们假设 T 只依赖两个关键参数：一是顾客到商业中心的距离 D，二是商业中心的吸引力 F。即：

---

① Stahl（1982）认为，事实并非如此简单，市场的总需求被定义为企业提供的产品数量与这一定义一致，一个市场的总需求随着该市场规模的增大而增加。因此，一个销售者在确定一个利润最大化的区位时，就会面临以下两种选择：或者是在一个非常小的市场区域内建立一个局部的垄断市场，并且占消费者购买产品的大部分份额，缺乏多样性；或者是在一个大的市场区内加入到其他企业已经形成的一个竞争的市场环境中去，在此他只能获取消费者非常小的一部分需求，不能取代市场中所供应的其他商品。

$$T = f(D,F)$$

参数 D 决定于顾客的地址，因此它容易度量；而参数 F 取决于商业中心条件的好坏，与很多因素有关，例如：

（1）商业中心中商店的数目多少，销售空间是否宽敞明亮；

（2）经营的品种是否齐全，商品是否有特色；

（3）售货员的服务态度如何；

（4）商品的质量是否有保证，价格是否合理；

（5）商业中心内是否有其他具有吸引力的因素，例如电影院、剧院、图书馆、游乐场及公园等。

要给出 F 的确切度量是困难的，通常只能给出它的相对值。为了具体说明问题，我们假设 A、B 两个商业中心分别在 A、B 两个城市，A 市居民约为 10 万人，商业中心包括一个百货大楼及其他一些小店，还有影剧院、自由市场、音乐厅等；而 B 市的人口约 3 万人，只有有限的几个供 B 市居民消费的商店以及一个市中心的公园。若 F_1 表示中心 A 的吸引程度，F_2 表示中心 B 的吸引程度，为了简单起见，我们假设 $F_1 = 3F_2$，这意味着取它们所在地的人口比作为吸引程度的比。

为了寻找两个中心的影响区域，我们应该确定顾客到每个中心去的可能性相等的点，即等概率点，它由如下方程确定：

$$f(D_1, F_1) = f(D_2, F_2) \tag{6-1}$$

（6－1）下标 1 对应中心 A，下标 2 对应中心 B。

（二）数学模型的建立

根据上面所进行的分析，由（6－1）可以求出两个商业中心的影响范围，但是，在（6－1）中并没有给出函数 f 的具体形式。

由 T 的含义可知，它随 D 和 F 变化。当 F 增加时，说明中心的吸引力增加，想去的人就增多，T 增大；再根据一般人就近购物的心理，当 D 增加时，T 应该减少，因此，取 f 的形式为：

$$T = f(D,F) = \frac{kF}{D^2} \tag{6-2}$$

式中 k 为常数，该式受万有引力定律的启发。当然，函数 f 也可以取许多其他形式，只要 T 随 F 的增加而增大，随 D 的增加而减少就行。

建立如图 6－1 所示的坐标系，坐标原点选在中心 A 处，AB 连线为 x 轴，并设 A、B 间的距离为 a，由（6－1）、（6－2）可得：

$$\frac{kF_1}{D_1{}^2}=\frac{kF_2}{D_2{}^2} \tag{6-3}$$

（6－3）给出了去中心 A、B 概率相等的点应该满足的条件，也就是 A、B 两中心影响的边界点应满足的方程。因此，（6－3）所给出的曲线是影响区域的边界线。

下面来导出边界线的方程。设 P（x，y）是边界上任意一点，有距离公式可得：

$$D_1{}^2=x^2+y^2, D_2{}^2=(x-a)^2+y^2 \tag{6-4}$$

令 $c=\frac{F_1}{F_2}$，由公式（3）可得：

$$c[(x-a)^2+y^2]=x^2+y^2 \tag{6-5}$$

若 c＝1，由边界方程推得：

$$x=\frac{a}{2} \tag{6-6}$$

这说明，如果两个中心的吸引程度相同，那么，它们影响区域的边界线就是它们的垂直平分线，A、B 的影响范围各占一半，如图 6－1 所示。

若 c≠1，容易由（6－5）推得边界方程为：

$$\left(x-\frac{ca}{c-1}\right)^2+y^2=\frac{ca^2}{(c-1)^2} \tag{6-7}$$

这是一个圆心在点$\left(\frac{ca}{c-1}, 0\right)$、半径为$\frac{\sqrt{c}a}{|c-1|}$的圆。如图 6－1 给出了 c＝3 的情况，把 c＝3 代入（6－7）中得到方程$\left(x-\frac{3}{2}a\right)^2+y^2=\frac{3}{4}a^2$，圆心为$\left(\frac{3}{2}a, 0\right)$、半径为$\frac{\sqrt{3}}{2}a$，如图 6－1 圆 C 的范围为所求的边界，中心 B 的影响范围被限制在圆 C 内，在 C 外的区域都受到 A 的影响，尽管圆 C 的

右边部分离 B 很近，却仍受到 A 的影响，圆 C 上的点去 A、B 两地的概率 T 的相等的。

其中，圆 C 的面积，$S_c=\dfrac{\pi ca^2}{(c-1)^2}$，当 $c>1$ 时，c 在区间$(1,\ +\infty)$上，中心 B 在圆 C 的范围内，B 点影响范围 S_c 为减函数，即中心 B 的影响范围随 A、B 两中心吸引力比值的增加而减少，假如 c 值趋近无限大，那么圆 C 将趋近无限小。当 $c<1$ 时，圆 C 移到圆 E 位置，中心 A 在圆 E 的范围内，A 点影响范围为圆 E，即圆 E 内顾客会是去中心 A 消费，圆 E 外的大片区域会去中心 B 消费，同样 c 在（0，1）上 S_c 为增函数，即中心 A 的影响范围随 A、B 两中心吸引力比值的增加而增加。

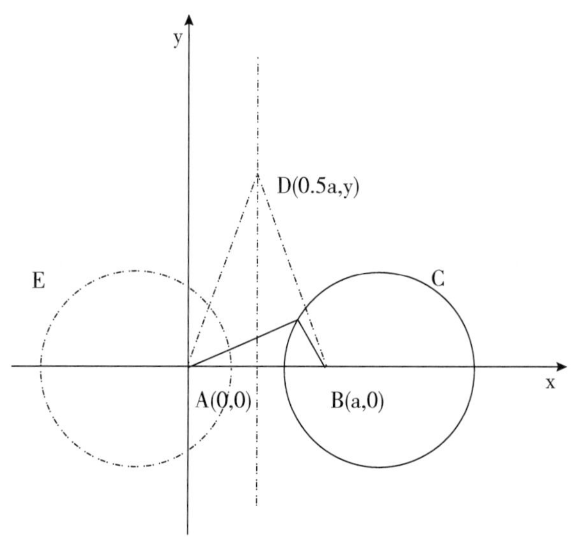

图 6－1　城市购物中心影响范围

上述结果表明，要扩大商业中心的影响范围，就应该尽量增大购物中心的吸引力。一方面，可集聚更多的商家店铺为消费者提供多样化的产品，减少消费者的搜寻成本；另一方面，吸引更多外来资本来商业中心地区投资，建立相应的配套设施，如电影院、游乐场等。当符合一定的条件时，所有的消费者都会选择首先光顾购物中心集聚企业群。尤其当城市的规模比较小时或者产品运输成本比较低时，且构成购物中心集聚体的企业数量足以吸引所有的消费者时，消费者对于不同企业所提供的差异产品的信息的缺乏，就会导致企业完全集聚在一个区位现象的出现。

四　购物中心是各方利益博弈均衡所形成的共赢机制

随着经济发展和社会进步，商业在整个国民经济中的地位和作用也在发生显著变化。商业不仅成为体现城市繁荣的重要窗口，而且成为满足和创造消费需求，对其他产业发展产生拉动作用的国民经济的先导产业。在当前的买方市场条件下，零售业通过刺激和引导消费从而决定生产，对城市经济的驱动作用明显增强，对国民经济的贡献度日益提高。而被誉为未来零售业发展方向之一的购物中心，对经济增长的推动作用又有其特殊的一面。从一个长期的发展过程来看，购物中心对城市经济发展的拉动作用主要是通过增加投资、税收，发挥乘数效应以及扩大就业等多个方面来实现的。

下文我们以买卖双方之间的博弈来分析购物中心存在的可能。

（一）博弈的基本假设

1. 关于市场结构的假设

假设市场由买方、卖方和市场管理者三方组成，其中市场管理者的职责是为市场中的卖方提供场地及各项服务等。

2. 关于交易的假设

卖方是长期交易者，他们不断重复向市场提供产品；而买者是短期交易者，每个买者只买一次或有限次。

3. 关于卖方的假设

由于专业市场信息不对称，假设卖方行动有两种，一是提供高质量的产品，另一种是提供低质量的产品。另外，考虑到市场管理者的策略行为，有遵守市场管理的卖方和不遵守市场管理的卖方。在价格竞争中，卖方可以选择跟随降价或者不降价。

4. 关于产品的假设

卖方可以出售高质量的产品也可以出售低质量的产品。对于低质量产品，其成本为 C_l；对于高质量的产品，其成本为 C_h。产品的价格为 P。假设 $C_h > C_l$，即高质量产品成本高于低质量产品成本。这样 $P - C_h < P - C_l$，

即卖方销售高质量产品的收益小于销售低质量的收益。

5. **关于买方的假设**

假设买方风险是中性的，买方在交易中的行为有两种，购买或者不购买。如果不购买产品获得效用为零，收益也为零；如果购买的是高质量产品，其效用为 U_h，收益为 $U_h - P$；如果购买到的产品是低质量产品，其效用为 U_l，收益为 $U_l - P$。假设 $U_h > U_l > 0$，可得 $U_h - P > 0 > U_l - P$，即买方偏好于高质量产品，并且买方从卖方处购得低质量产品的收益小于零。另外，买方不知道自己购买的产品的质量，但知道所有之前消费者购买的产品质量。

（二）买卖双方的博弈

分析卖方与买方进行一次博弈的情况，其标准收益矩阵如图 6 - 2 所示。

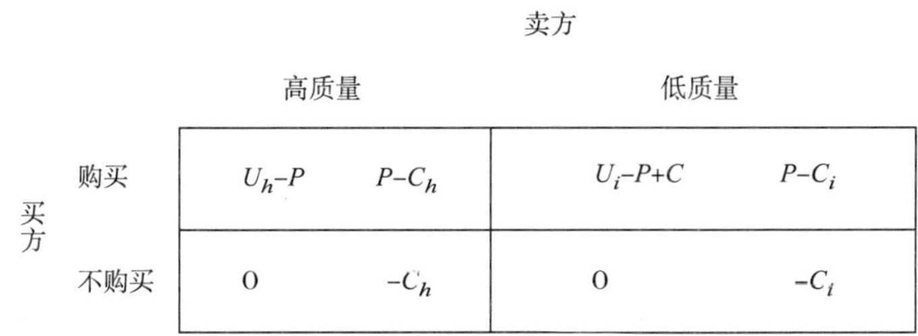

图 6 - 2　专业市场买卖双方的博弈

在上述的一次性博弈中，唯一的纳什均衡是（不购买，低质量）。这种情况并不完全符合现实情况，结果是无效率的，因为行动组合（购买，高质量）产生的效用组合（$U_h - P$，$P - C_h$）优于均衡结果（0，$-C_l$）

上述博弈要产生最优的结果，可以对模型进行一定的修改。可行的方法之一是卖方的承诺。市场中的卖方如果可以给出这样的承诺：只要买方购买到的产品是低质量的，保证买方可以获得赔偿 C。卖方就可以通过这种承诺将自己的高质量产品同其他低质量产品区分开来，并将信息传递给买方。这种情况下，上述的博弈变为如下的效用矩阵，如图 6 - 3 所示。

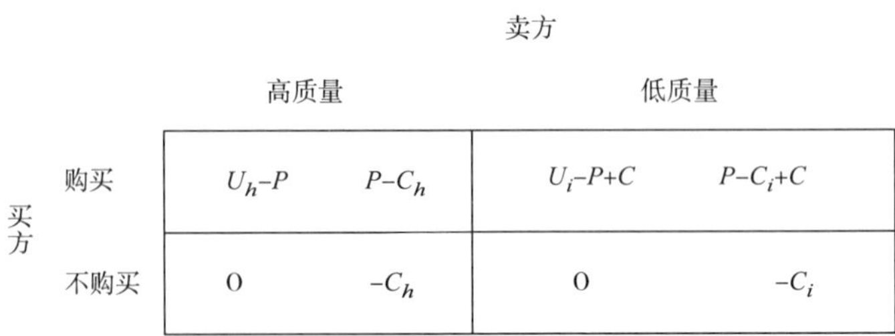

图 6-3　专业市场买卖双方博弈的修正

只要卖方承诺的赔偿 C 足够大，满足 $P-C_h>P-C_l+C$，即 $C>C_h>C_l$，并且买方通过法律等途径确实能够保证获得赔偿，那么博弈的均衡变为（购买，高质量）。之所以出现这种改变，是因为对经营者来说，在预定买方购买的情况下，销售高质量产品的效用 $P-C_h$ 大于销售低质量产品的效应 $P-C_l+C$，因此卖方选择销售高质量产品；对买方来说，假设卖方销售的是高质量产品，买方购买的效用要大于不购买的零效用，因此买方会选择购买。

实际上，上述静态一次博弈之所以与现实存在差异，原因就是没有考虑动态博弈对参与者的影响。从动态重复博弈的角度考察，如果只是重复有限的 n 次博弈，利用逆向归纳法，得到的纳什均衡是 n 次（不购买，低质量）。但是购物中心商家要长远经营，必须与消费者存在长期博弈，假设消费者之间具有完全信息，即一个消费者买到低质量产品，其他消费者也能知道；买方购买时不知道商品的质量，但是知道之前购买的商品的质量。另外，市场还存在这样的一个行动规则。卖方从销售高质量的商品开始，继续销售高质量商品，除非曾销售过低质量的产品；如果上次销售了低质量的商品，之后永远销售低质量的商品。买方从选择购买开始，只要卖方不曾销售过低质量的商品，买方继续购买；如果卖方销售过低质量的商品，买方之后不再购买。这样，最终的均衡同样也是（购买，高质量）。

要实现购物中心的做大做强，我们可以从改变卖方支付或者说长期预期收益的角度考虑。这其中的关键就是购物中心要建立质量保障机制，通过这种机制，一方面降低卖方出售低质量产品的收益，另一方面还要保障卖方对质量的承诺是可信的。也就是说，一旦卖方出售低质量的产品，必然会受到惩罚，必须要补偿买方的损失；买方一旦买到低质量的产品，也一定可以获得补偿。要实现有效的质量保障机制，对卖方的惩罚与对买方的补偿必须法律化、制度化，并且需要有一个强有力的第三方保障，这个第三方可以是市场的管理者。一旦这种质量保障机制得以建立，就可以较好地解决由于信息不对称产生的逆选择等导致市场结果无效率行为的产生。

（三）消费者能分享购物中心集聚体效应

1. 购物中心为消费者提供了购买商品的场所

直销、廉价或折扣百货、时尚专卖店等为消费者提供了多种选择机会。购物中心通过绚丽的建筑外观、充足的停车位、合理的空间布局、创造性的景观设计、精致的装饰等营造出舒适的购物环境，以吸引消费者前来购物。其商品范围广泛、品种齐全，能充分满足人们一次购足的需求。购物中心由主力店（百货店和超市）和众多优质的专卖店组成①。这一特征决定了购物中心的商品组合分别具有宽、长、深的特点，一切生活用品应有尽有，能够满足不同层次、不同年龄、不同职业和不同收入等各种消费者的需求，不像百货店或超级市场把服务的消费者定位在较小范围内。

2. 购物中心是城市居民休闲生活的重要物质载体

随着经济的发展、社会产品的日益丰富及居民闲暇时间的增多，消费者已不会单纯为了购物而去商场，而是出于享乐性目的而购物。消费者不仅要购买合适的商品，更期望整个购物过程是一种享受。消费者进入购物中心之前，也许并无特定的购物目的，但是经过卖场的布置、环境的设计、陈列商品的刺激，可以使消费者以愉快的心情发现购物的目标，引发购物的欲望，因而消费者的购买决策在很大程度上受到对购物过程满意与否的影响。也就是说，消费者购物目的已经由功利性目的转向享乐性目的。消费者在很大程度上把上街购物当作是休闲生活的一部分，把购买生

---

①　主力店即主要承租户。

活用品、休闲娱乐以及一部分的社会交往活动同时结合起来，这样，购物中心消费者的活动就不再是单一性的购物商品，而演变成了复合性的城市生活。从消费者活动内容的角度看，他们在购物中心的休闲行为主要分为游逛、餐饮、观赏、健身、娱乐、教育、交往等七种，一般以游逛为主线，交织贯穿着其他多种活动。购物中心也不仅是消费者可以方便买到日用品的场所，还是他们休闲生活的重要物质载体。此外，购物中心所产生的文化效应对消费者的生活也有着极大的影响作用。现代购物中心不仅仅是购物的场所，更是消费者休闲、娱乐、交友、聚会的地方，同时，购物中心广阔的舞台还是时尚文化前沿的发布舞台。

（四）商家能分享购物中心集聚体效应

购物中心内另一类有着举足轻重作用的角色是商家。购物中心的商家大致可以分为零售、餐饮和娱乐三大类，在每一大类里面不可避免地存在着许多同质的商户，相互之间的竞争不可避免。但是它们的集聚同样能为彼此带来收益。

第一，购物中心内商家同业集聚现象明显，而同类商家集聚在一起对各方都有益。例如，以我国最具代表性的购物中心——北京金源购物中心为例，所有的商户被分在四个楼层陈列。一层主要设立世界高端品牌专卖店街、国际品牌街、珠宝店、国际名牌化妆品、饰品经营区及银行，本楼层最为明显的同质陈列表现在东部的珠宝店区域；二层主要以各种名牌服装、服饰类专卖店为主；三层为运动新天地、休闲户外、健康家园、家居生活、餐饮休闲区，在本层西北角的运动新天地，消费者可以找到目前位居一线的所有运动品牌；四层被设置成未来生活层，包括儿童服装、儿童用品、儿童培训、工艺旅游、文化用品、科技数码、家居生活、特色餐饮等区域。同业集聚可以使竞争退居次要位置，并且可以通过对承租户进行鼓励或限制进入的筛选，形成零售商户的最佳组合，实现集聚效应的最大化。由于消费者除了考虑价格以外，还注重商品的品牌、质量、特色、促销方式等多个非价格因素，只要出售的商品或提供的服务之间存在差异，仅靠降低价格就无法垄断整个市场，因此销售同种商品的零售店可以稳定地共存。从比较购物行为来看，消费者在购物时对同类商品具有差异性。

同类商户集聚在一起，意味着消费者挑选最满意商品的机会增多，从而满足个体间的差异需求，吸引更多的消费者。

第二，购物中心的各商家之间还存在主力店与非主力店之间的差异[①]，这二者间存在寄生关系，依靠主力店可带动非主力店的发展。主力店是购物中心内一家或多家最主要的商家，通常是连锁店，在购物中心内具有实际的经济优势并占有最大的营业面积，同时也是最主要的营业额创造者。主力店的选择将对未来购物中心的形象与风格具有决定性的影响。购物中心内的非主力店相对于主力店的知名度来说显得较为弱势，无法单独吸引消费者前来，所以只能依赖主力店来吸引客流，凭借与购物中心的邻近性以获得利润。国外学者据此提出“大象理论”[②]，其主要原因在于购物中心需要主力店的知名度与优良形象招徕消费者，使购物中心能够因为主力店的进驻吸引到足够客流并分享给知名度相对不高的一般商家。非主力店的商家希望消费者逛主力店的同时，也能光顾非主力店，因而在进驻购物中心时，会考虑购物中心内的主力店是否有吸引力，再决定是否进驻此购物中心。但对于购物中心而言，主力店的作用不只在于吸引客流和凝聚购买力，还要进一步发挥客流扩散的作用，即消费者受到主力店的吸引而光临购物中心后，应该逛完主力店后再逛其他非主力店，这样才能将主力店吸引来的客流扩散到非主力店中。可见，正是由于主力店相对非主力店的强势吸引力，使得它能够独立吸引来大量的客流，在满足自身发展要求的同时，通过客流扩散作用再惠及邻近的非主力店。这种作用保证了邻近它的非主力店可以完全借助于主力店获得满意的客流。此外，商家之间还存在普遍的互惠关系。通过相互间的客流分享带来整体客流的增加。例如，以药品专卖店和面点专卖店为代表的消耗性生活便利品与超市具有高度互补性，而百货店与衣服鞋类专卖店也具有高互补性。

（五）政府能分享购物中心集聚体效应

第一，城市中心区的购物中心可以促进大城市市区商业中心的复兴。

① 这里的主力店和非主力店就是上面所表达的主要承租户和非主要承租户。

② 即小象跟着大象走，必须先找到领队的大象才能引领整个象群的方向。引申到经济领域就是指小企业追随大企业的经营范围、方式与理念。

由于郊区具有土地面积大、地价便宜等优势，使得购物中心首先在郊区发展起来。然而，近年来，随着能源危机的出现，越来越多的购物中心兴建在城市中心区，这样就促进了大城市市区商业中心的复兴。目前，一些发达国家的城市复兴运动还在继续，英、美等国对城市中心区的建设非常重视，如英国近年就在城市中心区建设购物中心。这种现象表明购物中心开始向市中心转移，购物中心成为复兴城市中心区的催化剂。在新建的居住区兴建集购物、文化娱乐、休闲于一体的购物中心，有助于形成较合理的城市结构和商业服务网络，均衡人口分布，提升区域价值。购物中心的新建无疑是城市中心改造或是新区开发的起点，将大大提升区域价值、周边的地价和物业价值增值，并带动其他产业如房地产、旅游业的发展。同时，运营后的购物中心具有集聚人气效应，将大大提升所在区域的商业中心地位，甚至改变城市的商业格局。

第二，购物中心可以为政府解决就业问题，增加财政收入。不论是城市中心区购物中心，还是郊区购物中心，都能解决大量的就业问题。其年销售额巨大，会产生大量的税收收入，增加地方财政收入。购物中心朝着休闲娱乐化发展，购物中心内舒适的环境氛围、丰富多彩的休闲娱乐设施以及时尚潮流文化吸引了大量游客观光、购物娱乐，这些功能给购物中心及地方相关行业带来了大量的经济收入。2003 年，美国的购物中心上缴税款达到 843 亿美元，零售销售额占社会零售销售总额的 76%。据统计，购物中心年游客量为 4250 万人次，每 10 个顾客中就有 4 个是来旅游的。[①] 在国内，购物中心的休闲功能也带来了巨大的经济效益，据上海市统计局统计，截至 2005 年年底，上海市购物中心拥有商务楼面积 60.74 万平方米，住宿业面积 28.16 万平方米，露天休闲广场面积 5.66 万平方米，车位近 1 万个。2005 年，购物中心文化娱乐营业收入为 4.07 亿元，占服务业营业收入的 61.2%。[②] 这些都能带来政府财政收入的增加，同时还推动城市基础设施建设。购物中心兴建后，商业中心地位和区域经济优势的提升将会促进该地区基础设施建设的投资。

---

① 资料来源：US census Bureau, *Statistical Abstract of the United States 2004 ~ 2005*, http://www.census.gov/prod/www/statistical - abstract - 04.html。

② 资料来源：《上海市统计年鉴（2006）》。

第三，购物中心对房地产开发商有利。在购物中心的价值链中，购物中心的开发商处于前端商业地产供应链的位置，是购物中心的开发者。购物中心的开发商可能是大房地产商，也可能是有实力的零售商。房地产商凭借其开发经验，能够取得升值潜力大的良好地段兴建购物中心，并在审批、购地、控制开发成本等方面具有优势；而零售商投资购物中心的最大优势在于对商业环境的了解以及拥有商业运作的经验。那些在其他业态上已经取得成就的零售商也可以将自己经营的商业品牌和店铺引进，以零售品牌带动购物中心品牌，由于品牌的联想性和关联性，因而比借用房地产品牌带动零售品牌要容易，且成功的机会大。

各种类型的零售业在购物中心形成空间上的联合，会产生 $1+1>2$ 的综合经济效应。对于消费者而言，他们购物、娱乐、休闲的消费会在这个区域实现，而且在该地区的消费要超过在一般地区的消费，因而产生消费带动效应。购物中心的集聚通过集中化、大规模的商业活动以及提供相关服务，将会带动所在地区的金融、房地产、建筑、广告、装饰装修及交通运输的发展，促进该区域的商业规模化和专业化。而当购物中心的集聚规模、专业程度达到一定水平，还会引起周围人们的思想和消费观念的变化，甚至消费结构的改变，从而促进消费环境和商业经营的进一步提升。

购物中心集聚所形成的规模经济性，使这些服务业或配套设施具备了经济上的合理性。从消费者角度讲，由于购物中心集聚区各个购物中心之间提供的产品和服务的可供选择性，使得集聚内的商品的广度和深度较大，可以满足不同层次顾客的需求，使消费者愿意来购买商品；同时，由于购物中心的集中，消费者在价格搜寻过程中节约了时间成本和搜寻成本，集聚区内商品价格上的优势，又节省了消费者剩余，从而使消费者成为购物中心集聚效应的最大受益者。从购物中心商家角度讲，购物中心集聚还可以使其迅速、准确地掌握市场信息，减少市场盲目性。同时，集聚区把分散的购物中心集聚到某一空间内，无形中扩大了商品销售的规模，从而使购物中心商家可以实现大批量的销售，节省了交易成本。从政府及有关公共机构角度讲，一方面，它们提供的专业基础设施或教育项目及企业集群的信息、技术、声誉等准公共物品能为购物中心集聚区内的企业共享；另一方面，政府部门也积累了许多专业性管理知识和技能，从而更加有利于促进购物中心集聚区的发展。

购物中心集聚区往往形成一定的区位品牌效应。购物中心区位品牌是购物中心集群内的一种重要的无形资产。购物中心通过集聚，集中广告宣传的力度，这既减少了单体购物中心的广告宣传费用，又借助广告效应形成整体品牌优势和区位商业优势，使单体购物中心获得稳定乃至不断增长的顾客流以及整体的商誉。

从以上分析可以看出，购物中心集聚效应所产生的经济利益是各利益主体所追求的目标，而经济利益的合理分割则是购物中心发展、发育的永续动力。

五　集聚体能有效发挥信息传递效应

（一）购物中心内企业间的信息传递效应

购物中心作为商业集群的一种类型，从表象上看，商业集群是企业在地理空间上的简单集合，企业间没有或少有纵向的物质技术联系，系统性特征不如成熟的工业集群明显。实际上，商业集群企业之间也有很强的外部共生协作关系，这种共生协作关系主要是以无形的、非物质的信息方式存在。信息是企业竞争力的基础，获取信息是有成本的。同一业种的企业之间是竞争对手的关系，经营者在主观上竭力隐藏经营信息是一种普遍的商业行为，客观上经营信息又是非编码性知识，时效性强，这更加大了远距离经营者之间搜寻信息的难度。但企业聚集经营的组织方式使得商业集群内信息传播具有弱障碍的特点，在相当程度上消除了信息流动障碍，降低了经营者的信息搜寻成本，提高了信息传递效率。

商业集群内信息传播方式的特点是信息传播速度快、失真度低，并呈网状传导方式，企业间相互获取到的对方经营信息不仅质量高，而且搜寻成本低。一家企业作为信息源产生的信息，有可能被群内所有企业或大部分企业所获取，反过来说，一家企业可以获取群内所有企业的信息，信息具有共享性。商业集群内企业间的信息传导关系有其独特的方式和效率优势，这种优势主要通过企业决策、企业学习、企业创新优势表现出来。

商业集群内信息传导机制有利于企业决策。在流通领域，中小商业企业的进入门槛较低，企业间竞争激烈。企业只有不断地、迅速地调整经营策略，才能跟上多变的市场。要做到这一点，其首要条件是经营者的决策质量，而决策质量在很大程度上又取决于决策者所掌握的经营信息。但中小商业企业由于资本和技术条件的约束，使他们不能像大企业那样专门进行信息搜寻和信息处理工作，其经营规模也不足以分摊专门信息搜寻所形成的成本。而在集群中，经营者能够低成本地获取所需信息，从而使信息需求和供给矛盾得到较好解决。

商业集群内的信息传导机制有利于企业学习效率、创新能力的提高和竞争能力的增强。集群中存在的浓厚学习氛围具有客观性，同行聚集经营使企业产生更大的竞争压力，集群内信息传导的高效率为企业学习提供了有利条件，因而企业学习动力更强、效果更好。学习的高效率促进了集群成员知识基础的提升，从而提高了创新水平，降低了企业创新风险，加快了创新扩散速度。

商业集群企业在经营上普遍采用“差异化”和“模仿”策略的现象就是商业集群创新优势的表现。经营者往往在商品的品种、花色、规格、型号、款式、品牌等方面进行创新，这是企业利用信息高传导效率而实施“差异化”策略、创新经营、扩大市场空间的结果。

（二）购物中心内企业与顾客的信息传递效应

商业企业（销售商）的命运取决于其经营的商品价值是否能在市场中实现，从某种意义上说，市场是商业企业能量之源。商家利润的增长、生存空间的扩大均来自商品销售数量的扩大、顾客群的扩大。

也就是说，销售商的生存之道在于要实现其商品供给和顾客需求的良好对接，而这又要求销售商开展一系列经营活动，其中首要的就是营销活动。营销活动是信息发送活动，是销售商把经营信息发送到目标市场，以吸引客户前来购物的活动。客户要进行购买活动，就要搜寻有关信息，了解在什么地方才能买到自己所需商品和服务，客户是信息的搜寻者和接收者。客户接收到销售商发出的信息，如果信息内容正是自己所要搜寻的，便会做出购买决定，随着购买活动的发生，销售商和客户之间就建立了共生关系。

销售商与客户之间这种简单线性信息互动完全是理论上的假设，现实中，销售商和客户之间的信息传递关系要更为复杂。一般情况是，销售商发出信号，有可能被一个客户或数个客户接收，但信息的传递过程不会到此结束，接受信息的客户有可能继续向其他人传播，特别是已实施购买活动的客户，一般会成为所购商品信息的义务传播者，信息传播呈现连锁过程。其结果是，一家销售商能和众多客户建立购销关系。以上信息传导方式是市场购销活动中最一般的方式，不论是集群内销售商还是集群外孤立销售商，其与客户的购销关系都基于这样一个过程。

商业集群内销售商与客户信息传导关系的特殊性表现为以下过程。假如商业集群中一个经营者发出的营销信息能被一个客户接收，那么这个客户进行购买活动就要到这个商业集群中去，一旦客户进入商业集群，他（她）就无法自制，不可能只停留在发出信息的商家。因客户存在“货比三家”的心理，加之商业集群中商家地域的相邻性，客户很容易而且几乎是必然就要到其他销售商那里了解商品质量与价格等信息，然后才进行选购活动。这个过程直到客户获取最大“消费者剩余”时为止。客户为了提高购物满足感的需要，会加强传播信息的欲望，并主动地进行信息传播活动，更重要的是，再次信息传播会产生信息内容的自扩展效应，实现购买的顾客向其他潜在顾客的介绍会不再局限于自身购买的某种商品，其内容往往是其他未购商品和集群内众多商家的总体信息。信息内容的扩展必然引致顾客群体的扩展，在同一区域，消费者密度增大；同时，传播效应使商圈地理半径增加，也就是说，会把距离更远的客户引向这个商群。市场边界最终以“密度”和“距离”两个维度向外移动。

然而，集群外孤立经营的销售商就不具备这一优势，获取信息的客户只能对该商家的有关商品信息进行传播，其他非相邻商家不可能如集群中的商家那样在信息传导方面免费搭车，且独立商家有限的商品种类如不能满足客户的选购愿望，则可能会影响购买者传播信息的积极性。

供应商与集群中销售商之间的信息传导也具有独特的效率优势，销售商货源信息很容易被集群中其他企业所搜寻，一家销售商的上游供应者可能成为集群内众多商家的供应者；相反，原来只供应一家的供应商也比较容易获得更多销售商的需求信息，扩大供应对象和供应品种。

在企业聚集条件下形成的商品购销关系既有利于销售商，又有利于客户和供应商，在三者利益互动关系的基础上，集群的竞争优势就应运而生，即“聚集效应”。这一优势或效应具体表现为以下几个方面：一是降低了销售商经营成本；二是节约了客户的信息搜寻成本；三是节约了供应商的交易成本。

六　购物中心集聚体能促使各方分享需求正外部性利益

零售需求外部效应是指顾客被某一家或几家零售商店吸引到购物中心，该顾客可能顺便光顾购物中心的其他商店并且购物，从而增加其他商店的营业额。实践证明，购物中心内各商家（集聚体各方）能分享由主力商铺或商铺相互之间带来的零售需求外部效应。

Miceli、Sirmans 和 Stake（1998）认为在一个购物中心中，如果商店之间是完全替代关系，相互是竞争对手，这时不会存在需求的外部效应。但是，只要商店之间是互补关系或非完全替代时（如两家商店出售存在差异的同类商品），需求外部效应就会产生。Eppli 和 Shilling（1993，1995）把这种外部效应称作“零售相容法则”。购物中心内集聚体各方（各商户）能分享这种零售需求外部效应，尤其是“非主要承租户”分享“主要承租户”的零售需求外部效应。

对购物中心需求外部效应的探讨主要集中在租赁组合的问题上。一个精心规划的购物中心可以通过优化租赁组合，以实现零售商利润或购物中心净租金总额的极大化。这种组合主要是指“主要承租户”和“非主要承租户”之间的比例及其空间布局关系。在购物中心中，通常存在两种类型的零售商：一是主要承租户，是指能为购物中心创造顾客流，为位于其四周的承租户带来需求的外部效应的大型零售商（如大型百货商场）；二是非主要承租户，是除主要承租户之外的小型零售商。主要承租户的营业额仅受自己承租的营业空间面积大小的影响，而与非主要承租户的营业空间大小无关。然而，非主要承租户的营业额不仅受自己承租的空间面积大小的影响，还与主要承租户的营业空间大小有关。当一个购物中心存在主要承租户时，其他规模较小的非主要零售商的营业额将会增加。Engene 和 Ghosh（1990）的研究表明，需求的外部效应通常由主要承租户产生，而非主要承租户从中受益。Eppli 和 Shilling（1993）还指出主要承租户所支付的租金率比非主要承租户低，原因在于非主要承租户的营业额与主要承租户有关。

Brueckner（1993）建立了一个购物中心空间配置模型，在该模型中，他没有对主要与非主要承租户加以区分，但区分了零售商类型。他假设购物中心已经存在多种类型的商店以吸引顾客，如果这时有一家新类型零售商入驻中心，将大大增加顾客节约购物搜寻成本的可能性，更重要的是，为购买该种新类型商品而新增加的顾客将可能顺便光顾其他商店，那些原有的零售租赁户将由于新类型租户的入驻，可能带来营业额的增加，因而出现需求的外部效应。不同类型商品产生外部效应的能力不同，例如，一些不在商店对外提供的商品名录册上的商品，其不产生或产生很小的外部性。Brueckner 进一步指出，考虑到需求的外部效应直接影响到购物中心的空间资源配置，为使具有外部效应的商店获得更大的营业空间，购物中心应分配营业空间给一个特定的零售商，直至该零售商的空间边际收益恰好等于边际成本减去外部效应带来的边际收益之差。

主要承租户能够直接为购物中心创造顾客流，而顾客流的大小取决于零售商的企业形象。零售商在消费者心目中的企业形象越好，越能把远距离的顾客吸引过来，从而为小型非主要承租户带来更大的顾客流，产生更加明显的需求外部效应。Martineav（1958）指出，零售商通常只关注区位、价格和商品实体等有形因素，而没有意识到零售商形象等无形因素在吸引顾客上也同样起着重要作用。Nein 和 Houstan（1980）的研究结果表明，主要承租户形象是购物者选择购物目的地的主要考虑因素。Doyle、Fenwick（1974，1975）和 Marcus（1998）的研究也表明，购物者选择何处购物，除了考虑购物中心的规模和购物距离外，还与其对购物中心的商品质量、卫生条件、区位、价格、服务态度和商品种类等的总体印象有关。Stanley 和 Sewall（1976）把超市形象引入 Hutt 引力模型（1964），研究结果表明，那些具有得到消费者肯定的空间形象的超市比那些被消费者认为是二流的且规模相当的超市更能吸引购物距离远的顾客。Nevin 和 Houston（1980）完成了购物中心形象和租赁组合的经验分析，指出“主要百货商形象”是顾客购物选址的主要考虑因素，是购物中心顾客流的主要产生源，能为其他零售商产生需求的外部效应。Anderson（1985）得出的结论与 Nevin 和 Houston 的观点具有相当的一致性。Eppli（1991）进一步拓展了 Nevin 和 Houston（1980）、Anderson（1985）的研究，其研究结果显示，对那些拥有极高时尚形象的主要承租户的购物中心，非主要承租户销售额将会增加。

上述研究表明，尽管企业形象难以量化，但其对购物中心的主要承租户创造的顾客流大小乃至整个购物中心的市场规模将产生直接影响。

第三节　实证案例：广州天河城购物中心成功运营的奥秘

一　广州天河城购物中心发展概况

从全国范围内来看，作为华南地区最大的海滨城市，广州市在“珠三角”地区的经济影响力非常大，因而广州的购物中心在全国也极具代表性。广州购物中心的发展有十几年的历史，其发展特点对国内其他城市购物中心的发展具有一定的借鉴意义。广州购物中心起步早、发展快，并已开始尝试连锁发展模式。广州有中国内地最早的大型购物中心——天河城。除天河城外，广州还建成了中华广场、正佳广场、维多利广场、天河娱乐广场、太古汇广场、中怡时尚等多家购物中心，呈现出快速、稳定的发展态势。同时，以天河城、中华广场为代表的购物中心已经开始尝试连锁发展模式。天河城的连锁扩张主要采用四种方式：一是投资、管理与经营购物中心；二是收购购物中心或者收购可改造成购物中心的其他物业，并施行管理与经营；三是租赁现有物业，管理与经营购物中心；四是以购物中心综合服务为核心业务的品牌输出。如虎门天河城购物中心及三水中华广场都是“品牌输出管理模式”的最佳尝试。

广州购物中心的选址以城市中心为主，且布局相对比较密集。目前，广州大型购物中心基本都位于市中心，与国外购物中心兴起时的郊区化发展不同，但与我国当前的国情是相适应的。由于我国城市中心区人口密度较大，因此我国购物中心也普遍位于交通方便、购买力较强的城市中心商业区。特别是广州，仅天河商圈就集聚了好几家规模较大的综合型购物中心，如天河城、太古汇广场等。此外，广州还有广州购书中心等力量型购物中心，可见广州购物中心的集聚度非常高。这种布局可以增强天河商圈对消费者的吸引力，扩大其商圈范围，但也必然导致更加激烈的竞争。

广州购物中心的定位以中高档消费为主导，种类较为齐全，不少购物中心已开始尝试走差异化的发展道路，这一经营方式与国外购物中心的发展模式不同。目前，广州购物中心的目标市场以中等及中等以上收入阶层为主，所提供的商品以及服务以中高档为主，具有一定的引导消费功能。购物中心的种类除了代表性的区域性购物中心外，还有社区型购物中心以及力量型购物中心等。从规模上看，大、中、小型购物中心均有，而不是一味求大，如经过整修之后重新开业的天河娱乐广场，经营面积不足5万平方米，而且打出“青春”主题，体现了差异化的发展思路。但从整体上看，目前广州购物中心定位的差异化特点并不突出，绝大多数购物中心是以综合性、中高档定位为主，特色不明显，存在一定的同质性竞争现象。

从购物中心所具有的功能来看，广州大多数购物中心的功能以零售为主导，餐饮、娱乐、休闲功能仅起到辅助性作用。购物中心的多元化功能展现得还很不充分，特别是休闲功能往往被忽视。广州购物中心在经营方式上同国内其他地区的购物中心一样，存在商铺出售、返租等现象，这对购物中心的长远发展十分不利，因为这一方式违背了购物中心经营管理的一个重要原则——只租不售。

经营特色是购物中心成功的重要手段，娱乐、休闲功能将会更加重要。在娱乐与休闲中购物以及将购物行为娱乐化、休闲化，将会成为越来越多的广州消费者的一种生活方式。而购物中心也将成为广州市民购物、聚会、游玩的另一个重要场所。特别是对年轻的白领阶层，“泡 Mall”正日益成为一种新的概念、新的时尚、新的文化。主题型购物中心也将成为未来购物中心发展的重要方向，以主题凸显特色，实现差异化竞争，将会是越来越多购物中心的选择。

从国际经验看，购物中心已呈现大型化向中型、小型化回归的趋势，大型和豪华已经不再是购物中心发展的唯一目标。社区型购物中心将会受到越来越多的青睐，成为未来广州购物中心发展的主力。当前，广州已经发展起来一些以大型综合性超市为主力店的社区型购物中心，如丽影广场、万国广场等，它们依托好又多、家乐福等大型综合性超市所形成的商圈，再联合一些小型连锁专卖店、专业店等，进一步扩大其商圈范围，以形成对周围居民更大的吸引力。广州购物中心开始出现向小型化转变的倾向，且随着人们生活水平的提高以及对购物便利性需求的增加，社区型购物中心将会成为购物中心发展的又一个热点。

从目前来看，广州购物中心以地区型、综合型、社区型、力量型购物中心为主，主题型购物中心、郊区型购物中心和工厂直销购物中心还基本没有。但随着购物中心发展水平的进一步提升、竞争的进一步加剧以及广州城市化水平的进一步提高，必然会有更多的投资者、经营者涉足这些新的领域，市场中也会产生对这些购物中心的需求，从而使得广州购物中心呈现出多样化发展的特色。从国外购物中心发展的经验以及上海、北京等城市购物中心建设的经验来看，主题型、郊区型、工厂直销购物中心也将是广州购物中心领域重要的组成部分。

二　广州天河城购物中心简介

广州天河城广场坐落在天河区天河路上，天河城是广东天河城（集团）股份有限公司投资、建设、开发、经营管理的大型购物中心，广场建筑面积16万平方米，营业面积10万平方米。1996年2月9日，天河城建成试营业，1996年8月18日正式开业，成为中国内地最早的Shopping Mall，1998年之前的出租率已达96.7%，日平均客流量已达到30万人次。天河城商铺的出租率从1998年起一直保持100%。天河城的客流量从1996年开业以来至2004年5月6日止，累计客流量突破8亿人次，相当于全广东7733万人每人到天河城来了10次以上。2004年5月1日，天河城（TEEMALL）的日客流量达到81万人次，突破历史高位67万人次的纪录；2004年10月1日，天河城再创日客流量83万人次新高。与之相对照的是，加拿大西埃德蒙顿购物中心年均客流量4000万人次，美国美利坚购物中心年均客流量5000万人次，而天河城购物中心年平均客流量超过1.2亿人次，比世界两座最大的购物中心总的年均客流量还要高。如此人气，不仅在中国独一无二，在世界 Mall 界也绝无仅有。[①] 2004 年 5 月，天河城百货按照现代企业管理的要求，实施 CI 战略，全面导入 CIS 系统；2006 年 1 月 21 日，万博欧莱斯名牌折扣店正式开业，这是天河城百货多业态经营的第一间连锁专业店；2006 年 8 月，天河城百货率先与中国建设银行广州分行合作，开发了广州地区首张以双币种信用卡为载体的百货会员卡；2008 年 9 月 19 日，北京路百货店正式开业，这是天河城百货运用购物中心管理模式拓展的第一家连锁百货店；2011 年 4 月 2 日，奥体欧莱斯名牌折扣店正式开业，这是天河城百货开设的第二间连锁专业店。2011 年，广州天河城购物中心税前利润达到 6.3 亿美元。

天河城的成功不仅带动了周边地带的繁荣，其所产生的“天河城效应”的影响已波及全省乃至全国，使之成为广州现代商业的标志物。作为广州第一家，也是迄今为止经营上获得最大成功的一个集购物、美食、娱乐、休闲、服务于一体的现代大型购物中心，天河城可以作为城市新区购物中心区位选择的一个借鉴。天河城的成功得益于它的地理位置，它坐落在广州城市新中轴线上，位于天河商圈的中心位置，毗邻广州 CBD 中央商务区、天河体育中心和广州火车东站，邻近众多大学校区。天河城位于广州地铁 3 号线两条支线的交接点以及与地铁 1 号线、广州机场快线的转接站上，60 多条公交线路在此设站，交通极为便利。

三　运行机理一：基于区位选择的零售商聚集经济效应

依据空间（集聚）经济理论，店铺通常会不顾竞争激烈而集中在一处设址，其最本质的原因就是，店铺间的相互依存关系所带来的利益，远远大于竞争关系所损失的利益。这就如同业种集聚内客流的增加量，要超过竞争激化引起的顾客减少量，因为同业种店铺集中选址，可大大降低消费者的搜寻成本。同种理论也适用于零售业中不同业种的集聚上。由此我们可以看出，购物中心的运行是基于店铺与消费者区位的选择而导致的集聚经济效应的结果，其内在运行机理是双方交易费用的节约、外部效应等。

---

① 周颖：《浅议广州购物中心的发展》，《商业经济文荟》2005 年第 6 期。

因此，当符合一定的条件时（包括集聚体零售企业数量和集聚体与孤立企业的距离两方面），所有的消费者都会选择首先光顾购物中心集聚企业群。尤其当产品“运输成本”比较低，且构成购物中心集聚体的企业的数量足以吸引所有的消费者时，消费者对于不同企业所提供的差异产品信息的缺乏就会导致企业完全集聚在一个区位（购物中心）现象的出现。

购物中心内的商家因集聚而产生集聚经济效应，是指商业活动因空间集聚所产生的各种影响和经济效果，购物的外部经济是购物中心“集聚效应”的一种典型表现形式或实现方式。购物中心最直接而明显的集聚效应是近邻效应，即购物中心中各零售商店及其他相应商业设施之间的空间关系对其发展所产生的影响。就购物中心而言，集聚经济利益可以体现为：扩大本地市场规模，节约交易费用，汇集熟练劳动力，繁荣交通运输经济，培育成熟企业家队伍，等等。

广州天河城购物中心位于广州天河商圈内，在广州，仅天河商圈就聚集了好几家规模较大的综合型购物中心，如天河城、维多利广场、正佳广场、天河娱乐广场以及中怡时尚购物中心、太古汇广场、广州购书中心等力量型购物中心，可见广州购物中心的集聚度较高。这一方面增强了天河商圈对消费者的吸引力，扩大了其商圈范围；另一方面，也增强了零售商的聚集经济效应。具体表现在以下方面。

（一）共享经济利益

共享经济利益是指集中在一定区位上的企业，由于共同利用公共产品和公共服务获得的外部经济利益。首先，从公共产品的供给看，公共产品的社会供给具有在空间上集中的特点，而商业企业所需的基础设施就是具有这种特征的公共产品，它包括广告、金融服务、公路、供电、供水、通信等系统。商业企业的聚集可以共享这些社会公共服务资源，从而节约建设基础设施的费用。

（二）劳动力市场经济

购物中心内商业企业的聚集提高了劳动力市场效率。一方面，聚集体中的雇员搜寻成本较低，因为有关就业的信息通过正式或非正式渠道传播出来，同时预期岗位就在附近，这就使得求职相对简单；另一方面，由于求职公司的聚集，使移动成本相对较低，于是雇员很容易从一家商店迁往另一家商店，从而提高了劳动力市场效率。

（三）信息经济利益

购物中心中众多商家聚集的另一个益处是这种聚集促进了系统内各商业企业之间的信息交流及技术的推广和扩散，使商业企业和工作人员更富有进取精神和竞争心理，有利于企业的创新和发展。

（四）共享顾客利益

任何一项交易的完成，发现交易对象总是要付出一定的搜寻费用，往往为了防止出现市场的割裂和供求双方不能对接的现象，还可能要付出很高的交易费用。而购物中心由于集中了多个业种和业态，使得各个零售商店可以实现顾客共享，即某一商店对顾客的吸引可能产生“溢出效应”，为其他商店带来外部经济，从而增加了其客流量，降低了发现交易对象的费用，从总体上增加了购物中心的客流量。

四　运行机理二：基于区位选择的消费者聚集经济效应

正如前面所提到的那样，广州市天河区总人口约 80 万人，且基本上是中高收入阶层，经济条件比较好。同时，天河区也是广州高校最为集中的地区，还是典型的城中村结合部，附近有近 30 万的固定居民和高校约 4 万师生，构成了极其稳定的消费人群。因此，广州天河城购物中心的消费者聚集经济效应非常明显，其具体体现可以从以下几个方面进行分析。

（一）降低了消费者的交易费用

消费者在购物时，往往会由于产品的细微差别，而耗费大量的时间和精力去比较选购，努力寻找更有利于自己的价格，而询价的过程是需要花费成本的，即需要付出询价的交易费用。价格搜寻费用主要包括旅行费用和所花费时间的机会成本。而消费者选择在购物中心集中购物既可以节约旅行费用，又可以使得花费时间的机会成本最小化。

（二）满足了消费者多样化的消费需求

随着生产力发展、社会进步和收入的增长，人们的消费结构和层次也发生了巨大的变化，追求高品质生活的需求与日俱增，消费呈现出个性化和多样化的趋势。同时，由于工作时间的缩短，人们拥有了更多可以自由支配的休闲时间，消费者娱乐体验的需求膨胀使其在购物时也更加注重整个购物过程的体验和愉悦。这就要求现代商业不仅能够出售功能性商品，而且能够提供多功能的服务，实现商业设施与娱乐设施的结合。

购物中心聚集了多个零售业态和业种，不仅满足了消费者选购商品的需求，实现了“一次购足”，更为重要的是具备多功能的休闲娱乐功能，极大地满足了消费者多样化的消费需求，使其实现了“一站式消费”。

（三）抑制了交易人的机会主义行为

购物中心能够创造公平的竞争环境，有效抑制交易人的机会主义行为。这主要是因为，一方面，购物中心具有信息集散功能，任何买者都可以很容易地掌握市场信息，并且可以从购物中心中学到有关商品的一些专业知识，如对商品质量的鉴别技术等，这些公开的信息和知识极大地限制了欺诈行为的活动空间；另一方面，由于购物中心同时存在众多的卖者和买者，所以会形成买者之间和卖者之间的公平竞争，买者和卖者的数量越多，市场竞争程度就越高，对交易人欺诈行为的抑制就越有效。

当然，购物中心也会产生聚集不经济，因为购物中心聚集经济效应的产生和作用的发挥是有条件的，如果忽视了这些条件，其发展就会走向反面。随着城市住宅郊区化和家庭小汽车拥有率的提高，郊区购物中心将会吸引大量的客流，于是在郊区购物中心综合积极效应的作用下，郊区商业区经济增长将表现出一种上升的、循环的正反馈运动，而原有的市中心商业区则表现出一种下降的、循环的负反馈运动，从而导致城市商业布局的不均衡发展。因此，购物中心外部性的存在显然削弱了购物中心发展的现实意义。

但是，与购物中心聚集效应可以给城市经济发展带来的好处相比，购物中心聚集效应的外部性相对来说是小的，事实上，购物中心聚集效应的负面效应是可以通过建立约束机制和调节政策得到改变或制止的。

第四节　本章小结

20 世纪是购物中心发展最活跃、最辉煌的时期，而我国对购物中心这一商业环境的认识水平普遍不高，国内系统科学的研究成果并不多。

本章把城市购物中心商业集群界定为商业集群的一种新的业态形式，通过分析得出了一些规律性的结论。购物中心是零售业发展到一定成熟阶段的产物，是一种商业复合业态。购物中心不同于一般的商业区，商业区仅仅是某一地段上集中的一群商店，这些商店之间是相互独立的，而购物中心的商店则是有计划的聚集。购物中心既可以作为商业区的一部分存在，也可以独立自由存在于城市市区或城市郊区。购物中心不是一个简单分散式的经营模式，而是一个统一高效运作的有机整体。

本章运用空间经济学、零售需求外部效应等理论解释了购物中心商业集群的集聚、发育机理。其内在集聚机理是购物中心店铺间的相互依存关系所带来的利益，远远大于竞争关系所损失的利益。因为同业种或不同业种零售业集聚内客流的增加量，要超过竞争激化引起的顾客减少量，而且店铺集中选址，可大大降低消费者的搜寻成本。反过来，消费者搜寻成本的降低，促使店铺在商业集聚内选址，便有可能使顾客数量不断增多，并超过竞争激烈引起的顾客减少的数量。

基于此，本研究得出的最终结论是：一方面，购物中心能提高信息传递效率；另一方面，集聚体各方能分享需求正外部性利益。购物中心是各利益主体共同分割集聚收益而形成的一种共赢机制。

第七章　专业市场的商业集群

本章所研究的专业市场是指由多个主要以批发为主，经营单一种类商品的主体（摊位、店铺）聚集在一块相对固定的场地内而形成的大型市场。“任何一个后进国家要想从传统农业社会步入到现代工业社会，必须走两条路：一条是市场经济之路，另一条是工业化之路。”① 而将市场经济之路与工业化之路有机结合的专业市场之路，是我国改革开放的一大创举。事实证明，专业市场之路不仅是适合有中国特色的市场经济发展之路，而且是适合国内中小企业乃至农村专业化发展之路。②

第一节　专业市场概述

一　专业市场概念辨析与定义

专业市场是一种具有悠久历史的市场形态，在我国，早在唐代就有关于专业市场的记载。在西方，据布罗代尔的研究，早在13世纪就有小麦市场形成；15～16世纪前后，葡萄酒、皮鞋、毛皮等专业市场在欧洲各国也先后出现；到17世纪，专业市场已是一种可以被普遍观察到的交易形态。

① 李晶：《专业市场与产业集群发展》，中国知识网中国优秀博硕士学位论文全文数据库，2004。

② 根据资料统计，中国广东、浙江是公认的两大制造大省以及市场强省。截止到2006年年底，广东省的各类专业市场已达6000多家，成交额上亿元的批发市场有316家，成交额2304亿元，有48家批发市场的年成交额在10亿元以上，并形成了一大批具有产地优势的专业市场群落和专业镇。浙江省内有各类专业批发市场4300个，年交易额4600多亿元，超10亿元的市场有78个，超过100亿元的6个，产生了温州、义乌、绍兴、海宁、萧山、永康等一批市场强市（县）。浙商在巴西、匈牙利、韩国、俄罗斯、南非等国家都设立了特色专业市场。资料来源：中国专业市场 http：//www. em. com. cn/index. html。

但是，在现实生活中，“专业市场”这一概念的使用比较混乱，至今还缺乏权威的解释。《新帕尔格莱夫经济学辞典》引用了英国皇家营销权利和税收委员会《最终报告》（1891）中的集贸市场定义，即“得到当局批准、商品买家和卖家在某个特定时间相聚、或多少受到严格限制或规定的公共场所”，并把集贸市场与期货市场、大商场、拍卖市场和超级市场等市场制度区分开来。

“专业市场”这一概念在我国法律级的文件中至今还未出现规范性的提法。不同的专家学者对专业市场所下的定义也是各不相同，如有人为强调其交易方式以批发为主，将其称为专业批发市场。一般而言，对专业市场的定义要包括三个方面的内容：一是专业，以某一类商品及其相关商品为主要交易对象；二是批发，以批发为主，兼有少量的零售；三是市场，交易场所固定的坐商式经营。

在以上三个核心要素的基础上，不同的研究者又从不同的角度对专业市场的界定标准进行了补充。孙家贤（1992）指出，专业市场是指在一定区域内形成的以乡镇企业和个体、私营企业为主要经营者，以一种（类）或几种（类）有连带性的商品为主要交易对象，以批发为主要经营方式，按照市场规律运行的商品交易场所。李骏阳（1994）认为，专业市场是相对于综合批发市场而言的，包括专业性较强的批发市场和带有专业性的批发市场。柳思维（1996）从宏观层面集中考察了中国生产资料市场、消费品市场、农村商品市场、城市商品市场、名牌商品市场以及假冒伪劣商品市场的发育规律，指出各类商品市场都具有独特的发展轨迹，这项研究对理解专业市场的生成和发展规律有一定的借鉴意义。

罗卫东（1996）认为，专业市场是由多个主要以批发为主，经营单一种类商品的主体（摊位、店铺）聚集在一块相对固定的场地内而形成的大型市场。他同时提出专业市场有三个特征：一是专业市场经营的商品是单一品种的，或是以某一种商品为主，兼营少量其他商品；二是专业市场上有着多个相互竞争的经营者（多个卖主）；三是批发交易的比重高，一般要大于零售交易量。第一个特点使专业市场区别于综合商场、超级市场和百货商店；第二个特点则使其区别于专卖店；第三个特点则使其区别于一切零售商店。

郑勇军（1998）在罗卫东定义的基础上提出，“专业市场是以现货批发为主，集中交易某一类商品或若干类具有较强互补性和互替性商品的场所，是一种大规模集中交易的坐商式的市场制度安排”。他同时强调了专业市场的有形市场、现货交易和坐商式特点，并认为专业市场除了以上三个特征外，还具有以下特点：一是以现货交易为主，远期合同交易为辅；二是每日交易或者是每周的交易日明显长于歇业日。前者使专业市场区别于各种商品期货交易场所，后者使其区别于农村周期性集市（又称间歇性集市）。在后来的研究著作中，郑勇军又将专业市场称为“集贸式工业品批发市场”①，并沿用相同的定义。

作者认为，专业市场是从商品批发市场或商品交易市场演化而来的，通常是指对农产品、建材、家电、纺织品、服装、日用小商品等商品分类，集中进行批发、批零兼营交易的摊位制市场。它既不是一种独立的批发企业或单纯的采购组织，也不是一种代理机构，而是作为一种市场制度的安排，其基本特征就是在同一场地聚集了大量相关产品进行交易，其中包括大量从事代理、批发、零售等贸易行业的企业。浙江省基于产业集群的专业市场情况如表7-1所示，从中我们就能看出改革开放以后浙江经济形成的一条独特的制度变迁路径。②

表7-1　浙江省各地区主要专业市场与主要产业概况

地区	主要市场	主要产业
杭州	四季青服装市场、浙江汽配城、中国丝绸城、萧山商业城、钱江商城等	电子、机械、纺织、女装、建材、汽车零配件、丝绸等
宁波	宁波轻纺城、余姚中国塑料城、宁波华东物资城、慈溪农副产品批发市场、镇海液体化工产品交易市场等	电子、机械、化纤、石化、服装、塑料制品等

① 参见史晋川等著《制度变迁与经济发展：温州模式研究》中由郑勇军执笔的第3篇《市场篇》。

② 浙江省是专业市场大省，根据最新统计数据，2012年浙江省商品专业市场达到4297家，较2011年的4212家增长了85家。并且，浙江省汇集了全国知名的大型专业市场，其中义乌中国小商品市场、柯桥中国轻纺城、永康科技五金城等龙头市场都在全国具有极高的知名度和影响力。因此，浙江省专业市场在全国占据极其重要的地位，引领着全国专业市场的风向。作为专业市场大省，浙江省专业市场的创办和研究早已走在其他省市前面，各个市场已经不满足仅仅在省内发展，更想走出去办市场。

续表

地区	主要市场	主要产业
温州	温州商贸城、柳市低压电器市场、桥头纽扣城、瑞安商城等	鞋业、服装、眼镜、汽车配件、皮革制品、电器、打火机等
绍兴	周国轻纺城、嵊州中国领带城、钱清轻纺原料市场等	机械、纺织、领带、化纤、面料等
金华	义乌中国小商品城、义乌农贸城、永康中国科技五金城等	五金机械、水晶加工、纺织、通用设备制造、塑料制品等
嘉兴	海宁中国皮革城、中国丝绸交易市场、濮院羊毛衫市场等	皮革及其制品、纺织、特种纸业、箱包、丝绸等
台州	中国日用品商城、松门水产品批发市场、路桥小商品批发市场	摩托车及配件、机械、金属制品、塑料模具等
湖州	织里童装市场、南浔建材市场、织里棉布城等	家具、竹制品、木材加工、机械、服装等
衢州	粮食批发市场、衢州商城等	机电、农副产品加工、机械等
舟山	国际水产品、船舶交易市场	水产加工、海洋医药、机械
丽水	浙西南农贸城、青田石雕城等	木制玩具加工、制笔业、金属产品加工、机电加工等

资料来源：笔者根据商品市场竞争力报告课题组编、社会科学文献出版社出版的《中国商品市场竞争力报告》（2006）整理而得。

专业市场的专业性，体现在企业之间的贸易联系较其他形式市场制度中企业的联系有着更为明显的产业关联性。首先，就其组织形式而言，专业市场沿用了集贸市场的摊位制交易方式，市场之内分设不同的摊位，由市场组织出租给不同的业户，这是一种相对简单的交易方式。其次，专业市场的市场主体中有很大一部分是相对分散的场内小业户，这与零售业中的百货店、超市等本身即是市场主体的情况有很大的差别。因此，专业市场只是一个组织者。再次，专业市场交易对象很广，涉及国民日用消费品和生产资料的方方面面，又与零售业的情况有些类似，显示出了专业市场作为商品流通重要渠道的特点。最后，就专业市场的交易方式来说，它还是以一种“一对一”的形式通过买卖双方之间的博弈来实现商品由卖方向买方的转移，但是，就单次交易的数量与零售业和普通批发业相比，又有很大的不同。

二 我国专业市场的演变过程

我国的专业市场最先形成于改革开放后商品经济快速成长的沿海省市的农村地区。浙江省专业市场演变过程如表7－2所示。后来，随着社会经济的发展而逐步向内陆省市、沿海省市小城镇和城乡结合部转移。

表7－2 改革开放后浙江省专业市场的演变过程

时间（年）	阶 段	市场功能	市场特点
1978～1984	产生发展阶段（专业市场雏形）	开始形成粗具规模的市场交易、商品集散中心	市场经营以低档、廉价小商品和日用品为主
1985～1995	高速发展阶段（专业市场、综合市场）	相关配套服务开始出现并完善，形成信息发布中心	市场经营的商品档次提高，部分市场带有仓储功能，呈现有序、规范的发展特点
1996～2002	成熟转型阶段（有形市场与无形市场的结合）	服务综合化，拓展了物流、配送、会展、新品推介等功能	市场交易额的增长放缓，交易方式多样化，交易集中度提高
2003～至今	全球化阶段（品牌市场）	市场专业化更为突出，形成信息中心和价格形成中心	市场交易环境开放，具有信息化、全球化特点

关于我国专业市场发展阶段的划分，国内学者有不同的观点。于良友（2006）从市场发育的角度划分了专业市场的发展阶段，认为我国的专业市场经历了四个展阶段，即产生发展阶段（1978～1984年）、高速发展阶段（1985～1995年）、成熟转型阶段（1996～2002年）、全球化阶段（2003年至今）。从专业市场成长的生命周期来看，郑勇军、袁亚春等（2003）认为浙江专业市场已经历了产生（1978～1984年）、成长（1985～1995年）和成熟与调整、转型（1996年以后）三个发展阶段。彭建强（2004）认为农村专业批发市场的发展已经经历了三个阶段：起步阶段（改革初期至1985年），专业市场是农民摆脱土地束缚，探索农村商品经济发展新模式的一种自发行为；扩张阶段（1986～1991），地方政府在软件、硬件方面的积极支持，乡镇企业的蓬勃发展，有效地促进了农村专业批发市场的快速扩张；全面提高阶段（1992年以后），进一步加强硬件设

施的配套建设，使专业批发市场向大规模、高档化、现代化方向发展。

本章根据专业市场的发展过程及发展形式特征，将专业市场的演变过程划分为三个阶段。

（一）第一阶段的专业市场

形成于20世纪80年代初，以“大棚”基本设施加上粗放式的管理为主要经营形式，主要发端于浙南地区，如温州、金华、台州等地区。[①] 它投资小、准入门槛低，与相应聚集的交易规模比较，单位商品的流通成本和价格大大降低，迎合了当时社会的需要，因而成为经济发展的一个新热点。专业市场的商品大多数来自农村家庭工业和乡镇企业，当时农村基础条件薄弱、技术水平低等客观条件决定了这类企业与城市国有企业相比处于明显的劣势，也决定了这类企业的产品以农村市场为主要销售地；经营者主要以“前店后厂”或“自产自销”的个体工商户为主，少量为中间商或公司代理商。

（二）第二阶段的专业市场

形成于20世纪90年代初中期，是以手扶梯升堂入室为主要经营形式，多出现在一些中心城市的城乡结合部。其商品主要来自国内城市的企业与农村乡镇企业，也包括代理部分外国公司的产品，其产品去向也是中小城市和发达乡镇的目标消费者群，经营者主要以公司中间商或公司代理商为主体。

（三）第三阶段的专业市场

形成于20世纪90年代后期，是以完备设施的商场式环境和完善服务为主要经营形式，其重点在于完善服务而取得规模效益。它以物业管理为基础，实行全方位、多功能的管理，以提供全方位、多功能的物流、信息、技术、咨询等服务为竞争手段；它通过举行展销会、订货会、恳谈

① 1978年，由温州市永嘉县桥头镇农民自发建在路边的简易竹棚式交易市场，应该是全国第一家第一代专业市场。

会、洽谈会进行宣传，以提高专业市场的知名度；它还通过广告、宣传、服务建立与新闻媒介的关系网，以扩大市场的影响力和辐射面并提升其目标消费者群的定位。浙江省专业市场形成后的分布情况如表 7－3 所示。

表 7－3　浙江省专业市场分布情况

分布＼地区	杭州	宁波	温州	嘉兴	湖州	绍兴	金华	衢州	舟山	台州	丽水
专业市场（个）	81	97	250	58	40	135	152	40	24	248	43
占全省比重（%）	6.9	8.3	21.4	5.0	3.4	11.6	13.0	3.4	2.1	21.2	3.7

资料来源：郑勇军、袁亚春、林承亮等：《解读“市场大省”——浙江专业市场现象研究》（2003），浙江大学出版社，第 166 页。

三　专业市场的分类

从不同的角度对专业市场进行分类，有助于我们更全面地了解和认识这一市场制度。专业市场概念与综合市场概念相对应，它们是根据市场中交易商品的专业化程度来区分的。专业市场可以从以下几个角度来进行分类。

第一，根据市场产生和发展的时间，分为传统市场和新兴市场。前者多是在传统的商品集散地的基础上组建而成，而后者是随着经济的发展而选址兴建的。前者如具有五百多年发展历史的汉正街小商品市场等；后者如由于城市建设需要而在 20 世纪 90 年代选址新建的汉正街建材市场，以及改革开放后在东南沿海地区新兴的大量同当地工业发展相适应的各类专业市场等。

第二，根据市场内的交易对象，市场分为农业品市场、工业消费品市场和生产资料市场。农业品专业市场的交易品种包括粮油、蔬菜、干鲜果品、肉食禽蛋、水产品、土畜产品等各类产品。工业消费品市场和生产资料市场是我国特有的专业市场形式，前者交易品种包括纺织品、服装、鞋帽、食品、饮料、烟酒、日用百货、家具、小商品等各类工业产品；后者交易品种包括金属材料、木材、建材、煤炭、石油、纺织、原材料等。

第三，根据市场所在地的产业特征和区位优势，分为产地专业市场、销地专业市场和集散地专业市场。产地专业市场位于市场所销售的专业产品的集中产区，主要起着向外扩散、辐射的作用，其存在的基础是当地及其邻近地区的产业结构和产业规模；销地专业市场是为当地及邻近地区的消费者和零售商提供专业商品的市场，多位于城市边缘或城市内部，其产生的前提是该地区对某类产品有大量消费需求，并且专业市场在与同一地区其他类型的流通渠道的竞争中具有相对优势；集散地专业市场（也称中转地专业市场）多处于交通枢纽地或传统的集散中心，起着连接产地和销地的中转站作用，往往受到区位、交通运输、仓储设施等条件影响。

四 我国专业市场的功能

从国内专业市场与国外批发市场的实践看，我国专业市场的功能是多方面的，但其主要的功能有如下几个方面。

（一）商品集散功能

专业市场为买卖双方提供公平、公开、公正的交易场所，即帮助购销双方从事大宗产品的预买预卖、为转让合同提供担保等。各种商品不仅通过专业市场运到各大零售商处，而且消费者的零散购买也十分活跃，使专业市场成为各类商品的集散中心，既配置了资源、改善了供求，又缓解了生产与消费的矛盾。

（二）价格发现功能

专业市场不仅进行批发业务，还有零售业务，集中交易，交易量大，参与交易的成员多，既有生产企业，又有流通企业与最终用户，各方面的信息都在专业市场汇集。同时，专业市场的交易价格是通过“一对一”谈判，并采取公开竞争的形式而形成的，能及时反映市场的供求状态和未来的预期，起着价格发现的作用，对生产和流通有很强的指导作用。

（三）结算功能

市场中的大量交易必然带来大量的结算业务，因此，每一个专业市场又是结算的中心。在实践中，市场存在着两大类结算方式：一类是普通消费者与市场之间的直接结算，由于交易数量小，金额较少，一般都采用双方直接结算的方式；另一类是批发生产与市场业务之间的结算方式，由于每一笔交易数量大、金额多，所以一般采用集中结算、银行部门代办的结算方式。

（四）信息功能

专业市场既是交易的中心，也是信息的中心，这里的信息不仅包括本市场的交易行情、供求变化、价格波动等，还集中了国内外同类产品的行情，市场将这些行情进行收集和加工处理，然后及时发布，以指导生产经营活动并为国家宏观决策提供参考。

（五）加工配送功能

专业市场根据连锁、超市等新型流通方式及客户的要求，可进行大批量、小包装批发及初级加工。国外不少批发市场同时也是配送中心，配送既提高了初级产品的附加值和可适用性，又满足了不同客户的要求，这正是目前国内专业市场亟待解决的一个问题，也是其发展的一个方向。

（六）管理功能

从国外的批发市场实践可以看出，专业市场应该具有明显的管理功能。市场要有统一的交易原则、专门的管理机构和管理人员，以这种有序的管理来保证交易的规范化。由于专业市场的开设者一般自己不参加商品交易，而只对入场交易的各方提供必要的交易服务，因而理论上，专业市场的开设者可以对入场交易的每个商品经营者一视同仁，做一个公正的管理者。在专业市场的运作过程中，寓管理于服务之中的特点，使其天然具有了管理功能。

随着外部发展环境的变迁、信息技术的进步以及市场之间、市场与非市场流通形式之间竞争的日益激烈，专业市场将建设成为商品的集散中心、信息中心、价格形成中心和统一结算中心，其功能也将不断地发展创新。

1. **信息管理技术创新**

主要包括以下内容。一是场内信息集聚和传递功能创新。专业市场改变了传统的以信息自然流动为主的信息集聚和传递格局，建立了制度化、计算机化的信息收集、筛选、整理、编辑、发布渠道，实现了对市场内部信息的充分利用。二是场外信息集聚和传递功能创新。专业市场之间的竞争不再是简单意义上的商品交易规模的竞争，确立竞争优势在很大程度上取决于信息集散规模和技术水平。市场集群要充分发挥现有的信息集散中心和市场网络优势，进一步拓宽专业市场信息渠道，完善相关商品的市场信息库。一方面，要加大对信息管理技术创新所需的各种设施设备的投资力度；另一方面，要加快引进现代信息管理技术人才。

2. **展销展示功能创新**

具体包括以下方面。一要利用专业市场的集散和信息中心功能，为企业提供共同代理、展销展示、信息咨询以及召开订货会、质量认证、新闻发布会等服务。二要以专业市场为依托，做好举办国际性、全国性和区域性的商品博览会、展销会、交易会的活动。具体来说，一方面要进一步发动那些规模较大、产品具有明显特色的专业市场积极举办类似的交易会、博览会；另一方面要进一步提升现有的、已具有一定知名度的博览会、交易会的层次与规模，招商的对象不仅要面向国内的知名企业，而且要面向国外的大型企业和知名品牌。

3. **进出口代理功能创新**

随着世界经济一体化趋势的加强，商品进出口关税和非关税壁垒的不断降低，商品的跨国界流动日益频繁，世界市场对国内企业的重要性将越来越明显。基于此，我国政府将充分发挥我国劳动密集型产业基础较好的优势，加大专业市场对中小企业进出口的服务工作力度，通过鼓励组建进出口贸易公司，确立和发挥专业市场的两大窗口功能——一是为广大中小企业特别是进入市场交易的中小企业进入国际市场提供窗口；二是利用市场的展示展销功能和遍布全国的商品销售网络，为外国商品特别是日用品进入国内市场提供窗口。[①]

---

① 金祥荣、王恺桦：《虚拟组织与专业市场创新》，《当代财经》2002 年第 7 期。

五　专业市场对区域经济发展的作用分析

（一）专业市场与区域经济相关性强，通过专业市场的扩散效应对区域经济增长产生巨大的辐射作用

与其他产业集群相比，专业市场与宏观经济相关性较弱，与区域经济相关性较强。专业市场的存在、发展与壮大，是区域经济发展与竞争力提高的一个重要因素。专业市场因集聚而产生的扩散效应将对上、下游关联产业产生更为强烈的需求，推动关联产业的发展，在一定的区域范围内形成一条完整的产业链。

绍兴柯桥市场是全国甚至全球最大的布匹市场，那里的产品一开始并不是来自全国各地，而是主要来自绍兴本地。绍兴有数千家织布企业，年织布 30 多亿米。随着柯桥市场的发展壮大，市场成为本地数千家织布企业总的销售窗口，绍兴的纺织品在全国乃至全球的知名度也越来越大。

同样，汉正街也已经成为武汉市的标志，对武汉区域经济发展起到了强大的辐射作用，辐射范围渗透到经济增长、扩大就业等多个方面。武汉西汉正街建材市场的规划面积为 2 平方公里，经过近十年的建材培育和发展，现已有经营面积 120 万平方米、大型室内专业市场 28 个、建材商品 10 万余种，汇聚了万种中外品牌，年销售额近 100 亿元，年税收近 1 亿元。通过发展建材市场，武汉盘活了 120 余家大小国有企业的闲置资产，为 4 万多下岗职工重新找到了就业岗位。[①] 以前，义乌本身没有什么工业，所经营的产品都来自温州、广东、福建等地，随着义乌小商品市场的发展，义乌利用所掌握的市场信息和销售网络向工业扩展，引发小商品生产企业与销售企业之间的产业组织重构。义乌由小商品集散中心向小商品制造中心、研发中心方向发展，促进了产业规模扩张和结构升级，使许多产品逐渐转向本地生产。

---

① 赵萍：《流通产业集群与区域经济发展》，《市场营销导刊》2006 年第 6 期。

（二）专业市场可以带动企业的横向与纵向合作，有利于区域中小企业的发展壮大，进而促进区域经济的发展

马金（Markin）和邓肯（Duncan）的生态流通理论认为，商业企业之间存在寄生关系，不同企业之间既有竞争关系又相互依赖，共同分享同一共生环境，在集中采购等相互的依存关系中获益。中小企业发展存在企业规模小、进入市场难、市场势力弱、融资渠道少、人才储备不足、信息资源欠缺等先天不足的因素，而专业市场的网络化把大小不等的各类企业联成一个有效的网络，为所在区域的中小企业发展提供了风险防范的屏障。专业市场面对市场竞争时，首当其冲的是产业集群本身，其次才是各个具体的企业。区域内的中小生产企业可以与流通企业开展某些方面的纵向合作，构建稳定的渠道和流通网络关系。专业市场中的中小商业企业之间可以进行横向联合，以取得规模经济效益。

专业市场内部的纵向合作是在供应商、制造商、批发商、零售商和消费者的纵向价值链上进行的，一般采取与供应商建立长期合作关系、产供销一体化、动态的供销网络、总代理和总经销等方式开展合作。目前，很多区域的中小生产企业虽然由于高度分工协作而在生产上达到规模经济，但在研发、融资、市场网络特别是品牌建设方面，远远不如大企业，而专业市场的发展为这些中小企业提供了生存空间和发展机遇。例如，柯桥专业市场就是整合了全国乃至全世界的各种资源，用市场分工网络的整体功能弥补了中小企业的功能缺陷。中小企业通过为骨干大型企业提供配套服务，进入其专业化分工协作体系和市场供销网络，或组建零部件专业化生产集团，成为“小型巨人”或“配件明星”。专业市场内部通过广泛的合作和兼并，形成塔状结构，居于塔尖的是少数企业集团，塔身和塔基是大量中小协作企业。这种塔状结构有利于这些中小企业扩大市场销售，获取成长的机会。

在专业市场内部，大企业与中小企业的关系首先是分层，其次是协作。专业市场内部的中小商业企业也可以通过同业协会、联合采购、合作营销、特许经营、股权参与型企业联盟等方式进行横向合作，塑造以协作和分层竞争为主的新型竞争合作关系。大量的中小商业企业集聚于

一定区域，可以进一步加深区内的分工和协作。专业市场内，中小企业在经营的过程中可以共享商业仓库、运输工具、物流配送系统。由于专业市场内的人才丰富、资源共享，业种结构、业态结构、技术结构、组织结构和区域结构不断优化，从而有效避免了中小商业企业发展的先天不足，使中小商业企业在专业市场的羽翼下健康地成长。例如，柯桥专业市场通过资产重组和存量调整，迅速壮大规模和资金实力，成为支撑和带动柯桥区域经济发展的中坚力量。柯桥的竞争优势不在于单个企业或某个环节，而在于专业市场内部形成的网络结构和有机系统，在于那条完整的、难以复制的产业链。

（三）专业市场的发展可以实现区域品牌向全国品牌和世界品牌的转变，推动区域经济的内涵式增长

专业市场作为地理性产业集聚的一个重要吸引力在于对区域品牌的塑造。区域品牌与单个企业品牌相比，更具广泛性、持久力和影响力。区域品牌的树立有利于加快区域产业集群的发展，它是集群内所有企业的共同财富。成熟和优秀的区域品牌有利于企业的发展，特别是消费品类，区域品牌对于购买者的影响非常明显。区域品牌成为企业吸引潜在客户与现实客户达成交易的重要影响因素。一方面，专业市场能够通过强大的专有流通渠道影响上游企业生产出适销对路的产品，并根据市场需要塑造和调整品牌形象；另一方面，专业市场通过专有流通渠道对消费者施加影响，提高其品牌知名度和影响力。目标顾客的消费体验满意度越高，对专业市场的偏爱和忠实程度越高，专业市场的品牌竞争力就越大，从而使专业市场所在的地区形成强势的区域品牌。专业市场形成的区域品牌元素包括名称、象征性的标识、建筑设施、商品结构和服务特色，区域品牌是专业市场内企业的一种珍贵的无形资产。

义乌小商品六成的销售额来自外销，沃尔玛、麦德隆、欧尚等20多家跨国零售集团，华联、华润、上海农工商、北京王府井、西单等30多家国内知名企业都常年在义乌采购商品。联合国难民署在义乌开设了中国第一家商品采购信息中心。拥有40多万种商品的义乌小商品市场，已具备影响全国甚至全球小商品价格走势的力量，成为享誉国内外的区域

品牌。[1]

专业市场通过集聚和集中的广告宣传，改变了单个大企业因广告费用过大不愿投入，而中小企业又没有实力开展广告宣传的状况，对企业的品牌建设起到事半功倍的效果。当前，全球竞争已从价格竞争、质量竞争、服务竞争上升到品牌竞争。专业市场的发展有利于引导区域品牌转变成全国品牌甚至世界品牌，使中国工业制造摆脱原来以贴牌为主，仅仅赚取加工费用的低水平发展路径，带动区域经济走向以品牌价值创造为主的高附加值的发展之路。

在义乌，各类产业和企业都在“义乌小商品市场”的大旗下，共享市场这一整体品牌。义乌有 1 万多家制造企业，其中有 1700 多家袜厂，成为世界上最大的袜业基地。拉链行业有 400 多家，饰品制造企业 2000 多家，企业只有进入义乌市场特有的分工网络，才能分享“义乌小商品市场”这一整体品牌所带来的市场信誉和其他无形资产。义乌成为整个区域企业闯荡国内外市场的地域性标志。[2]

因此，以专业市场为依托的区域品牌将成为区域经济发展走向全国甚至全球的名片。区域品牌价值的提升，有利于区域经济摆脱仅赚取微薄加工费的命运，带动区域经济走向内涵式发展道路，改变中国外向型区域中的加工企业沦为外商“血汗工厂”的现状。[3]

六　专业市场形成与产业集群的关系

企业作为研究产业集群和专业市场的研究单元，一方面从劳动力市场购买劳动力，另一方面又从中间产品市场采购产品，企业会平衡劳动力市场和中间产品市场之间的效率和成本来决定采购数量，因此用于进行专业分工和合作的专业市场就产生了。专业市场不但能有效地进行资源配置，还能更有效地发展经济组织并发现更有效率的体制安排。专业市场和产业集群的关系如图 7－1 所示。

在专业市场比较发达的地方，一般有与其相关的产业做支撑，在产业

---

① 资料来源：义乌资讯网，http：//www. eyiwu. com/。

② 资料来源：义乌资讯网，http：//www. eyiwu. com/。

③ 赵萍：《中国流通产业与区域经济发展》，《市场营销导刊》2006 年第 6 期。

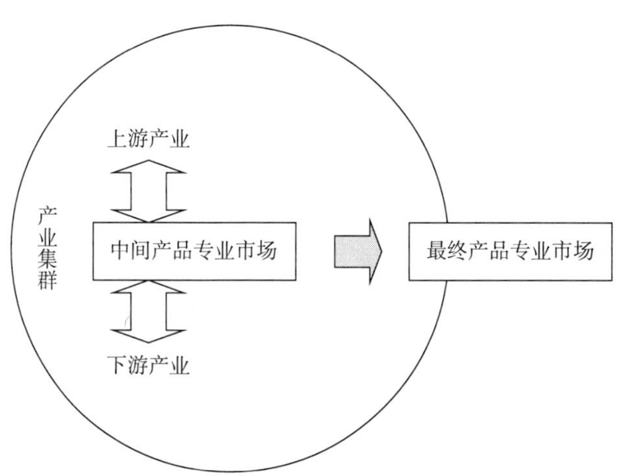

图 7-1 专业市场和产业集群的关系

发展较快、较好的地区，政府也建立了相应的专业市场与之相配套。对这方面研究较有说服力的是杨强、姚岗在《产业集群与专业市场的互动发展》一文中的论证说明，他们调查、收集了 1998~2003 年绍兴纺织品专业市场、海宁中国皮革城、桐乡濮院羊毛衫市场的年成交额和相关产业群产值数据，并通过计算得出相关系数分别为 0.82、0.60、0.74。数据表明专业市场的扩张与产业集群的发展存在明显的正相关性。

专业市场与产业集群存在共生关系，专业市场常常伴随着周边产业集群的存在，这种现象在我国东部沿海地区表现更为明显，“建一个市场，带一批产业，兴一个城镇，活一块经济，富一方百姓”是我国东部经济发达地区市场建设带动区域经济增长的经验总结。下面我们将从专业市场发展促进产业集群的形成、产业集群对专业市场的催生和产业集群与专业市场联动发展三方面研究我国的专业市场。

（一）专业市场促进产业集群的形成和发展

1. 专业市场有利于降低集群企业成本

专业市场能够集合大量与之相关的专业人才、生产设备、技术，筑造一个交易的广阔平台，买卖双方可以通过彼此交流在市场内得到相关信息，减少企业搜索信息成本。专业市场固定摊位模式更容易取得客户信任，建立长期合作的关系，客户也会有意识地降低机会主义行为倾向，从而有利于降低集群企业交易过程中由于不确定性带来的额外费用，减小企业集群的风险成本。另外，专业市场的品牌效应节省了广告投入，降低了营销成本。

2. 专业市场能为集群企业提供更多机会

在紧凑的专业市场内，集群企业可以寻找到很多相关的项目融资和合作意向，可以有效提高企业应对风险的能力，这对于中小企业来说，是把企业做大做强的唯一手段。企业也可以从中发现各种发展机会，例如，从事贸易的企业在了解了有关技术知识、熟悉了行业内情、积累了一定资金和出现很好的投资机会时，就可以转而从事专业生产。当生产企业数量增加时，产业集群也就形成了。

3. 专业市场能为产业集群的产生提供资金支持

在民营经济发展的初期，很多企业主没有足够的资本，而专业市场有利于企业资金的原始积累。企业主借助专业市场这一平台，从贸易开始切入行业，利用自己的企业家才能和敏锐的市场触觉，通过商品买入卖出赚取差价，迅速累积自己的资本。以专业市场为载体的传统商贸的迅猛发展，能够使商业资本得到快速积累，推动企业在较短时间内完成原始资本积累。随着资本的累积，企业主将大量的商业资本转变成为实业资本，向其所在的产业上游的制造业发展，这就加快了工业化原始资本的形成进程。

（二）产业集群对专业市场的催生和支持作用

产业集群通过产品的规模供给对专业市场具有很强的催生和支持作用，专业市场的发展在很大程度上也依赖于产业集群提供的产业支撑。可以说，产业集群的规模和发展程度直接决定着专业市场的规模和发展程度。产业集群对专业市场的催生和支持作用主要体现在以下几个方面。

1. 产业集群是专业市场发展壮大的产业基础

产业集群本身是一种规模经济，集群的发展必须拥有大量的生产要素，同时供应大量的产品。专业市场作为商品的集散地，必须要有产业为其提供大量的供给。要达到一定规模的供给，必须有一定规模的产业支撑，单独依赖物流而形成的集散很难形成真正的优势。许多区域的实践经验也证明，专业市场的兴起需要有庞大的产业集群做基础。产业集群内的企业为专业市场提供了丰富的产品资源，产业内部专业化深度和广度的持续加大，使产业集群能为专业市场提供该产业内各环节的最终和中间产品。

2. 产业集群推动专业市场的交易规则形成

产业集群内的企业往往相互熟识，而且会发生频率较高的交易，使企业从事投机行为的机会成本大大上升，投机行为成功的可能性降低，这有利于建立一种专用性的规制结构来克服交易者的投机行为倾向，有助于专业市场确立交易规则、规范市场行为。

3. 产业集群提升了专业市场的品牌效应

产业集群内大量企业集中形成集聚效应，地理位置临近的众多企业之间易于进行交流与共享，行业内的生产要素、技术、人力资源得以迅速流动，促使集群内企业保持竞争状态。企业在激烈竞争状态下不断改进产品技术、优化产品质量、促进产品品种的多样化，使得产品能及时适应顾客需求和市场变化，为专业市场提供丰富的产品资源，使采购者能够在市场上获得优质的产品，使更多的采购商愿意到专业市场上采购，并对该专业市场产生良好口碑，从而进一步扩大专业市场的品牌美誉度。

（三）专业市场和产业集群的联动

专业市场和产业集群发展有着密切的联系。专业市场与产业集群的发展是互为前提、互相促进、互相增强的，两者的联动是一个循环累积、不断强化的过程。

首先，二者互为前提、互相增强。专业市场的生成与发育有赖于具有区域特色的产业集群的发展；产业集群通过技术创新，能够为专业市场提供质量过硬、品种多样、性价比高的产品，吸引更多的消费群体，不断提高专业市场的品牌声誉。同时，生产企业对市场偏好的较好把握会推动市场升级换代，创造新的市场需求，扩大专业市场的交易规模，深化内部分工，提高交易效率，进而推动专业市场不断发展。

同时，专业市场的发展又反过来促进、引导产业集群的增强、提高、完善和配套。专业市场厂家众多，接近完全竞争，强化了竞争机制的作用力度，能够促进企业不断改善经营管理、提高产品质量和降低生产成本，从而有助于推动产业集群内部产品、生产技术和企业结构的优化，促进地区产业的发展；专业市场集中、准确、迅速的信息反馈，有利于产业集群内企业更好地把握市场需求的变化，引导着各生产企业根据市场灵活地调整企业今后的发展规模和发展方向；专业市场通过提供人才、资本、共享式销售网络和广告载体，促进技术进步、分工与专业化，使产业集群规模不断扩张，产业链不断延伸，产业层次不断提高，进而推动产业集群不断发展。

其次，二者互动共进、融为一体。专业市场和产业集群是区域经济发展的两个轮子，两者必须建立有机联系，互相促进，共同发展。产业集群的存在影响专业市场的产业选择，专业市场要获得竞争优势和发展空间，就要选择经营优势产品，而产品优势的获得离不开资源禀赋、区位优势、技术优势和文化传统等要素的共同作用。产业集群汇集的是具有地区优势的产业，恰好为获得优势产品提供了条件。

专业市场要获得发展，就要保证规模性的供给和需求，产业集群的存在能产生出规模性的供求，为市场生存和发展提供动力和支撑。因此，只有着力发展那些具有竞争优势的产业集群，摒弃不具有优势的产业集群，通过建立发达的区域间分工协作关系，完善拓展主导产业链，突破经济发展瓶颈，提高和保持地方特色产品的市场领先性和生产技术的先进性，才能保持专业市场的持续竞争力。

总之，专业市场和产业集群两者共同作用、相互影响，形成了良好互动的集聚机制和互为依托、联动发展的格局。可以说，专业市场促进了产业集群的产生和发展，产业集群的进一步发展又促进了专业市场的繁荣兴旺。

第二节　专业市场商业集群的集聚动因分析

一　基于企业与企业间区位选择的集聚机理

在我国，现实世界中经常会观察到出售同类或相似商品的大型专业市场的集聚形式存在，如浙江省的各类专业市场。在这种情况下，其集聚力是通过企业与企业之间的市场相互作用而产生。采用与第三章中第三节相似的方法分析，报酬递增和不完全竞争的存在是其均衡集聚出现的必要条件。专业市场中的每个企业（产品生产的专业化企业）都认识到它的最优选择（区位和价格）依赖于它所供给的产品的需求，这种需求本身又依赖于购买此产品的企业（批发企业或出口企业）的分布，这就说明批发企业或出口企业的选择直接影响专业化企业的选择。反过来，批发企业或出口企业的最优选择（区位和进货量）又依赖于专业化企业的整体分布情况。这是因为不同的专业化企业销售不同的产品，而批发企业或出口企业又偏爱多样性，这就在两种分布之间产生了空间的相互依赖，这种相互依赖需要通过专业化企业与批发企业或出口企业间的竞租函数的相互影响来解决。因此，两类经济人的多次博弈最终导致一种均衡，即在均衡的区位与价格条件下（满足一定假设），批发企业或出口企业与专业化企业达到各自的利润最大化，且是最有效率的。这便是空间经济理论解释专业市场商业集群集聚机理的主要思想。

在空间经济学的分析中，在所有批发产品的生产者都集中布局在商务中心区的情况下，批发产品的差异性有利于批发企业享受到大量的批发产品和更多的公共服务，并给批发企业带来更高的利润率。

从另一个角度看，运用同样的原理可以研究批发产品是如何供应的，以及这种供应是如何影响企业集聚的，即可以将城市商务中心内生化，使用与第三章第三节中在本质上一样的方法进行分析，只不过将消费者替换成了批发企业（出口企业），将生产消费品的企业替换成了生产批发产品的专业化企业，同样可以得出与本书第三章第三节相类似的结论。

市场集群是集聚大量批发企业的场所，是联结生产领域和消费领域的桥梁和纽带。依据马克思主义政治经济学原理，就整个社会再生产过程而言，批发企业位于生产领域和消费领域之间（即生产者→批发商→零售商→消费者）。对零售商而言，批发商就是其零售产品的供应者；对批发商而言，生产者就是其批发产品的供应者。由于同种产品生产厂家的不同以及经营同种产品的批发商的服务不同，都可以视为存在产品的差异性，因此，即使是生产经营同一种产品的不同生产者或者批发商都可以视为提供有差异产品的供应者。我国的专业市场就符合上述描述的情形，而这种现象能满足空间经济理论所要求的“只要产品的差异性足够大或运输成本非常低，或者这两者同时出现时，就会维持 M 个企业集聚于市场中心的局面，且该市场中心是唯一的集聚均衡区位”。[①]

（一）基本假设

（1）存在一个线性空间 $X=(-\infty,\ \infty)$；

（2）存在一个在国内外市场上进行产品批发的同种企业（批发企业、出口企业）的连续域 M_e；

（3）产品的价格标准化为1（即在此不考虑价格因素的影响）；

（4）存在一个专业化生产批发产品的企业的连续域 M_s；

（5）批发企业的进货函数给定为：

$$X_e = \int_0^{M_s} v[q(i)]di \tag{7-1}$$

在（7-1）中，土地 S_e 和劳动者 L_e 为必备的生产要素，$q(i)$ 为中间产品 i 的数量，$v(\cdot)$ 则代表任一产品对批发企业收益的贡献。

（6）假设 v 是熵函数：

$$v(q) = \begin{cases} \dfrac{q}{\alpha}(1+\log\beta) - \dfrac{q}{\alpha}\log\dfrac{q}{\alpha} & q < \alpha\beta \\ \beta & q \geqslant \alpha\beta \end{cases} \tag{7-2}$$

因为，进货函数（7-1）展现了批发产品数量上的递增报酬（与消费的多样性偏好假设相对应的假设）。假设所有的批发产品都以同一价格 $\bar{p}$ 购进，如果 E 代表批发企业在所有产品上的花费，i 产品的批发量由 $q(i)=E/M_s\bar{p}$ 给出，那么，就有[②]：

$$X_e = M_s\left[\frac{E}{\alpha M_s\bar{P}}(1+\log\beta) - \frac{E}{\alpha M_s\bar{p}}\log\frac{E}{\alpha M_s\bar{p}}\right]$$

---

① 参见 Masahisa Fujita、Paul Krugman、Anthony J. Venables（1999）：The spatial economy: Cite, Regions, and International Trade，第7章。

② 很明显，该式随 M_S 的增加而增加。每一个中间产品都由一个专业化企业使用一些固定要求的土地 S_S 和劳动力 L_S，以不变的边际成本 c（以价格计量）提供，因此，存在一个专业化企业的连续域 M_S。选择 M_S 和 M_S 的单位以使得 $S_e=S_S=1$（即两者使用的土地相等，亦即只考虑企业数量的影响），按照批发（出口）企业的不同经营活动的特性，就可能会有 $M_e=M_S$（即批发企业或出口企业的数量多于或等于专业化企业的数量）。当然，也可能是 $M_E<M_S$（即批发企业或出口企业的数量少于专业化企业的数量，这时的批发企业或出口企业是跨国企业的总部）。

$$= \frac{E}{\alpha \bar{p}}(1 + \log\beta) + \frac{E}{\alpha \bar{p}}\log\frac{\alpha M_s \bar{p}}{E} \tag{7-3}$$

（二）理论模型的构建

按照本书第三章第三节中的演算程序，我们可以写出位于 x 的批发企业（出口企业）的利润函数：

$$\pi_e(x) = \int_X \{v[q(x,y)] - [p(y) + t|x - y|] \cdot q(x,y)\} M_s(y)dy - R(x) - WL_e \tag{7-4}$$

其中 p（y）是在区位 y 提供的批发产品的一般价格，q（x，y）是布局在区位 x 的批发企业从布局在 y 的专业化企业那里购买的批发产品的数量，t 为批发产品的一般运输成本率，而 M_s（y）则为布局在区位 y 的专业化企业的数量，工资率 W 被看作城市区内给定的常数。

将花括号中的项目最大化可以得到本书第三章第三节中（3－12）一样的结果，那么一个位于区位 x 的批发企业（出口企业）的利润函数变为：

$$\pi_e(x) = \int_X \beta M_s(y) \exp - \alpha[p(y) + t|x - y|]dy - R(x) - WL_e \tag{7-5}$$

同样，位于区位 y 的专业化企业的利润函数为：

$$\pi_s(y) = [p(y) - c]\int_X q(y,x)M_e(x)dx - R(y) - WL_s \tag{7-6}$$

再次利用本书第三章第三节中的（3－12），可以得到：

$$\pi_s(y) = [p(y) - c]\int_X \alpha\beta M_e(x)\exp - \alpha[p(y) + t|x - y|]dx - R(y) - WL_s \tag{7-7}$$

这说明，给定专业化企业密度 M_s（y），产品购买量 q（x，y），价格 p（y）以及地租 R（x），每个批发企业都会选择一个区位 x 以最大化其利润（7－5）。给定批发企业密度 M_e（x），产品购买量 q（x，y）及 R（y），每个专业化企业都会选择一个区位 y 以及价格 p（y）以使其利润（7－7）最大化。

均衡就是每一区位的企业都得到同样的利润，土地的机会成本为 R_A。

运用本书第三章三节中同样的方法就可以得到在垄断竞争条件下使企业利润最大化的价格，即批发产品的共同价格为：

$$P_s^{*} \equiv P^{*}(x) = c + l/\alpha \tag{7-8}$$

我们可以按照与本书第三章中（3－14）同样的方法解释上式，即说明均衡价格等于边际成本加上 l/α。当 α 趋向于无穷时，均衡价格接近边际成本，α 在这里是批发产品间的替代参数，（3－13）中的价格弹性等于 αp（y），α 的值越大则意味着每种产品的需求弹性也越大，产品间存在着替代关系。

将这一结果代入（7－5）和（7－7）中，得到：

$$\pi_e(x) = \gamma\int_X M_s(y)\exp(-\alpha t|x-y|)dy - R(x) - WL_e \tag{7-9}$$

$$\pi_s(y) = \gamma\int_X M_e(x)\exp(-\alpha t|x-y|)dx - R(y) - WL_s \tag{7-10}$$

其中，$\gamma \equiv \beta\exp -（\alpha c + 1）$。

很明显，（7－9）和（7－10）与（3－15）和（3－16）在本质上是相同的。因此，经过一些明显的修正（$N \rightarrow M_e$ 以及 $M \rightarrow M_s$），类似地应用本书第三章三节中的分析过程，可以得到下述相关结论。

（三）基本结论

市场总是存在一个唯一的空间均衡。[①] 这个均衡具体包括以下内容。

（1）当 $M_e > M_s$ 时，所有的专业化企业都以一个小于 1/2 的不变密度集聚在中心区，这个中心区还集聚了一部分批发企业（出口企业），而其他的批发企业（出口企业）则分布在该中心区附近的两个区域内。

（2）当 $M_e < M_s$ 时，所有的批发企业（出口企业）都以一个小于 1/2 的不变密度集聚在中心区，这个中心区还集聚了一部分专业化企业，而其他的专业化企业则集聚在包围该中心区的附近两个区域内。

（3）当 $M_s = M_e$ 时，中心商务区是由批发企业（出口企业）与专业化

① 可以证明这个均衡是有效率的，详细可以参见与附录 A.2 相类似的推导过程。

企业构成的唯一的混合区，密度恒为 *1/2*。

因此，我们可以发现围绕城市中心的土地被两种类型的经济人（即批发企业、出口企业与生产企业）占用。现实中，我们经常会看到一些生产活动与商务活动混合在一起的布局形态，如浙江省的各类专业市场就是典型的这种布局模式。

二　专业市场能有效降低市场交易费用

交易费用是指在市场交易活动中为转让和获取所有权或使用权，实现价值形式转换而发生的各种耗费，是各种正式或非正式制度的运行费用。主要包括以下内容：一是基础性交易费用，即界定和维护产权的费用、制定交易规则与维护交易秩序的费用等；二是运行性交易费用，即信息搜寻费用、交易谈判费用、质量测量和价值评估费用以及合同履行费用与交易风险费用。交易费用主要由有限理性、机会主义、资产专用性、商品和服务的多重属性以及分工与专业化程度等因素决定。

在市场经济社会中，产品分为中间产品与终端产品。作为中间产品的生产企业，存在产品在生产企业内部交易还是在市场交易的选择问题；而作为终端产品的生产企业，其产品主要是面向市场进行交易，所有这些都要涉及交易费用的高低问题，即对市场交易制度的选择问题。专业市场是市场交易的一种，其理论基础在于交易效率的帕累托改进，即交易中交易费用的不断节省。交易制度的进步体现为费用更低、更有效率的交易制度不断地替代费用较高、效率较低的交易制度。交易费用理论主要起源于对企业和市场之间的关系、企业的产生和变化的根本原因的探索。交易费用理论提出并论证了市场交易费用是组织结构和组织行为产生与变化的决定因素。在交易费用的研究中，科斯、威联姆森、诺思等人做出了杰出贡献。

科斯（1937）认为，由于市场的运行是有成本的，通过形成一个组织，并允许某个权威来支配资源，就能节约某些市场运行成本。企业就是为了减少市场交易费用而产生的经济组织，它是价格机制的替代物。但是企业对市场的替代并不是完全的，科斯进一步研究了企业的界限问题，“当企业扩大时，对企业家的功能来说，收益可能会减少，也就是说，在企业内部组织追加交易的成本可能会上升。自然，企业的扩大必须达到这样的一点，即在企业内部组织一笔额外的交易的成本等于在公开市场上完成这笔交易所需的成本，或者等于由另一位企业家来组织这笔交易的成本”。在这一个边际点上，企业才停止扩张。科斯随后将交易费用与产权界定联系起来，详细探讨了交易费用对产权界定与资源配置的影响。他认为，只有在产权明确的基础上，引入市场机制，才能有效地根除或降低因外部性而带来的损失，改进经济效率。不同的经济、法律环境下，外部性问题存在不同的解决办法，因此，“我们必须考虑各种社会格局的运行成本，不论它是市场机制还是政府管理机制，以及转成一种新制度的成本。在设计和选择社会格局时，我们应考虑总的效果”。这是科斯的“制度选择思想”，它既包括契约、规则、权利的安排和选择，又包括社会制度、经济组织的选择。

威廉姆森（1986）形象地将交易费用比喻为“经济世界中的摩擦力”，是“维护和运行与从贸易中获取收益相联系的制度结构的资源消耗”。威廉姆森的贡献在于发现了交易的维度（交易的主体、客体所共同决定的交易特征，即交易主体的特征有：行为主体的有限理性和机会主义；交易客体的特征有：交易环境的不确定、交易频率、资产专用性），建立了一条“因果链”将交易的特征与交易的治理结构联系起来，从而成功地解决了“为什么有些交易在市场中完成，而有些交易在企业中完成”的难题。

克莱因（1985）、德姆塞茨（1964）等人在威廉姆森的研究基础之上，沿用“企业替代市场是因为节约交易费用”的观点，并进一步探讨企业的规模问题，认为特定的交易要用特定的规制结构来组织以节约交易费用，企业和市场是两种可以相互替代的规制结构，企业与市场的替代取决于交易与规制结构的匹配。

杨小凯和黄有光（1995）从交易效率的角度来探讨企业和市场的关系，如果交易效率很低，则由分工和专业化所带来的好处会完全被交易费用抵消，人们会选择自给自足的生产方式（企业）；如果交易效率很高，则分工和专业化的好处会大于交易费用，人们会选择劳动分工的生产方式（市场）。企业也是一种交易方式，可以把一些交易费用极高的活动纳入分工体系，但同时却可以避免这类活动的直接定价和直接交易。

张五常（1982）、诺思（1981）认为：“交易费用包括所有那些不可能存在于没有产权、没有交易、没有任何一种经济组织的鲁宾逊经济中，简而言之，包括一切不直接发生在物质生产过程中的成本。”企业是一种契约，这种契约是生产要素所有者签署的（间接定价），而市场上的契约则是中间产品商签署的（直接定价），当间接定价的费用小于直接定价的费用时，企业才会出现。

根据科斯等的交易费用经典理论，通过企业组织对市场组织的替代，使原料阶段到顾客（消费者）阶段的流通渠道伸向企业内部，形成内部组织化，由此可以减少交易上的种种浪费和不确定性，以降低交易费用。① 科斯理论的经典意义在于包含内部组织化在内的企业组织，比起互不协调的、相互竞争的独立经济主体之间的市场交易，具有更明显的效益。

因此，从科斯的立场看，产品销售并不是关于市场中的独立主体之间的交换过程问题，而是把其交换过程内部组织化，并转换为一个更有效的内部交易过程的问题。销售管理的制度前提是企业组织的存在，目的是通过形成外延组织，节省交易费用。这种外延组织既包括选择形成流通渠道这种企业狭义的外延组织，也包括到消费阶段为止的广义的外延组织，即扩大企业的知名度、开发各种新产品，对固定客户提供服务等。但是，专业市场降低交易费用的途径却是把上述交换过程或两类（两层）外延组织外部化，而不是内部化。不是通过内部化过程来实现企业对市场的替代，而是通过外部化过程来实现“前店后厂”式的市场对企业的“倒替代”，形成一个可供共同享用的销售网络。因此，进入专业市场的企业大多不通过或不靠自己的商标、品牌、厂牌来扩大企业知名度来拓展市场，而是依靠专业市场的知名度，通过专业市场搜索、集中和反馈各种信息。这不仅能增加交易量，而且可以大大节省单位交易量的市场交易费用。

专业市场主要从以下三方面降低了交易费用。

① 需要说明的是，科斯理论的经典意义在于包含内部组织化在内的企业组织，比起互不协调的、相互竞争的独立经济主体之间的市场交易，具有更明显的效益。

（一）专业市场有助于形成“非人格市价”[①]，降低考察和谈判费用

专业市场中，所有交易集中在固定场所进行，所有交易者之间能够方便地获取整个市场的信息。每一笔交易都是透明的，一笔交易的成交价格对其他同种商品交易就是一个参考，从而在一定程度上节省后继者的谈判时间。对同种商品来说，所有交易人和每一笔交易之间的相互参考，将有助于最终形成统一价格。这一统一价格代表着市场上所有交易者谈判达成的综合平均价格，所以它也是一种相对公平、客观的价格。在供求机制和竞争机制充分发挥作用的情况下，这种价格实际上就相当于该市场上的均衡价格。统一价格的形成，意味着同种商品价格对任何人都是一样的，也就是形成了“非人格市价”。“非人格市价”的存在，一方面，它使得机会主义行为无利可图，因而人们不再争夺分工的利益，而只以价格作为参数，用非策略行为追求利益，这意味着人们只能在改进效率上打主意；另一方面，非策略行为与“非人格市价”相结合，使得人们只需看价格而不需了解任何与他的生产消费活动无关的其他信息，因而减少了由于信息不对称而引起的交易费用。

（二）专业市场能够创造公平竞争环境，有效抑制交易者的机会主义行为

机会主义行为是导致不必要的交易费用的主观原因。根据威廉姆森对交易者的机会主义行为倾向的假设，交易者总是企图利用可能的机会和条件选择损人利己的欺诈行为，以获取额外的收益。对于被欺诈和利益受损的一方来说，就提高了交易费用。当市场上欺诈行为盛行时，人们不仅要付出很高的防范被欺诈的费用，而且还往往阻滞了交易的正常进行，造成市场交易效率和整个经济运行效率的低下。尤其是处于欠发达、发展阶段的我国农村地区，由于广泛的经济不确定性的存在和经济环境的不健全，

---

① 非人格价格是指在市场上对任何参与者都是一样的价格，这种价格并非由卖方决定，而是竞争的结果。

欺诈行为还是一种常见现象。而专业市场能够在一定程度上抑制交易者的欺诈行为，它是通过以下两方面因素发挥作用的。第一，由于专业市场具有信息集散功能，任何一位交易者可以很容易地掌握较全面的市场信息，而且还可以从专业市场上学到有关商品的一些专业知识，如对商品质量的鉴别技术等，这些公开信息和专业知识就极大地限制了欺诈行为的活动空间。第二，由于专业市场上同时存在众多的买者和众多的卖者，所以就会形成买者之间或卖者之间的公平竞争局面。如果一个卖者欺骗了一个买者，那么，所有买者就会抛弃他而投向其他卖者，行骗者就会丢掉以后所有的生意而受到惩罚。市场上买者和卖者的数量越多，市场竞争程度就越高，对交易人欺诈行为的抑制就越有效。

（三）专业市场能够降低维护市场交易秩序的监管费用

当交易者双方在地理位置上分散时，如果交易者一方违反交易合约，就构成了对另一方的利益侵害，而对交易者履约行为的监管又因交易活动的高度分散性而增加了建立有效监管体系的困难，造成交易秩序的混乱，带来交易费用的增加。在专业市场中，交易活动集中在固定的场所，因此可以进行集中管理，可以以相对较低的成本建立对市场交易活动的监管体系，提高市场监管活动的规模经济效益。通过专业市场对商品交易活动进行集中监管，能够更好地维护市场交易秩序，而良好的交易秩序是增强市场活力，提高市场交易绩效的重要保障。与没有专业市场情况下分散的、无序的、无组织的市场交易相比，此举将极大地提高交易效率，从另一方面说，也相当于降低了维护交易秩序的费用。

三　交易费用的降低能带动相关产业发展并产生集群经济效应

根据空间经济数理模型结论可知，在专业市场发达的城市，专业市场与产业集群是相互联系并共同构成了城市的经济活动中心。这一中心通过专业化分工来降低交易费用，并产生集群经济效应。

产业集群是专业化分工的产物，是人们为降低专业化分工所产生的交易费用并获取由分工产生的报酬递增而选择的一种产业布局形式。产业集群的发展是一个渐进累积和自我增强的系统演化过程，其自我增强的动力机制源于专业化分工产生的报酬递增。[①] 当专业化程度发展到足够高，不同制造业厂商之间及其与其他厂商、机构之间出现高水平分工时，所有交易集中在同一地点进行要比分散在多个地点进行更有效率（说明交易费用低），这时就出现了专业市场的商业集群。边际生产成本会随着分工程度的加深（交易次数增多）而下降，而交易成本也会随着分工程度加深（交易次数增多）而增加，因而，分工的效率取决于边际生产成本与边际交易成本曲线的交点（即临界点）。如果分工的效率随着分工程度的加深而下降，那么分工的好处就不足以抵消边际交易成本的上升，此时，由企业内部的纵向一体化取代企业之间的分工就是最好的选择。反之，如果分工效率提高，分工的好处大于边际交易成本的上升，企业之间的分工协作将比企业内部纵向一体化成本更低，这也正是专业市场形成的内在动力。浙江各类专业市场辐射范围内的生产企业由于拥有其自身依赖的专业市场，围绕专业市场自发形成了产业集群，因而必然要求提高专业化分工水平，降低生产成本，提高产业竞争能力。正是由于专业市场内部提供了一个高效率的交易网络，使企业在专业分工深化的同时，保持了较低的交易费用，从而获得了专业化分工的好处，降低了生产成本。

专业化分工与产业集群之间存在一种互动关系。分工的发展导致分工网络、交易网络都必须扩大，如果与分工有关的交易都集中在一个区域，则分工的正网络效应就会变大，从而提高交易效率。交易效率的提高有助于解决由于空间扩大而产生的分工经济和交易费用的两难冲突，促进分工的演进，带来更大的分工正网络效应和递增的聚集收益，吸引越来越多的企业到该区域聚集，从而引起集群的形成和扩张。也就是说，交易的地理集中是分工网络所要求的，分工网络的大小取决于交易效率，而交易效率又取决于产业的地理布局。因此，交易效率、交易集中程度和分工水平相互影响，在市场竞争中同时被确定。分工的正网络效应与集中交易提高交易效率之间的交互作用和正反馈机制使得集群与分工深化相互推进，最终在资源约束下，达到分工和区位分布的最佳均衡状态。在专业市场辐射范

---

① 汪斌、董赟：《从古典到新兴古典经济学的专业化分工理论与当代产业集群的演进》，《学术月刊》2005 年第 2 期。

围中，还存在另一种形式的互动——专业市场与专业化交换。上述两对互动分别涉及生产和交换两个方向，因而具有很强的相似性。在专业市场辐射区内，通过专业市场与专业化交换之间的互动，获得了交换的规模经济和专业化经济，由此带动周边产业集群与专业化分工的互动，获得了生产的规模经济与专业化经济。正是这两种互动的综合作用，使专业市场在生产和交换两方面形成互补和互促机制，成为专业市场功能发挥的原动力。

现实中，专业市场的交易特征已经由原来的商流与物流相统一转变为两者相分离的状况，即所有的商流集中在专业市场进行交易，而物流则直接从商品的产地到销售地。这一实际现象可以从分工与交易费用的相互关系中得到解释。从理论上讲，为了解决由于中间扩大而产生的分工经济和交易费用之间的两难冲突，促进分工的演进，带来更大的分工网络正效应和递增的聚集效益，我们必须找到一种组织形态，它既能降低交易成本，又能避免交易的组织成本。这种组织形态就是市场分工网络（商流与物流相分离的市场特征①）。网络是介于市场和管理等级制之间的一种组织形态，其特征是“包含互相信任和长期远景的合作以及得到遵守的行为规范”②。网络降低了契约不完全时的交易成本，代表了信息时代市场、企业结构的发展方向。专业市场辐射区这一跨区域分工协作网络在解决分工与交易费用这一对矛盾时发挥的功能，也充分预示了专业市场和整个区域经济未来的发展趋势。随着国际化、信息化进程的不断加快，有形市场由于受到空间、自然等客观条件的限制，其辐射与作用范围在达到一定程度后将无法继续扩大，因而越来越趋向于向无形市场转型。专业市场的辐射力和竞争力很可能难以主要依靠市场硬条件的进一步扩张来提升，而必然要更多依靠国际化、信息化和人文条件等软条件因素来支撑。专业市场本身是依托原有有形市场建立的跨区域分工协作网络，因而也具有类似无形市场的优点，能够无限扩展。同时，它又具有很强的内部组织性，能在降低交易费用和深化分工两者之间找到一个很好的结合点，从而为专业市场内相关主体的未来发展注入新的活力。

---

① 惠宁：《分工深化促使产业集群成长的机理研究》，《经济学家》2006 年第 1 期。

② 迈克尔·迪屈奇：《交易成本经济学》，经济科学出版社，1999，第 138 页。

四　利益分割共赢机制是专业市场运行的永续动力

交易费用的降低能产生集群经济效应，追求集群效应而形成的利益分割共赢机制是专业市场运行的永续动力。从历史上看，批发商业是为了解决生产供给与消费需求之间时空上、数量上的矛盾而产生的，也顺应了商业资本独立化和大规模化的要求。批发贸易和批发组织产生之后，商品交易规模大大扩展，但处于分散状态的批发商组织商品流通的能力不能适应这种发展要求。随着商品经济的发展，小批发商与生产批量增大及消费者需求增大已不相适应，不断增大的商品流通压力客观上要求将具有集中贸易优势的批发商进一步集中起来。把小批量的、偶然的和不正规的销售变为大宗的正规的销售，以在更大程度上发挥规模经营的优势，由此产生了批发市场，亦即专业市场。[①] 专业市场批零兼营的特点客观上起到了衔接大批量分散的小生产者与广大消费者的作用，解决了生产与消费之间的矛盾。专业市场本身所蕴含的经济合理性有利于流通费用的节约和社会交易成本的降低。

这种交易成本（费用）的降低可以用交易方式或交易组织演变的一般理论来进行解释。因为只有当一种交易方式和市场组织能给交易各方带来交易费用的节约，由此而产生集群效应并在各参与方合理分割，它才有可能被市场所接受。如假定存在 n 个卖方和 m 个买方，它们进行一种 n 对 m 的交易，发生交易所要搜索的关系次数就是交易成本高低的指标。那么，n 对 m 的交易中，互相搜索信息所要发生的关系次数为 $k(n, m) = n \times m$，这便是 n 对 m 的交易在没有市场组织下的交易费用的度量，这种交易的成本极高，属于一种最原始的交易方式。但是，如果各交易方为了节约交易费用发展了一个有形的古典式市场，那么交易费用便可大大降低，n 个卖方和 m 个买方不必直接搜索对方的信息。通过市场，买卖双方可以集中地获取对方的信息，只需搜索市场上的信息便可，这里发生的关系次数便降为 $k(n, m) = m + n$，这无疑大大地降低了交易成本。[②] 因此，专业

---

① 笔者认为，专业市场是由无数个批发市场构成的，对专业市场的解释也就是解释了批发市场的运行机理。

② 刘天祥：《中国专业市场的演进：基于交易费用的研究》，湖南大学博士学位论文，2007，第 28 页。

市场的存在无论对生产商、零售商还是对消费者，乃至对整个社会而言，都有利于交易成本的降低。

与零售商相比，专业市场也存在着明显的交易成本优势。零售商由于网点分散，且商品综合经营者多、规模小。在场地设施、经营管理、人员费用、宣传推广费用等方面，与零售商相比，批零兼营的专业市场也存在着明显的规模优势。与其他购物方式相比较，消费者往往更倾向于专业市场，其原因有二：一是在专业市场可以进行集中的搜寻和比较，减少了往返的次数；二是消费者往往可以通过与批发商、生产者的一对一博弈，以最合适的价格得到最合适的商品。

与单个分散的批发商相比，专业市场具有更高的流通效益。当生产要素的集中程度或聚集水平提高时，单位投资可获得更好的经济效益，这就是当规模达到一定水平时，单位成本费用下降，收益递增所带来的利益。专业市场首先是商品交换集中进行的场所，交换活动的这种空间集中本身就具有一种信息效能放大作用，可以大大地提高商品流通的效率。专业市场是集中进行批发和零售交易的一种市场，具有一般交易市场提高成交率的这种特性，因此，集中进行批发交易的专业市场比批发商分散进行交易具有更高的流通效率。专业市场中的批发贸易集中化是具有经济合理性的必然趋势。

对生产者而言，在生产者数目增多但其集中程度较低的情况下，专业市场的存在使大量的生产者与批发商、批发商与消费者都可集中进行交易，从而大大节省了收集信息、分析信息的成本，也大大减少了交易的次数，节约了交易费用；当生产者集中化程度高、生产规模大、产品分工高度化时，生产者彼此依赖性增强，为实现产品的最终完成，生产者之间的交易必要性提高，专业市场的存在又可减少生产者之间的交易次数，有效地组织、引导生产从而节约交易费用。

对消费者而言，专业市场内集聚了大量由不同业主经营的同类商品，这些商品相互间具有竞争性，因而在竞争中使其价格趋向于平均价格，这对各类消费者都有利。一方面，市场的主办者为使市场具有吸引力，总是千方百计采取税收优惠、低廉租金、较少的管理费等优惠政策，使商品价格低于市场外的同类商品平均价格；另一方面，各摊主会千方百计降低经营成本，使其价格低于市场外价格，以吸引顾客获利。因此，价格趋同、趋低趋势所促成的专业市场内商品价格低廉，是其能在与众多商场以及万千小店铺的激烈商业竞争中取胜而得以迅速发展的重要原因。专业市场的规模越大，卖主集聚越多，其商品价格的趋同、趋低趋势发挥作用的范围就越大，效用也就越显著，其同类商品的价格也往往是各市场或商场中越低的。

此外，对投资者、政府而言，专业市场的兴盛是他们共同追求的目标，可以提高投资者的回报率，可以为政府带来更高的税收收入，提高本地的就业水平，促进当地区域经济的发展，为构建和谐社会提供物质基础条件。

根据以上分析可知，专业化供给企业与采购企业之间的多次博弈最终导致一种空间集聚均衡（形成专业市场），专业市场由于其交易市场集中、交易规模巨大，带来了交易费用的节约，进而促进了相关产业发展和专业市场集聚经济效应的发挥，各集聚主体因分割集聚利益又形成了一种共赢的利益机制，这是推动专业市场发展的永续动力。

第三节　实证案例：柯桥中国轻纺城的兴盛之路

一　绍兴柯桥镇简介

柯桥镇是绍兴县的第一大镇，也是浙江屈指可数的著名水乡集镇之一，因其经济发达、物产丰富、市场繁荣，素有“金柯桥”之美称，又以其历史悠久、人文荟萃而成为浙江省首批“历史文化名镇”和“浙江旅游乡镇”。明张元忭《三江考》上说：“今山阴三十里有柯桥，其下为柯水。”柯水流经镇内街河，镇得名于桥，桥又得名于水，20 世纪 70 年代曾在镇内独山村出土石斧一件，证明早在新石器时代这里就有人类活动的踪迹。《越绝书》上又有越王勾践在独山“自治以为家”，后“徙琅琊，冢不成”的记载。东汉时，蔡邕在此创制名闻天下的“柯亭笛”，故柯桥又名“笛里”。历经唐宋，至明“开市”，成为繁华集市。清乾隆南巡时曾慕名来柯桥览胜，在镇东柯亭旁的放生庵内立有“放生御碑”。柯桥镇内地势平坦，河网密布，数十座大小不同、造型各异的石桥和钢筋水泥桥把全镇连成一片。集镇布局以河道为骨架。作为商业古镇，它主街濒河，商店多依河分布，民宅常傍水而建。沿河商店多盖有雨廊翻轩，可避风雨。传统民居既被河道分隔，又有古桥相连。乌篷小船整齐地停靠在河沿两旁，每有游客上船，船老大便用绍兴人所独有的手脚并用的划船方式，将客人送达目的地。桨声欸乃，水声哗哗，游客坐在乌篷小船上，能充分体会到水乡之游的乐趣。

绍兴县柯桥街道地处浙江省东部富庶的宁绍平原，东距绍兴市 13 公里、东方大港宁波 106 公里，西距人间天堂杭州 50 公里，北至东方明珠上海 185 公里。沪杭甬铁路、高速公路、104 国道横穿境内，交通区位甚为优越。柯桥镇面积 16.5 平方公里，辖 31 个社区（居委会），常住人口 5 万人，外来人口 15 万人。2001 年 8 月，经省、市人民政府批准，设立柯桥街道，为绍兴县的政治、经济、文化中心。柯桥街道南屏会稽山，北为平原水乡，山清水秀，气候温和湿润，是典型的江南鱼米之乡，素有“金柯桥”之美称，极具东方威尼斯之特色。其文化底蕴厚重，千年历史，物竞风流，古街、纤道、雨廊，勾勒出浓郁的水乡风情。柯桥作为绍兴县水乡、桥乡、酒乡和石文化的杰出代表，凭着天时、地利、人和等诸多有利条件，现已发展成为浙江省经济最发达的地区之一，拥有亚洲最大的布匹集散中心——中国轻纺城，可谓赤橙黄绿紫五彩缤纷，东西南北中万商云集。“大鹏一日同风起，扶摇直上九万里”，随着城市建设步伐的不断加快，柯桥这座古老而崭新的城市必将焕发出新的活力。①

二 柯桥专业市场概况

位于绍兴柯桥的中国轻纺城是亚洲最大的纺织品交易中心——正是这一专业市场的存在，成就了绍兴全国最大纺织县、浙江经济第一县等诸多经济奇迹。绍兴县是全国十强县，是全国著名的纺织基地，轻纺产业占到全县经济总量的 70% 以上，拥有纺机、纺丝、织造、印染、服装等完整产业链。2012 年，中国轻纺城市场成交额达到 973.32 亿元，较上年同比增长 9.3%，其中面料成交额 557.03 亿元，同比增长 14.5%；钱清原料市场成交额 415.29 亿元，同比增长 3.6%。另外，网上轻纺城在线交易额达 16.72 亿元。同时，围绕中国轻纺城、以绍兴县为中心的钱塘江南岸轻纺产业集群已经形

① 资料来源：浙江绍兴中国柯桥网 http://zgkqw.zjol.com.cn/home/index.shtml。

成并不断壮大。根据最新的统计数据显示，中国轻纺城是目前亚洲规模最大、成交额最高、经营品种最多的纺织品专业批发市场，是全球最大的纺织品集散中心。此外，在中国轻纺城中，国内纺织品二、三级批发市场大都是该市场的业务伙伴，它们的一举一动，均受到中国轻纺城的影响。①

绍兴柯桥的中国轻纺城是“长三角”上最大的一个专业市场，也是全国百强市场中的老二。20 世纪 80 年代末，它从低档单一的零星交易小摊，发展成为如今具有 8500 多家经营户、2 万多个品种面料的专业市场。许多大户经营从纯贸易转向了贸工结合，投资办企业的越来越多，从内销转向出口外销的也越来越多。②

目前，柯桥中国轻纺城已基本形成南部的传统面料交易升级区、中部的国际贸易区、北部的市场创新拓展区和西部的纺织原料龙头交易区这四大各具特色的纺织品贸易平台，形成了以主体市场为龙头、配套市场为两翼、要素市场为支撑的完整市场体系，基本实现了由传统专业市场向现代专业市场、单一市场向综合市场的演变，如图 7 – 2 所示。

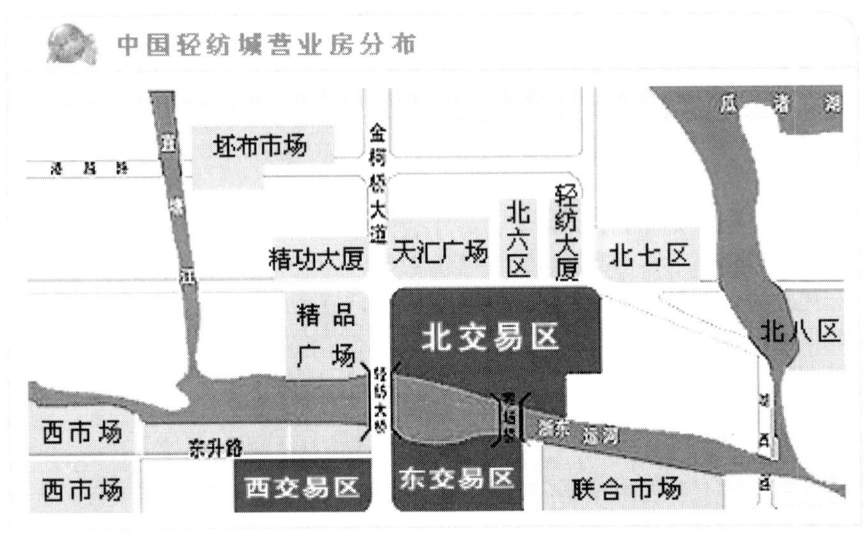

图 7 – 2　中国轻纺城营业用房分布

资料来源：浙江绍兴中国柯桥网 http：//zgkqw. zjol. com. cn/home/index. shtml。

---

① 资料来源：浙江绍兴中国柯桥网，http：//zgkqw. zjol. com. cn/home/index. shtml。

② 资料来源：浙江绍兴中国柯桥网，http：//zgkqw. zjol. com. cn/home/index. shtml。

中国轻纺城从20世纪80年代的一条布街起步，历经20多年，已经成为目前全球规模最大、经营品种最多、成交额最高的纺织品专业市场，号称“世界布市”。据资料显示，2012年市场的经营户数量保持了稳定增长，面料市场新注册经营户（公司）4600余家，市场经营户总数达2.2万余家。其中，公司经营户达到5200多家，“网上轻纺城”注册会员170万个，开通网上商铺40多万家，网站日访问量达到200万次，有56875家纺织企业和经营户入驻经营，新增13188家。纺织业占绍兴县经济总量70%，被人称为托在一块布上的经济强县。

中国轻纺城始建于1988年10月，其前身为绍兴轻纺市场，1992年经国家工商行政管理局批准正式更名为中国轻纺城，是全国首家冠名中国的专业市场。中国轻纺城总占地面积77.8万平方米，总建筑面积达326万平方米，商行1.6万余家，营业用房1.9万间。场内经营人员5万余人，经营面料3万余种，日客流量10万人次，日成交额1.8亿元，市场区金融网点76个，日存款额20多亿元。市场交易持续兴旺，年成交额从1988年的0.76亿元跃升到2008年的634.53亿元（其中外贸成交额12.82亿美元），连续17年居全国纺织专业批发市场第一位，2012年全年成交额更是达973.32亿元，是目前全国规模最大、设施齐备、经营品种最多的纺织品集散中心，也是亚洲最大的轻纺专业市场。

中国轻纺城“买地方卖世界”的发展模式，带动了绍兴纺织产业的发展，并形成了明显的产业集群。中国轻纺城集聚了全国各地的纺织业生产要素，推动了绍兴纺织产业集群的形成，带动了一方百姓致富。轻纺城已经成为绍兴的一张“金名片”。

随着中国轻纺城市场改造升级工程——联合市场和国际贸易区的开业，一个“国际纺织之都”的宏伟蓝图已经全面展开。“国际纺织之都”包括国际性纺织产品贸易城市、国际性纺织科技研发平台和国际纺织品制造基地三个层面。对中国轻纺城的改造首先是硬件改造。自2007年“联合市场”正式投入使用后，在这座总投资10多亿元、有1600多间营业房的崭新市场中，每个商铺都安装了宽带等设施。硬件设施提高了，商务成本却下降了。据介绍，“联合市场”已经开张的一楼商铺年租金为1.5万元以下，二楼租金更低。这是因为绍兴县政府出台了招商隆市的政策，同时鼓励业主降低营业房租金。市场主办者采取回租的方式取得“联合市场”二年的经营权，而后再以低租金交由经营户使用。“这是学习义乌经验的做法，发挥‘有形之手’在市场发展中的推动作用。”中国轻纺城建设管理委员会主任孙哲君介绍说。硬件建设推动了轻纺城的业态升级。启用后的时代广场，现在已成为300多家纺企和贸易公司的总部，其中有20多家来自加拿大、韩国、印度等国。入驻其中的浙江滨丽纺织有限公司董事长王新生告诉我们，与传统交易方式不同，定位为国际贸易区的时代广场提供了一个以网上交易、跨国交易为主的全球化纺织贸易平台。而正在规划中的柯北新市场，也将根据面料类别进行更加精细化的功能分区，降低采购成本。

此外，由于拥有亚洲最大的轻纺城专业市场和“两湖”特色优势，使得柯桥具备发展商业的空间网点资源和巨大的消费潜力。不少投资者把目光投向柯桥的商贸产业，他们认为随着轻纺城的升级改造，柯桥的商贸产业充满了诱惑，成为商贸投资的黄金地，参与商贸开发无论是对城市建设还是对企业的发展，都是一件非常值得的事。2012年，城市经济加快转型步伐。笛扬商圈、蓝天商圈、万达商圈运行良好，人气不断集聚。全年新增商贸业单位5509家，新增注册资本13.88亿元，分别创近年新高；引进深圳天虹百货、万豪娱乐等30余个县外知名投资项目，引进县外资金4.18亿元，注册资本6000万元；大力开展“零土地”招商，喜来登酒店、英豪洲际公馆、如家快捷酒店等一批国内外知名商贸项目相继落户，成功盘活城区闲置物业面积达23.29万平方米。此外，柯桥的产业培育成效明显，股权投资企业数量、投资额排名均为全市首位；街道数字产业孵化园被成功认定为市级孵化器，全年实现销售额1400余万元，申请专利220个，软件著作权2个。蓝天城市商圈是柯北新崛起的城市商贸综合体，拥有华联国际商贸城、蓝天·市心广场、蓝天·文化影视商业中心三大区块，整体面积达40余万平方米，拥有商家近600家，从业人员5000余人，是一个集购物、休闲、娱乐、餐饮、商务为一体的一站式大型商圈。2011年10月22日，蓝天商圈商贸业协会正式成立，这是绍兴县第一个由城市商圈内部的商贸企业、个体工商业者及相关经济组织自发形成的社会团体，创造了城市商圈发展的新模式。

其共有成员 54 家，理事单位 14 家。

三　柯桥专业市场的经济学解释

现代经济学认为，经济人的决策要受到资源、制度和技术等外部限制条件和个人知识结构与知识传统的约束。人的理性不是无限的，而是有限的。理性经济人不仅追求物质效用的最大化，同时也追求精神效用的最大化。经济发展本质上是制度和技术变迁的过程，而制度和技术的变迁是专业市场的构成者追求潜在财富最大化的结果。因此，运用空间经济学的区位分析理论，将制度、技术整合到区位分析框架，并在经济现代化（尤其是工业化）、市场化、全球化背景下以演化的观点分析其对区位的影响，以对专业市场的运行机理进行分析，这将是集群理论界的一个研究方向，如图 7－3 所示。

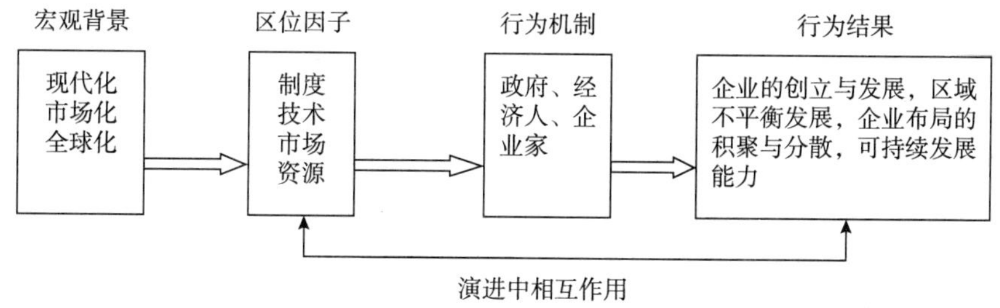

图 7－3　专业市场区位分析研究框架

纵观柯桥专业市场的发展历程，其演变过程迎合了现代化、市场化、全球化的发展要求，其地理分布符合区位理论的选址要求。一般而言，专业市场主要分布在具有某种区位优势的地方，这种区位优势包括以下方面。一是发达的城镇。专业市场作为人员、商品、资金、技术、信息等的聚集地，需要较稠密的人口、较频繁的人口流动、较完善的服务设施、较发达的运输通信网络等，而这些条件只有发达的城镇才能具备，城镇是专业市场的主要载体。二是便捷的交通。专业市场作为生产要素及商品的集散地，拥有大量的物流、人流、资金流和信息流。便捷的交通不仅保证各要素的正常运转，而且能缩短流通时间、节省流通费用。如浙江专业市场绝大多数分布在铁路、公路、水路沿线，而绍兴柯桥地处浙江省东部富庶的宁绍平原，交通区位甚为优越。三是一定规模的集市。专业市场本身存在集聚效应和规模效应，它只有相对集中才能获得借以发展的各种条件，特别是降低单位交易成本。柯桥专业市场的发展，大致经历了“集”“市”“城”的发展路子，即先有一定规模的“集”“市”，然后通过适当的集中、整合与提高，最后形成有规模、有效率的专业市场。

由于“市场”在解释现代企业和工业增长及其空间组织中的重要作用和“区位资源禀赋”的初始作用，以及它们对制度和技术变迁的影响，因而在分析框架中，我们应将“市场”和“区位资源禀赋”作为与制度、技术并列的另外两大区位因子。其核心是：经济人为追求效用最大化，必然要在变化着的制度、技术、市场、区位资源禀赋的激励和约束下寻求交易成本和生产成本最低的经济活动及其地理区位，从而内生地决定了专业市场形成和发展的区位布局。由于交易成本在现代分工经济中已占有较大比重，制度的重要功能就在于能够减少环境中的不确定性，促进人与人之间的合作，降低生产活动的交易成本，因而将制度引入区位分析框架，从本质上克服了传统区位分析对法律、法规、产权、文化等影响缺乏有效分析工具的缺陷，从而使包括交易成本和生产成本的综合成本区位分析成为可能。基于以上区位分析框架，我们可以运用经济学的方法解读专业市场的特殊之处及优势所在。

就市场交易成本而言，柯桥附近的厂商自己直接到市场上采购生产要素或销售产品是最原始的也是交易成本高昂的一种购销方式。由于单个厂商的购销批量小，交易次数多，由此产生的交易费用很高。小而散的厂商搜寻信息的效率极低，掌握信息的程度明显不及交易对手，对购销中的各种欺诈行为无力防范，从而无法避免因信息不对称导致的机会损失。另外，厂商在交易谈判、签订合同、解决交易纠纷、促进产品销售等方面均处于劣势，在从事专业化、商品化生产中常因决策失误、销售“梗阻”或假冒伪劣产品而遭受巨大的交易损失，影响经营效率的提高，妨碍市场中该行业的发展。由于专业市场在传递信息、指导产销、购销服务、融通资金、监督市场公平交易和协调利益主体关系等方面的优势，可大大提高厂商和经营户进入市场的组织化程度，从而大大降低以专业市场为依托的市场交易成本。

柯桥专业市场的运行机理是，众多同类型产品的经营者集中于同一区域，强化了市场竞争，形成了较低的市场价格，使得购买者能够更快找到其所满意的“低价”商品，从而缩短了价格搜寻时间，加快了市场交易速度，降低了市场交易成本，扩大了市场交易量。市场交易规模的扩大又进一步吸引更多经营者进入该交易空间，使竞争更为激烈，交易速度继续加快，交易成本日益降低，市场交易效率随之进一步提高，各方的获利空间不断扩大。同时，集中交易可以大大降低运输费用，提高市场的信息传递效率，从而使得交易过程中直接或间接发生的、非决策者利益冲突所导致的外生交易费用大幅度降低。在一个相对集中的地理区域内完善市场交易制度和管理规则更为容易，因此，通过加强对柯桥专业市场的管理和规范，可以大大降低交易各方的道德风险，减少违背市场交易规则的逆向选择和其他一些机会主义行为，从而使交易各方因自利决策冲突而产生的内生交易费用也大幅度降低。

此外，从理论上讲，当分工所带来的好处大于由此所增加的交易费用时，分工将进一步细化，专业化协作将不断深化；反之，分工协作将被自给自足的生产方式所取代；而当分工所带来的好处等于分工所增加的交易费用时，既定的分工水平将保持不变。因此，在分工所能增加的利益给定时，降低分工所带来的交易费用就可以不断促使分工细化、深化。对于追求利益最大化的微观经济主体来说，是否参与新的区域分工协作网络，其关键在于分工能否带来额外的收益。由于衍生需求的波动而产生的波动需求使企业参与分工后产生的绩效具有很大的不确定性，从而增加了分工所带来的交易费用。然而，大规模的市场可以提供一条应对波动需求的低成本途径，进而减少分工中所面临的不确定性，降低由于分工而产生的交易费用。高效率的柯桥专业市场使得细化分工后的交易费用下降，企业的专业化生产变得有利可图，并随着市场规模的不断扩大，对产业的带动作用进一步增强。专业分工企业的生产规模随之达到规模经济的临界点，从而进一步降低了生产成本，也使柯桥专业市场在同类市场中脱颖而出。

就柯桥专业市场而言，制造业中具有上、下游联系的产业聚集在一起，则能减少中间投入品的在途损耗，缩小运输成本，从而降低中间投入品的价格，由此驱使厂商产生集聚在同一区域内开展分工协作的生产经营活动。当厂商出于降低中间投入品成本的考虑而集聚在一起生产时，就形成了产业集群，各专业化分工的工人也因此集聚在同一区域内；随着企业数量、产品种类的不断增多，集群的规模与范围经济使产业集群相对于单个生产厂商更加具有成本上的优势，因而促使该集群的市场占有率（规模）逐步扩大。柯桥专业市场成为许多企业销售产品的主渠道之后，出于降低运输成本等一系列“成本因素”的考虑，厂商同样倾向于选择将生产部门尽量靠近市场，以便在竞争中获得价格优势。在大批厂商向市场周围聚集的过程中，同类厂商相对集中于一处又可以获得专业化分工带来的好处，从而进一步扩大了产业集群内企业与集群外企业之间的竞争差距，吸引集群外企业向集群靠近乃至融合，使市场周围的产业布局呈现出明显的“块状经济”特征，而这一状况会进一步促进由专业化而形成的贸易集群的产生和发展。①

第四节　本章小结

市场是实现资源有效配置的方式之一。改革开放以来，我国的专业市场迅速成为城乡商品流通诸业态中成长最快、比重最大的一种，并对中国经济、社会产生了深远影响。专业市场成为支持中小企业可持续发展的重要平台，是协调与推动区域经济平衡发展的重要力量。但是，我国流通经济理论界对于以渐进性方式为基础向前演进的专业市场的演进机制、规律及其效率与效益的研究相对滞后，未能对我国专业市场建设与发展的战略问题形成及时、有效的理论支持，在一定程度上影响了各地方政府对于专业市场建设的规划与决策。

本章运用空间经济与交易费用等经济学理论，并以柯桥轻纺城作为实证案例，探讨了我国专业市场的演进规律以及集聚、发育机理，为各地政府制定区域经济政策提供了一定的理论支持。

我国的专业市场基本符合空间经济理论的各种假设条件，即“只要产品的差异性足够大或运输成本非常低，或者这两者同时出现时，就会维持

① 笔者认为义乌专业市场就是一种典型的市场集群（商业集群的一种重要形式）。

M 个企业集聚于市场中心的局面，且该市场中心是唯一的集聚均衡区位”。也只有这个集聚均衡区位能给集聚区的政府、企业以及消费者（包括消费性和生产性）带来永久的利益。

根据交易费用理论，企业组织对市场组织的“倒替代”（即专业市场）可以形成一条可供共同享用的销售网络，使得专业市场内的企业依靠其知名度，通过市场搜索、集中和反馈各种信息，增加交易量，节省市场交易费用，并使消费者也从中得到收益。

第八章　义乌的城市市场集群

本章研究的重点是由各类专业市场构成的市场集群，这是商业集群的最高级的组织形式，如浙江义乌市场，就是这类市场集群的典型。

最早的专业市场既不是首先由政府强制推行的，也不是由协商一致的群体协商建立的，而是首先起源于个人的自发行为，然后跟进者又自发地去效仿。这种经济当事人的自发行动实际是经济利益诱导的结果。而在较晚出现的专业市场中，有一些主要是靠地方政府推动形成的。市场开放形成的价格效应、市场规模的扩大、产品要素相对价格的变化、外部规模经济性等方面的因素所带来的外部利润成为专业市场制度变迁的重要诱因。地方政府被各种动机驱使，参与了专业市场建设和管理，从而成为推动专业市场发育的次级行动主体。以上种种因素成为中国专业市场演进的制度动力，使得专业市场的演进呈现明显的诱致性特征。同时，专业市场制度变迁的发生、发展过程也表明，在专业市场制度变迁过程中，政府的作用举足轻重，这正是改革开放后中国商品交易制度诱致性制度变迁不同于西方市场经济国家诱致性制度变迁之处。

专业市场在市场与政府的双重诱致性因素推动下，经过不断的演化变迁，形成了各具特色又带有明显地方色彩的专业市场集群，亦称城市市场集群。改革开放以来，专业市场率先在浙江农村快速发展起来并成为引领全国的块状经济发展模式之一，这一方面是与浙江农村商品经济发展较早、较快紧密相关的，另一方面也是在浙江各级地方政府的强力推动下形成的。如中国小商品城由中国义乌国际商贸城、篁园市场两个市场簇群组成，市场拥有43个行业1900个大类170万种商品，几乎囊括了工艺品、饰品、小五金、日用百货、雨具、电子电器、玩具、化妆品、文体、袜业、副食品、钟表、线带、针棉、纺织品、领带、服装等所有日用工业品。[①] 因而可以说，义乌市场就是在政府推动下形成的一个由各类专业市场构成的城市市场集群。

第一节　义乌概述

一　义乌概况

义乌，浙江中部快速崛起的一座商贸城市，面积1105平方公里，下辖6个镇的7个街道办事处，总人口160余万，其中本地人口68万，暂住人口75万，流动人口约20万，城区常住人口中有来自近100个国家及地区的6000多名外商和国内40个民族的2.6万名少数民族。[②]

义乌在建设大城市目标的进程中，通过大力培育小商品市场、提升产业化水平以及不断提高城市化率，进而推动了经济社会的全面快速发展。目前，义乌已成为全国最大的小商品流通中心，立足于发挥市场优势，初步构筑了“小商品、大产业，小企业、大集群”的工业产业发展格局。义乌强化农业与市场的连接，大力推进农业产业化经营，大步走向现代效益农业，开发形成了一批生态农业、观光农业、旅游农业和省级农业龙头企业。[③]

义乌是浙中交通枢纽。浙赣铁路复线纵贯义乌境内达42公里；义乌火车站已经扩建升为一级站；公路四通八达，有省道杭金线、义浦线、嵊东义线；全市已实现村村通公路、乡乡公路硬面化的目标；杭金衢高速公路纵贯境西部；金甬高速公路在该市与杭金衢高速公路相接；联托运业务遍及全国140余个大中城市；民航义乌机场先后开通的航班有广州、北京、深圳、汕头、福州、厦门、南京、郑州等。2012年1月6日，义乌机场国际航站楼工程开工，主体工程于2013年10月投入使用。义乌已形成了公路、铁路、航空立体交通格局。

---

① 陆立军：《义乌商圈》，浙江人民出版社，2006。

② 数据来源：义乌资讯网。

③ 陆立军：《义乌商圈》，浙江人民出版社，2006。

义乌国际物流中心是浙江中西部规模最大、设施最全的物流中心，形成了检验检疫、报关验关及单证流、货物流、资金流、信息流相配套的“大通关”体系。全市有200余家托运处经营着160余条城际外运线路，日货物吞吐量达4300多吨。至2011年，全市共有国内物流经营单位1126家，其中，公路货运1113家，铁路货运13家；驻义乌经营的航空货代100多家；快递物流企业134家，国内快件日均出货量达40万票，国际快件日均出货量达1.3万件，业务量位居全国第七；全市拥有本地道路货运车辆3万余辆，核准异地备案集装箱运输公司195家，集装箱运输卡车5537辆，物流网络遍布国内321个大中城市；“义乌港”一期工程占地394亩，总建筑面积约为43万平方米，已于2011年10月18日正式投用。

义乌培育建设了农贸城、物资市场、文化市场、眼镜市场等几十个专业市场和30多条专业街，营业面积达几百万平方米，经营商位几万个。

义乌小商品市场始建于1982年，历经5次搬迁、7次扩建，现拥有各类市场50余个，经营面积260余万平方米，商铺5.8万余个，10万余家生产企业和地区总经销商集聚经营，下设义乌国际商贸城、篁园市场、宾王市场三大集群，从业人员20余万人，日客流量20多万人次，经营工艺品、饰品、文体用品、化妆品、小五金、袜子等43个行业1900多个大类170万多种商品。市场日进货车辆达500余辆，日出货量达到近1000个集装箱，销售到200多个国家和地区。市场汇集了国内外6000余家知名企业的总代理、总经销、厂家直销，美、日、韩等100多个国家和地区的企业、商人在义乌设立了商务代表处。[①] 截至2011年，市场商品成交额连续21年居国内工业品批发市场首位，目前是中国最大的小商品集散中心、物流中心和信息中心，也是最大的小商品制造和研发中心。1992年，义乌小商品市场正式被国家有关部门命名为“中国小商品城”。“义乌市距上海300公里，是全球最大的小商品批发市场。”[②] 表8－1及图8－1反映的是义乌经济发展的总体情况。

---

① 黄祖辉、张栋梁：《为什么是义乌》，浙江人民出版社，2007。

② 联合国与世界银行等权威机构2005年发表的专题报告。

表 8-1 1982~2012 年义乌工业总产值、中国小商品城年成交额

单位：万元

年 份	义乌工业总产值	中国小商品城年成交额
1982	13908	392
1983	19798	1444
1984	30754	2321
1985	40793	6190
1986	49367	10029
1987	70882	15380
1988	96127	26500
1989	110695	39000
1990	152936	60600
1991	199101	102500
1992	306090	205400
1993	610001	451500
1994	1199551	1021200
1995	1374685	1520000
1996	1582263	1846800
1997	1737250	1451100
1998	1968389	1534000
1999	2214438	1753000
2000	2558488	1928900
2001	2853356	2119700
2002	3313241	2299800
2003	4026154	2483200
2004	4925000	2668700
2005	5930000	2884800
2006	7074000	3150000
2007	8578000	3483700
2008	9281000	3818100
2009	9718000	4115900
2010	11749000	4560600
2011	14112000	5151200
2012	16026000	5800300

资料来源：浙江各年统计年鉴。

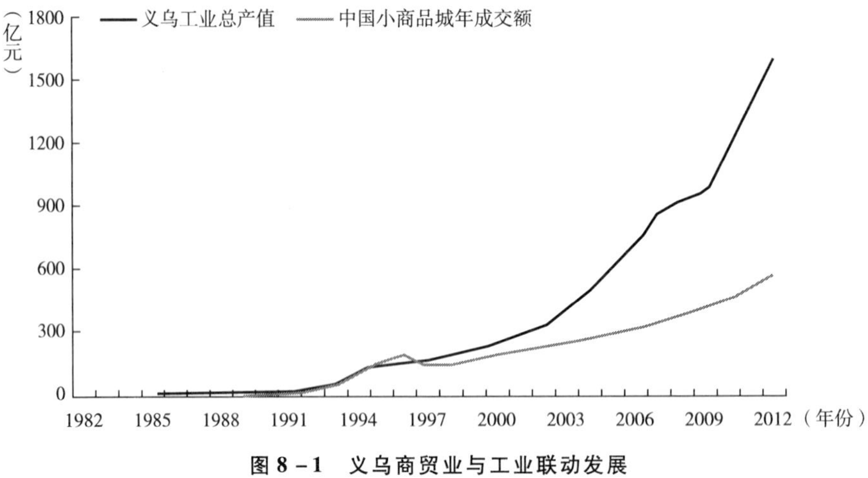

图 8－1　义乌商贸业与工业联动发展

（一）全球最大的小商品批发市场

2005 年，在联合国与世界银行、摩根斯坦利公司等世界权威机构联合发布的《震惊世界的中国数字》报告中，义乌市场被称为“全球最大的小商品批发市场”。

同时，截至 2012 年年底，义乌市场成交额已经连续 22 年位居全国各大专业市场榜首，义乌也是中国最大的小商品出口基地、中国最齐全的小商品展示中心等。此外，义乌于 2006 年 5 月建成了我国首个用于保护知识产权的商标品牌查询比对系统，用于从源头抵制假冒伪劣商品；2006 年 3 月，义乌拥有了全国首家网络立体商场。

（二）市场开放于国际化进程中的第一

2005 年，义乌市公安局被公安部授予短期赴港澳再次签注审批权、外国人签证和居留许可证审批权，成为全国首个也是目前唯一一个被授予办理外国人签证和居留许可权的县级公安部门。2005 年 1 月 11 日，全省第一张香港居民个体工商户营业执照在义乌市颁发；2006 年 4 月 3 日，全省第一张台湾居民个体工商户营业执照在义乌颁发。

（三）义博会——最具竞争力展会

在2006年2月举行的会展2006高峰论坛对全国知名展会评选中，作为中国新兴会展城市代表的义乌连获两项殊荣。其中，中国义乌小商品博览会（简称“义博会”）在3000多个展会中脱颖而出，荣获“最具竞争力展会”奖。

义博会是唯一经国务院批准的日用消费品类国际性展览会。其前身是中国义乌小商品博览会，创办于1995年，从2002年开始升格为商务部参与主办的国际性展会。到目前为止，已成功举办十九届。展会以“面向世界，服务全国”为办展宗旨，对扩大商品出口、提升小商品制造业、促进区域经济发展发挥了积极的推动作用，现已成为国内最具规模、最有影响、最有成效的小商品专业展会，位居全国著名品牌展会之列。义博会曾入选“2002年度中国会展业十大新闻事件”先后获得“2003年度中国十大新星会展”“2005年度中国管理水平最佳展览会”“2006年度中国（参展效果）最佳展览会”“2007年度中国长三角地区优质会展项目”等殊荣。2011年，义博会实行“综合展＋专业展”“政府指导＋民营运作”模式，突出经贸特色，努力打造集贸易洽谈、展示交易、信息交流、形象展示于一体的国际性品牌展会。

经过10多年的精心培养，义乌已成为全国最具发展潜力的会展城市之一，发展成为颇具规模的国际性小商品流通中心、研发中心和制造中心。目前，国家级行业协会以及国内外知名展览机构已有15家在义乌办展，全年举办各类展会在40个以上，特别是义博会，已成为继广交会、华交会后中国的第三大贸易类展会。

（四）义乌市场带动的行业之最

早在2005年年底，义乌已形成了针织袜业、饰品、服装、工艺品、拉链、化妆品、文化用品、玩具等十六大优势行业，其中袜业、针织内衣、玩具、化妆品、工艺品、饰品、拉链等产业的产销量占全国30%以上，先后被授予“中国拉链产业基地”“中国制笔工贸基地”“中国化妆品产业基地”“中国袜业名城和中国无缝针织服装名城”等称号。此外，在“贸工联动”策略的引导下，截至2005年，义乌市注册商标总数占全国注册商标总量的5‰以上；2005年，义乌市专业申请量和授权量均列浙江第一。

（五）中国首个AAAA级购物旅游区

浙江义乌市旅游局于2006年1月收到中国国家旅游局下发的文件，义乌国际商贸城被国家旅游局命名为“国家AAAA级购物旅游区”，这是中国首个AAAA级购物旅游区。在此以前，中国已有400多个AAAA级旅游区，但还没有商业方面的AAAA级景区。义乌建成全球最大的小商品集散贸易中心后，逐渐变成世界一大“购物旅游”热点。义乌国际贸易城于2001年规划兴建，总规划用地32.4平方公里，工程投资概算40余亿元人民币，标准商位2.1万余个，其规模具全球之首。2005年，义乌国际商贸城游客总数达到366万人次，其中境外游客达20.85万人次。2011年，全年共接待游客959.2万人次，其中境外游客53.2万人次，分别增长18.3%和18.2%，实现旅游收入103.2亿元，增长17.2%，其中国内旅游收入和旅游外汇收入分别为80.6亿元和34863万美元，分别增长21.2%和10.5%。从2010年12月到2011年11月，设在国际商贸城的购物旅游接待处共接待旅游团队5516个，游客达21.1万人，其中境外1021个团、2万余人。

（六）浙江首家“五星级市场”

2003年2月24日，义乌市国际商贸城被浙江省星级文明规范市场评审委员会评定为“五星级文明规范市场”。这在全省是第一家，并且直到2006年4月才出现第二家。国际商贸城（一期）2002年10月开业，建筑面积34万多平方米，共有7000余个商位，9200余家工艺、饰品、玩具、花类经营户在此分类集聚经营，数十万种商品每天都吸引着4万余客商前来采购，其中外商达5000人次左右；外贸出口率达60%左右，90%以上商位承接外贸业务。国际商贸城的市场硬件、软件设施均达到现代化、信息化、国际化要求，配套完善，内外环境优美，管理规范有序，在全国乃至全球同类市场中遥遥领先。2005年10月，国际商贸城二期工程二阶段开业。

二　义乌：小商品市场、市场集群到国际商贸城

从20世纪80年代初开始，义乌市场大致经历了萌芽起步（1978～1987年）、稳步发展（1988～1991年）、全面拓展（1992～2001年）、接轨国际（2002年至今）四个发展阶段。在每个阶段，市场主体、客体、功能、辐射半径等都向高一级层次和更宽领域跃迁。这表明“义乌小商品市场”与“城市市场集群”是在相互依存、相互影响、互相促进中发展和提升功能的。

（一）义乌小商品市场的萌芽与“城市市场集群”的孕育

义乌小商品市场在萌芽起步阶段（1978～1987年），大致经历了三代商品市场的更替[①]：第一代小商品市场，即1982年开放的湖清门、廿三里两个小商品市场，是小商品市场的雏形，市场摊位十分简陋，交易品种很少，商户稀少，没有形成集聚效应；第二代小商品市场建成于1984年，实现了由“马路市场”“草帽市场”向“以场为市”的转变，商品种类达2740余种，流通范围逐渐跨出本县和周边县市区向外省市辐射，到1985年，摊位增至2874个，成交额6190万元；第三代小商品市场于1986年建成，营业场地宽敞，商品门类日趋齐全，场内立体型管理服务体系初步形成，设固定摊位4096个、临时摊位1387个，到1987年，市场成交额为1.538亿元。[②]

在计划经济体制下，由于长期实行“重生产、轻流通”的政策，导致国有集体商贸企业“等客上门”的经营方式在短期内难以改变，使得生产与销售脱节，尤其是在生活必需品供求上存在巨大缺口。义乌的货郎们由此看到了商机，催生了“马路市场”的形成。一方面，当时的国有企业没有面向市场生产产品，而统购统销又逐步取消，使得商品大量积压；另一方面，广大消费者没有渠道与企业获得联系，仅仅依靠国有商店和供销社

① 陆立军、白小虎、王祖强：《市场义乌——从鸡毛换糖到国际商贸》，浙江人民出版社，2003。该书把义乌小商品市场分为五代，即湖清门市场、三里小商品市场，新马路小商品市场，城中路市场，篁园市场一期，篁园市场二期、宾王市场、国际商贸城。

② 资料来源：义乌资讯网。

显然难以满足改革后给农民带来的巨大需求，这就使得义乌传统的“货郎担”获得了前所未有的发展空间，其发展是义乌“鸡毛换糖”传统与时代特征相结合的必然产物。由于受当时的交通、通信条件的限制以及商品品种、销售方式等方面的制约，义乌“货郎担”的采购和销售区域还是以义乌为主，但也出现了向周边县市区、浙江全省以及邻近省份拓展的趋势。

这一时期，虽然通过“货郎担”们走村串户的经商行为，在义乌与周边省市之间发生了商品的简单交换和流通，但限于商品交换的内容和规模，只是起到了互通有无、调剂余缺的作用，义乌小商品市场对周边县市区经济发展所产生的影响微乎其微。但是，这一阶段对于“城市市场集群”的形成具有重大意义。正是这一突破计划经济体制的束缚、开始发展商品经济的大胆尝试，直接促成了后来成为“城市市场集群”核心的义乌小商品市场的萌芽。

随着改革开发的进一步深入和国家优先发展轻纺工业方针的实施，民众对生活必需品的基本消费需求开始转向服装、头饰、床上用品、毛线编织品等初级消费品，且对商品品质有了一定的要求。1982 年，义乌县委、县政府开放了第一代小商品市场，义乌“货郎担”和配货摊开始快速发展，脱离了原来近乎原始的购销方式，在血缘、亲缘、地缘关系的影响下，从事小商品生产和销售的人数骤增，形成了相应的产业。在义乌的交通、通信条件得到了一定改善的情况下，产品销售的区域也扩大到周边县市区，销售方式则是批零兼营，这使得义乌与周边县、市、区的经济联系得到较大程度的加强，并且不单体现在商品交换层次上，而且融入了生产分工协作、人力资源流动等内容，为“城市市场集群”的孕育提供了经济基础和环境。

根据制度经济学的解释，虽然义乌小商品市场的市场规模不断扩大，但在当时尚未确立全国小商品流通中心的地位，因此，从某种意义上说，“城市市场集群”还处于孕育期。①

---

① 其基本依据是，通过“坐商”和“行商”的共同努力，义乌小商品市场得到了相当的发展，但与此同时，浙江温州等区域的民间专业市场也蓬勃发展，各地的专业市场在产品销售上各有所专，且在不同领域发挥着一定的核心作用。而义乌小商品市场的影响范围虽然已波及周边县市区乃至更远的地区，但从整体来看，它只是浙江众多民间专业市场之中比较突出的一个，尚未真正形成以其为核心的“城市市场集群”。

（二）义乌小商品市场的发展与“城市市场集群”的形成[①]

义乌小商品市场经过民间与政府的合力孕育，逐步形成了一定的规模，开始进入稳步发展阶段（1988～1991年）。此时，场地规模、摊位总数、商品种类、年交易额等稳步增加。1991年，小商品市场的年交易额达10.25亿元，跃居全国同类市场榜首，义乌小商品市场成为全国第一大小商品市场。“城市市场集群”的辐射范围不仅包括附近省份，而且对东北、西北、华北等“三北市场”产生了巨大影响。

在义乌小商品市场的全面拓展阶段（1992～2001年），1992年第四代小商品市场第一期工程建成，新设摊位7100多个，真正实现由“以场为市”向“室内市场”的转变；1993年建成的四代二期市场，新设摊位7000个。1995年，与篁园路第四代小商品市场大体属于同一档次的宾王市场建成，义乌小商品市场的营业面积从1985年的1.36万平方米猛增到46万多平方米，市场成交额从6190万元猛增到152亿元。市场总体功能逐步健全，市场主体日益多元化，形成了“买全国、卖全国”的大格局。

随着产业结构调整的深入和范围的拓展，义乌小商品市场呈现出强劲的发展势头，在同类市场中，义乌小商品市场的核心地位凸现，市场规模和辐射能力都大大超越其他专业市场，温州、台州等地的同类市场的交易价格和货源也都深受义乌的影响。2001年，温州有成交额超10亿元的市场8个，年总成交额183.59亿元；台州路桥中国日用品商城成交额116.21亿元。而义乌小商品市场的成交额达211.97亿元。

此时，义乌小商品市场形成了篁园、宾王两大市场群，规模进一步扩大，商品门类越来越多，场内立体型管理服务体系已经形成；市场管理、经营业态、营销方式等各方面的改革稳步推进；义乌小商品市场声名鹊起，不但周边县市区的相关产业日益围绕义乌小商品市场发展起来，浙江其他地区和沿海省份的商品也陆续入驻，并以此为依托培

① 陆立军、白小虎、王祖强：《市场义乌——从鸡毛换糖到国际商贸》，浙江人民出版社，2003。

育了一批颇具特色的产业群，推动了周边地区市场和产业的发展。在全省乃至全国，一个与义乌小商品市场或企业有着紧密经济联系、以义乌小商品市场为核心的跨区域分工协作网络即“城市市场集群”，已经基本形成。

(三)“城市市场集群”的国际化：国际商贸城

2002 年以后，义乌市明确了建设国际性商贸城市的总体目标，开始建设具有标志性意义的国际商贸城，进一步提升了市场的软、硬件环境，义乌小商品市场步入了接轨国际的新阶段（2002 年至今）。

目前，义乌小商品市场的外向度已达到 60% 以上，初步形成了“买全球货、卖全球货”的国际化商贸新格局，义乌小商品市场在全国小商品生产、流通中的核心地位已经牢固确立。

国际商贸城作为义乌小商品市场的第五代市场，极大地改善了市场经营环境，为义乌小商品市场的进一步发展开辟了十分广阔的空间。来自全国各地、以高中档为主的小商品，通过义乌小商品市场这一窗口，源源不断输往全国乃至世界各地。[1]

当前，义乌小商品市场的发展已经相当成熟，正在逐步向商品市场与信息市场并重的新阶段过渡。国际商贸城不再以现货交易为唯一或主要的功能，其产品展示、信息交流等功能成为市场持续繁荣发展的根本原因。市场的主要活动从产品的零售与批发向信息处理与商务办公转变，金融业、保险业、房地产业、广告业等现代服务业获得快速发展，大批国内外大型公司在此设立办事机构处理商务信息，使义乌正在由地处浙中的商贸中心向商务中心转变。随着义乌在小商品生产、流通中信息发布与商务功能的日渐突出，“城市市场集群”已开始步入成熟阶段。

表 8－2 说明了义乌小商品市场的发展进程。

---

① 资料显示，已有约占总成交额 5% 的国外商品进入，义乌资讯网。

表 8-2 义乌小商品市场发展进程

内容＼年份	第一代	第二代	第三代	第四代	第五代
	1982～1983	1984～1985	1986～1991	1992～1998 1999～2002	2002～至今
发展阶段	马路市场	草帽市场	高速发展	规模化发展	国际化发展
城市化阶段	市场推动阶段	市场推动阶段	市场推动阶段	产业推动阶段	国际商贸导向阶段
摊位/门店（个）	705～1050	1870～2847	5500～8900	16000～34000 34000～42000	42000～58000
营业面积（平方米）	4252	4252～13590	57590	117590～465590 465590～765590	765590～4200000
年成交额（亿元）	0.0392～0.1444	0.2321～0.619	1.0029～10.25	20.54～153.4 175.3～229.98	229.98～580.03
建城区面积（平方米）	3.8～6.44	3.8～6.44	3.8～6.44	6.44～11 11.5～38	38～55
建城区人口（万）	3～12	3～12	3～12	12～15 15～43	43～52.2

注：第五代数据以2012年年末数据为准。

资料来源：根据历年《义乌统计年鉴》整理而成。

第二节 义乌城市市场集群的集聚、发育机理

一 基于采购者与专业市场区位选择的集聚机理

在我国的经济发展过程中，为什么会出现像浙江义乌那样的由各类专业市场构成的市场集群（即整个城市就是由各类专业市场构成的）？究其原因，最本质的动力机制就是，专业市场间的相互依存关系所带来的利益，远远大于竞争关系所损失的利益，这便是市场集群的经济性原理。[①]通常情况下，在市场集群中，采购者购物的目标是在对产品拥有不完全信息的情况下（事实也是如此）选择最优的价格与产品，各类专业市场（批

① 参考第三章第三节中集聚机理数学模型。

发企业）区位的不确定性导致采购者支付的搜寻成本是有差别的，而采购者进行搜寻的方式通过他们的需求又会影响到各类专业市场的区位与价格战略。[①] 反过来，意味着由各类专业市场（批发企业）确定的区位与价格战略会影响采购者的搜寻成本。因此，两类经济人的多次博弈最终导致一种均衡，即在均衡的区位与价格条件下（满足一定假设），采购者与各类专业市场（批发企业）达到各自的利润最大化，且是最有效率的。这便是空间经济理论数理模型解释城市市场集群集聚机理的主要思想。

基于此，笔者对照第三章第三节的分析思路，并以 Fujita and Thisse（2002）的空间经济理论为依据（经过改造），通过构建一个阐述市场集群集聚机理的理论分析框架，以求更为规范科学地研究市场集群现象。[②]

在与第三章第三节相同的基本假设下[③]，可以定义光顾 i 批发企业的采购者（x，r）的间接效用函数为：

$$V_i(r,x) = Y - p + u - s\left|r - r_i\right| - 2(t_0 + t\left|x - y_i\right|) \qquad (8-1)$$

其中，p 为一般的固定价格，s 为一个采购者不消费其理想产品的边际效用损失（也称为对应费用），y_i 为批发企业 i 的内生区位，t_0 为固定的运输成本，u 为采购者效用。

模型求解思路如下。

如果想要一个由所有批发企业组成的集聚的均衡，只要研究这样一种情况就可以：$M-1$ 个批发企业集中布局在区位 y_c，而剩余的一个批发企业（称为 M）独自布局在区位 y_1（$y_1 \neq y_c$），只要能证明这个批发企业加

① 基于分析的方便，笔者把各类专业市场看成是各类不同的批发企业（以下同）。

② 该模型主要用来解释购物中心和城市市场集群的集聚机理，详细参见 *Economics of agglomeration By Masahisa fujita and Jacques - Francois Thisse*, Throuh Cambridge University Press, 2002。

③ 即采购者在区间［0，l］上均匀分布，同一批发企业的不同种类产品均匀地分布在一个单位长度的圆环 C 上，i 批发企业的区位 r_i 代表其产品在特征空间 C 上的位置，区位 r 代表了一个采购者的理想消费品的区位，运输费用 $s\left|r-r_i\right|$ 对应于采购者没有消费其理想产品的效用损失，其中，$\left|r-r_i\right|$ 代表 r 和 r_i 之间相对较短的那段弧长，一个采购者由两个参数定义，即他在地理空间［0，l］上的区位 x 以及他在特征空间 C 上的理想产品的区位 r，且这两种分布是相互独立的，采购者在以 C 为底、以 l 为高的圆柱体上的分布（x，r）是均匀的，运输的非凸性，采购者每进行一次采购都需要承担一个正的固定成本 t_0，$t\left|x-y\right|$ 为一次单程采购的成本。

入到 $M-1$ 个批发企业的集聚体中可以获得更大的利益，则说明市场集群是企业的最佳选择。那么，令 $\Delta \equiv |y_c - y_1| > 0$ ［Δ 是 M 的函数，即 $\Delta(M)$］，在这样一种布局中，一个采购者的搜寻计划就包含由以下两部分所组成的决定：一是从哪里开始；二是到哪里结束。

模型求解原理如下。

一个采购者有两个可能的计划，或者从批发企业集聚体开始，然后有可能继续去那个独自布局的批发企业，或者是正好与此相反的另一过程。在这两种情况下，采购者都会根据一种停止规则来选择一种依次搜寻的方法。[①] 最优的搜寻方法就是直到在特征空间 C 中找到自己的“保留差距”（用 D_c 表示，是指产品品质）以内的产品以前，一直继续搜寻。这意味着从第一家批发企业购买商品的采购者所购买的商品与理想商品的差距小于或者是等于距离差距 D，在这一点采购者继续搜寻所获得的效用等于其继续搜寻所花费的成本。当采购者光顾的一个批发企业，其中的商品没有落入其“保留差距”之内时，搜寻活动继续进行，即消费者存在一个搜寻“接受带 $2D_c$”。

根据与第三章第三节相同的分析过程可以得出，当 $\Delta \leqslant \Delta(M)$ 时，不存在空间搜寻（即采购者到了所要搜寻的集聚体，不会再到孤立企业去）。[②]

由此，我们可以得到以下结论。

定理 8.1 *若有 $M-1$ 个批发企业布局在 y_c 而剩余的一个批发企业布局在 y_1，如果 M 足够大，那么就存在一个距离 $\Delta(M)$，当集聚体（市场集群）与孤立批发企业间的距离不超过 $\Delta(M)$ 时，所有的采购者都选择首先光顾集聚企业群。并且，$\Delta(M)$ 随着 M 的增加而增加。*

定理 8.1 是说，如果一个企业的布局区位与集聚体间的距离达到 $\Delta(M)$，那么所有的采购者都会选择首先光顾集聚企业群（市场集群）。因此，这个企业加入集聚体分享 $1/M$ 的市场份额肯定要好于其现在孤立的状况。如果城市区足够小且满足 $\Delta(M) \geqslant l/2$，那么所有的采购者都会从企

① 因为价格是固定的且在批发企业间是无差异的，唯一影响采购者是否需要继续搜寻的决定要素就是其所遇到的商品的质量是否与理想产品相一致。

② 证明参见附录 C 部分。

业集聚体中采购。

定理 8.2 假设有 M 个批发企业销售不同种产品，且采购者连续域不清楚哪家批发企业销售哪种产品，令 $M > \tilde{M} \equiv \max\{\Delta^{-1}(M), 2D_c\}$，如果 $M > \tilde{M}$，且 $\Delta(M) \geq l/2$ 时，

那么，$y_i{}^* = y^* \in [\max\{0, l - \Delta(M)\}, \min\{\Delta(M) - l/2, l\}]$，对于 $i = 1, \cdots, M$，是一个纳什均衡。

定理 8.2 是说，当城市的规模足够小时（或者当由 t 度量的产品运输成本比较低时），且构成集聚体的批发企业的数量 M 足以吸引所有的采购者时，采购者对于不同批发企业所提供的差异产品的信息的缺乏就会导致批发企业完全集聚在一个区位的现象出现。

事实证明也是如此。如以浙江温州纽扣市场的衰落为例，当浙江许多传统专业市场在发展中出现不同程度的减缓甚至衰退时，义乌市场集群在其中却异军突起，完成了对当地专业市场的角色替代。①

二 由专业市场带动专业化分工

实践证明，市场规模的扩大会带动和促进专业市场的发展，而专业市场的发展反过来又会进一步带动专业化分工。不管是斯密（Smith，1782）提出的“分工受市场范围限制”的“斯密定理”，还是杨格（Young，1928）提出的“分工与市场互动”的“杨格定理”，都表明了分工与市场具有天然的、密不可分的关系。就市场的功能而言，历史上存在“斯密命题”与“斯密定理”之争②，而里昂惕夫（Leontief，1937）则就企业家市场的关系指出，“假定公司有一定数量的稳定需求和高于这个数量的波动需求，那么，这家公司生产稳定需求，并从外部购买波动需求，可能会更有利”③。里昂惕夫关于稳定需求与波动需求的划分，对于讨论以专业市场

① 陆立军：《义乌商圈》，浙江人民出版社，2006，第 45 页。

② “斯密命题”是“看不见的手”，认为市场的存在可以导致最优的资源配置效率，强调市场的资源配置功能；“斯密定理”即“市场决定分工”，认为市场扩大可以导致分工的演进，强调市场在协调分工中的作用。

③ Leontief，W.，*Interrelation of Prices，Output，Saving，and Investment in The Structure of American Economy. NY*，International Arts and Sciences Press，1937.

为核心的跨区域分工协作网络即“义乌市场集群”的形成具有决定性的意义。事实上，对于义乌专业市场以外区域一个力图本地化的企业来说，它所面临的总是“里昂惕夫需求”，既包含稳定部分，也包含波动部分，那么它怎样应对向外区域出口的需求就成为其不断成长、追求发展的关键。[①]专业化分工问题的核心是分工带来的好处与分工所增加的交易费用之间的权衡（杨小凯，1998）。当前者大于后者时，分工就会演进；否则，既定的分工水平将保持不变。因此，在给定分工利益时，降低分工所产生的交易费用就可以不断促使分工深化。“里昂惕夫需求”中的波动需求会导致企业参与分工后面临很大的不确定性，从而增加分工所带来的交易费用。义乌以外区域的企业能否进入“义乌市场集群”，也取决于其应对分工后的不确定性的效果。而大规模的市场（如市场集群）可以提供一条应对波动需求的低成本途径，进而减少分工中所面临的不确定性，降低分工所带来的交易费用。

现实中，正是高效率的义乌专业市场集群使得细化分工之后的交易费用并未呈现急剧上升的趋势，从而使围绕专业市场的企业的专业化生产变得有利可图，并随着市场规模的不断扩大（即形成市场集群），对产业的带动作用进一步增强，专业化分工企业的生产规模也随之达到规模经济的临界点，从而进一步降低了生产成本，这使得义乌专业市场在同类市场中脱颖而出。由于规模报酬递增效应的存在，义乌专业市场的兴盛促进了跨区域分工协作网络即“义乌市场集群”的发展，因为当分工所带来的好处大于由此所增加的交易费用时，分工将进一步细化，专业化协作将不断深

① 布罗代尔（Braudel，1996）曾就稳定需求与波动需求进行了非常精彩的论述，对葡萄酒的稳定需求和小麦的波动需求进行了激动人心的比较。在布罗代尔看来，葡萄酒的生产需要特定的气候和土壤，具有地域优势的商人从事葡萄酒贸易，需求可靠而又有规律，一般都能获得稳定的收入。但小麦的种植不需要特殊的地域条件，任何国家、地区都不能独占。于是，从事小麦贸易的商人永远不知道需求来自何方，也不清楚自己是否已落在竞争对手的后面。所以，小麦贸易只有那些消息灵通、实力雄厚、手段高超的商人才能经营。多数商人因小麦贸易的风险而却步，才使小部分商人得以赚取与风险成比例的利润。在布罗代尔的历史视点中，人类的经济活动可分为三个层次：一是形式多样、自给自足和墨守成规的“物质生活”；二是建立在“物质生活”基础上的经济生活，相当于我们所说的市场竞争；三是最高层次的资本主义活动。小麦从满足自身消费到城乡交换、再到远程贸易，每一种情形都代表商业世界的一个层级，每攀升一个层级，就转换了不同的当事人和经济活动者。在每一个层级的攀升中，如何处理波动需求都成为关键。

化。因此，在分工所能增加的利益给定时，降低分工所带来的交易费用就可以不断促使分工细化、深化。对于追求利益最大化的微观经济主体尤其是企业来说，是否参与新的区域分工协作网络，其关键在于分工能否带来额外的收益。从理论上说，由于衍生需求的波动而产生的波动需求使企业参与分工后产生的绩效具有很大的不确定性，从而增加了分工所带来的交易费用。然而，大规模的市场可以提供一条应对波动需求的低成本途径，进而减少分工中所面临的不确定性，降低由于分工而产生的交易费用，从而为扩大跨区域分工协作网络提供可能性。由于义乌市场集群在与区域资源相结合的跨区域分工协作过程中规模不断扩张，规模效应带来了交易效率的提高。随着规模报酬递增效应的扩大，进行生产的区际分工协作变成更为有利的经济行为，驱使与市场相关联的各经济主体和区域进一步围绕义乌市场集群开展专业化分工与协作，从而使得以义乌各类专业市场为核心的“义乌市场集群”日益稳固、不断拓展。

三 由专业化分工诱发产业集群进而形成市场集群

专业市场集聚可以促进专业化分工，使得不同的企业可以成为专业化生产产品链上的某个环节，并提供给其他企业，这就产生了企业之间的相互依赖性，这就是外部经济。这种外部经济会促使产业集群的形成及发展，因为单个企业缺乏内部规模经济而无法生产所有的部件，而通过集聚中的其他企业可以弥补这个不足，集聚地企业间的协作程度高、专业化程度强，集聚可以提供多样性而产生范围经济。

在传统新古典理论框架中，李嘉图模型揭示了在完全一体化条件下，各国专门生产自己相对成本较低的产品，通过国际贸易达到总效用最大（完全意义上的专业化和产业集聚），而一体化市场的存在是李嘉图区际分工模式产生的关键。在俄林－赫克歇尔模型中，各地区的分工取决于各自的资源禀赋差异[①]，即生产并出口自己丰富的要素密集型的产品，进口自己稀缺的要素密集型的产品，多区域要素禀赋差异就导致了区际的分工与合作。在以上两个模型中，市场被认为是一种“光滑”的交易机制，即在

① 华民：《国际经济学》，复旦大学出版社，2004，第37～41页。

没有交易成本的情况下，市场一体化导致地区专业化，进而决定区域之间的分工格局。但是，杨小凯（1998）、杨小凯和张永生（2001）、黄有光和杨小凯（1999）等认为，市场并非无成本的交易机制，市场使用费（交易成本）的高低决定着分工深化的程度，在市场中，交易的费用越低意味着交易效率越高，而分工程度与市场的交易效率呈正相关，交易效率越高，则分工越深化。

理论上讲，在给定的区域间相对生产力、相对偏好、相对人口规模等条件不变时，市场交易效率的提高必将促使自给自足的生产方式向局部的区域分工转变，然后向完全的区域分工演化。因此，义乌周边区域在围绕义乌市场集群进行分工抉择时，决定分工程度的因素不仅与本区域的要素禀赋有关，而且在很大程度上与义乌市场集群的交易效率相关。由于义乌市场集群秩序发育良好，具有明显的正交易效率，因而使得义乌与周边地区的分工成为企业家的理性选择。

当前，新经济地理学引入了空间因素来研究区际分工的形成（Fujita, Krugman & Venables，1999 等），其理论可以对“义乌市场集群”发展过程中分工专业化与产业集群的形成进行解释。从直观上看，如果制造业中具有上、下游联系（产品产业链）的产业聚集在一起，则能减少中间投入品的在途损耗，缩小运输成本，从而降低中间投入品的价格，由此驱使厂商产生集聚在同一区域内开展分工协作的冲动，这种产生集聚效应的力量被称为“价格效应”或“制造业前向联系”。当厂商出于降低中间投入品成本的考虑而集聚在一起生产时，就形成了产业集群，各专业化分工的技术工人也因此集聚在同一区域内分享知识溢出的好处。随着企业数量、产品种类的不断增多，集群的规模与范围经济使产业集群相对于单个生产厂商更加具有成本上的优势，因而促使该集群的市场占有率（外部规模经济的作用）逐步扩大。同时，由于制造业产品从厂商到达消费者手中的运输成本大大降低，因此厂商的利润空间扩大，体现为工人的名义工资和实际工资均高于其他非产业集聚区，导致非产业集聚区的劳动力受产业集聚区高工资水平的诱惑，也向产业集聚区内迁移，这一引起产业集聚的力量被称为“市场规模效应”或“制造业后向联系”。而“制造业后向联系”总是使新进入的制造业厂商选择在“市场规模效应”较大的地区投资设厂。我们将规模报酬递增与运输成本结合起来考虑就可以推断出，制造业厂商总是选择最接近大市场空间的某一点进行产品生产。“制造业的前向联系”和“制造业的后向联系”，分别是推动产业集聚的两种力量。①

义乌市场集群是全球最大的小商品集聚地，在义乌市场集群成为许多企业销售产品的主渠道之后，出于降低运输成本及交易费用等一系列“成本因素”的考虑，厂商同样倾向于选择将生产部门尽量靠近交易市场，以便在竞争中获得价格优势。在大批厂商向市场周围聚集的过程中，同类厂商相对集中于一处又可以获得专业化分工带来的好处，从而进一步扩大了产业集群内企业与集群外企业之间的竞争差距，吸引集群外企业向集群靠近乃至融合，使市场周围的产业布局呈现出明显的块状经济特征。由此可见，产业集群的形成也是市场中企业理性选择的结果。在义乌专业市场周围形成产业集群之后（基于区位选择的空间均衡分析结论），“义乌市场集群”这一跨区域分工协作网络的产业基础也就形成了。

四　由市场集群促进区域经济协作

在外部经济的作用下，经济发展中的专业化带动产业集群，进而促使专业市场的发育和完善，以致形成义乌那样的城市市场集群。从区域层面看来，根据基础—乘数模型（Fujita，Krugman &Venables，1999），我们可以将一个地区的经济活动分成两类：一类是满足来自区域外部需求的经济活动，这是本地经济存在的理由，可称作该区域的“出口基础”（export base）或“经济基础”（economic base）②；另外一类是满足当地居民需求的经济活动。对于现代高度一体化的经济来说，一个地区建立自给自足的封闭生产体系是不可能的，因而区域经济的存在主要是为了利用本地资源优势或历史上偶然形成的循环累积优势，为外地更大的市场提供产品或服务，从这个意义上说，第二类经济活动是由第一类经济活动派生或引致的，故第二类经济活动对区域经济来说是“非基础”（none base）的。

---

① Paul Krugman, “Increasing Returns and Economic Georphy”, *Journal of Political Economy*, vol. 99, 1991, pp. 483 - 499.

② 显然，这里所说的出口与一般国际贸易中的国家之间的出口概念是不一样的，只要区域向区域外提供产品或服务都称为区域的出口。

根据凯恩斯的乘数理论，一个地区的经济增长取决于区域外部对本区域产品的需求以及获得这部分收入后在本地支出的比例。义乌由于其市场集群这样一个规模化市场的存在，本地及周边区域经济呈现出明显的外向性。相应的，该地区的出口收入在整个经济中所占的比重也比一般地区要大[①]，当地产业集群与市场之间的前后向联系也更为紧密。在联系的形式上，一些欠发达地区通过为义乌市场集群进行来料加工，实际上在不输出劳动力的情况下为义乌企业提供了价格低廉的劳动力。一些自身产业集群有一定发展的地区则直接借助义乌市场集群销售产品，客观上为义乌市场集群提供了丰富的货源。尽管在行政区划上并没有一个上级政府来规划义乌与周边地区的协作关系，但在市场机制的作用下，它们自发建立了基于分工协作的互利共赢机制。

义乌的实践证明，由于义乌市场集群所具有的“锁定效应”[②]，即其他地区尽管存在以更廉价的成本发展新市场的可能性，却由于初始交易成本比义乌市场集群平均交易成本要高而被“锁定”（即不具有比较优势理论中的后发优势），原有的义乌市场集群则得到增强和巩固。周边地区发展新的市场不仅不能降低本地企业的交易成本，而且很可能由于受到义乌市场集群的“极化效应”而产生萎缩现象（事实上义乌附近的一些同类市场正在或已经萎缩）[③]。这也进一步促使周边地区选择接轨义乌市场集群，与义乌进行分工协作而不是致力于建立新的市场网络。事实上，在“义乌市场集群”的形成、发展过程中，区域经济的快速增长只是分工协作机制发挥作用的外在表现形式，其根源则在于由义乌市场集群所带来的商机使义乌及周边区域通过专业化分工协作和产业结构调整，迅速形成围绕义乌市场集群的跨区域分工协作网络，并由此带动该区域对外贸易的快速增长。

---

① “义乌是全国最大的小商品出口基地，义乌市场的商品已经出口到世界212个国家和地区，境外企业经过批准登记在义乌设立办事处（代表处）615家，吸引了8000多名肤色各异的外国客商常来于此，联合国难民署等机构在义乌建立采购中心，全球海运前20强企业中有10家在义乌设立办事处。”黄祖辉、张栋梁：《为什么是义乌》，浙江人民出版社，2007。

② 孙杰、谷克鉴、许陶：《竞争优势、外部经济于发达区域市场可持续发展》，《中国软科学》2004年第10期。

③ 由美国的赫希曼提出的一对概念——淋下效应和极化效应：区域增长及对经济落后周边地区的积极影响称为淋下效应，而其消极影响则称为极化效应。

其实，从义乌专业市场的演变过程可以看出，义乌市场集群的发展主要从以下三方面推动了跨区域分工协作网络的形成，并促进了其功能的发挥。一是义乌市场集群的发展大大增加了区域分工协作网络参与者的数量。这是因为它所提供的低成本、“共享式”交易平台吸引了国内外大批经营者聚集，促使生产商、批发商等经营主体积极建立与市场的紧密联系，并使大量商业资本投入到市场交易中来。随着交易规模的扩大，规模报酬递增效应更加显著，又吸引更多的经营者加入跨区域分工协作网络，并进一步细化分工，深化协作。二是义乌市场集群的发展降低了跨区域分工协作各方每次交易的费用率，使参与跨区域分工协作的各方集聚在某一特定区域内进行交易，并有一定的物流配送中心和通信网络相匹配，从而大大减少了运输费用。[①] 这是由于在义乌市场集群上，商品价格信息集中，买卖双方都可以在比较短的时间内寻找到交易对象，从而降低交易成本。交易双方数量的增加使得交易对象的选择具有更大余地，经过多次博弈，违背市场交易规则的行为将被抛弃，从而减少道德因素造成的额外交易成本。三是义乌市场集群的发展促使保持企业间商务关系的平均费用率降低。这是因为随着市场规模的扩大，以市场为核心的分工协作不断深化，各经济主体专业化生产、销售的水平提升，相互之间的依赖程度增强，合作意向更趋明显。随着区域分工协作各方交易次数的增加，相互之间的了解和信任度也在提高，加上反复多次博弈后大规模市场对跨区域分工协作各方遵从市场交易规则的潜在约束力不断增强，市场交易环境优化，从而使跨区域分工协作网络的参与各方原先用于维系企业间商务关系的风险保障支出大为降低。

总之，通过以上三条途径，义乌市场集群增加了跨区域分工协作网络参与者的数量，降低了专业化分工后的交易成本，提高了分工协作的效率，从而使跨区域分工协作带来的整体利益的增长超过成本的上升。也正是由于义乌专业市场集群在规模与效率方面均具备了其他地区无法比拟的优势，从而促进了跨区域分工协作网络即“义乌市场集群”的不断发展和巩固。

---

① 事实上，义乌专业市场是典型的商流和物流相分离的市场集群，即义乌市场利用其自身信息等方面的优势，达成各交易主体交易过程中的商流环节，而物流过程则直接从商品的产地发往采购地。

第三节 义乌城市市场集群功能的跃迁

一 城市功能的跃迁：创新型国际商贸城

一般而言，国际性商贸城市是指在世界分工体系中，商贸业具有明显的辐射力、影响力、控制力的城市。国际性商贸城市应具有以下总体特征：一是商贸业在国际上具有较大的影响力，这是国际性商贸城市的核心特征；二是现代化的城市基础设施，这是国际性商贸城市的基础；三是城市功能的国际化，这是国际性商贸城市的内在要求。

当前，在要素（特别是劳动力和土地）优势逐步削弱的条件下，通过建立以市场为核心的跨区域分工协作网络从而走向国际化，是义乌市场集群今后演进的基本趋势。义乌作为一个商贸业中心，不能仅仅满足于在国内小商品批发市场中的龙头地位，还必须凭借产品和服务的一流设计、一流品牌和一流质量走向国际市场，必须大力借鉴市场经济发达国家的先进经验来弥补在产业发展、科技创新、城市管理等方面的不足。

经过改革开放几十年来的发展，义乌专业市场已经基本建立了遍及国内外的交易平台和稳定的交易关系，市场参与者的数量、交易品种和规模都大大增加，随着交通、通信的发展和信息化的推进，打破了空间和时间上的限制，使得跨国合作的平均交易费用更为低廉，为全球范围内的合作铺平了道路，这也是义乌市场集群国际化趋势的内在推动力。国际化是义乌市场集群不断拓展范围、提高层次的重要手段，国际化为义乌市场集群带来了更多的生产者和消费者，从而重组了国内原有小商品生产的产业分工和销售体系。在经济全球化来临、消费观念不断变化、产品不断创新的时代，义乌必须使产业和市场发展进一步走向国际化，把握产业发展的脉搏和动向，以便使自身始终处于产业革命的最前沿，成为浙中商务中心，并进而影响国内其他地区。国际化也使得义乌有机会把自身的消费观念和发展理念传送给世界，拓展义乌市场集群的范围，挖掘其深度，使之成为世界性的小商品设计、研发、生产及销售中心。国际化能使义乌进一步强化其核心地位，增强其对市场集群的控制力和影响力。

未来义乌市场集群的基本功能将逐步转变为商品展示→洽谈→接单→在全国范围内安排生产→出口，从而日益成为一个真正的国际市场。从一定意义上说，国内中小企业的产品只要进入了义乌市场集群，也就进入了国际市场，不必在国外建立自己的销售体系。为此，义乌需要从国际化的角度，更新审视市场集群的发展方向和城市的功能定位，要通过义乌市场集群的建设与发展，形成“大进大出、两头在外”的开放型经济，真正融入世界产业链，与国际性的市场和高度开放的城市相匹配。因此，建设“国际性商贸城市”理应而且必然成为义乌市场集群的发展方向。义乌今后必须依托市场集群的进一步发展、提升，在以下几方面取得较大的成就：一是形成较强的综合经济实力和国际竞争力，成为国际性的小商品流通中心、展示中心、信息中心、制造中心和研发中心；二是形成规模较大、服务能力较强，具有较大影响力的浙中商务中心；三是形成高度发达的文化事业，国际交流频繁。

建设国际性商贸城市是一个全方位、高质量的城市发展过程，而不仅仅是城市建成区面积的扩张、城市居住人口的增加等数量增长，更重要的是可以推进义乌市场集群的进一步拓展。建设国际性商贸城市是义乌长期的战略目标，主要涉及以下几个方面。

（一）国际性商贸城的核心和标志

1. 国际小商品流通中心

小商品市场是义乌经济的命脉，建设国际性商贸城市，关键在于扩大义乌小商品在国际市场上所占的份额，把义乌建设成国际性的小商品流通中心。为此，政府应采取以下措施。一要进一步完善市场体系。义乌应积极拓展国际市场，继续实施多元化战略，切实加强对相关行业和经营主体的提升，特别是对国际性品牌的招引力度；应积极做好副食品市场的搬迁工作，改造宾王、篁园市场，加快扩建、搬迁生产资料市场；还应按照错位发展、分类集聚、配套互补、划行归市的原则，科学布局、统筹规划，改造建设专业街。二要进一步加快“数字市场”建设，构建国际性的销售网络。三要大力发展会展经济，继续提高义博会等展会的知名度和档次，在组织方式、参展会员的层次、参观者的素质、参展商品等方面都要有新的突破，形成相对稳定的参展企业群和专业客商群，培养一批专业技术水平高的战略人才和管理人才。四要积极发展总经销、总代理、连锁配送、电子商务等现代商贸和经销手段，大力推进市场经营手段和交易方式的多元化、集约化和现代化；积极开辟相关的专业交易区和小商品原料市场，改造现有市场商位，实行扩摊改店，大力发展街式市场，促进场街结合。五要大力推进外贸经营主体、贸易方式、出口商品和出口市场的多元化，加快配套设施、管理机构和服务机构的建设，进一步完善外贸服务体系，千方百计扩大小商品出口，全方位拓展国际市场。六要整合现有物流资源，高起点、高标准地规划建设集商流、物流、信息流和资金流于一体，服务功能齐全的现代物流园区，组建股份制物流企业集团。

2. **国际商贸城**

小商品市场是义乌各项事业的龙头，是义乌成为全国乃至世界小商品流通中心的基石，也是建设国际性商贸城市、拓展义乌市场集群的启动器。而未来的国际性商贸城市、浙中商务中心和义乌市场集群的心脏部位就在国际商贸城，它是义乌走向国际，向世界展示和交换信息、资金、技术、商品的主要窗口。因此，进一步规划、建设好国际商贸城市场是国际性商贸城市建设的重中之重。今后 5 ~ 10 年，义乌要抓住历史机遇，提升市场档次，拓展国际化程度，努力成为全国乃至世界小商品交易成本最低、信用最好、服务最佳、手段最新、信息最灵的小商品集散中心。新建成的中国义乌国际商贸城二期市场的全面开业，使义乌小商品市场经营面积达 260 万平方米，全球最大的小商品流通中心和展示中心的地位更加突出。

（二）国际性商贸城市的强大支柱

1. **产业高端攀升**

国际性商贸城市的建设与发展，必须以坚实的产业基础和较强的创新能力为支撑，这是确保义乌国际性小商品流通中心地位、新产品的创新优势、产品生产的低成本优势的基础。十几年来，义乌小商品市场能一直保持全国同类市场的领先地位，当地优势产业的支撑功不可没。没有强大的工业，就没有繁荣稳定的市场，也谈不上国际性商贸城市的建设。义乌市场集群的前景如何，不仅取决于国内外同类市场的多少和大小，更取决于义乌小商品市场自身有没有强大的产业支撑。信息化和品牌化是义乌产业结构升级的两大法宝。信息化能使企业及时掌握市场行情，设计出款式更新、质量更高的产品；同时，运用信息技术对整个产业进行改造，可使产品从研发、物流到销售等各个环节的效率和效益都得到提高。运用信息化改造传统产业，提升市场的服务、辐射和整合功能，是义乌建设国际性商贸城市的必由之路。义乌小商品市场品牌的不断提升也使义乌制造业受益匪浅，新光、浪莎、梦娜、能达利等众多知名品牌都借助义乌小商品市场成长起来并走向了世界；反过来，这些知名品牌也促进了小商品市场的繁荣，提高了义乌的美誉度。因此，义乌应全面树立制造企业的品牌理念，系统推进品牌创建工程，进一步加大引进国内外名牌的力度，打造国际品牌市场。

2. **区域拓展**

工业园区是促进产业集聚、提升的重要载体。集中力量办好工业园区，可以有效解决小商品生产企业的“低、小、散”问题，实现资源共享，降低生产成本，提高规模效益；还可以通过产业集聚，带动人口集聚，加快城市化进程，为建设国际性商贸城市创造条件。为此，义乌要加强现有园区的规划和整合，按照开发建设义西南、义东北两大产业带的中长期规划进行不懈的努力；要坚持产业集聚发展的方针，依托优势产业，建设文化用品、化妆品、服装、拉链、毛纺、饰品、印刷等新的特色产业园区，引导规模企业进园区自建厂房，引导中小企业进园区租标准厂房，彻底改变过去工业“遍地开花”的状况。义乌尤其要加强100平方公里主城区（其标志是国际商贸城和商务、商贸、会展、金融、保险、研发、行政、科教、文卫、旅游等设施）的规划和建设，使之成为义乌市场集群和浙中商务中心的核心区。

二　区域功能的转变与提升：浙中商务中心

义乌各类专业市场是“义乌市场集群”的核心和枢纽，社会经济的发展必然要求义乌承担起建设浙江中西部地区商务中心的重任[①]。浙中城市

① 由于义乌位于浙中地区，笔者简称为“浙中商务中心”。

群内各区域功能分工互补，产业各具特色，都有着各自的优势，尤其是义乌，拥有全球最大的小商品市场。由于义乌小商品市场所引起的极化效应，使得浙中城市群、浙江中西部地区乃至国内外相关地区的资源要素不断向该区域集聚，推动了义乌城市市场集群的繁荣。义乌市场集群的繁荣又产生辐射效应，以输出来料加工业务、培育经纪人以及到当地开办企业等方式带动周边区域经济的发展，从而使浙江中部各县、市、区，无论是经济比较发达的永康、东阳，还是尚属经济欠发达地区的武义、磐安，都与义乌建立了紧密的经济联系，逐步构筑起以义乌市场集群为核心的区域分工协作网络。①

"浙中商务中心"概念的提出，揭示了义乌与浙江中西部地区各市、县、区协作共生、互补共荣的密切关系，即义乌以市场集群为核心对周边地区提供巨大的商务支持，周边其他地区则依托义乌市场集群，分工发展制造业或其他特色优势产业，从而在浙江中西部地区形成以义乌市场集群为中心的跨区域分工协作网络。据此，我们可以把浙中商务中心的内涵理解为以义乌市场集群为主要区域，以市场主导、政府支持为主要动力，以商务办公、科技创新、金融、保险、会展、商贸、现代物流、法律咨询等现代服务业和总部经济为主要业态，以义乌各类专业市场的信息处理为主要内容，服务于整个浙中城市群和浙江中西部建设与发展的商务密集区。

之所以把浙中商务中心的概念推广到区域层面，是因为目前浙江中西部地区缺乏大都市，而义乌市场集群的经济结构和特殊地位使之有可能发挥商务中心的主要功能。表 8－3 反映了义乌经济发展基本情况。因此，义乌的发展理念是：把握商务中心服务范围区域化甚至国际化的发展趋势，以实际功能来决定商务中心的具体位置和区域范围，而并非简单、机械地把商务中心的区域限定在某一特大城市的一个地理区域。因此，以国际商贸城为核心，以大约 100 平方公里的义乌主城区为浙中商务中心的主要区

① 浙江金华市"十一五"规划指出，"十一五"期间，要重点遵循"聚合（金一义）主轴线、依托两市场、构筑四沿带、培育多集群、营造生态网"的空间发展策略，着力优化空间布局，合理规划功能分工，强化特色优势，走"规划共绘、产业共树、设施共建、资源共享、生态共保、优势共创"的发展道路；以文化为纽带，体制机制为保障，加强协同配合，形成共建合力，推进一体化发展，建设功能分工互补、空间布局合理、产业各具特色、交通快速互联、资源优化配置的浙中城市群。

域，不仅有利于充分发挥义乌所特有的人气、商气和财气聚集的优势，而且能够很好地结合目前义乌市区已有的商务设施建设，从而可以基本满足商务中心相关指数的硬性要求①。

表 8－3　2012 年浙江内陆经济区主要城市及义乌的若干经济数据

	GDP 总量（亿元）	年末总人口（万人）	人均 GDP（万元）	社会消费品零售总额（亿元）	固定资产投资总额（亿元）	居民储蓄总额（亿元）
义乌市	729.68	74.74	9.81	344.52	224.19	918.56
金华市本级	2458.07	469.07	5.25	1088.95	862.83	2314.15
衢州市本级	919.62	252.55	3.65	344.34	504.63	513.07
丽水市本级	798.22	251.33	3.06	315.89	358.47	722.77
浙江中部地区	4905.59	1047.69	5.44	2093.7	1950.12	4468.55
义乌/浙中部（%）	14.87	7.13	180.30	16.46	11.50	20.57

资料来源：《2012 年浙江统计年鉴》、浙江统计信息网。

义乌建设浙中商务中心，必须紧紧围绕国际商贸城等小商品市场，逐步形成并发挥四大主要商务职能，即国际会展中心、区域经济总部、区域金融中心和知识信息中心。

（一）义博会和国际会展中心

会展业作为新兴的朝阳行业，正成为我国商贸服务业中增长最快、前景最好的行业之一，它对房地产业、交通业、旅游业、酒店业、餐饮业、广告业等相关产业都具有巨大的带动作用，对商务中心知名度和核心竞争力的提升尤为重要。伴随着义乌市场集群国际化进程的加快，义乌会展业应运而生并迅速崛起，已经成为全市经济发展的一个重要增长点。会展业促进了义乌经济发展和城市建设，提高了义乌对区域经济国际化的承载能力。

① 主要是墨菲指数，包括中心商务高度指数（Central Business Height Index，CBHI）＝中心商务区建筑面积总和/总建筑基底面积、中心商务强度指数（Central Business Intensity Index，CBII）＝中心商务用地建筑面积总和/总建筑面积。

一般认为，国内外会展中心城市大体可分为以下三种类型：一是具有综合优势的城市，即经济发达、金融贸易集中的地区，如纽约、法兰克福等欧美国家的多数会展名城；二是具有旅游优势的城市，即有鲜明地方特色、令世人向往的地区，如日内瓦、新加坡、香港、拉斯维加斯、杭州等；三是具有某种产业优势的城市，即某一项或某几项产业颇具世界影响力的地区，如汽车城底特律、以五金刀具闻名的科隆等。与国内外其他城市相比，义乌小商品市场资源丰富，商贸流通业发达，是全球最大的小商品市场所在地，这是其发展会展业得天独厚的条件（符合第三种类型）。以义乌小商品市场为强大的依托，义乌会展业自20世纪90年代中期开始，从无到有、从小到大，得到了快速发展。并且，在政府的政策引导下，义乌会展业在发展初期就确定了向国际化、专业化、多样化和定期化方向迈进的目标。如2005年的义博会以“小商品、新生活”为主题，面向世界，吸引了来自20多个国家以及国内25个省、自治区、市的1700家企业参展，设展位3000多个，分十大展区。展出商品以小商品为主，特色鲜明，深受采购商欢迎；参展企业以制造企业为主，对买家具有很强的吸引力；参展商的标准和层次明显提升，其中境外企业270家，省级以上知名企业53家，国家驰名商标企业18家，知名企业参展比例超过30%；采购商数量大幅增加，参展目的多元化，更多的是搜集市场信息，国内外采购商回头率高达70%以上；展会布展水平和服务能力提高较快，70%的客商表示非常满意或满意；买卖双方获得大量商机，成交额达80.98亿元。总之，通过各种展览、会议、活动，宣传了新义乌，提升了商贸流通产业，促进了对外开放，实现了经贸、科技、文化、旅游的全面发展。[①]

（二）区域经济总部

“总部经济”是指某一区域由于特有的资源优势或通过创造各种有利条件，吸引跨国公司和外埠大型企业集团总部或地区总部入驻，通过“极化效应”和“扩散效应”，吸引上述总部在本区域集群布局，并采取各种形式，在成本较低的地区建立生产基地，形成较为合理的价值链分工，使

① 陆立军：《义乌商圈》，浙江人民出版社，2006。

企业价值链与区域资源实现最优空间耦合。“总部经济”的发展，是商务中心的一个重要标志。

根据实际情况，从中短期来看，义乌应将主要目光放在对省内外尤其是浙江中西部地区民营企业总部的吸引上。随着经济体制改革的进一步推进，民营企业将迎来新一轮大发展的良好机遇。在区域经济竞争中，谁能为民营企业的发展提供较好的平台，谁就将占领经济和产业发展的高地。从浙江中西部地区的实际情况看，一方面，众多民营企业经过多年的发展，目前已经进入了二次创业阶段，下一轮产业层次和管理水平的提高迫在眉睫，而这两个提高都离不开足够的外部信息提供和人才资源支持，而义乌正好可以提供这样一个平台。另一方面，从产业层次看，目前浙江中西部地区民营企业的资本规模或生产规模都相对较小，绝大部分还没有实力进入上海、杭州、宁波等大都市的BCD，而商务成本相对较低的义乌在信息、金融、人才、物流、技术等方面则能满足浙江中西部民营企业对BCD的现实需求。义乌正在不断成长，这些企业也将在义乌这一平台上进一步发展，这是一种互动共赢的机制。事实上，经过改革开放30多年的努力，义乌已出现了国内外企业建立区域总部的发展趋势。在义乌小商品市场内，大经销商、大采购商和名牌商品三大主体纷至沓来，厂家直销比例达56%，知名品牌总代理、总经销商达6000多家。[①] 因此，从中长期来看，义乌完全可以凭借自己所拥有的市场优势，吸引全省、全国知名企业乃至全球跨国公司总部入驻，实现与上海、杭州、宁波等城市的优势互补，共同形成全国性、国际性的商务中心。

（三）区域金融中心

高效的金融支撑是区域经济持续健康、快速发展的重要动力之一，建设区域金融中心已经成为城市之间、区域之间经济竞争的一项重要内容。区域金融中心作为区域金融资源的集散中心，是中心城市功能进一步提升的必然结果。区域金融中心的形成要有三个基本条件：一是经济的聚集地，二是金融机构和金融人才的聚集地，三是信息的聚集地。义乌目前已

---

① 陆立军：《义乌商圈》，浙江人民出版社，2006。

经拥有较强的区域金融竞争能力、资金供给和需求能力以及比较完善的金融组织体系，在与浙江中西部地区其他城市的比较中，义乌建设区域金融中心具有明显的优势。

义乌建设区域金融中心的目标是：以建设融资中心、中小企业融资中心、农业发展融资中心、投融资中心和再融资中心为主体；集金融产业中心、金融市场中心和金融监管中心于一体；以本市及周边县、市、区为核心，辐射浙江中西部地区，建立多层次、共生型的综合性区域金融服务中心。

义乌区域金融中心的形成必须从以下三方面着手。一要进一步提高义乌的经济实力以及对周边地区的辐射能力。金融中心的建立与发展离不开高度发达、具有很强外部经济效应的产业结构。义乌要成为区域金融中心，就必须依托小商品市场，优化产业结构，提高经济运行质量，增强城市综合经济实力。二要建立以政府诚信、效率为核心的完善的社会信用体系。市场经济是信用经济、效率经济，良好的社会信用和较高的效率是建立规范的市场经济秩序的保证，也是建设区域性金融中心的必备条件。三要加强金融基础设施和人才建设。建设区域金融中心、加强金融基础设施建设是前提，制度建设是保证。只有建立完备的金融基础设施，健全完善的金融制度，创造良好的社会金融秩序，才能积极化解和防范金融风险，提高金融业管理的规范化水平，保证金融中心的健康运转。

根据目前义乌市产业经济及金融市场的发展状况，政府必须加快以商业银行为主体的货币市场的发展，积极吸引股份制银行、外资银行和各类金融机构到义乌建网布点，逐步建立起以国有商业银行为龙头，股份制商业银行为主体，中小型民营银行为补充的银行体系；必须逐步建立健全保险市场及以其他非银行金融机构为服务和中介的、完整的现代金融服务业中心；必须培养、引进一批高水平的金融专业人才，为金融中心的建设提供具有核心意义的金融人才资本。

（四）区域信息中心

科技研发能力是义乌大多数企业的薄弱环节，这是义乌的历史现实所决定的。义乌主导优势产业以传统产业为主，许多企业从家庭式作坊起步，普遍对技术积累、技术学习不够重视，也不愿意承担技术研发的巨大风险；义乌尚未建立起一个完善的科技创新环境、公正公平的商业信用环境，企业长期依靠技术引进，包括原始创新、集成创新、引进消化吸收再创新在内的自主创新能力严重不足。义乌要想建成浙中商务中心，就必须痛下决心，解决好技术研发问题，这就需要大力实施人才强市战略，鼓励各类创新，加快建设、鼓励创造公平公正的创新创业环境，树立更加良好的形象，吸引更多国内外优秀企业来义乌投资创业。而这些目标的实现需要以一个强大的信息网络为支撑。

一般而言，商务中心都是国际、国内经济的结合点，因而信息量十分巨大，各类信息库、数据库、信息网络在这里联结、交汇、聚集和积累，进而使商务中心的信息功能不断巩固与强化。信息化为义乌小商品市场注入了新的活力，使商品市场再次步入了稳步发展期。随着区域一体化和国际化水平的提高，强大的市场集聚功能和深广的辐射范围使得义乌的商务活动规模不断扩大，有关信息量也随之急剧上升，这就对发挥市场的信息服务功能提出了更高的要求，尤其是要有更多专业技术人员、市场信息人员以及相关技术。当前，在义乌，虽然以电脑网络技术为卖点的网络公司已如雨后春笋般应运而生，提供相关的网络技术和咨询服务，但是仅靠现有的网络公司还难以充分地把握企业的未来，不能真正为企业实现信息化排忧解难。未来信息化的重点是在整合相关信息资源的基础之上，提高企业利用信息的能力。义乌要继续发挥全球最大的小商品市场在掌握和发布信息上的先天优势，进一步拓展区域服务范围和领域，不断培育和加强浙中商务中心的信息中心功能。

第四节　本章小结

义乌小商品批发市场由中国义乌国际商贸城、篁园市场两个市场簇群组成，市场拥有43个行业、1900个大类、170万种商品，几乎囊括了工艺品、饰品、小五金、日用百货、雨具、电子电器、玩具、化妆品、文体用品、袜业、副食品、钟表、线带、针棉、纺织品、领带、服装等所有日用工业品。其中，饰品、袜子、玩具产销量占全国市场的1/3，其物美价廉、应有尽有的特色十分鲜明，在国际上具有极强的竞争力。

义乌地处浙江中部，改革开放30多年来，义乌的经济蓬勃发展，为义乌经济的发展做出巨大贡献的是它拥有繁荣发达的专业市场。义乌专业市场经过从个体自发到政府规划，从零散杂乱到规模化集约经营，走上了良性发展的道路。义乌市场集群已经形成万商云集、辐射全国小商品集散中心的大市场、大流通、大网络的格局，并已成为全国最大的小商品流通中心、展示中心和配送中心。作为一个县级市，义乌没有沿海地区的有利位置，又不具备什么雄厚的工业基础，甚至连丰富的资源都谈不上。为何唯独在浙江中部这样一个似乎发展现代大规模商品市场的各种条件都并不优越的小地方，却诞生了如此规模的小商品批发市场？并且能够经久不衰、持续旺盛地吸引国内外客商前来交易？

本章运用相关经济学理论，从专业市场集聚→专业化分工→产业集群→市场集群→区域经济发展的逻辑思路，解读了义乌市场集群的集聚机理，并根据义乌的实际，提出了其功能跃迁的愿景，即创新型国际商贸城和浙中商务中心的构建。

第九章　结论及政策建议

笔者在本书第四、五、六、七、八章中，对各类商业集群的集聚、发育机理进行了详细的分析，形成了一个较为系统的理论分析框架。本章将在这些分析的基础上，归纳总结出商业集群集聚、发育机理的共有内在规律，并针对商业集群的发展趋势以及我国当前经济社会的实际情况，提出了商业集群成长发育的若干政策建议。

第一节　商业集群集聚、发育机理的共有内在规律

一　内在规律一：商业集群沿着三阶段路径发育

如前所述，从发育历程和现实构成来看，商业集群是多种竞争类型的空间聚合体，既有众多中小商业企业之间近似于充分竞争的类型，又有一些中小商业企业因差异化竞争而形成的垄断竞争类型，还有少数几家大商场之间的寡头竞争类型。商业集群是由初始性集聚（商业企业与消费者互相适应对方需要而形成的集聚类型）起步，经由成长性集聚（由差异化竞争而形成的垄断竞争类型，新企业不断加入集聚区而产生的集聚）形态，最终形成以标志性大型商场集聚（寡头竞争的集聚类型）为代表的成熟性集聚形态。因而，各种类型的商业集群大体上都经历了初始性集聚、成长性集聚、成熟性集聚三个阶段。

初始性集聚阶段的动因，主要是商业企业为适应消费者降低搜寻费用的要求而集聚；成长性集聚阶段的动因，主要是初始性集聚效应吸引众多商业企业持续不断地进入集聚体，使商业集群规模不断扩大；成熟性集聚阶段的动因，则主要是知名大商场的进入，从而树立起商

业集群品牌，提高其知名度，吸引更多商家和顾客进入，促使集群趋向成熟。

商业集群的三阶段发育路径可以用商业企业集中度与商业集群内企业的协同性两个指标来衡量，即商业集群按照集中度（高与低）和协同性（强与弱）两大指标划分为三种类型：一是集中度低与协同性弱的初始性集聚；二是集中度低与协同性强以及集中度高与协同性弱的成长性集聚；三是集中度高与协同性强的成熟性集聚等。因而，商业集群的发育分为三个阶段，即第一阶段是集中度低与协同性弱的初始性集聚；第二阶段是集中度低与协同性强以及集中度高与协同性弱的成长性集聚；第三阶段是集中度高与协同性强的成熟性集聚。

初始性集聚使得商业集群初具形态；成长性集聚阶段因新企业不断进入，使“集群”规模不断扩大；以标志性大型商场为标志的成熟性集聚阶段，因大型商场进入使“集群”知名度提高，品牌更加响亮，吸引力和辐射力增强。伴随着商业企业集聚形态的演进，为其服务的第三产业企业也随之集聚和发展。因而，商业集群的枢纽市场功能和城市的商贸流通中心功能随之增强，城市及其周边地区的区域经济得以快速发展。

二　内在规律二：共赢价值链是商业集群持续发展的动力

Michael Porter（1985）最先提出价值链概念，它是指企业内部为创造产品效用和价值，各部门和环节间组成的互相衔接的生产经营活动链条。周殿昆（2004）认为，判断一个跨组织的价值链是否成立的关键，是看链条中的企业和组织是否共同参加产品及服务的效用和价值的创造与实现。① 由供应商、商业集群内企业（简称“群内企业”，下同）、消费者、房地产商与政府等组成的商业集群共赢价值链条，显然符合这个判别标准。因为它们之间互相依赖组成了一条完整的共赢价值链，共同参与并完成了产品、服务产出效用和价值的创造及实现过程。其中，供应商提供产品及其效用，为销售渠道创造新的附加价值提供实物载体；群内企业则在供应商

① 周殿昆：《连锁公司快速成长的原因及对策分析》，《天府新论》2004 年第 4 期。

的配合下，利用其经营设施和销售网络，实现产品由生产领域向消费领域转移，创造新的附加价值和服务产出；消费者的购买，最终使产品及服务产出的价值得以实现，销售渠道的经营活动得以进入下一个循环过程；房地产商投资并提供店铺，为销售渠道的经营活动提供基础条件；城市管理者代表政府提供基础设施、法律法规等硬件和软件条件，为商业集群销售渠道的经营活动提供环境支撑。可见，商业集群共赢价值链确实是成立和存在的。①

（一）通过反复博弈达到均衡，分割价值链收益，形成共赢利益格局，使商业集群共赢价值链具备持续扩张动力机制

既然供应商、群内企业、消费者等各方都参加了商业集群共赢价值链价值的创造和实现，根据“经济人”理性假设，他们必然都要参加价值链收益的分割，取得属于自己的那份收益。现实中，他们是在外部竞争环境的约束下，亦即在各方都具有退出价值链合作关系的可置信威胁下，通过反复博弈达到均衡而实现对价值链收益的合理分割的。

1. 供应商与群内企业间的博弈与价值链收益分割

我国消费品是垄断竞争型市场结构。供应商和群内企业博弈（谈判）时，双方都有退出合作的可置信威胁。一方面，如果群内企业 A 出价太低，供应商 B 从合作中得到的净收益低于从集群外商业企业可能得到的净收益，则供应商 B 就会退出与群内企业 A 的合作，而转向与新伙伴合作；另一方面，如果供应商 B 要价太高，使群内企业 A 从合作中得到的净收益低于从别的供应商处可能得到的净收益，则群内企业 A 就会退出与供应商 B 的合作，而转向与新伙伴合作。通过反复博弈，双方会找到一个均衡点，使得各自从合作中得到的收益，大于维持合作的机会成本——各自可能从新伙伴处得到的净收益。满足这个条件，双方的合作关系就得以维持，并使价值链收益得到合理分割。

---

① “商业集群销售渠道的三赢价值链”概念的提出是受周殿昆教授《连锁公司快速成长的原因及对策分析》一文的启发，在此表示感谢。

2. **群内企业与消费者间的博弈和价值链收益分割**

在存在商业集群外部零售商竞争和消费者“退出”的可置信威胁条件下，一般情况下，群内企业对商品定价只能实行“低价策略”，即以低于市价的价格销售所经营的商品。我们把群内企业的消费者分为商圈内消费者群和商圈外消费者群，消费者的采购收益由价格收益（因商品价格高低而获得的收益）和空间便利性收益（因采购路途远近而获得的收益）两部分组成，在此条件下讨论群内企业应当如何选择定价策略。

（1）定价策略一：实行等于或高于市价的定价策略。假设各零售公司的服务质量相等，在群内企业商品定价等于市价的条件下，商圈内消费者到群内企业店铺采购商品得到的收益为：市价收益 + 空间便利性收益。其收益水平与到本商圈内其他店铺（假设它们都以市价销售商品）采购相等，而高于到外商圈店铺采购，高出部分为空间便利性收益。可见，实行此种定价策略，群内企业店铺的竞争力与本商圈内的其他零售公司持平，仅对本商圈内的消费者有吸引力，而对商圈外消费者无吸引力（因为失去了空间便利性收益）。进而，群内企业若实行高于市价的定价策略，消费者到该公司店铺采购将失去价格收益，群内企业店铺对消费者的吸引力，亦即竞争力将低于同商圈内的其他零售公司，更不可取。

（2）定价策略二：实行低于市价的定价策略。在服务质量相等的前提下，群内企业实行低于市价的定价策略，本商圈内消费者到公司店铺采购的收益为：市价收益 + 空间便利性收益。其收益水平高于到本商圈内以市价销售商品的其他公司店铺采购，高出部分为因采购价低于市价而获得的收益。因此，群内企业店铺对消费者的吸引力，亦即竞争力将高于同商圈内的其他以市价销售商品的公司。其次，在此定价条件下，外商圈消费者到本商圈群内企业店铺采购商品的收益为：低价收益减去空间搜寻费用。若其净收益为正值，且高于其在外商圈公司店铺采购的净收益，则这些外商圈消费者会到本商圈内实行低价的群内企业店铺采购商品。可见，群内企业实行低于市价的定价策略，不仅对商圈内顾客有吸引力，而且对商圈外的部分消费者也有吸引力。换言之，假设其他公司店铺均以市价销售商品，那么，实行低价策略的群内企业店铺的竞争力，不仅高于同商圈的其他公司店铺，而且还可能高于商圈外的某些其他公司的店铺。可见，选择低价策略，明显优于选择等价或高价策略。

（二）群内企业具备实行“低价策略”的动因和条件

首先，规模经济是群内企业的生命线，而要不断扩大经营规模，就必须实行“低价策略”。可见，群内企业具有实行“低价策略”的内在动因。其次，规模经济和统一管理创造的效率和收益，使群内企业较之于集群外单店零售公司，有更高的实行“低价策略”的能力。即群内企业实行“低价策略”还能正常营运和盈利，而集群外单店公司则不能，因为集群外单店公司没有相应的顾客群作为支撑。

总而言之，经过反复博弈，群内企业共赢价值链所创造的收益在供应商、群内企业、消费者、房地产商与政府间实现了合理分割，形成了“共赢价值链”：供应商得到了高于与群外其他零售公司合作的收益，此谓第一赢；群内企业得到了高于群外单店零售企业的收益，此谓第二赢；消费者得到了高于到群外其他公司零售店铺采购的收益，此谓第三赢；房地产商得到高于城市商业集群外部的投资回报，此谓第四赢；政府可以从经济繁荣中获得较高的税收收入及高就业等经济利益和社会利益，此谓第五赢；等等。它所产生的互利、互动良性循环机制，给群内企业注入了持续扩大经营规模的动力，从而使商业集群成为商业服务业中最具活力的经营管理制度。

三　内在规律三：交易费用降低是商业集群的生命线

日本经济学家 Fujita（2002）认为，消费者购物的目标是在购物当天选择最优的价格与产品，且他们对企业以何种价格提供何种产品拥有不完全信息。因为发生商品交易的区域要比消费者所居住的区域小得多，所以消费者支付的搜寻成本是有差别的，而消费者进行搜寻的方式通过他们的需求又会影响到企业的战略；反过来，又意味着由企业确定的区位与价格战略影响了消费者的搜寻成本。在这种情况下比较购物，企业的集聚是在消费者节约其搜寻成本的基础上产生的。[①] 消费者去包含很多商店的市场区（虽然距离可能比较远）比去多个不同的市场搜寻产品所花费的成本还要少，从这方面讲，消费者的不完全信息产生了一种集聚力。此外，在“引力原理”的作用下[②]，消费者的预期效用也会随着其所光顾的企业的数量增加而增加。因此，如果消费者的偏好不同，并且对市场提供的产品的特性不确定，那么企业就可以通过加入已经存在的市场或创建一个新的市场来操控搜寻成本的结构。一个企业所面临的基本情况是这样的：一个企业在一个很大市场中驻足时，其在这个市场中只占有很小的份额；而当其选择通过新建一个很小的地方市场时，它就可以在这个地方市场中占据垄断地位。当一个企业选择加入一个存在集聚的市场时，其所产生的需求的外部性使得消费者从搜寻成本的节约中受益，那么也就增大了这个集聚市场所吸引的消费者的数量。

商业集群成本的节约也可以借鉴相关经济理论做出解释。首先，集聚经济是一种规模经济利益，在特定地理空间上集聚的多个同类或不同类的企业在相互接触或在空间上接近时产生正的外部效应，表现为企业成本的节约与获取集聚内相互依存的其他企业带来的利益。这种利益是通过集聚内企业间的关联、协作、分工和共享基础设施实现的，并通过规模经济与范围经济实现利益的最大化。同时，集聚区域内的企业能够享受到专业化分工的好处，促进集聚区域内企业专业化与多样化的共同发展。

蒋三庚（2005）指出，商业集群可以最大限度地提高批量购买和出售的规模，得到成本更为低廉的信用，甚至取消中间商和批发商。在商业集群区域内，商业企业的规模经济可以从两个层次体现出来：一是单个商业企业本身经营规模的扩大带来的单位经营成本降低的趋势；二是在集群区域内随相关商业企业数量的增加，企业间依存关系的存在使区域内商业企

① “销售者的空间集聚可能是由于购买者搜寻拥有相对较多销售者市场区的愿望引起的（Stuart，1979）”。

② 即积聚引力（Cumulative Atraction），也称相邻引力（Adjacent Atraction）。在现实生活中，销售类似但并不相同商品的零售商店倾向于相互毗邻。这样做是因为潜在顾客对形成群集的每一家商店的光顾率要大于它们分散时对每一家的光顾率。而光顾率直接与销售额相关，这种潜在顾客的增加与商品竞争者相互毗邻之间的关系称为积聚引力。

业单位经营成本降低的趋势。由于许多店铺集中在一个紧凑的区域内，形成能满足各个层次、各种偏好消费者需要的商业聚合，吸引大量的消费者光顾，提高区域内商品的销售数量，因此，通过区域内的企业联合批量购买，带来成本的降低。

冯云延（2004）指出，范围经济是一个与多样化经济相联系的概念，通常是指企业在同时经营多种事业时所产生的一种效果，它主要来源于由市场交易活动带来的企业间的乘数效应，以及经营区域广泛所带来的外部经济性。夏春玉（2005）指出，城市特别是大城市批发商业或零售商业向特定空间的集聚，是通过企业自身“规模”的扩大以及企业之间或企业与其外部条件（空间）“接触”的扩大所产生的集聚费用节约原理决定的。前者主要是通过企业规模的扩大而使大量生产、大量销售成为可能，进而可以降低流通费用、节约流通时间；后者主要通过关联产业或企业在空间上的集中，或者通过交通、商品及其他要素市场、信息服务业的完善与发展，以减少流通费用与流通时间。正是为了追求上述“规模效益”与“接触效益”，各种批发商或零售商或自发或有计划地向城市或城市的某一特定空间进行集中，从而形成了多层次的城市流通系统（商业集群）。

因此，根据上面的分析，我们可以归纳出商业集群所带来的经济性是三方的利益关系：第一，商业集群内店铺的收入会随着其所在商业集群区域内顾客多目标购物行为的增加带来的市场范围的扩大而增加；第二，地产开发商会从店铺的租金中获取较高的报酬率以及政府会从商业的繁荣中得到较高的税金收益；第三，消费者也会因为购物成本的减少而获得经济性和非经济性回报。

四　内在规律四：商业集群能够带动服务业发展，提升城市经济功能，推动区域经济和相关产业发展

进入 21 世纪以来，我国经济在世界经济增长格局中始终保持了“一枝独秀”的地位，保持这个地位的最重要支持因素之一，就是城市化进程的明显加速，城市化成为了经济增长的亮点。晏维龙、韩耀和杨益民（2004）认为，城市与商品流通是紧密相连的两个概念，城市的产生源

自商品交换，交易效率提高导致了城市形成，由密度经济所引起的交易效率是城市规模合理化的标准。城市的发展促使了简单商品流通向发达商品流通的发展，而城市化水平的差异是造成流通水平差异的一个重要原因。城市化加剧了生产者与消费者之间的脱节，从而强化了商品流通在生产者与生产者之间、生产者与消费者之间的中介、协调作用。日本地理学家国松久弥认为，现代城市化的过程就是第二产业和第三产业聚集的过程。随着发达国家工业现代化的实现，工业化在城市化过程中的作用减弱，第三产业在城市化中的作用日益突出（许学强，1997）。由此可以看出，由商品流通构成的商业集群与城市化之间有着必然的联系。

近几年来，全国大中城市的面貌普遍发生了非常明显的变化。一方面，城市环境整治、基础设施得到改善；另一方面，城市经济结构调整以及城市功能分区也已初见雏形。从我国目前的发展趋势看，新型政务区、商贸流通区、商务中心区、旅游区、居民居住小区等分区特征，已经在各地的城市建设中显现出来。只有通过城市功能分区，城市的交通基础设施才能得到最优化配置，城市的资源才能得到最优化的利用。城市发展中的功能分区也是不断变化的，当下已由过去的纯粹购物功能向购物、旅游、文化与商务等方面转化。

城市不可缺少的组成部分是商业，现在各地城市发展中都已经摒弃了简单提倡发展商贸流通业的做法。在很多城市中，以大型超市、百货店、专卖店、步行街、专业街等为组合的新型商贸流通区，亦即商业集群区已经成为了城市的一道“亮丽风景线”。如广州的北京路，就是以北京路步行街为核心，有广百、新大新两大主力百货店和中旅商业城、光明广场、名盛广场、五月花广场、潮楼等新兴的商业大厦做支撑的商务集群区。

在我国的城市化进程中，一个新型商业化城市的功能分区正在兴起，这就是商务中心区，即 BCD（Business Central District）。商务中心区的商业集群不同于商贸流通区，它是由会展中心、星级酒店、高档写字楼和一系列为这些商务机构服务的物业组成的一种新型城市功能分区。如广州的天河商圈其实就是一个大型的 BCD。BCD 是带动城市档次升级和城市产业结构转变升级的重要力量。根据国外的经验，BCD 是那些举足轻重的大公司、大银行聚集的地方，那里的活动支配着规模巨大的资源流向，能促进城市经济、区域经济乃至全球经济的发展。

事实证明，城市化与区域经济发展决定于市场集群的发展，市场集群有赖于专业市场的发育，专业市场又是以产业集群作为支撑。因此，产业集群→专业市场→市场集群→城市化→区域经济发展，是一种类似于产业中的价值链，彼此之间相互决定、相互促进，共同向高级化发展。如义乌由国际商贸城所形成的市场集群就是这种发展路径的典型。国际商贸城是由各类专业市场构成的一个涵盖整个城市的市场集群，而在义乌周边地区是围绕专业市场集聚而形成的各具特色的产业集群，它们构成了义乌所特有的商业集群销售渠道价值链，共同推动义乌整个城市的繁荣与发展。

国内外的发展经验表明，首先，产业在实现集聚的进程中带动了资本、技术等生产要素的集聚，同时也带动了人口的大量集聚，并进一步推动了交通运输、饮食、酒店等服务行业和其他相关产业的集聚发展，从而不断吸引相关经济活动和人口的进一步集聚。这是城市的量的集聚。其次，建立在专业化分工以及价值链基础上的产业集聚有利于产业组织结构、产品结构、技术结构和区域结构的优化和升级，不断增强城市集聚效应的质的变化。产业集聚进一步优化了城市土地利用结构。大量人口的集聚对城市的功能也提出了更高的要求。如住宅区与工业园区相分离，商业区与住宅区的配套，城市内布局合理、美观的建筑物、街道、公园和城市绿化等。为适应产业及人口的大量集聚，城市交通运输系统也在不断完善和发展，成为城市发挥其功能的大动脉。

如前所述，市场集群是专业市场的高级形态，而产业集群的两个基本特点是产业的关联与地理上的集聚。专业市场作为一种市场制度安排，界定它的基本特征也就是在同一场地聚集了大量相关产品进行交易。两相比较，可以看出，专业市场正是某种产业集群存在的外在表现。首先，专业市场从本质上说就是一种贸易业集群。一个专业市场中存在着大量从事代理、批发、零售等贸易行业的企业，贸易业集群必然伴随专业市场存在，它们从本质上说就是一种贸易业集群。由于专业市场的专业性，它们之间的贸易联系较其他形式市场制度中企业的联系有着更为明显的产业关联性。其次，专业市场的周围往往存在着从事相关商品生产活动的产业集群。相关企业会选择在专业市场周围发展，以方便降低交易费用，提高交易效率，及时获得相关信息。随着专业市场集聚效应的出现，在不增加成本的情况下，会有越来越多的企业靠近市场所在地，从而形成集群。最后，在专业市场辐射范围内会存在其他辅助性产业集群。当市场规模比较大时，对物流、信息服务、餐饮住宿服务等要求增多，相关行业的集群就会出现。

专业市场的兴起，促进了市场交易和分工的发展，既带动了城市化必需的主导产业的发展，又推动了城市化必需的基础设施的建设。产业是城市发展的基础，是带动城市要素集聚的依托，产业的发展是城镇发展的主要动力。在规范的市场经济条件下，商品的价格主要取决于商品在市场中的供求状况，商品价格的形成机制是市场网络体系运作机制的反映。专业市场的兴起、市场网络的完善，有效地提高了资源的配置效率，建立了分工协作的体系，形成了区域特色产业以及主要为市场供货的特色加工业，使市场和产业相互依托，产业与产业互相竞争，并通过市场价格、信息传递、利益传导和企业对此做出的反应，促进资源在不同产业内的流动和有效配置。围绕专业市场的建设，包括仓储、运输、交通、电信、饮食、旅馆、娱乐等直接为市场提供配套服务的第三产业不断形成和发展，共同促进了城市化的发展。专业市场的发展需要具备一定的市场基础，市场基础主要是指专业市场的场地空间和与之相配套的硬件设施，包括其数量、占地面积等。专业市场的发育、发展、完善和升级要求交通、通信、能源等基础设施必须与之配套和完善，这些都无疑会促进城市基础设施的发展，而基础设施的配套完善使城市的各种功能也日益健全和强化，对周边农村的辐射和带动作用不断增强，起到推动城市化的作用。

区域经济增长的实质就是该社会经济系统中的各种资源量的不断扩张增长，以及由此促成的社会财富的增长。分工理论认为，专业市场的存在使得市场的容量扩大，而市场容量的扩大是提高交易效率的必要且充分条件：一方面，当市场容量增大时，意味着交易对象扩大，交易成功率必然上升；另一方面，市场容量扩大意味着可选择集合的扩大，从而交易风险就会降低；同时，市场容量扩大有利于信息数量增加和质量提高，这也促成了交易效率提高。交易效率的递进，促使分工深化，进而可以提高生产效率，促进经济增长。

增长极理论认为，在某种程度上，专业市场的发展对区域经济和社会发展可以起到增长极的作用。专业市场的建立及良性发展，能促进本区域内商品生产和流通的发展，吸引有创新能力的企业在此聚集，带动本区域内主导产业的发展，进而能形成新的产业及产业链，促进本地经济的增长。另外，完善的专业市场体系可以及时、有效地反映市场供求动态，促进生产紧跟市场需求，不停地开发适销对路的新产品，使产业结构得到调整，大大增强区域经济的活力。所以，专业市场的发展不仅可实现其自身的经济效益，更重要的是，成千上万繁荣发达的专业市场是经济发展的强大引擎，能促进整个区域经济的繁荣，甚至带动全国经济乃至世界经济的兴旺。

新制度经济学从制度的角度来研究经济增长问题，考察制度与经济增长的相关关系。科斯首先在经济学中引进交易费用的分析工具，极大地扩展了经济增长理论应用的空间，揭示了制度的动态发展及其对经济增长的影响。建立一个布局合理、秩序良好、功能齐备的专业市场，可以降低交易费用，而降低了交易费用，就可以提高经济效率，最终促进经济的增长。

因此，市场集群在现代经济发展中的作用日益显著，对区域经济发展起着积极的促进作用，其结构关系如图 9－1 所示。

五　内在规律五：公共服务、流通基础设施建设是商业集群发育的助推器

波特认为，产业集群是在既竞争又合作的特定领域内，彼此关联的公司、专业化供应商、服务供应商和相关产业的企业以及政府和其他相关机构等的地理聚集体。虽然商业集群的竞争优势与宏观管理、商圈、商业结构、人文环境、品牌形象、交通条件等因素有关，但商业集群的利益相关者的价值观对于其竞争力的建构起着核心作用，而其竞争力的强弱又是它

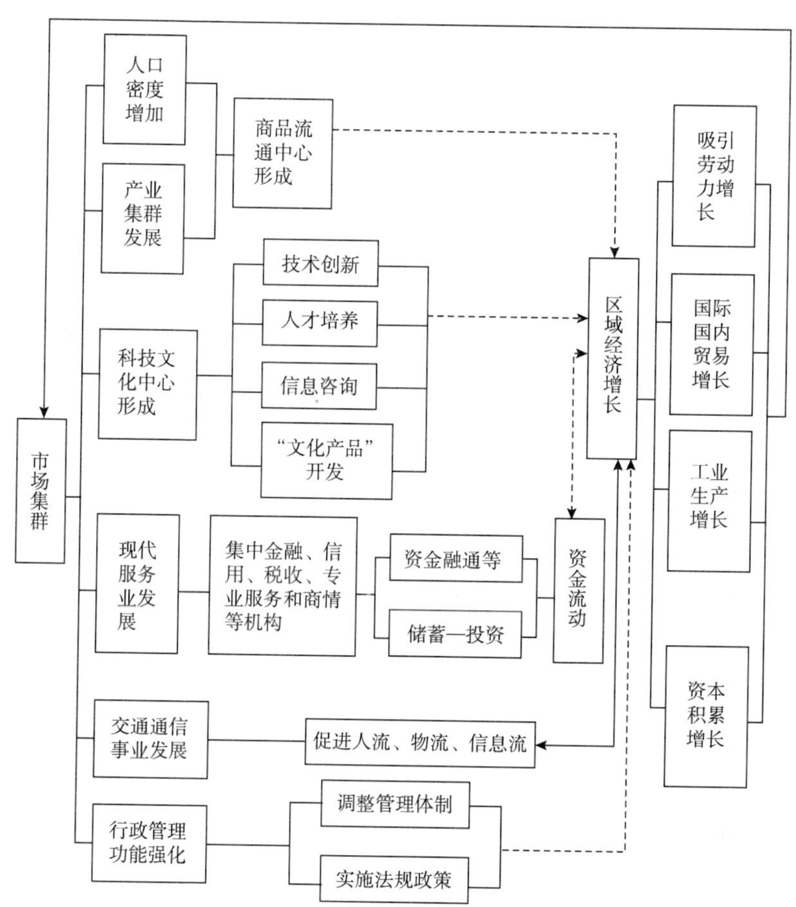

图 9-1　市场集群发展与区域经济增长的关系模型

曾菊新：《空间经济：系统与结构》，武汉出版社，1996。

发展、发育的关键。马克思主义认为："价值是事物（物质的或精神的现象）对人的需要而言的某种有用性，对个人、群体乃至整个社会的生活和活动所特有的积极意义。"① 不同的价值观，导致不同的价值取向和价值行为。

商业集群的利益相关者（市场管理者、房地产商、店铺所有者和店铺经营者）都是独立的经济主体，都会在利己和效率这两种源于人性本能动

① 李秀林：《辩证唯物主义和历史唯物主义》（第四版），中国人民大学出版社，2004。

力的驱动下，追求个人利益的最大化，而在价值取向迥异、经营方式雷同的情形下，这种利益最大化的获得，总是会有意或无意地以商业集群内利益相关者的利益损害为代价。在商业集群的利益相关者中，政府的代表——市场管理者的价值取向对商业集群竞争力的大小极为重要，也决定着商业集群发展、发育的状况。

公共选择理论将政治市场上的当事人（城市管理者）的基本行为动机也假定为追求自身利益最大化的“经济人”。政府组织作为一个整体的利益主要表现在政府具有自我膨胀的倾向，也像厂商一样追求“规模”，追求政绩和权力的增加。作为城市管理者的地方政府，在改变城市面貌、提升城市竞争力和快出政绩观念驱动下，对商业集群的发展会持积极态度。毕竟商业集群的繁荣一方面可以给当地政府带来GDP的增长、税收的增加和就业的增长，另一方面还可以带来目前地方政府被考核的重要指标——政绩工程。因为一座商业繁荣、市容漂亮、人气很旺的城市总能给地方政府官员带来美好的仕途前程。

商业集群是城市集聚和辐射功能的重要体现，商业集群是城市经济发展和商贸扩张的一个重要手段，能有效地提升城市形象和城市竞争力。商业集群可以为一个城市的政府带来各方面的利益，首先是带动城市第三产业的发展，其次是创造大量就业岗位，此外还能带来地方政府财政收入的增加等切实的经济利益。

商业集群是一种空间集聚现象，政府提供促进商业集群发展的制度和政策环境，是推动商业集群发育、发展的重要力量。例如，纵观柯桥专业市场的发展之路，其实就是地方政府对它支持的政策演变的过程。在柯桥专业市场的发展过程中，地方政府公共政策的制定发挥了重要作用，这不仅表现在众多原创性的“第一”上，更体现在公共政策解决社会公共问题的效用及优化资源配置的能力上。在地方公共政策的设计决策过程中，政府有效地兼顾了柯桥民营制造企业、专业市场经营者及政策制定者的利益。政策、规则的设定与专业市场发展的现实需求相互作用，实现了较大程度的耦合和关联，促成了柯桥专业市场的形成、发展与兴盛。

实践证明，政府有效提供公共信息、流通基础设施等公共服务的供给，能对商业集群的发展产生重大影响，是商业集群发育的基础保障和助推器。概括起来，主要包括以下方面。

1. **政府公共服务**

（1）公共信息服务工作。包括信用征集、信用披露、信用监管、信用担保、信用评估等方面的法律法规，现代服务业信用信息库，企业信用信息收集、储存、管理、分析制度，服务消费的文化环境、制度环境等。

（2）商业集群市场功能体系。商业集群市场功能是集群成长和发展的重要因素，配套完善的市场功能体系是商业集群不断成长、发育的市场保证。例如，专业市场具有商品分级整理、加工包装、质量验证、结算服务、委托购销、代理储运、信息提供、代办保险等一系列完善的配套功能。

（3）商业集群信息功能价值的开发和利用。商业集群既是商品集中交换的场所，更是商品交换的信息中心，众多的交易者在此集聚，通过正式或非正式渠道带来商品生产供给、商品质量与价格、商品需求、市场竞争、政策法规等各类信息。重视市场信息的搜寻整理加工，并通过建立各类信息交流平台，如简报、刊物、会展、电子信息交流系统等，加速信息在集群内的传播，降低群内信息的不对称度，开发信息的价值，是商业集群发育、发展的必要条件。

2. **政府基础设施建设**

（1）流通基础设施。在激烈的市场竞争中，大幅降低流通成本，提高流通运作效率，加强流通基础设施建设是商业集群发展的必备条件。为提高流通整体运作效率，增强商业集群综合竞争能力，政府亟须强化流通基础设施建设。就商业集群而言，硬件方面主要体现在商业基础设施的要素上，如城市的美化、亮化，城市交通的顺畅，商业街道的风格特色，购物环境的设计，商业业态网点布局，储备库、物流配送及其相关的设施，批发（专业）市场规划，电子信息技术手段等。政府要强化流通技术要素的硬件基础条件，合理配置基础设施资源。

（2）物流建设。商业集群物流功能的开发是商业集群发展壮大的基础保证，如专业市场是大宗商品集散中心，具有集中货源、扩散商品、整理、分类、加工、储运、配送等功能，物流功能已经成为现代市场集群的重要标志。注重专业市场物流基础设施建设，在集群内引进第三方物流主体，开展流通加工和配送业务等，是专业市场发展、壮大的必备条件。

六　内在规律六：商业集群发育与城市及区域经济发展的良性互动，推动双方的发展水平向高层次跃迁

商业集群能够带动以第三产业为主体的服务业的发展，进而提升城市经济功能，推动相关产业和区域经济发展。城市功能是城市对经济文化等社会活动产生的影响及发挥的作用，城市存在的最大功能是服务于交易的实现，为人类提供重要的生活环境，体现为文化承载体、社会生活依托体和经济中心。城市的形成过程集中体现出区域经济效应和集聚效应，城市功能正是在这两种效应基础上得以实现，并将一定地区的人力流、物质流、能量流、资金流、信息流集聚起来，通过交易活动满足城市内部需要并向其他地区扩散，促进以城市为中心的区域经济发展，并发挥更大的集聚效应，如此，反过来又促进商业集群的发展，实现商业集群发育与城市及区域经济发展的良性互动，推动双方的发展水平向高层次跃迁。

（一）商业集群能够带动服务业发展，提升城市经济功能

商业集群为城市提供了要素以及产业的集聚力与承载力，商业集群形成的过程，是要素集聚与服务产业形成的过程。商业集群作为城市经济发展的强大载体，已经成为驱动城市经济发展的原动力，它不仅可以为社会提供大量的就业岗位，带动城市交通、宾馆、展览、商业等第三产业和旅游业的发展，还吸引了大量农村劳动力向城市转移，加快区域城市化进程。

城市功能的提升是在现有资源、社会经济和技术条件下，依据城市功能发展的客观规律，调整城市功能的合理结构和空间布局，确立城市功能运作的有效方式，对原有城市功能中不合理部分进行调整，使城市功能系统更加有效地运行。城市是商业的产物，城市形成以后，随着城市化水平的提高又进一步强化了商业的功能作用。

经验表明，商业集群能促进城市化，而城市化又能带动服务业发展

及城市经济功能的提升。商业集群带动了资本、技术、劳动力等生产要素的集聚，进一步推动零售、批发、交通、餐饮等服务行业和相关产业的发展。商业集群能带动各类市场的兴起和繁荣，促使劳动力向现代服务业转移，为城市提供更多的就业机会。商业集群能增强城镇的吸引力和承载力，促使城市规模不断扩展，增强城市的辐射作用。其主要表现是，城市经济结构调整及城市功能分区也已初见雏形，如围绕大型购物中心的步行商业街、专业化的特色商品街、以高档写字楼群和商务展馆为核心的商务中央区（BCD）、新型居民小区、政务区等开始形成新的城市分布，连锁经营、品牌专营、大型超市、社区服务系统等新的商业业态到处涌现。

与此同时，商业集群的功能分区也在不断地发生变化，商务中心区、商贸流通区、旅游区、居民居住小区等分区特征已经在各地的城市建设中显现出来。商业集群功能分区的变化导致了城市相关服务业的快速发展，并由此推动城市功能的跃迁。最为显著的是传统商业街的功能变化，由过去的纯粹购物功能向购物、旅游、文化与商务等方面转化。如武汉的汉正街曾经以小商品市场闻名全国，现在这个街区的定位已不仅仅是一个商贸流通区的概念，它的新定位是城市旅游街区，那里出售的已经不是一般意义上的商品，而是汉文化，游客到汉正街不仅是为了购物，也是为了领略汉文化。

（二）商业集群能够推动相关产业及区域经济发展

商业集群是依托第一产业、以第三产业为主的经济活动中心，能对一定地域范围的空间经济活动产生内聚力。它既可以通过各社会经济部门之间的关系组织和带动区域经济增长，又可以依靠其内聚力把周围地区联结成一个整体，并保持空间经济系统上的完整性。商业集群对相关产业及区域经济发展的推动作用，一方面是通过城市商务中心区的总部经济来实现；另一方面则通过专业市场的发展，不断提高城市经济的整体竞争能力，进而促进区域经济发展。

世界的先进城市无不经历了从“制造基地”到“总部基地”的重大经济转型。城市商务中心区总部经济的发展，对实现城市产业升级、提升现代服务业具有非常重要的作用。在纽约、东京、香港等发达大都市，服务业对经济的贡献已占主导地位，其 GDP 的 80% 以上都集中在现代服务业。①

专业市场从本质上说是一种贸易业集群，存在着大量从事代理、批发、零售等贸易行业的企业。专业市场的周围往往存在着从事相关商品生产活动的产业集群。相关企业会选择在专业市场周围发展，以方便降低交易费用，提高交易效率，及时获得相关信息。随着专业市场集聚效应的出现，在不增加成本的情况下，会有越来越多的企业靠近市场所在地，从而形成其他产业集群。如专业市场规模扩大对物流、信息服务、餐饮住宿服务等要求增多，相关服务行业就会应运而生。专业市场促进了市场交易和分工的发展，既带动了城市化必需的主导产业的发展，又推动了城市化必需的基础设施建设。如围绕专业市场，包括仓储、运输、交通、电信、饮食、旅馆、娱乐等直接为市场提供配套服务的第三产业不断形成和发展，共同促进了城市化的发展。专业市场的发育、发展要求交通、通信、能源等基础设施必须与之相匹配，而这些又会促使城市的各种功能也日益健全和强化，对周边农村的辐射和带动作用不断增强，起到推动城市化及区域经济发展的作用。

专业市场的存在使得市场的容量扩大，市场容量增大意味着交易对象扩大，交易成功率必然上升，交易风险降低，促使交易效率提高；交易效率的递进，促使分工深化，进而提高生产效率，促进区域经济增长。专业市场能促进区域内商品生产和流通的发展，吸引有创新能力的企业聚集，带动区域内主导产业的发展，进而形成新的产业及产业链，促进区域经济增长。布局合理、秩序良好、功能齐备的专业市场，可以降低交易费用，提高经济效率，最终促进区域经济增长。

（三）商业集群、第三产业空间演化与经济发展——基于浙江省数据的实证分析

商业集群是区域经济发展过程中的产业集群现象，是流通领域中一种

① 资料来源：http：//hq. zhaoshang - sh. com/zbjj/news/200804/20080424141634. html。

特殊的产业集群。商业集群是城市商业（城市发展）的缩影，是地区商业发展的重要模式，是节省消费者剩余（消费者休闲）的购物场所，它能产生明显的空间规模经济效应，能促进区域经济发展，是商业企业生存和发展的最佳场所。商业集群从集贸市场到各类批发交易市场、从小商品城到大型购物中心、从商业街到商业中心区（购物中心）等，都是商业企业集聚的地方，也是充满竞争的商业经营场所。商业集群已经成为一些地区发展的主导模式和亮丽的商业风景线，促进了地区商业繁荣和经济（国际贸易）的快速发展。

浙江作为商业集群比较显著的地区，商业集群在促进地区商贸流通业发展，带动关联产业和地区经济可持续发展方面具有示范作用。商业集群具有明显的规模和范围经济效益，既是商业企业生存和发展的重要方式，也是区域商业模式化发展的有效途径。因此，认识浙江商业的现实水平及其与第三产业空间演化和经济发展的关系，对促进浙江的协调发展具有重要的意义。

综合国内文献所述，目前国内采用定量方法研究商业集群的文献很少。本研究在现有研究的基础上，通过借鉴商业集群的基本理论和产业集群的定量研究方法对商业集群与经济发展之间的关系进行了实证研究。这既弥补了商业集群在定量研究方面的不足，还可以丰富商业集群的理论体系。

1. 商业集群与第三产业空间演化

本部分将首先对浙江省 11 个地市 2001 ~ 2008 年商业集群①指数进行测算，然后根据测算结果及其相关数据，分析商业集群对第三产业空间演化的作用。

（1）商业集群指数测度。本研究借鉴产业集聚的测度方法来测度商业集群程度。产业集聚指数的测度方法很多，常用的有区位基尼系数、绝对集中度指数、赫芬达尔指数、区位商等，而其中区位商又是长期以来得到广泛应用的衡量产业集聚的重要指标，其优点是能够较好地从区域角

① 由于商业涉及的范围非常广泛，为了更好地进行分析，本研究中的商业主要是指批发和零售、贸易和餐饮业。

度研究产业集聚。因此本研究选用区位商来测度商业集群指数。区位商的计算公式为：

$$X_{it} = (B_{it}/B_t)/(P_{it}/P_t) \quad (9-1)$$

其中，X_{it}表示地区 i 在 t 时刻的商业集群指数，B_{it}表示地区 i 在 t 时刻的商业从业人口①，P_{it}表示地区 i 在 t 时刻的就业人口，B_t、P_t 分别为 t 时刻浙江全省的商业从业人口和总的就业人口。由（9－1）可知，$X_{it}>0$。当各地区的 X_{it}都为 1 时，商业在全省均匀分布；当 X_{it}大于 1 时，表明该地区发生了商业集群；当 X_{it}趋于 0 时，则表明商业在该地区没有分布，全部分布于其他地区。

根据浙江省统计数据，我们可分别计算 2001、2008 年浙江省各市商业集群指数及其变化情况，如表 9－1 所示。

表 9－1　2001 年和 2008 年浙江省各市商业集群指数、第三产业增加值份额及第三产业就业人口比重

	商业集聚指数			第三产业增加值份额			第三产业就业人口比重		
地区	2001	2008	增长率	2001	2008	增长率	2001	2008	增长率
杭州	1.1031	1.6399	0.4866	0.2487	0.2533	0.0185	0.379	0.3959	0.0446
宁波	1.0046	0.993	-0.012	0.1851	0.1831	-0.011	0.236	0.3246	0.3754
嘉兴	1.3328	0.7198	-0.46	0.0779	0.0714	-0.083	0.2352	0.2723	0.1577
湖州	1.0226	0.6997	-0.316	0.0448	0.0411	-0.083	0.2712	0.3851	0.42
绍兴	1.0522	0.64	-0.392	0.0991	0.0889	-0.103	0.2322	0.2935	0.264
舟山	1.3216	1.2307	-0.069	0.0225	0.0246	0.0933	0.4294	0.4049	-0.057
温州	0.8107	0.6667	-0.178	0.1143	0.1214	0.0621	0.4015	0.3625	-0.097
金华	0.8654	1.0004	0.156	0.0759	0.0789	0.0395	0.2866	0.3204	0.1179
衢州	0.5903	0.4344	-0.264	0.0243	0.0229	-0.058	0.2906	0.2795	-0.038
台州	0.9542	0.858	-0.101	0.085	0.0909	0.0694	0.2676	0.358	0.3378
丽水	0.7344	0.6335	-0.137	0.0224	0.0234	0.0446	0.2476	0.3458	0.3966

资料来源：根据 2002～2009 年浙江省统计年鉴数据，计算整理得到。

① 由于数据的可得性，本研究区位商计算中的商业从业人口主要采用商业单位从业人口，相应的地区就业人口主要采用地区单位从业人口。

（2）商业集群对第三产业空间演化作用分析。第三产业空间演化是一个动态的过程，其表现形式多种多样，可以是第三产业均匀分布的瓦解，即集聚区的形成；也可以是与之相反方向的运动过程，即集聚区的分散与转移。第三产业空间演化具体表现为不同地区之间或产业之间商业增加值份额的变动。本研究将从地区之间和产业之间两个不同的角度考察商业集群对第三产业空间演化的作用。

本研究以各地区第三产业增加值占浙江全省的比重变化来衡量地区之间第三产业的空间演化。具体是通过比较各地区 2001 ~2008 年商业集群指数与第三产业增加值份额变化情况，来反映商业集群在第三产业空间演化中的作用。

通过比较表 9 -1 中集聚指数增长率和第三产业增加值份额增长率可以看出，在 11 个地市中，增长符号相同的有 7 个。即总体来说，第三产业增加值份额与商业集群指数基本保持相同的变化方向。具体来说，杭州、金华在样本期内，商业集群指数上升，其第三产业增加值份额也提高较多；宁波、嘉兴、湖州、绍兴、衢州 5 市的商业集群指数下降，其第三产业增加值份额也相应下降；舟山、温州、台州、丽水 4 市的集群指数与商业增加值份额变动方向不一致，这 4 市集群指数下降而第三产业增加值份额反而上升。

总体上看，浙江省大部分地市的商业集群指数普遍小于 1。样本期内，除杭州（1. 3715）和舟山（1. 2762）的商业集群指数大于 1 外，其他地区的商业集群指数平均值分别为：温州 0. 7387、金华 0. 9329、衢州 0. 5124、台州 0. 9061、丽水 0. 684、宁波 0. 9988、嘉兴 1. 0263、湖州 0. 8612、绍兴 0. 8461。从这些数据可以看出，杭州、舟山有着较高程度的商业集群，而其他地区基本上没有集群。为了直观反映商业集群在第三产业空间演化中的作用，本研究绘制了 2001 ~2008 年商业集群与销售额比重变化图，如图 9 -2 所示。

从图 9 -2 可以看出，两条增长率曲线的变化状态基本趋于一致。浙西南和浙东北地区的商业集群指数存在差距，而且差距有继续扩大的趋势；浙西南内部集群程度也有差异，杭州和舟山集群指数快速上升，而宁波、嘉兴、湖州、绍兴等市集群指数则有所下降。这说明除

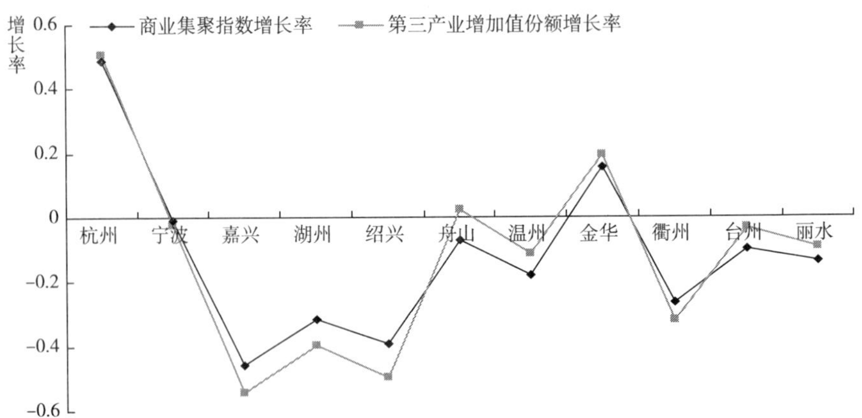

图 9－2　2001～2008 年浙江省商业集聚与第三产业空间演化

了浙西南、浙东北两大区域在商业集群的发展过程中，存在对优质生产要素的竞争之外，浙西南各市之间也存在着对生产要素的竞争。某地区专业化程度的提高、劳动生产率的提高和投资环境的改善，势必引致生产要素流向该地区以赚取较高的收益率，这将导致该地区集聚更多生产要素，有更高的第三产业增加值产出；而那些要素流出的地市则会出现较低的增长速度。这个过程的实现就是第三产业的空间演化。

产业之间的空间演化表现在就业在产业之间的变动。由于数据的可得性，本研究以第三产业从业人员占总就业人员的比重变化来衡量第三产业的空间演化。第三产业就业比重的提高表明劳动力要素从第一、第二产业转移到了第三产业。本研究通过比较各市 2001～2008 年商业集群指数和第三产业就业比重变化的情况，来反映商业集群在产业空间演化中的作用。

比较表 9－1 中的集群指数增长率和第三产业就业人口比重增长率可以发现，11 个地市中，增长率符号相同的有 5 个：杭州、舟山、温州、金华、衢州。其中，杭州、金华第三产业就业人口比重随着集群指数的上升而提高；舟山、温州、衢州 3 市第三产业就业人口比重随着集群指数的下降而下降；其他 6 市虽然商业集群指数下降，但是第三产业就业人口比重都有较多上升。这和实际情况不一样，这种情况的出现和测算体系有很大的关系。本研究在测算商业集群指数时，是把浙江省作为一个整体，其组成部分为11个市，这样一个市集群指数的上升对应的必然是其他市集群指数的下降，也就是说本研究的集群指数是11个市之间的相对集聚程度，虽然从数据来看有些市的集聚程度较低，但是与我国中西部各省相比，浙江的商业集聚程度还是较高的。第三产业就业比重测算的则是浙江省各市的绝对值，近几年来，随着第三产业的发展，各市第三产业就业人口的比重基本上是快速提高，所以出现了本研究所示的结果。但是，不可否认的是，商业集聚程度的提高在第三产业的发展中发挥了重要的作用。2001～2008年浙江省商业集群与产业之间空间演化关系如图9－3所示。

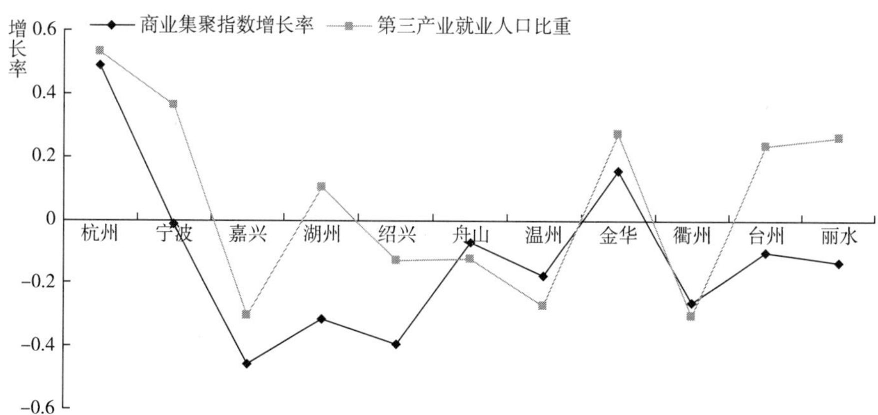

图9－3　2001～2008年浙江省商业集聚与产业之间的演化

2. **商业集群与经济发展**

从上面的分析可以看出，商业集群在第三产业空间演化中扮演着重要的角色。为了拓宽分析商业集群对经济发展的影响，我们选取经济发展水平、城乡经济差距、产业结构、就业结构、城市化水平、信息化水平等6个指标作为经济发展的度量。

（1）分析软件和数据类型的选择。本研究使用Eviews6.0对面板数据（panel data）[①] 进行回归分析。使用面板数据的主要原因是：其一，包含的

① 有的文献也称为平行数据或时间序列/截面数据。

数据点多，结合了截面信息和时序信息，显著地减少缺省变量带来的影响；其二，本研究所关注的商业集聚同时具有截面维度和时序维度的特征，在同一时间点，各城市的商业集聚指数不同，其经济发展水平等会出现差异；其三，同一城市在不同的时期商业集聚发生了变化，其经济发展水平也会发生变化。这样面板数据就能够反映商业集聚在时空上的变动对经济发展的综合影响。

（2）变量及数据说明。本研究以人均 GDP 来反映经济发展水平，以城镇人均可支配收入与农村人均纯收入的比值来反映城乡差距，以第二、第三产业的产值占 GDP 的比重来反映产业结构，以第二、第三产业就业人数占总就业人数的比例来反映就业结构，以城镇人口占总人口的比例来反映城市化水平，以邮电业务总量来反映信息化水平。商业集群指数按区位商方法计算获得。

由于数据的可得性，经济发展水平、城乡经济差距、产业结构、就业结构、城市化水平、信息化水平等采用 2001 ~ 2008 年 9 年的数据。

（3）模型设定。本研究设定的计量模型为如下形式：

$$Y_{it} = \alpha + \beta X_{it} + \varepsilon_{it} \quad (9-2)$$ [①]

其中 Y_{it} 表示衡量经济发展程度的 6 个具体指标，X_{it} 表示各市各年度的商业集群指数，其他希腊字母 α、β、ε_{it} 分别表示常数项、变量系数和残差。

（4）计量结果。本研究选择无个体影响的不变系数模型对样本进行回归分析，选择时期不固定（Period - none）；为消除截面异方差，权重选择截面加权（cross - section weights）；估计方法使用最小二乘法［LS - Least Squares（and AR）］。具体回归时随样本和模型的变化会有所调整。表 9 - 2 列出了最终的解释变量系数估计值，对应于 6 个方程的被解释变量分别为经济发展水平、城乡经济差距、产业结构、就业结构、城市化水平、信息化水平。

---

① 高铁梅认为时间序列／截面数据模型分为无个体影响的不变系数模型、变截距模型和变系数模型三种，本研究设定的模型为无个体影响的不变系数模型。

表 9－2　面板数据回归结果

变　量	方程 1	方程 2	方程 3	方程 4	方程 5	方程 6
C	0.6743* (1.7719)	2.2547*** (2.614)	0.969*** (182.64)	1.3927*** (4.4083)	0.1095*** (4.0313)	－0.2916 (－0.6396)
X	1.924*** (4.5836)	－0.0216 (－0.2017)	0.0061*** (2.1165)	0.0097*** (0.7923)	0.005* (1.8955)	0.0817 (0.3428)
AR（1）		0.9829 (31.8921)	0.8674*** (97.699)	0.9689*** (68.8399)	1.422*** (17.3658)	1.1286*** (77.4841)
AR（2）					－0.3981*** (－4.67)	
R^2	0.1963	0.9337	0.9928	0.9856***	0.999***	0.9878
调整后 R^2	0.187	0.9318	0.9926	0.9852	0.999	0.9875
D－W	0.22	1.949	2.197	1.7844	1.87	1.94
OBS	77	77	77	77	66	77
F 统计量	21.01	86.02	5109.22	2537.87	20291.81	3002.83

注：括号内的值是 t 统计量，（＊＊＊/＊＊/＊）分别表示通过了（1%/5%/10%）的显著性检验，OBS 表示样本观察值个数。

从表 9－2 可以看出，商业集群显著提高了人均 GDP，解释变量系数值为 1.924，且通过了 1% 的显著性检验，说明商业集群促进了经济发展水平的提高；商业集群减少了城乡居民收入比，解释变量系数为－0.0216，说明商业集群减小了城乡经济差距；同样的，从方程 4～6 可以看出，商业集群改善了产业结构、就业结构，提高了城市化水平和信息化水平。

（5）商业集群促进经济发展的机理分析。从上面的实证分析结果可以看出，商业集群对于经济发展有明显的促进作用。

其一，商业集群可以提高集聚区域的经济发展水平。商业集群使得大量相互关联密切的商业企业在空间上集聚，从而形成一定区域内商业网点密度和专业化经营程度很高的商业经营场所。商业集群是地区商业发展的重要模式，是节省消费者剩余（消费者休闲）的购物场所，能产生明显的空间规模经济效应。所以，一个区域出现商业集群时，相应的便会迅速提高当地的经济发展水平。

其二，商业集群改善集聚区域的产业结构和就业结构，缩小城乡经济差距。通常来讲，商业集群主要发生在商贸、金融、餐饮等服务领域。一个区域在要素资源总量既定的情况下，第二、第三产业占用的资源增加，必然导致第一产业占用的资源减少。也就是说，第二、第三产业经济总体规模的扩大，伴随着第一产业经济规模的相对缩小。在这个过程中，商业集群创造了大量的就业机会，大量的农村劳动力被吸引到了商业集群区内就业。由于商业的劳动生产率高于农业劳动生产率，所以转移到集聚区域就业的农村劳动力收入增加，这就解释了为什么商业集群指数的上升会减小城乡收入差距。

其三，商业集群提高集聚区域的城市化水平。商业集群的发展、第三产业总量的扩张引起人口的集中并带来新的需求和就业机会，从而不断吸引相关经济活动和人口的集聚，促进城市规模的不断扩大。

其四，商业集群提高集聚区域的信息化水平。一方面，商业集群促进集聚区技术和知识的交流，有利于技术进步和创新，为信息化水平的提高提供技术支持。另一方面，信息化水平的提高对于商业集群也具有积极的作用：较高的信息化水平可降低信息搜寻成本和交易成本，节省时间和人力；有利于集聚区域内各经济主体之间的信息交流和沟通，有利于它们之间的互相学习和模仿，从而强化了集聚区域内的创新机制。

3. 结论及建议

通过以上分析，我们得出以下结论。第一，商业集群对第三产业空间演化具有显著的推动作用，促使第三产业活动在空间上发生明显变化。总体上讲，集群指数高的地区，第三产业增加值份额就较大，第三产业发展水平就高；集群指数低的地区，第三产业增加值份额就较小，第三产业发展水平就低。浙西南各市的集群指数普遍高于浙东北各市，相应的，它们的第三产业发展水平也高于浙东北各市，而且多数城市的第三产业增加值份额随商业集群指数的上升而上升，随商业集群指数的下降而下降。第二，基于面板数据的实证分析发现，商业集群促进了经济发展，表现在提高了经济发展水平、缩小了城乡经济差距、改善了产业结构和就业结构、提高了城市化水平和信息化水平等方面。

针对浙江省的具体情况，我们提出以下建议。第一，浙西南、浙东北统筹协调发展。由于商业集群对于区域经济的发展具有积极作用，各地政府通常都会加大力度促成第三产业在当地的集聚，这样就需要加强规划力度，明确各个区域的发展定位，争取使各区域在发展产业集聚时，做到优势互补，避免产业同构以及区域之间争夺资源、互相牵制局面的现象出现。第二，商业集群区向农村适度扩散转移。商业集群在缩小城乡经济差距、提高城市化水平方面有着积极的作用。然而，随着“长三角”地区产业结构的升级，浙江的商业竞争力有所减弱，加上浙商近几年将浙江市场成功模式复制到全国各地，使其面临着更大的竞争压力。因此，在商业集群接近饱和的区域，在进行转移扩散时，政府可以考虑将这种模式向具备条件的农村地区转移。这样，一方面可以带动所选农村地区的公共基础设施建设和服务业的发展，另一方面可以实现农村劳动力的就地择业。这就可以实现农村地区的产业化，提高当地第三产业水平，加快当地的经济发展，在一定程度上解决城乡分化的二元结构问题。第三，发展与地方优势产业相关的第三产业，完善专业市场的发展，从而促进经济的发展。目前，浙江已初步形成了一批专业化分工明确、特色突出、对拉动当地经济起着举足轻重作用的专业市场，如海宁的皮革制品市场、宁波的服装市场、义乌的日用小商品市场等。专业市场的形成需借助一定的外部条件，对商业集群而言，商业的良好发展是吸引皮革服装等时尚产业的强大动力。因此，各地要形成地方优势产业的商业集群，同时将地方优势产业纳入到商业集群中，使地方优势产业和其他商业集群型产业相互促进，共同促进区域经济的发展。

第二节 商业集群发展趋势展望

一 影响商业集群发展的因素分析

如前所述，商业集群是集聚在一定地域范围内，以批发、零售业为主业，其他服务业如娱乐、旅游、咨询、金融等为支撑的，通过纵横交错的网络关系，紧密联系在一起的商业空间集聚体。商业集群类型较多，影响因素复杂，既有历史文化、交通运输、地理区位等自然禀赋因素，也包括城市布局、信息技术运用、营销制度变革、产业转移及政府作用等“后天”因素。概括来说，影响商业集群形成与发展的因素主要包括以下几个方面。

（一）城市布局调整和交通运输等物流条件变化的影响

城市布局调整的理论依据之一是区位理论，其核心思想是区位因子的合理组合。区位是自然地理、经济地理和交通地理等区位因子条件在空间地域上有机结合的具体表现。城市布局调整是依据这一理论对城市进行重新规划，使城市布局适应社会经济发展要求的结果。城市布局调整会影响区域交通运输、基础设施等物流条件的变化。而这些变化都会影响流通格局的改变，使得原有流通企业在经营环境恶化的同时，为新的流通企业提供机会，进而影响商业集群的发展。因为按照成本和运费最小化原则，企业会将其经营场所选在生产和流通最节省的地点上，而这些都与城市布局密切相关。[①] 从生产和消费的角度来看，商业必须有效满足生产和消费的集中化和分散化两种发展趋势的要求。一方面，为适应城市布局调整而带来的某一区域大规模专业化的生产，往往需要商业企业集聚为其媒介生产资料和产品流通，由此形成产地批发市场（专业市场）；另一方面，城市布局内部的城市商业网点则要求分散与集中相结合，既要有商业中心大规模的企业集群，也要有适合居民集聚区的相对集中小集群，还要有较高分散化、无孔不入的便民服务店。

城市布局调整和交通运输等物流条件的变化能为商业集群的形成与发展提供机遇。商业集群的服务对象是各类采购者及消费者，其功能是满足

---

① 2008 年 4 月 18 日，纵贯河北、山东、安徽、江苏四省，途经北京、天津和上海三个直辖市，连接“环渤海”和“长三角”两大经济圈的京沪高速铁路宣告全线开工。作为交通“大动脉”，京沪高铁将以“高速”缩短地区之间的“经济距离”，加速地区之间经济要素的流动，推动区域经济联动发展。同济大学交通运输学院教授孙章说：“京沪高铁使‘长三角’、‘环渤海’及沿线地区的互动成本降低了，有利于优化资源配置，将产业链上、下游集聚在一起，减少中间环节和物流成本。”资料来源：http：//news. sohu. com/。

采购者的采购需要及消费者的消费需要和休闲娱乐等需求，商业集群在地理位置上要么是接近居民的区域，要么是交通便利的区域，因为这两个地方往往能带来较大的人流量，进而提高企业的销售量，最终为商业企业提供集聚的动力。

实践证明，商业活动的必备条件之一是人气，即客流量，而客流量也是地区商业繁华的重要标志。受城市布局影响而带来的优越地理位置可以带来较大的客流量而产生商业集群竞争优势，著名商业中心、批发市场的形成几乎都与其优越的地理位置密切相关。如王府井等著名商业街均布局在著名城市的商业中心，南昌洪城大市场等大型综合性批发市场也均布局在交通条件优越的城市枢纽。但是，也有商业集群因区位交通、城市布局等因素的变化而逐渐衰败的，如成都市荷花池综合批发市场，因城市的发展导致交通拥挤、租金飞涨等原因而出现萎缩的趋势，逐渐被成都五块石市场所替代。

从区位条件来看，商业集群区要么在地理上接近居民区、生产用户或规模化生产基地，要么具有交通上的便利条件，如一些交通枢纽城市、边境地区或区际重镇等，往往都会成为商品的集散地，形成有一定规模的综合性或专业性批发市场。城市中心区及车站、码头、大型居民区、交通干道附近等，通常是中小商业企业集聚的场所，要么形成商业街、区域商业中心或社区商业中心，要么被规划成郊外购物中心或具有一定影响的批发贸易中心等。如位于郑州的中国郑州粮食批发市场，就是利用郑州优越的交通条件，经国务院批准，于 1990 年 10 月 12 日成立的我国第一家规范化、全国性的粮食批发市场。2006 年 9 月，该市场被国家粮食局确定为郑州国家粮食交易中心。

（二）以信息技术运用为标志的电子商务兴起的影响

按照 WTO 电子商务专题报告的定义，电子商务就是通过电子信息网络进行的生产、营销和流通活动，它不仅指基于 Internet 上的交易，而且指所有利用电子信息技术来解决问题、降低成本、增加价值和创造商机的商务活动，包括通过网络实现从原材料查询、采购、产品展示、订购到出售、储运以及电子支付等一系列的交易活动。按交易对象分类，电子商务可分为 B2B、B2C、C2C、B2M 四类电子商务模式。[①]

流通领域作为沟通生产领域与消费领域的中介网络，本身是竞争性最活跃的领域之一。网络经济的出现，促使网络市场成为新的经济体系的核心，政府、企业、消费者通过网络市场相互联系并相互作用。而基于网络基础之上的电子商务的出现，给传统的经济体系以巨大的冲击，对流通领域的经济行为产生分化和重构作用，即传统市场的作用降低、功能减少，批发、零售的地位下降，而物流配送拥有广阔的发展前景。因此，电子商务的出现和发展，将改变流通领域的经济行为，对我国传统的流通领域影响深远，进而给商业集群发展带来不利影响，具体表现在以下方面。

1. 传统的业务模式和流转程序发生变化

由于网上购物和在线销售的出现，消费者可以从互联网上直接选购自己需要的商品，生产者、批发商、零售商和网上销售商都可以建立自己的网站并营销商品。一部分商品的流通不再按照原来的产业和行业分工进行，也不再遵循传统商品的购进、储存、运销的业务流程运转。网上销售一方面使产业间、行业间的分工模糊化，“产销合一”“批零一体”的销售模式大量出现；另一方面随着“凭订单采购”“零库存运营”“直接委托送货”等新的业务方式的出现，服务于网络销售的各种中介机构应运而生，行业内部的专业化分工进一步深化。

2. 销售方式的变化对生产经营方式产生直接的影响

一方面，由于网上购物为现代社会消费时尚的个性化进一步提供了便利，以消费者为主体的分散式订单生产呼唤柔性生产技术的出现以及在生产中的普遍应用。另一方面，由于电子商务的应用，使制造业竞争中劳动力成本的作用降低，中小企业在网上营销中可以获得更大的比较优势。因此，在个人商品消费领域，大批量、规模化生产以及传统的工商关系部分将由产销合一的高科技小企业所取代。

---

① B2B 指的是 Business to Business，即企业与企业之间通过互联网进行产品、服务及信息的交换；B2C 即 Business to Customer，即企业通过互联网为消费者提供一个新型的购物环境——网上商店，消费者通过网络在网上购物、在网上支付；C2C 即 Consumer to Consumer，C2C 商务平台就是通过为买卖双方提供一个在线交易平台，使卖方可以主动提供商品上网拍卖，而买方可以自行选择商品进行竞价；B2M 指的是 Business to Manager，所针对的客户群是该企业或者该产品的销售者或者为其工作者，而不是最终消费者。

3. 产销一体化整合对传统流通方式的影响

电子商务的出现赋予了流通技术革命以更具时代特征的新内容，这就是供应链技术。实施供应链管理就是以电子商务技术为基础，将商品需求、商品流通和商品生产有机地联系在一起，它不仅可以在库存数量、存货地点、订货计划、配送运输几个方面实现最佳选择，优化企业经营者的利益，而且能够在准确的时间、准确的地点，以恰当的价格和便捷的方式将商品送到消费者手中，最大限度地体现消费者主权。供应链技术将“时滞”变为“实时”，其关键是信息技术从消费延伸到“销—供—产”全过程，并通过电子商务技术把众多的生产厂、零售商和消费者联系在一起，在产、供、销各环节建立起多极化的产销联通体系。

（三）连锁经营及代理制等营销方式变革的影响

零售领域的连锁经营及批发领域的代理制是流通业发展的重大变革，是市场经济条件下经济发展水平提高以及商业竞争、演变与发展的产物。它们的不断发展会分流传统零售业态及批发方式的客源，对商业街、购物中心、专业市场等类型的商业集群带来不利影响。

1. 连锁经营的影响

连锁经营是在同一经营字号的总部统一领导下，由若干分店或分支企业构成的联合体所进行的商业经营活动。总部负责采购、配送，分店负责销售，并通过企业形象的标准化、经营活动的专业化、管理方式的规范化及管理手段的现代化，使复杂的商业活动在职能分工的基础上，实现相对的简单化，从而实现规模效益。周殿昆（2004）指出，连锁公司之所以存在规模经济，主要是因为采购销售批量越大，平均总成本越低，效率越高。①

20 世纪 80 年代中后期，连锁业开始进入我国，随着工业化进程尤其是城市化进程的加速和国民收入、消费结构的变化，其增长幅度超过了传统的零售商店，成为开拓市场、扩大需求的新的增长点。据中国连锁经营协会网站公布的统计资料显示，2006 年，我国连锁商业企业近 1.6 万家，

① 周殿昆：《连锁公司快速成长的原因及对策分析》，《天府新论》2004 年第 4 期。

仅前百强连锁商业企业总计实现销售额就达到5871亿元，比上年销售总额增长27.1%，显示出强大的生命力和巨大的发展潜力。[①]

连锁经营是现代化工业大生产的原理在商业流通领域的应用，这种经营制度安排大大节约了交易成本，从而提高了经济效益、刺激了经济增长，因而给传统零售业态带来了非常大的冲击，进而影响了以传统业态为主要形式的商业集群的健康发展（即增强了商业集群的分散力）。如成都市的红旗连锁店，该连锁公司原隶属于成都市总统府红旗商场，于2000年6月改制成功，现已发展成为中国西部地区最具规模的集连锁经营、物流配送、电子商务为一体的商业连锁企业，目前在四川省内已开设近千家连锁超市，拥有两座现代化的物流配送中心，3000多家供货商与其建立了良好的互利双赢的商业合作关系。到2007年，红旗连锁累计上缴税收近5亿元。2008年3月28日，中国连锁经营协会公布了2007年“中国连锁百强企业”名单，成都红旗连锁有限公司排名第52位，比上年前进了4位，而四川省仅红旗连锁一家企业上榜。从2002年开始，红旗连锁已连续6年荣膺“中国连锁百强企业”榜。[②] 红旗连锁的健康发展，一方面为推进现代流通业的发展及四川省经济建设起到了积极作用，另一方面也降低了城市商业集群的集聚力。

2. 代理制的影响

代理制是指流通企业通过合同契约形式与生产企业订立代理协议，取得商品销售权，从而形成工商之间长期稳定的产销合作关系，以衔接产需、组织商品流通的贸易形式，包括代理权代理（特许经营权代理、一般代理、独家代理）、佣金代理及两者相结合三种形式。代理制不仅适应了社会主义市场经济发展的客观需求，而且还适应了大规模专业化生产的需要，进一步促进了生产和销售业务行为的分化，有效衔接了生产和消费。代理制不仅比传统的经销制有更多优势和功能，而且基本上能够解决或缓解当前流通领域中存在已久的许多问题和矛盾。一方面，流通专业化、集约化、社会化可以缩短流通时间，减少社会资金占用，加速资金周转，促

---

① 资料来源：中国连锁经营协会网 http：//www.ccfa.org.cn/。

② 资料来源：红旗连锁网 http：//www.hqls.com.cn/。

进社会分工的发展和市场的扩大；另一方面，可以促使和保证生产企业致力于提高产品质量、改进品种、增加生产，从而提高企业经济效益。因此，代理制是生产企业发展的需求，也是其生存和发展的内在需求。

代理制的出现使得代理企业可以避开在原有的商业集群区选址，以节省企业运行成本，从而促使商业集群由集市贸易型向代理制型转变。但是代理企业没有必要在传统的专业市场集聚，而应选择在城市商务中心区（BCD）以电子商务的形式完成商品流通的全过程，进而弱化专业市场的集聚效应，从而对专业市场的发育、发展产生不利影响。

（四）地区之间产业转移的影响

按照马克思的社会再生产理论，没有生产就没有交换，商业是媒介商品交换的经济组织，商品生产是商业存在的基础。商业集群是指直接以媒介商品交易为专门职能的营利性经济组织在空间上的集聚。商业集群尤其是以批发业务为主导的专业市场，要依赖于提供产品的生产性行业的集聚。产业转移可以促进当地相关产业发展，增加当地的商品供给。因而，可以说，地区间产业的转移为专业市场的发展提供了契机。

专业市场离不开各地具有特色产业集群的支撑，而产业转移为这种支撑提供了基础条件。因为特色产业集群本身是与规模经济相联系的，特色产业集群的发展既要求生产要素的集聚，也要向市场提供大量的商品供给。许多地区的实践经验证明，围绕市场建设生产基地、开辟市场加工区、工农贸相结合的发展路径，把发展市场与当地特色工业结合起来，把专业市场与专业生产基地结合起来，是专业市场久盛不衰的重要因素。在市场的带动下，市场周围会形成与特色产业集群相关联的中小企业集聚，逐渐形成具有区域特色的产业集群，从而不断为专业市场提供各种适合市场需求的产品。

我国东西部产业结构调整在不断推进，四川省成都市因沿海发达省份制鞋业的迁入而逐渐兴起的“西部鞋都”就是因产业转移而形成大型专业市场的典型实例。制鞋行业是典型的劳动密集型行业，从全球化的视野来看，这个行业的产能总是向着劳动力成本低廉的国家和地区迁移。世界制鞋业的中心最先在意大利、西班牙等西南欧地区，后逐步转移到东欧和日本、韩国。近20多年来，日本等地的产能又转移到我国东部沿海地区，近几年，又开始向我国西部转移。目前，成都是中国鞋业的四大基地之一，享有“中国女鞋之都”之美誉，女鞋的样式紧跟国际潮流，受到了来自东欧、北美等地主流市场的一致好评。四川西部鞋都有限责任公司是“中国女鞋之都”的运营单位，成立于2003年6月。2006年，中国轻工业联合会和中国皮革协会联合授予成都市武侯区“中国女鞋之都”称号。“中国女鞋之都”旗下集聚着四川鞋业80%以上的生产量，拥有鞋厂1700余家，相关配套企业3000余家。以“中国女鞋之都”为核心的四川鞋业年产值达150亿元人民币，年增长率超过20%，是目前四川省极具发展潜力的朝阳产业。[①]“中国女鞋之都”是集鞋材选购、鞋贸交易、鞋厂展示、成品鞋采购、鞋业资讯发布、鞋业技术开发、鞋业人才交流与培训、专业鞋业国际物流、鞋产品进出口报关单证退税、商务配套服务等功能于一体的综合性鞋业产业平台。

（五）政府提供支持政策体系的影响

经济学认为，市场机制导致资源不能有效配置就是“市场失灵”，集群作为一个组织系统，同样存在“系统失灵”[②]，因而政府有必要实施相关的集群政策以保持集群体及区域经济健康、有序发展。实践证明，商业集群的形成与发展，主要是市场作用的结果，但也离不开政府的行为。当一些商业企业在一个城市或城镇的某一地点开始集聚的时候，政府通过行政规划，能进一步促进商业企业在该地点的集聚，使得商业企业在数量和规模上得到迅速的扩张，从而强化商业集群，如集贸市场的发育及专业市场的发展。况且，商业集群形成之后，在政府及市场的双重作用下，其吸引力和集聚力会进一步提高，使得商业集群中企业的数量形成“滚雪球”之势，集聚规模迅速扩大。在当前利益分配格局下，地方政府受经济利益的驱使，有制定相关政策为商业集群发展提供良好环境的动力，从而保证其良好的发展态势。此外，商业集群所在地也是满足采购者采购需求及消费

---

① 资料来源：中国鞋业网 http：//www. cnxz. cn/。

② 蔡宁、吴结兵：《产业集群与区域经济发展——基于“资源—结构”观的分析》，科学出版社，2007，第180页。

者购物、休闲、娱乐等需求的场所，便捷、完善的基础设施和健全的服务体系是商业集群形成的重要因素，而这些条件的提供又有赖于政府的推动。因此，从某种程度上讲，政府是商业集群发展的主要推动力之一，其集聚主体的成长有赖于政府的规范。[①] 正如弗里德曼指出："政府的必要性在于它是'竞赛规则'的制定者，又是解释和强制执行这些已被决定的规则的裁判者。"[②]

改革开放以后，广东、浙江、山东等地形成了一些没有资源依托的"块状经济"特色产业簇群，被经济学界称为"零资源程序现象"。究其成功原因，政府的产业政策、商业政策、管理体制与市场服务等是非常关键的影响因素。经济学家厉以宁曾说过，义乌能实现"小商品，大市场"，重要的一点就是有了服务型的政府，义乌市把政府的角色定位在调控有度的"有所为而有所不为"的职能上。[③] 浙江织里镇位于太湖南岸，历史上因织造兴盛而得名，全镇区域面积135.8平方公里，总人口为15万人，其中外来人口约5万人。经过20多年的发展，织里人从做枕套、绣花制品到织锦缎棉袄，形成了全国最大的童装生产和销售基地，被称为"中国童装之都"。政府在织里童装专业市场形成与发展的过程中起到了积极作用。20世纪80年代初，当地政府从本地实际情况出发，顺应个私经济的发展趋势，投资兴建交易场所，制定相应的帮扶政策，使分散、无序的个体经济纳入到市场规范中，转化为产业的动力。先期主要依靠政府，由政府出资兴建市场，然后经营者进场租用摊位自主经营、自负盈亏，开展批零业务，由当地工商行政部门实施市场监督和规范管理。20世纪90年代后，特别是1992年织里经济开发区成立后，政府始终坚持"支持发展、积极引导、规范管理、搞好服务"的指导方针，织里政府先后专门兴建了私营工业园区和童装工业园区，鼓励个体私营工业向镇区集中，给予税收、管理服务等优惠政策，同时加大基础设施投入，加快人口向城镇集聚，为织里市场发展创造了优越的环境。

---

① 政府的推动力是通过制定相关政策为商业集群提供服务，而不是功能越位，直接参与市场经营活动。

② 弗里德曼：《西方经济思想库》第三册，经济科学出版社，1997，第166页。

③ 黄祖辉、张栋梁：《为什么是义乌》，浙江人民出版社，2007，第44页。

二　商业集群发展趋势展望

如前所述，我国商业集群的发展可以划分为三个阶段。一是1978年前的计划经济阶段，其典型特征是存在着一定的商业聚集，但不是真正意义上的集群，商业经营实行“三固定”[①]，集聚区内的商业企业不是真正的市场主体，这种集聚尚未表现出集群应有的外部性、合作与竞争、服务创新等经济效应。二是从改革开放到20世纪90年代中期阶段，是商业集群发展的初始阶段，典型特征是商业集群的数量扩张较快，城市新商业区及各类交易市场不断涌现，为商业集群成长创造了条件。三是20世纪90年代中期以后，是商业集群的成熟发展阶段。其典型特征如下：第一，商业集群从数量的扩张向数量和质量并重方向发展，表现为城市老商业区的改造和升级，特别是商业文化品位的提高；第二，交易市场的适度规模扩张和内部组织结构的体制变革；第三，商业集群与相关产业的互动发展；第四，新建商业集群区从带有较强的自发盲目性向科学规划与论证的理性化发展；等等。

当前，随着社会主义市场经济体制的进一步完善，集群化发展是区域经济发展的一大主要特征，而作为我国商业产业尤其是区域商业规模化发展的主导模式，商业集群未来发展将呈现以下发展趋势。

（一）商业集群的多样化发展趋势

商业集群没有固定不变的标准模式，其发展呈现多样化趋势，这是由我国各地不平衡的社会生产力发展水平、不同的区位地理及文化条件、商业本身的特点及消费水平的差异化等多方面因素所决定的。各地区的商业集群不可能也没有必要采取固定或相同的形式，也没有最佳、最优的发展模式。如前所述，商业集群发育具有三阶段特点，且具有明显的层次性，因而，商业集群必须同当地社会环境相适应，建立多级化的商业集群体系，如城乡集贸市场→批发交易市场→专业市场体系，以及社区商业街→

① 是指在计划经济时期商业批发领域形成的“固定批发层次、批发扣率、批发区域”经营方式。

市内购物中心→商务中心区（BCD）→郊区购物中心体系等。商业集群的多样化发展趋势，首先表现为商业集群类型的多样化，如各种商业街、集贸市场、批发中心、购物中心、专业市场等；其次是基于集群整体及内部企业市场定位的不同，而形成的集群内企业经营业态的多样化，即由集群内传统的现场交易、粗放交易方式，向注重代理、合同交易、拍卖交易、电子商务等现代交易、集约化方式转变，以提高市场交易的效率，降低集群企业的整体交易费用，进而推动商业集群规模不断扩大，产生更大的集群效应，形成商业集群的良性互动循环过程，以促进区域经济发展。

（二）商业集群的规模化发展趋势

商业集群必须有一定的规模才能表现出较强的集群经济效应，辐射更大的区域范围，产生更大的增长极效应，从而凸显集群品牌效应。因此，集群规模大小是商业集群竞争优势的一个重要标志，而集群规模的扩大化也是商业集群未来发展的新趋势，如大型郊区商业中心的建设、郊区购物中心的兴建、大都市超级购物中心的兴起（上海浦东的正大广场、北京中关村国际商城），以及区域集贸交易市场、综合性（专业性）批发市场、专业市场等的形成。

但是，集群的规模受地理区位、交通、供给和需求等条件的制约，集群规模的大小是市场作用的结果，而不是主观随意设计的，否则，不但不会产生集群效应，反而会产生严重的不良后果。20 世纪 80 年代以来，我国一些地区“交易市场式”集群的失败就是例证。如 20 世纪 90 年代初期，江西省泰和县为了振兴当地的“乌骨鸡”特产，形成以“乌骨鸡”为核心的相关地方产业的发展，由政府投入巨额资金兴建国内最大的“乌骨鸡”产品交易市场，结果开业不到一年就名存实亡。违背市场经济发展规律及政府功能越位是其失败的主要原因。

因此，一方面，就集贸市场、批发市场及专业市场而言，其发育、发展一定要遵循市场规律，它们的成长过程一定有个从初始集聚，经由成长性集聚，再发展到成熟性集聚的过程，在这一过程中，政府不能作为推动市场发育的主体力量；另一方面，从国内外城市发展历程来看，随着城市扩大化和空心化的同步进行，城市内部的商业中心区、商业街过分延长都是不合适的，郊区商业中心及购物中心是零售业未来的发展趋势。

（三）商业集群与关联产业的互动化发展趋势

市场经济条件下，商业由生产的附属和一般的中介产业转变为经济发展的先导产业与基础性产业。商业的产生与发展同其他产业的关联性越来越高，第一、第二及第三产业等其他部门的发展往往需要商业的引导、支撑和带动。商业集群通过集中化大规模的媒介商品流通和提供相关专业服务，能有效地发挥基础性产业的作用，特别是与制造业集群、高科技产业集群、交通运输业集群、物流业集群及现代服务业集群等的互动发展，正在成为推进城市化及区域经济发展的重要推动力。从浙江的“块状经济”发展来看，产业集群不仅是同类生产企业的集聚，而且形成了以某类产品为中心、覆盖社会再生产的整个过程，出现集生产、科研、销售、服务等于一体的集群网络，而商业集群（市场集群）已经成为其中必不可少的组成部分。如义乌小商品市场（专业市场）已经成为义乌小商品生产企业开拓国内外商场的基地，形成以市场带动制造业集聚和以工业支撑市场的新格局，即所有与义乌小商品市场或企业有着紧密经济联系的经济主体和区域，既包括前向的产品销售区域，也包括后向的产业支撑区域，以及由此形成的跨区域分工协作网络。它们或借助义乌小商品市场这一平台，把自身的产品销往各地；或通过该市场，采购来自全国各地乃至国外的小商品；或直接、间接为前面两种主体服务。除了贸易往来之外，越来越多的诸如生产、金融、信息等领域的交流与合作也通过义乌小商品市场的平台作用得以实现，义乌小商品市场在这一流通过程中起到了关键性的枢纽作用。

从一些地区工业或高科技园区的发展来看，市场也具有明显的集群互动发展趋势。例如，北京中关村既是高科技产业园区，同时也是汇集了各类经销商、托运商及相关服务商的商业集群区；在浙江，中小企业产业集群同专业市场（如义乌的亚洲最大小商品市场、柯桥的中国最大轻纺市场）或者其他类型的市场（如义乌的联托运市场、房地产市场）共生；浙江嵊州“领带城”是我国最大的领带零售、批发市场，它与嵊州领带生产基地相伴而生。李永刚、祝青（2000）认为，浙江众多中小企业群落中，没有一个是纯粹的生产性中小企业群或商贸性中小企业群落，任何一个功能完整的中小企业群落，都是由这两个子群落共同构成的。

（四）商业集群与区域经济同步化发展趋势

改革开放后，许多地方的经济发展缺乏区域经济理论指导，过分注重粗放型的数量增长，导致出现地区产业结构趋同、重复建设等不合理产业布局现象，严重影响了经济的持续发展。党的“十七大”报告提出，“要加快转变经济发展方式，推动产业结构优化升级”；“要坚持走中国特色新型工业化道路，坚持扩大国内需求特别是消费需求的方针，促进经济增长由主要依靠投资、出口拉动向依靠消费、投资、出口协调拉动转变，由主要依靠第二产业带动向依靠第一、第二、第三产业协同带动转变，由主要依靠增加物质资源消耗向主要依靠科技进步、劳动者素质提高、管理创新转变”；要“发展现代服务业，提高服务业比重和水平，加强基础产业基础设施建设，加快发展现代能源产业和综合运输体系”；“走中国特色城镇化道路，按照统筹城乡、布局合理、节约土地、功能完善、以大带小的原则，促进大中小城市和小城镇协调发展”；“以增强综合承载能力为重点，以特大城市为依托，形成辐射作用大的城市群，培育新的经济增长极”；等等。这些论述是各地区域经济发展的行动指南，为区域经济发展指明了发展方向。商业集群在区域经济发展中起着重要的纽带作用，它的建设和发展应该与区域经济规划同步进行，尤其在农村小城镇建设、城市居民小区开发、新型交通节点建设、工业园区建设、农业产业化推进等方面，要把商业或商业集群的规划纳入区域经济发展的战略位置；要从生产、消费及经济发展实际情况出发，以商圈理论为指导，坚持商业集群规划与区域商业的整体规划相一致，坚持商业集群规划、区域商业的整体规划及关联产业的布局相结合、相协调，以形成同步规划、相互促进的互动发展趋势。

（五）商业集群的高级化发展趋势

按照商业集群的三阶段发展理论，商业集群的发育路径是由集中度低与协同性弱的初始性集聚，向集中度低与协同性强、集中度高与协同性弱的成长性集聚转化演变，最后达到集中度高与协同性强的成熟性集聚阶段。高级化是商业集群成熟性阶段的具体要求，商业集群的高级化是大型商业集群发展的高层次追求，其主要表现为以下方面：一是商业集群内部业态结构和市场结构的合理化，集群内企业能够进行有效的分工协作，大、中、小企业共存共生，互补协调发展，形成有效的市场竞争格局，实现合作共赢；二是商业集群基础设施的现代化，包括建筑设施、商业公共设施、企业经营设施等方面，是集群高级化的物质基础；三是商业集群经营管理的信息化和电子化，包括集群开发管理和内部经营企业普遍采取计算机管理手段，建有公共信息网络平台，集群内企业能够有效地实现与外部市场的信息对接，大型龙头或骨干企业能够开展网上信息交流、贸易洽谈及电子商务活动。[①]

（六）商业集群的代理制发展趋势

代理制主要适用于商业集群中的专业市场及市场集群，因为专业市场是市场经济中工商企业关系体现的主要载体，而市场经济的一个基本特征是以市场机制对资源进行有效配置。为此，市场经济要求工商企业之间建立起一种风险共担、利润共享、互惠互利、长期稳定的贸易伙伴关系。因此，按照市场经济的要求，构造稳定的工商关系是今后流通业发展的趋势，而代理制的推广正好迎合了这一发展趋势的需要。因为代理制的核心是产销双方建立起一种长期、稳定的合作关系，从市场经济发达国家的经验来看，推行代理制是建立稳定的工商关系及完善流通体制的必要措施之一。

如前所述，代理制是指流通企业通过合同契约形式与生产企业订立代

---

① 阿里巴巴公司成立于1998年，是世界上排名第一的国际贸易和中国本土贸易网络交易市场。2008年4月18日，广州市信息化办公室与阿里巴巴签署合作备忘录，阿里巴巴确定在广州市建立电子商务华南地区运营总部，以广州市为中心建立“珠三角”区域性服务总部。一方面，此举可推动广州市中小企业的电子商务应用，拓展国内外市场，提供丰富有用的信息，增加商业机会，发展新型服务，简化销售过程，降低交易成本，提升企业运行质量和效率，从而达到转变经济增长方式、提升广州参与国际经贸合作与竞争的能力、促进“珠三角”经济一体化的目的。另一方面，此举通过营造鼓励电子商务发展的政策环境和公正竞争的市场环境，支持中小企业电子商务示范和广泛普及应用，带动本地互联网企业的共同成长，支持具有实力的国内外电子商务企业到广州市投资发展，共同促进广州数字经济的大发展。随着阿里巴巴公司等具有雄厚实力的电子商务企业落户广州，广州将逐步成为互联网经济的主要集聚中心。资料来源：广州金羊网 http://www.ycwb.com/。

理协议，取得商品销售权，从而形成工商之间长期、稳定的产销合作关系，来衔接产需、组织商品流通的贸易形式。与传统贸易方式相比较，代理制具有如下功能。

1. **开拓市场功能**

代理制的开拓市场功能在于建立代理关系的产销企业要做到优势互补，生产企业可以充分利用流通企业的销售渠道和促销能力；流通企业则可以使自己的经营建立在生产企业的产品质量和价格优势之上，从而形成双方最佳的营销策略要素组合，开拓新市场，提高市场占有率。

2. **分散风险功能**

一方面，代理制中的市场风险由生产企业和流通企业共同承担，即生产企业承担生产费用风险，代理商承担流通费用风险，而不像直销或经销那样，生产和销售费用风险是由生产企业或流通企业独家承担；另一方面，代理制经营可使商品以最便捷、最安全的方式转到用户手中，从而降低用户风险。

3. **强化服务功能**

代理公司十分注重搞好售后服务，这不仅由于售后服务的好坏直接决定着能否稳定客源，能否继续取得代理权，而且依靠售后服务可以取得可观的经济效益。

正是因为代理制具有上述功能，因而在专业市场中实行代理制可以促使产销双方结成长期合作的稳定关系。对生产企业而言，其可借助代理企业的销售网络，及时了解市场需求、消费特点和变化趋势等市场信息；对代理方即流通企业而言，代理制可以使其取得稳定的货源，增强其经营实力和市场影响力；对消费方而言，其通过代理制可以享受到更好的售后服务并降低购买成本。因此，代理制必定是今后商业集群的发展趋势之一。

第三节　促进商业集群成长发育的若干政策建议

市场经济条件下，在完全竞争市场中，通过市场机制，可以自动实现供求平衡，使整个社会的经济活动进入最佳状态，达到帕累托最优。然而，完全竞争只是一种理想的市场状态，在实际经济生活中并不存在。由于市场机制本身存在无法克服的缺陷和不足，因而我们必须借助政府的力量，才能消除集群外部负面效应，以维护市场秩序，使得商业集群健康、有序的发展，进而促进城市功能的提升及区域经济的良性发展。[①] 我国学者黄花叶（2004）、陈剑锋（2005）等认为，集群政策的产生是基于市场失灵和传统政策失灵（政府失灵）。刘恒江和陈继祥（2004）认为，集群政策存在的功能目标是解决集群的“市场失灵”和“系统失灵”。商业集群作为一个组织系统同样存在“系统失灵”。

主流经济学认为，公共产品的存在、外部性和自然垄断是“市场失灵”的主要原因。“市场失灵”是政府干预经济活动的基本依据。政府在商业集群中的作用应该是作为促进者和中间人，建立动态比较优势和有利于商业集群发展的制度，提供支撑性的基础设施等公共服务，创造一个有效的激励机制以消除创新体系的系统失效问题。波特（1990）肯定了政府在集群发展中的作用，他认为，政府最根本的角色是扮演信息提供者，并提供高级生产要素。Asheim and Isaksen（2002）等也认为，政府是集群发展的一个变量。因此，在我国社会主义市场经济体制还不完善的情况下，政府在商业集群的成长及发展过程中仍将发挥重要的作用。

一　健全商业集群创新的制度保障

新制度经济学家认为，制度在很大程度上决定着组织运行的绩效。无论国际还是国内，政策、法规和条例等正式规制的建立完善对商业集群发展都具有十分重要的作用。各地集群的快速发展，无一例外地得到了政府政策的支持和扶植。集群内部的产品仿冒和压价竞争，是商业集群发展的普遍现象，而制度的完善能最大限度地降低这种现象带来的负面效应。

（一）制定符合商业集群发展的相关政策和规制

政府作为重要的制度供给者，首要的职能就是制定规制，并保证规制顺利实施，以保证公平竞争的市场环境。一方面，政府要从激励型、引导

① Roelandt 等（1998）在强调完善市场体系的前提下，认为产业集聚政策的目的在于对系统的不完善做出反应。

型、保护型与协调型政策相结合的角度，设计促进商业集群成长与发展的相关政策，如表9－3所示，如激励型政策，包括金融政策、财政政策、税收政策、分配政策、信息政策、就业政策和其他政策等；另一方面，政府也要从促进商业集群健康发展的角度设计其相关规制，包括强制性规制、引导性规制和非正式规制。强制性规制是指通过有关法律、政策和条件的规定，强制性地要求集群企业遵循集群内的相关硬性约束条件，以保证商业集群健康发展；引导性规制则通过有关政策和制度的制定，引导企业行为，以利于形成良性竞争的集群环境；非正式规制主要是指由当地社会环境中经过历史沉积形成的社会文化等无形因素，其中社会因素方面如经营和就业环境、生活质量，文化因素方面如伦理道德、社会规范、价值观、人际关系等。非正式规制是影响集群发展的软环境。

表9－3　政府作用及政策工具目标

<table>
<tr><th>政策对象的层次</th><th>具体实施对象</th><th>政策目标</th></tr>
<tr><td rowspan="3">针对企业关系</td><td>同类企业之间</td><td>建立信息传播和交流平台，促进合作与竞争</td></tr>
<tr><td>上、下游企业之间</td><td>完善交易规则和争端解决机制，促进沟通，鼓励创新合作</td></tr>
<tr><td>企业与企业及其他机构之间</td><td>促进联系和交流</td></tr>
<tr><td rowspan="5">针对商业集群</td><td>商业集群外部市场</td><td>组织产品展示和品牌宣传活动</td></tr>
<tr><td>要素提供</td><td>教育和培训，引进智力，进行专业性公共设施建设</td></tr>
<tr><td>技术服务</td><td>提供技术信息，设立技术中心</td></tr>
<tr><td>信息服务</td><td>提供政策、产品价格、质量、设备的信息和相关的行业信息，间接的财政和金融支持，对专业服务机构启动的补贴，担保贷款启动资金</td></tr>
<tr><td>综合服务</td><td>促进服务机构、中介机构，金融机构、研究机构和专门学校的发展，制定发展政策和规划，统筹土地开发</td></tr>
<tr><td rowspan="2">一般外部环境</td><td>硬环境</td><td>道路、通信、水电等基础设施建设</td></tr>
<tr><td>软环境</td><td>制度建设，市场秩序的维护，创业创新、诚实守信文化建设，企业家精神的培育，行政环境优化</td></tr>
</table>

资料来源：根据相关资料整理而成。

政府在规制设计中，要严厉控制和打击企业的机会主义行为，保证市场环境的健康和整个集群的良性竞争。例如，通过质量法和质量认证制度的建立和完善，避免假冒伪劣产品对整个集群的破坏性影响；要在商业集群中营造鼓励诚信的人文环境，使企业采用非正当竞争策略的社会成本大大增加，一旦发现企业存在“败德行为”，就应被当地文化所抛弃，使其难以在集群内部继续立足。

（二）提供促进商业集群发展的公共基础条件

政府应充分运用信息、网络等现代技术，对公共基础条件资源进行战略重组和系统优化，以促进全社会高效配置、综合利用创新资源，提高自主创新能力。其作用类似于国民经济中的能源、交通、水利等基础设施，具有公共物品的属性，离不开政府的支持和投入。主要包括以下内容。

1. **文献数据平台**

文献检索、专利检索和标准检索是创新开始时的必备工作。及时更新文献数据，有利于创新团队准确把握和跟上国际同行的创新步伐。

2. **信息服务平台**

信息服务平台包括技术市场与科技成果共享服务平台、知识产权公共服务平台和标准化技术服务平台，它联通了成果、资金、交易等方面的信息，是创新活动的重要媒介，有助于加快企业创新步伐。跨区域分工协作网络的进一步发展，将使得因为专业市场而联系在一起的国内外相关经济区域之间共享创新资源变得更为容易。

3. **基础设施条件**

基础设施条件按服务性质分为三类：一为生产基础设施，包括服务于生产部门的供水、供电、道路和交通设施，仓储设备，邮电通信设施，排污、绿化等环境保护和灾害防治设施；二为社会基础设施，指服务于居民的各种机构和设施，如商业和饮食、服务业、金融保险机构、住宅和公用事业、公共交通、运输和通信机构、教育和保健机构、文化和体育设施等；三为制度保障机构，如城市建设规划与管理部门等。

4. **商业集群统计数据库**

国家商业主管部门应对我国商业集群开展立项调查分析，分类建立地理分布图和数据库，设计商业集群绩效统计评价指标。当前，由于缺乏真实有效的商业集群统计数据，阻碍了我国商业集群的理论研究，影响了政府科学制定商业集群规划，实施商业集群战略，进而阻碍了商业集群的发展与功能升级，削弱了我国商业集群的整体竞争力。因此，吸收国外最新的集群统计理论、方法，尽快建立、健全商业集群统计指标体系是当务之急。

二 积极搭建商业集群创新平台

企业在集聚过程中产生了许多共性需求，政府可以按照公共资源共享最多原则，针对企业的公共性需求，集中建立以商业集群为基础的创新平台，形成具有较强创新能力的创新网络，从而显著提高公共投入的规模经济效应。

自主创新平台是创新体系中集聚创新要素、激活创新资源、促进知识流动与技术扩散以及创新成果转化的网络节点，是创新成果的“转化器”和“分配器”，是区域创新网络中不同创新主体创新功能的联结体。自主创新平台的建设对于专业市场、市场集群等创新载体有效挖掘创新潜力、发挥创新优势、降低创新成本等，都具有极其重要的意义。为此，政府必须大力加强公共基础条件平台、行业专业创新平台、区域创新平台等自主创新平台的建设。

（一）公共基础条件平台

公共基础条件平台能充分运用信息、网络等现代技术，对创新的基础条件资源进行战略重组和系统优化，以促进全社会高效配置、综合利用创新资源，提高自主创新能力。它的作用类似于国民经济中的能源、交通、水利等基础设施，具有公共物品的属性，离不开政府的支持和投入。主要包括便捷的交通通信、水、电、污水治理等公共产品和服务，基础教育医疗保健和环境住房，社会福利等。基础设施建设和其他公共产品的供给是商业集群创新平台建设的基础性要素，是决定集群竞争力和集群内交易成本的基础条件。商业集群内的基础设施不仅能够提高产业经济效率，在客观上还可以增加集群区域的吸引力，使区域外企业加入本地的商业集群，从而提高集群的优势和区域竞争力。

（二）行业创新平台

行业创新平台是以行业的共性技术和关键技术为主要切入点而建设的自主创新平台，包括行业的前后纵向联系和相关横向联系，规模比由若干家创新载体所组成的平台更大，其功能还包括融资、交易和创新成果的产业化等。行业创新平台与企业的联系更为紧密，为企业提供自主创新服务的能力更强、更直接，尤其是在中小企业众多、大企业比较缺乏的专业市场，行业创新平台的建设可以弥补中小企业科技创新能力较弱的不足，整合创新资源、优化创新资源配置，充分发挥有限的创新要素的效能，走集约化的自主创新之路。目前，专业市场开展自主创新活动的主要是行业龙头企业，众多小企业限于自身实力只能紧随大企业之后进行仿制。这一方面损伤了大企业自主创新的积极性，另一方面也不利于小企业的长远发展。为此，政府须在行业创新平台建设方面发挥重要作用，面向中小企业的创新需求，将扶持的重点放在基础性领域和行业共性技术的研发上。

（三）区域创新平台

区域创新平台一般以区域内的主导产业为主要切入点，是为了壮大块状经济，实现对地方经济发展的支撑作用而建立的，其所包含的要素和资源比行业创新平台更广。随着市场集群区域经济的迅猛发展，资金、土地、人才等生产要素短缺和价格上涨问题日益突出，成为制约可持续发展的重要因素。区域创新平台的建设有利于有效整合周边区域的创新资源及要素，“不求所有，但求所用”，推动创新资源突破行政区划限制，实现快速、广泛的自由流动。通过这种交流与合作，周边区域可以更加有效地开发利用自身所拥有的创新资源要素，提高资源的使用效益，并通过区域创新平台的建设带动本地企业增强自主创新能力，收到双赢、多赢的效果。为此，政府要充分利用由于市场集群的发展而形成的跨区域分工协作关系，进一步加强各相关经济区域在自主创新平台建设方面的交流与合作，共筑区域创新平台。

三　政府适度介入，倡导建立商业集群内部的协调机制

政府的适度介入对商业集群的可持续发展是必要而且有效的，尤其在商业集群发展到处于转折点的关键时期，地方政府的正确引导和调控，对商业集群的成长与升级具有积极作用。但是商业集群不是培育出来的，政府政策的决定与实施必须遵守以下原则。

第一，政府必须以现有的或者是新兴的商业集群为前提制定相应规划，而不能刻意创造集群。创造集群将会导致高成本、高风险。如果不同的地区追求相同的集群重点，将会导致重复建设和过度竞争，破坏现有的市场结构和削弱企业的竞争能力。由于参与者及相互联系的多样性和复杂性，集群是一个复杂的有机系统，试图通过政策来创造一个复杂系统几乎是不可能的。因此，政府最好是间接参与商业集群的培育过程而不是主导集群的发展。

第二，商业集群政策的目标应该是鼓励集群内企业的合作和网络化，提供更好的公共计划和投资。市场失灵和制度失效会导致公共物品供给不足，集群规划的重点应放在为需要和有潜在需要服务的企业（不论企业是否在已存在的集群中）提供尽可能完善的服务方面，尤其是提供信息，建立交流的渠道和对话的平台。商业集群政策的很大一部分就是鼓励和促进集群内企业的创新。

第三，企业应成为商业集群的主导者，公共部门和政府只应成为集群的催化剂、润滑剂或者桥梁。因此，地方政府和公共部门要做的事情主要是：对于治理市场失灵选择明确的目标，并根据实际情况组合使用各种措施，政府政策信息要能够很顺畅地到达需要了解这些信息的企业及其成员中；促进集群内企业供应联系的建立；帮助建立集群内企业的学习链，加快知识在集群内的扩散，促进整个集群的升级；做好集群内信息收集工作，尽量少干预企业事务；多吸引外部投资。

第四，地方政府在促进商业集群持续成长方面，除了发挥传统功能的作用，如基础设施建设、金融支持、市场秩序规范等外，更应该在区域生产要素配置、引导与扶植集群方面发挥作用，同时应积极提供地方制度创新，制定产业区位政策，搭建经贸发展平台及组建行业协会，营

建创新环境（尤其是引导各种中介服务机构的建设，健全产权制度保护及建立社会信用体系等）。对跨行政区域的商业集群，各个区域政府更要加强沟通与交流，从更高行政区域层面上协调地域间的分工与协作关系。同时，政府要灵活根据集群的实际需要，在集群成长的不同发展阶段，实施不同的扶持重点。

四　培育信任、合作的商业集群文化环境

商业集群区域目前一个重要的任务就是营造适应中小商业企业集群化成长的产业文化环境。最新的研究成果发现，区域商业集群形成的根本动力在于区域创新网络的构建，而区域创新网络的核心就是营造一种有利于区域行为主体（企业、消费者和政府机构）相互之间进行交流与协作的良好的区域产业文化。这种产业文化的实质就是“信任与承诺”，它维持中小商业企业集群的运行，并使其在面对外来竞争者时拥有其独特的竞争优势。素有“中小企业王国”之誉的意大利，国内中小企业集群化发展健康且迅速，其中很重要的一个原因就在于地区内存在着以诚实和信赖为精髓的产业文化。这种文化推动了企业间各种正式和非正式交流与合作的建立以及维持，避免了企业间不正当的竞争、相互排挤甚至拆台，也减少了企业间经济纠纷的发生。这种地区产业文化虽然有其固有性，营建的难度较大，但并不是说就没有可能性。通过对新老企业家的培训、有组织的企业交流活动以及文化理念的长期渗透等，这种文化完全可以逐渐获得。

中华民族有很强的以地域为中心的乡土文化传统，因此在培养集群文化时，政府应着力倡导振兴家乡经济。留住人才，社区的繁荣和发展才有可能。中国人的社会关系由同宗、同姓、同乡、同学等连接而成，在人际交往中注重血缘、亲缘、地缘、行缘、学缘等“五缘”。利用这种社会关系结成的企业间分工协作网络，不仅会降低一些外购交易行为的成本，而且能促使中小商业企业在经营决策上的信息顺畅流通，很快做出有效率的应变对策，掌握商机，降低风险；同时，在遭遇经营困难时亦能同舟共济，渡过难关。维系这种分工协作网络的核心就是基于特定社会关系的信任与承诺。如果没有这种信任与承诺，企业间在资金上

的相互赊账和迟延付款、经营管理方面的相互模仿等默契的人情交往行为将无法进行，中间产品市场的交易成本也就变得十分高昂。以中华民族的传统文化为基础，结合集群的内在特征，笔者认为应该培养这样一种文化，它至少具备以下特征：专业化、开放型的经营方式；鼓励人才流动；敢冒风险，信任与合作。地方政府应运用舆论的力量，大力宣传、引导集群文化的形成。政府职能部门应与社会中介机构联合，对集群内企业进行公正、客观的信誉评级，向集群内外公布，对信誉良好的企业大力推介，对信誉差的则给予警示。地方政府在必要时应介入，运用法律、行政手段等对危及集群整体的败德行为加以干预。

五　依托中心城市，推动产业升级和区域经济发展，为商业集群发育奠定坚实的经济基础

中心城市作为区域性经济活动中心，其发展与周围地区经济增长具有多元化的社会经济联系，对一定地域范围的空间经济活动产生内聚力。它既可以通过各社会经济部门之间的关系，组织和带动区域经济增长，又可以依靠其内聚力把周围地区连接成整体，保持区域经济系统上的完整性和统一性。所以，依托中心城市可以有效地推动区域经济增长，为商业集群发育奠定坚实的经济基础。

改革开放以来，在市场化、工业化和城市化的共同作用下，我国经济发展正在由大城市、经济特区、沿海开放城市、经济开发区等点状经济中心带动，并逐步形成以发达城市为核心的环形经济辐射带。城市中心区产业结构的优化和升级引领着我国产业演化的方向与进程。产业结构升级是一个复杂的动态系统，产业结构升级的过程，是国民经济社会化、工业化和现代化的过程，具体包括以下内容：一是各个层次和各种范围产业结构升级过程中的经济联系；二是各个层次和各种范围产业结构升级过程中的比例关系和数量关系。

产业结构升级是指在产业结构和经济增长的互动过程中，产业结构从低级向高级状态逐渐演进的过程。国际经验和我国的实践都表明，产业结构优化升级与区域经济的持续增长具有强相关性。工业化过程既是经济总

量不断增长的过程，也是经济结构的调整升级过程。[①] 产业结构升级要遵循从资源的劳动密集型产业结构，到资本密集型的工业结构，再到高新技术和服务业产业结构的转变。一国或地区只有把产业结构演变规律进行适时适宜的转换，才能使产业竞争优势持续发展。为推动产业结构升级，政府应采取以下一些措施。

（一）充分发挥政府产业政策的导向作用，采取良好的产业政策，为企业的发展提供宽松的环境

我国目前社会主义市场经济体制还未完全建立起来，市场发育还不够成熟，产业结构完全由市场取舍还有一定的难度。各地区要按照国家调整产业结构的总体要求和任务，结合本地区实际情况，制订具体落实措施。政府应通过完善财税、信贷、土地等相关政策，合理引导各类投资的方向，减少产业结构调整中的盲目性；要确定和实施合理的产业组织政策，实行分类指导，促进专业化分工与协作的健康发展。同时，我国政府部门的服务职能应当逐渐转变到提供经济政策、信息咨询、技术服务等方面，要从改善企业生产经营的外部环境入手，力争建立统一、完善、有序的全国性市场体系，为企业平等竞争创造条件，构建有利于产业、企业发展的外部环境。

（二）积极合理地引导外资流向，发挥外资对产业结构调整的引导作用

一方面，政府可以通过投资市场运作影响产业的资金供给和需求，从而作用于产业结构升级；另一方面，政府也可以通过投资政策与产业政策的引导对产业结构的调整起作用。如果投资体系是在完全市场化的环境中运作，资金将自动流向高利润率的行业和高投资回报率的企业，支持相应产业的发展并使产业结构的调整方向与需求相结合，从而使产业结构合理化或高级化。因此，在引进外资的时候，地方政府应摒弃以前盲目引进外资的做法，而要通过有关政策措施的导向，促使外商投资结构的变化与我

---

① 钱纳里等学者通过对第二次世界大战后数十个国家发展经验的实证研究，引申出“发展就是经济结构的成功转变”的论断（钱纳里等，1986），这个观点被国内外大多数学者所接受。

国产业结构升级的步调要求基本上趋于一致，改变外商投资结构的不合理格局。政府要注重引进外资的质量，引导外商增加对技术密集型产业特别是高新技术产业的投资；要鼓励外商在中国投资设立研发中心，充分利用外国的信息技术等专业人才帮助我国加快技术升级的步伐。政府应当认识到利用外资的有利和不利因素，采取合理的政策措施，充分发挥企业在产业升级中的主导作用，营造出一个利于技术进步和应用的宽松市场氛围，逐步完成整个升级的过程。

（三）积极引导以第三产业为主体的现代服务业发展

回顾世界主要发达国家，如美、德、日等战后产业结构升级的过程，有一个共同点就是，产业结构升级的过程同时也是这些国家第三产业迅速发展、现代服务业迅速崛起并日益繁荣的过程。美国在 20 世纪 50 年代初，服务业占其 GDP 比重约为 55%；到了 20 世纪 80 年代初，服务业的产值已经超过了 GDP 的 2/3；进入 90 年代后，仅服务业中新兴的现代信息业的产值就已占了美国国内生产总值的 60% 以上。[①] 第三产业的持续上升促进了社会的专业化分工，发挥了规模经济的优势。第三产业的迅速发展还可以增加大量的就业机会，缓解就业压力，为工业的技术升级奠定良好的社会基础。因而，国家的政策应向有利于服务业发展的方向倾斜：一是制定的宏观政策和结构政策要有利于促进服务业发展；二是加快推进和完善垄断性服务行业的改革，放宽市场准入，引入竞争机制；三是加快服务业行业标准和行为规范的制定和完善；四是继续扩大服务业对外开放，以竞争效应和示范效应促使国内服务企业降低成本、提高效率和增强竞争力；五是加强服务业发展基础条件的建设与完善。

第四节　结语

本研究以商业集群为研究对象，以空间经济理论为主要理论依据，综合运用了相关经济学理论，比较全面、系统地探讨了商业集群的运行机理

① 郝睿：《试论我国的产业结构升级》，《世界经济情况》2007 年第 7 期。

问题。本研究依据从大到小再到大的逻辑思路，构建了商业集群的空间经济理论体系，即BCD商业集聚（存在多条商业街，是垄断竞争的市场结构，参与主体不存在策略行为）→商业街商业集聚（一条商业街，是寡头竞争的市场结构，参与主体存在策略行为）→购物中心商业集聚（主要考虑消费者的搜寻成本而导致的集聚）→专业市场与市场集群（整个城市为市场交易而存在，供货者、批发商与购货者的区位空间选择导致市场集群），并对广州BCD商业集聚、广州北京路商业街、广州天河购物中心以及浙江义乌市场集群等商业集群的发展问题进行了实证研究。

总结全书，本研究得出了以下几条创新性的研究结论。

（一）界定了商业集群的基本概念

商业集群（Business industrial cluster）是类似于产业集群的一个概念，具体指在一定的地域范围内，依托一定的社会经济环境，由多个各种类型的商业组织聚集在一定的地域空间上，以其协同效应提供多样性的商品和服务，为满足顾客（包括消费者和企业采购人员）消费和采购需要的市场形态。从集贸市场到各类批发市场、从小商品市场到专业市场及市场集群，从购物中心、商业街到BCD商业集聚，等等，都是商业企业集聚的地方。典型的商业集群模式有：BCD的商业集聚、商业街商业集聚、购物中心商业集聚以及专业市场（市场集群）等。

（二）探讨了商业集群的集聚效应

从表象上看，商业集群是企业在地理空间上的简单集合，企业间没有或少有纵向的物质技术联系，系统性特征不如成熟的工业集群明显。实际上，商业集群企业之间也有很强的外部共生协作关系，这种共生协作关系主要是以无形的、非物质的信息方式存在。外部性导致集聚经济效应的产生，商业集群的集聚经济效应主要包括商业集群内企业间信息传递效应、商业集群内企业与顾客的信息传递效应、商业集群的品牌效应。

（三）构建了商业集群集聚动因的理论分析框架

商业集群是多种竞争类型商业企业并存的空间聚合体，本研究借用空间（集聚）经济学中的几个数学模型，在几个层面上解释了商业企业以及消费者和用户集聚的动因，把它们综合起来并加以必要的理论分析，使商业集群产生与发展的原因得到比较全面、清晰的揭示。

空间（集聚）经济学认为，收集信息的费用与消费者及企业的区位都有关系。每个企业都认识到它的最优抉择（区位和价格）依赖于它所供给的产品的需求。这种需求的形成依赖消费者的分布，即消费者的选择直接影响企业的选择。反过来，消费者最优选择（区位和消费）的实现又依赖于企业的整体分布状况。这两种分布之间的相互依赖，通过商业企业与消费者之间的重复博弈最终实现均衡，即在一定的区位空间与价格条件下（满足一定假设），商业企业、消费者和用户得到各自的收益（或利润）与效用最大化。空间（集聚）经济学依据这个基本思想，构建了解释商业集群成因的数学模型。本研究引用其中几个数学模型，分析了从商业企业与消费者或用户间相互适应对方需要而引起的初始集聚，到大量实行差异化竞争策略的商业企业持续不断地进入、形成垄断竞争而推动的成长性集聚，再到知名商场进入、引起寡头竞争而形成的标志性商场集聚（即成熟性集聚）的整个过程，从三个层面解释了商业集群的集聚动因。

（四）阐述了各类商业集群的运行机理，总结出它们的共有内在规律

1. 商业集群沿着三阶段路径发育

商业集群发育大体上都经历了初始性集聚、成长性集聚与成熟性集聚三个阶段。初始性集聚阶段的动因，主要是商业企业为适应消费者降低搜寻费用的要求而集聚；成长性集聚阶段的动因，主要是初始性集聚效应吸引众多商业企业持续不断地进入集聚体，使商业集群规模不断扩大；成熟性集聚阶段的动因，则主要是知名大商场的进入，从而树立起商业集群品牌，提高其知名度，吸引更多商家和顾客进入，促使集群趋向成熟。

2. 共赢价值链是商业集群持续发展的动力

生产企业、商业企业、消费者、用户、房地产商与政府等组成了一条完整的价值链，共同参加商业集群的价值创造过程。它们之间经过反复博弈，使商业集群价值链创造的收益，在参加者之间实现合理分割，形成共

赢利益机制，激励参加者各方增加投入，提高产出效率，从而形成合力，推动商业集群持续发展。

3. 降低交易费用是商业集群发展的生命线

一方面，商业集群内店铺的集中，形成了能够满足各个层次、各种偏好消费者需要的商业聚合体，降低了消费者的搜寻费用，从而吸引大量的消费者光顾，产生波及效应和乘数效应，形成波及顾客和乘数顾客，导致顾客数量增加，扩大集群内商品的销售量，降低企业招徕顾客的费用。另一方面，集群区内的企业公用基础设施可以降低分摊费用，分享集群品牌效应，节省广告费用，等等。交易费用的降低反过来又会吸引更多的店铺和顾客进入集群区，产生更大的集聚效应，进一步降低交易费用，从而形成商业集群的良性扩张之路。

4. 政府公共服务和基础设施是商业集群发育的保障和助推力

商业集群中的商业活动需要有物流、信息流和资金流的配合才能顺畅运转。而充足流畅的物流、信息流和资金流，要靠完整的城市基础设施和相关服务企业以及政府提供公共服务。由于商业集群形成了参与各方共赢的利益机制，因而城市政府，房地产商，交通运输、物流、电信和银行等企业，都有充足的动力投资城市基础设施建设，提供物流、信息流和资金流以及维护市场秩序方面的服务，从而为商业集群发育提供了必要的制度保障和环境条件，助推商业集群顺利成长。

5. 商业集群发育与城市及区域经济发展的良性互动，推动双方的发展水平向高层次跃迁

商业集群的形成和发展带动了与之相关的交通运输业、仓储业、邮电通信业、金融业、餐饮娱乐业等第三产业以及房地产业的发展，增强了城市的吸引力、辐射力和商贸流通中心功能。而城市商贸功能的增强作用于周边地区，推动其产业集聚和专业化协作水平提高，加快区域经济发展；区域经济的快速发展又反过来推动商业集群和城市经济发展。它们的良性互动互相促进，推动双方的发展水平向更高级层次跃迁。

（五）探讨了商业集群、城市化、城市功能跃升与区域经济的共有发展规律及其互动关系

随着城市的发展，城市功能开始发生转变，逐渐由生产型向服务型转

变，城市化水平不断提高。在城市功能转变的过程中，商业的发展起了重要作用。商业集群对城市化、城市功能跃升与区域经济发展具有一定的促进作用，反过来，区域经济发展与城市化又促进了商业集群的繁荣。商业集群、城市化、城市功能跃升与区域经济发展之间是相互影响、相互促进的动态关系。

商业集群是一个复杂的系统，本研究尽管综合运用了相关经济学理论，比较系统地研究了商业集群，尤其是商业集群模式、商业集群发展演变以及商业集群形成机理等问题，但限于笔者的水平、研究能力、资料收集等诸多原因，本研究仅仅是对商业集群的初步探讨，还有许多有关商业集群的问题需要进一步深入研究。例如，商业集群的模式很多，本书没有一一列举，尤其是没有对农村集贸市场和综合性批发市场等商业集群模式加以分析。由于商业在数据统计上存在着很大的难度，加之国内数据获取方面的限制，本研究还缺乏相应的定量研究。

在此，笔者希望本书的研究成果能丰富我国商业集群理论体系，并拓展我国商业集群研究领域，从而对促进我国流通经济的发展尽到一点微薄之力。

附　录

附录 A.1

首先考虑城市区［−1，1］中任一居住区［a_1，a_2］。由（3−9），我们有：

$$\frac{d^2\psi(x)}{dx^2} = \gamma\alpha^2 t^2\left[\int_{-l}^{a_1} m(y)\exp - \alpha t(x-y)\mathrm{d}y + \int_{a_2}^{l} m(y)\exp - \alpha t(y-x)\mathrm{d}y\right]$$

（A.1−1）

在［a_1，a_2］上，m（y）=0。因为这个表达式是严格正的，所以 Ψ（x）在［a_1，a_2］上是严格凸的。

现在假设［a_1，a_2］是一个商务区。对（3−9）再一次求二阶微分，得：

$$\begin{aligned}\frac{d^2\psi(x)}{dx^2} = & -\gamma\alpha t[\exp - \alpha t(x-a_1) + \exp - \alpha t(a_2-x)] + \\ & \gamma\alpha^2 t^2[\int_{-l}^{a_1} m(y)\exp - \alpha t(x-y)\mathrm{d}y + \int_{a_2}^{l} m(y)\exp - \alpha t(y-x)\mathrm{d}y] \leqslant - \\ & \gamma\alpha t[\exp - \alpha t(x-a_1) + \exp - \alpha t(a_2-x)] + \\ & \gamma\alpha^2 t^2[\int_{-l}^{a_1} \exp - \alpha t(x-y)dy + \int_{a_2}^{l} \exp - \alpha t(y-x)\mathrm{d}y] \\ = & -\gamma\alpha t[\exp - \alpha t(x+l) + \exp - \alpha t(l-x)]\end{aligned}$$

（A.1−2）

（A.1−2）永远是负的，所以 Ψ（x）在［a_1，a_2］上是严格凹的。

将同样的讨论用于（3−10），结果表明 Ψ（x）在任何商务区（居住区）都是凸（凹）的。

附录 A.2：空间均衡的效率

在第三章第三节的分析中，在存在 N 个消费者和 M 个企业的情况下，N 个消费者通过最小化社会成本使得效用水平 U^* 达到了最优，其决策变量是：

（1）消费者的分布密度 $n(x)$，企业的分布密度 $m(x)$；

（2）R_A 为土地的机会成本；

（3）位于区位 $x \in X$ 的消费者对于有差别产品的需求密度 $q(x, \cdot)$；

（4）每一区位 x 的消费者以计价物计算的消费量 $z(x)$。

对应的所有总成本为（包括消费者和企业）：

$$C = \int_X \left[\int_X q(x,y)(c + t|x - y|)m(y)\mathrm{d}y \right] n(x)\mathrm{d}x + \int_X z(x)n(x)\mathrm{d}x + R_A(M + N) + fM \qquad (A.2-1)$$

（A.2－1）最小化的约束条件为：

$$\int_X u[q(x,y)]m(y)dy + z(x) = U^* \qquad (A.2-2)$$

$$m(x) + n(x) \leqslant 1, x \in X \qquad (A.2-3)$$

$$\int_X n(x)dx = N \qquad (A.2-4)$$

$$\int_X m(y)dy = M \qquad (A.2-5)$$

再加上非负约束条件（即以上变量都大于 0），亦即在同样的约束条件下最大化 $S = NY - C$（社会的总净收益）。

解出（A.2－2）中的 $z(x)$，并将结果代入（A.2－1），利用（A.2－3）和（A.2－4）可以将 S 重新表示为：

$$S = \int_X \left(\int_X \{u[q(x,y)] - q(x,y)(c + t|x - y|)\} m(y)dy \right) n(x)dx + N(Y - U^* - R_A) - (R_A + f)M \qquad (A.2-6)$$

约束条件为（A.2－3）到（A.2－5）。

（A.2－6）中括号中的项目可以对于每个变量 $q(x, y)$ 进行最大化，满足（3－5）（熵函数），就可以得出：

$$q^0(x, y) = \alpha\beta\exp - \alpha[c + t|x - y|] \qquad x, y \in X \tag{A.2-7}$$

比较（3-6）和（A.2-7），可以发现，在均衡消费条件 $p(y) = c$ 下达到最优消费。

将（A.2-7）代入（A.2-6），可得到：

$$S = \gamma_1 \int_X\int_X m(y)n(x)\exp(-\alpha t|x - y|)dydx + N(Y - U^* - R_A) - (R_A + f)M \tag{A.2-8}$$

其中，$\gamma_1 \equiv \beta\exp - \alpha c$，双重积分符号代表消费者以边际成本价格消费有差别的商品时的间接效用之和。

因为 $N(Y - U^* - R_A) - (R_A + f)M$ 是常量，上式就可转变为最大化：

$$\gamma\int_X\int_X m(y)n(x)\exp(-\alpha t|x - y|)dydx$$

该式的 $m(y)$ 和 $n(x)$ 需要满足约束条件（A.2-3）、（A.2-5），在该表达式中，$\gamma \equiv \gamma_1/e$ 替代 γ_1。

应用最优控制理论中的最大化原理表明：乘数函数 $R^0(x)$ 与（A.2-3）联合，乘数 U^* 和 π^0 分别与（A.2-4）和（A.2-5）联合，那么对于最优密度 $m(y)$ 和 $n(x)$，就存在约束条件：

$$R^0(x) = \max\left\{\gamma\int_X m^0(y)\exp(-\alpha t|x - y|)dy - U^0, \gamma\int_X n^0(x)\exp(-\alpha t|x - y|)dx - \pi^0, R_A\right\} \tag{A.2-9}$$

$$\gamma\int_X n^0(y)\exp(-\alpha t|x - y|)dy - \pi^0 = R^0(x) \qquad n^0(x) > 0 \tag{A.2-10}$$

$$\gamma\int_X m^0(y)\exp(-\alpha t|x - y|)dy - U^0 = R^0(x) \qquad m^0(x) > 0 \tag{A.2-11}$$

$$m^0(x) + n^0(x) = 1 \quad R^0(x) \geqslant R_A \tag{A.2-12}$$

以及约束条件（A.2-3）到（A.2-5）。

从直观上来看，这些条件可以做如下解释（空间均衡的效率最优）。

（1）如果增加区位 x 的消费者的边际数量，那么这将导致目标函数增长由 $\gamma\int_X m^0(y)\exp(-\alpha t|x - y|)dy$ 给出的一个总量决定。但是，这项增加

的收益必须减去与消费者人口约束条件相关的乘数的值。

（2）如果对增加区位 x 的企业的边际数量进行必要的修正，也可以得出类似的结论。①

（3）在（A.2－9）到（A.2－11）中用 U^o-Y 代替 U^o、用 π^o+f 代替 π^o 时，并没有改变最优密度 $n^o(x)$ 和 $m^o(x)$；用 U^* 代替 U^o、用 π^* 代替 π^o 时，最优条件（A.2－9）到（A.2－12）与均衡条件（3－11）到（3－16）是一样的。②

因为企业的价格是大于边际成本的，所以，市场所导致的对 M 种产品的消费降低并没有阻止市场中土地最优利用模式的形成。③

（4）当企业的定价等于边际成本时，均衡的土地利用模式要远远劣于最优的土地利用模式，会导致企业更为分散的布局。④

因为所有区位的利润为零，企业的竞租函数曲线在区域间是水平的且等于 R_A，企业要最小化它们的损失。在这种情况下，均衡模式为两个商务区包含一个中心居住区（这个居住区包含了所有的消费者以及部分企业，甚至当 $M<N$ 时也是这样），不考虑 N 和 M 的值，企业在混合区的密度比在最优条件下要低得多。

（5）当企业的边际成本定价不与第一福利经济学理论［$p(y)=c$］相冲突时，土地利用模式没有达到最优。

尽管现在所有的价格都由经济人决定，但模型中的均衡概念并不是竞争性的。为了找到使它效用最大化的区位，每个消费者必须知道所有购物场所的分布地点。同样，要找到使得利润最大化的区位，每个企业都必须知道它的产品的总需求，该总需求依赖于所有消费者在空间上的分布。然

① 因为一个消费者或者一个企业只使用一单位的土地（A.2－9），这意味着 $R^o(x)$ 等于区位 x 的最高边际价值。条件（A.2－10）意味着当消费者的边际土地价值最高时，他们会得到在区位 x 上的居住权，这同样也适用于（A.2－11）。最后，（A.2－12）意味着区位 x 所有的土地都被企业、家庭或是他们两者共同占用了，只要他（它、他们）的边际土地价值超过了 R_A。

② 这说明土地的均衡利用与土地的最优利用是一致的。

③ 必须强调以下三个假设：一是在均衡条件和最优条件中企业的数量都是固定的；二是土地和商品消费之间没有替代关系；三是土地和资金之间没有替代关系［刘和滕田昌久（Liu and Fujita），1991］。

④ 详细内容参见滕田昌久（Fujita，1986；1988）。

而，价格并不能影响到每个经济人与整个经济间的可达性之间的差别。[①]因此，为了总能够选择对他们最有利的区位，经济人所需要的信息超越了价格机制所传达的一般信息。[②]

正是这种价格与边际成本的不一致使得企业可以在土地市场上与其他经济人进行竞争，保持企业在空间上的集聚。当价格等于边际成本时，企业选择与消费者接近的区位的动力就消失了。

附录 B.1：零售商的集聚效率

根据经济学原理，纳什均衡并不一定是最有效率的，因此，第三章第三节的结论，即当产品的差异达到足够大的程度时，市场区的效应占据绝对的主导地位，市场的结果就是销售者的集聚，是否是最优的还要进行进一步的分析。

1. **从消费者角度看，在均衡状态下效用最大化**

从上面的分析可以看出，因为消费者的区位是固定的，而区位间的效用水平是不同的，又不能再将总费用最小化，在最优条件下，价格与一般边际成本 c 相等，所以，消费者的福利水平要依赖于企业的区位（y）。在产品相同的情况下，总费用就由总的运输成本给定。但是，由于产品的差异性，消费者不再每次都光顾最近的企业（所有的价格都等于 c），因为他们现在可以从商店间的内部差异中获益。在这种条件下，消费者需要选择一种将距离和产品差异效应都考虑在内的更为一般的路径。最合适的度量方法就是利用间接效用函数。

因此，对于一个位于区位 x 的消费者来说，通过在效用（3－19）中引人数量（3－21）就可以获得：

$$V(x;y) = \frac{\bar{q}}{\alpha}\ln\left[\sum_{i=1}^{M}\exp - \alpha(c + t|x - y_i|)\right] \qquad (B.1-1)$$

① 除非每笔交易都在给定的市场上进行，就如屠能模型提到的那样（Masahisa Fujita, Jacques－Francois Thisse（1999），*Economics of Agglomeration: Cite, Industrial Location and Regional Growth*，第3章）。

② 这里每个经济人需要用到博弈理论，该理论使人们远离了竞争范式，这又表明空间经济不能完全由竞争市场体系来描述。

因为假设密度是一致的，消费者剩余就可以用个人间接效用的加总［因为（B.1－1）是指一个消费者］来定义：

$$S(y) = \int_X V(x;y)\,dx \qquad (B.1-2)$$

只要 $\alpha lt \leqslant 2$，最优的结果就是包含着企业的集聚。在 $M=2$ 的条件下，直观上来看（可以证明）这一对最优区位是对称的。

因此，令 $y_1 = l/2 - a$、$y_2 = l/2 + a$，那么就可以将消费者剩余（B.1－2）改写为［因为 c 是常数，c 的值不影响结果，而 $\bar{q}$ 是固定的，所以（B.1－3）中 c 和 $\bar{q}$ 都没有出现］：

$$S(a) = \frac{2}{\alpha}\int_{l/2}^{l/2+a} \ln[\exp - \alpha t(x - l/2 + a) + \exp - \alpha t(l/2 + a - x)]\,\mathrm{d}x + \frac{2}{\alpha}\int_{l/2+a}^{l} \ln[\exp - \alpha t(x - l/2 + a) + \exp - \alpha t(x - l/2 - a)]\,\mathrm{d}x$$

经过一些转换，就可以得到：

$$S(a) = -t[\frac{l}{4} - a(1-2a)] + \frac{2}{\alpha}\int_{l/2+a}^{l} \ln[1 + \exp - 2\alpha t(x - \frac{l}{2})]\,\mathrm{d}x + \frac{2}{\alpha}(\frac{l}{2} - a)\ln[1 + \exp 2\alpha ta] \qquad (B.1-3)$$

在（B.1－3）中对 a 求微分就可以得到：

$$1 - 4a - \exp(-2\alpha ta) = 0 \qquad (B.1-4)$$

很明显，$a=0$ 总是这个方程的一个根，（B.1－3）拥有一个严格正根的充要条件为 exp（$-2\alpha ta$）的导数必须小于 $1-4a$ 的导数，两者都在 $a=0$ 处求值，这就相当于 $\alpha tl > 2$。

在（B.1－4）中对 α 求微分并利用二阶条件，可以得到：

$$\frac{da^0}{d\alpha} > 0$$

因此，当产品的差异程度增加时（α 下降），就可以看到两个商店间的最优距离下降。因为相对于消费者对于多样性的偏好来说，距离越来越不重要了，将商店移向更靠近市场中心的区位越来越符合要求，也就是说，集聚有利于企业满足消费者的需要。

从另一方面来说，当 $\alpha tl \leqslant 2$ 时，$S(a)$ 的第一次导数对于所有的可能值 a 都是负的（即不存在正根），这意味着 $S(a)$ 的最大值在 $a=0$ 处取得。换句话说，当产品间的差异足够大时，两个商店必须都布局在市场的中心以最大化消费者剩余。之所以发生这种情况，是因为从消费者的角度来看，商店的特征足以支配运输因素以使得市场中心成为最优区位。①

2. **从零售商角度看，在均衡状态下利润最大化**

对于企业集聚的效率问题，还需要处理的就是企业的利润问题。与前面的分析一样，我们可以假设市场是可以自由进出的（即 $\pi^*=0$）。安德生等人（Anderson et al.，1992）已经证明最优的企业数量等于均衡企业数量减去 1。因此，在这里我们可以总结出，当产品的差异足够大时（$\alpha tl \leqslant 2$），商店在市场中心集聚的形成及规模（几乎）是社会最优的。②

因为当产品间存在足够的差异或者是运输成本足够低时，或者这两种情况都出现时，也就是说，当 $\alpha tl \leqslant 2$ 时，集聚的形成正是社会所需要的。但是，我们也要知道，当 $\alpha tl > 2$ 时，企业的集聚不再是最优的，因此，较高的运输费用导致了分散布局。③

附录 B.2

假设企业 1 布局在区位 $y_1 < l/2$ 并选定价格 p_1，而其他企业则都布局在 $l/2$，且令 $p^* = c + M/\alpha(M-1)$。那么企业 1 的利润为：

$$\pi_1(p_1, y_1) = (p_1 - c)\Big[\frac{y_1}{1+(M-1)\exp(\Lambda-\Theta)} + \frac{l}{2} - y_1 - \frac{1}{\alpha\tau}\ln\frac{1+(M-1)\exp(\Lambda+\Theta)}{1+(M-1)\exp(\Lambda-\Theta)} + \frac{l/2}{1+(M-1)\exp(\Lambda-\Theta)}\Big] \quad (B.2-1)$$

其中，$\Theta \equiv \alpha t/(l/2 - y_1)$，且 $\Lambda \equiv \alpha(p_1 - p^*)$。所以，

$$sign\frac{\partial\pi_1}{\partial x_1} = sign\Big\{tle^{\Theta}\,[e^{\Theta}+(n-1)e^{\Lambda}]^2 + \frac{1}{\alpha}(e^{2\Theta}-1)[e^{\Theta}+(n-1)e^{\Lambda}] \times$$

---

① 更多内容参见德帕尔玛、刘和蒂斯（de Palma，Liu 和 Thisse），1994。

② 正如伊顿和利普西（Eaton and Lipsey，1979，21）所说："一旦在真实世界中遇到局部的集聚时，经济学家惯用的招数就是搬出 Hotelling 以及指出集聚的社会浪费本质。"

③ 在这种情况下，安德生等人（Anderson et al.，1992，第九章）举出了若干个例子以证实市场可能会导致不完全的地理分散。

$$[1+(n-1)e^{\Theta}e^{\Lambda}]-2ty_1e^{\Theta}[1+(n-1)e^{\Theta}e^{\Lambda}]\Big\} \tag{B.2-2}$$

如果 $\alpha tl\leqslant 2$，这个表达式右半边的下限可以通过将 $1/\alpha$ 替换为 $tl\cdot(1-2/n)/2$ 得到，即：

$$\frac{tl}{2}\Big\{e^{\Theta}[1+e^{2\Theta}(1-\frac{4y_1}{l})](n-1)^2e^{2\Lambda}\cdot[(e^{4\Theta}-1)+4e^{2\Theta}(1-\frac{2y_1}{l})]$$

$$(n-1)e^{\Lambda}+e^{\Theta}[3(e^{2\Theta}-1)+2(1-\frac{2y_1}{l})]\Big\} \tag{B.2-3}$$

当 $\alpha tl\leqslant 2$ 时不考虑 Λ，对于 $y_1<l/2$ 来说这个表达式总是正的，因此企业 1 希望加入到其他企业的集聚区位 $l/2$。

这还说明如果企业 1 布局于 $l/2$ 并索要价格 p^* 时，其所获得的利润更多。它的利润为 $\pi_1=(p_1-c)lp_1$，其中：

$$p_1=\frac{\exp(-\alpha p_1)}{\exp(-\alpha p_1)+(M-1)\exp(-\alpha p^*)} \tag{B.2-4}$$

很容易证明：

$$\frac{\partial\pi_1}{\partial p_1}=(p_1-c)\alpha lP_1(P_1-1)+lP_1 \tag{B.2-5}$$

以及：

$$\frac{\partial^2\pi_1}{\partial p_1^2}=(p_1-c)\alpha^2lP_1(P_1-1)(2P_1-1)+2\alpha lP_1(P_1-1) \tag{B.2-6}$$

给定 $-\alpha lP_1<0$，对于任何满足 $\partial\pi_1/\partial p_1=0$ 的价格求 $\partial^2\pi_1/\partial p_1^2$。那么利润函数 π_1 是准凹的，因此 $\partial\pi_1/\partial p_1=0$ 的解 $p_1=p^*$ 是企业 1 与其他企业布局在一起时，使其利润最大化的价格。

附录 C：

令 T_c 为消费者从企业集聚体开始搜寻商品时的期望运输费用，而 T_1 为从孤立的企业处开始搜寻商品时的期望运输费用。首先，我们有下面的不等式：

$$T_c\leqslant[t_0+t|x-y_c|]+\{(t_0+t|x-y_c|)[1-(1-D_1)(1-D_c)^{M-2}]\}+$$

$$[(t_0+t\Delta)(1-D_1)(1-D_c)^{M-2}]+\{(t_0+t|x-y_1|)[(1-D_1)(1-D_c)^{M-2}-(1-D_1)(1-D_c)^{M-1}]\}+[(t_0+t\Delta+t_0+t|x-y_c|)(1-D_1)(1-D_c)^{M-1}] \quad (C-1)$$

其中：

（1）第一项（括号中的），$t_0+t|x-y_c|$，是到达企业集聚体的费用；

（2）第二项，$t_0+t|x-y_c|$，对应于返回家中所需的费用，对应的权数 $1-(1-D_1)(1-D_c)^{M-2}$ 为消费者在集聚区购买商品的可能性；

（3）第三项，$t_0+t\Delta$，代表从企业集聚体到孤立企业的费用，对应的权数 $(1-D_1)(1-D_c)^{M-2}$ 为消费者希望由企业集聚体到孤立企业的可能性；

（4）第四项，$(t_0+t|x-y_1|)$，为从孤立企业回到家里的费用，权数 $(1-D_1)(1-D_c)^{M-2}-(1-D_1)(1-D_c)^{M-1}$ 为消费者不想返回企业集聚体的可能性；

（5）最后一项，$t_0+t\Delta+t_0+t|x-y_c|$，为在回家之前回到企业集聚体的费用，权数为 $(1-D_1)(1-D_c)^{M-1}$。

因为最后一项权数 $(1-D_1)(1-D_c)^{M-1}$ 高估了消费者希望返回企业集聚体的可能性，这使得最后比它的实际值要大，因此，（C-1）中的不等式的条件得以满足。

其次，我们还有不等式：

$$T_1 \geqslant [t_0+t|x-y_1|]+[(t_0+t|x-y_1|)D_1]+[(t_0+t\Delta)(1-D_1)]+[(t_0+t|x-y_c|)(1-D_1)] \quad (C-2)$$

其中：

（1）第一项，$t_0+t|x-y_1|$，为到达孤立企业的费用；

（2）第二项，$t_0+t|x-y_1|$，为返回家中所需的费用，权数 D_1 为消费者在这个孤立企业购买商品的可能性；

（3）第三项，$t_0+t\Delta$，为从孤立企业到企业集聚体的费用，权数 $1-D_1$ 为消费者从孤立企业到企业集聚体的可能性；

（4）最后一项，$t_0+t|x-y_c|$，从企业集聚体回到家里的费用，权数 $1-D_1$ 为去企业集聚体的可能性。

因为我们没有考虑消费者从企业集聚体回到孤立企业的可能性，所以（C－2）中的不等式成立。

用（C－2）减去（C－1），并利用三角不等式，然后我们就可以得到：

$$T_1 - T_c \geqslant -2t\Delta + (1-D_1)[t_0 + 2t\Delta - (1-D_c)^{M-2}t_0 - (t_0+2t\Delta)(1-D_c)^{M-1}] \equiv f(\Delta) \tag{C-3}$$

令 $\Delta=0$，并选择一个足够大的 $\tilde{M}$ 使 $(1-D_c)^{M-1}$ 小于 1/2。很明显，因为 $t_0>0$ 且 $D_1<1$，所以 f（0）>0，否则的话，消费者就只会光顾一个地方，那就是企业集聚体，问题就变得没有价值了。从另一方面来说，当 Δ 足够大，以至于 f（Δ）<0。因为 f（Δ）是连续的，利用中值定理就意味着必须存在一个 Δ（M），使对 $0\leqslant\Delta\leqslant\Delta$（$M$）有 $T_1-T_c>0$。

因为 Δ（M）是下面这个方程的最小解：

$$-2t\Delta + (1-D_1)[t_0 + 2t\Delta - (1-D_c)^{M-2}t_0 - (t_0+2t\Delta)\cdot(1-D_c)^{M-1}] = 0 \tag{C-4}$$

很容易证明 Δ（M）随着 M 的增加而增加。

主要参考文献

一　中文参考文献

[1] 安虎森:《空间经济学原理》，经济科学出版社，2005。

[2] 白小虎:《专业市场集群的范围经济与规模经济》，《财贸经济》2004年第4期。

[3] 蔡宁、杨闩柱 :《企业集群竞争优势的演进：从“聚集经济”到“创新网络”》，《科研管理》2004年第4期。

[4] 陈剑锋:《基于产业集群的政策研究》，《科学学与科学技术管理》2005年第5期。

[5] 陈颖彪、千庆兰:《基于GIS的北京市商业空间活动分析》，《地域研究与开发》2004年第10期。

[6] 陈甬军、徐强:《产业集聚的稳定性与演变机制研究》，《东南学术》2003年第5期。

[7] 陈柳钦:《产业集群与产业竞争力》，《南京社会科学》2005年第5期。

[8] 陈玉平:《产业集群的经济学解析及其政府功能的发挥》，《商业研究》2005年第17期。

[9] 陈伟新:《国内大中城市中央商务区近今发展实证研究》，《城市规划》2003年第12期。

[10] 陈章喜:《国内大中城市购物中心选址的确定与分析方法》，《商场现代化》2005年第10期。

[11] 陈信康:《中国商业现代化新论》，上海财经大学出版社，2003。

[12] 陈瑛:《城市CBD及CBD系统》，科学出版社，2005。

[13] 戴卫明、陈晓红、肖光华：《产业集群的起源：基于区域效应和聚集效应的博弈分析》，《财经理论与实践》2005 年第 1 期。

[14] 丁心基、武云亮：《商业集群的效应及其发展趋势分析》，《技术经济》2004 年第 5 期。

[15] 方虹、李沫：《北京零售产业集聚水平测度及零售产业集聚效应实证研究》，《北京市财贸管理干部学院学报》2007 年第 9 期。

[16] 冯德连、王蕾：《国外企业群落理论的演变与启示》，《财贸研究》2000 年第 5 期。

[17] 符正平：《论企业集群的产生条件与形成机制》，《中国工业经济》2002 年第 10 期。

[18] 符正平等：《中小企业集群生成机制研究》，中山大学出版社，2004。

[19] 冯邦彦、王鹤：《企业集群生成机理模型初探：兼论珠江三角洲地区企业集群的形成》，《生产力研究》2004 年第 6 期。

[20] 盖文启：《集群竞争：中国高新区发展的未来之路》，经济科学出版社，2006。

[21] 高飞：《美国购物中心与中国购物中心发展比较研究》，中国知识网中国优秀博硕士学位论文全文数据库，2006。

[22] 高国辉、常景怿、马庆栋：《专业市场形成机制研究》，《邢台学院学报》2005 年第 2 期。

[23] 葛建华：《购物中心与零售革命》，《商业经济与管理》2003 年第 4 期。

[24] 管驰明：《商业业态变革背景下城市商业空间重组》，《北京工商大学学报》（社会科学版）2008 年第 1 期。

[25] 贺骁：《对广州商业街规划与发展的思考》，《商业经济文萃》2006 年第 1 期。

[26] 贺华丽：《专业市场核心竞争力的理论与实证分析》，《江苏商论》2006 年第 4 期。

[27] 惠宁：《分工深化促使产业集群成长的机理研究》，《经济学家》2006 年第 1 期。

[28] 黄建清、郑胜利：《国内集群研究综述》，《学术论坛》2002 年第 6 期。

[29] 黄祖辉、张栋梁：《为什么是义乌》，中国社会科学出版社，2006。
[30] 黄丹峰：《论商业规模经济的成因与特点》，《市场论坛》2004 年第 1 期。
[31] 金祥荣、朱希伟：《专业化产业区的起源与演化》，《经济研究》2002 年第 8 期。
[32] 金祥荣、柯荣住：《对专业市场的一种交易费用经济学解释》，《经济研究》1997 年第 4 期。
[33] 蒋三庚：《北京 CBD 商业发展趋势及对策分析》，《首都经济贸易大学学报》2005 年第 1 期。
[34] 蒋三庚：《论商业集聚》，《北京工商大学学报》（社会科学版）2005 年第 5 期。
[35] 蒋三庚：《现代服务业研究》，中国经济出版社，2007。
[36] 江激宇：《产业集聚与区域经济增长》，经济科学出版社，2006。
[37] 江征：《产业集群形机制及其发展对策研究》，《现代科学管理》2002 年第 12 期。
[38] 廖文彦：《义乌小商品市场成功因素探讨及推广价值研究》，《价值工程》2006 年第 8 期。
[39] 罗福源、罗寿枚：《国内 CBD 研究回顾与展望》，《城市问题》2004 年第 6 期。
[40] 林狄、许学强：《广州市商业业态空间形成机理》，《地理学报》2004 年第 9 期。
[41] 刘菲：《国外著名商业街比较与分析》，《北京工商大学学报》2002 年第 5 期。
[42] 刘世锦：《产业集聚及其对经济发展的意义》，《改革》2003 年第 3 期。
[43] 刘斌：《产业集聚竞争力优势的经济分析》，中国发展出版社，2004。
[44] 刘纯彬、李海飞：《产业集群的本质特征与效率基础》，《经济评论》2006 年第 4 期。
[45] 刘恒江、陈继祥：《国外产业集群政策研究综述》，《外国经济与管理》2004 年第 11 期。

[46] 刘恒江、陈继祥：《要素、动力机制与竞争优势：产业集群的发展逻辑》，《中国软科学》2005年第2期。

[47] 刘梅举：《浅论城市商业街的综合效应与对策》，《商业经济》2004年第4期。

[48] 刘天祥：《专业市场形成与发展的制度求解》，《商业研究》2007年第3期。

[49] 刘天祥：《专业市场研究的文献综述》，《当代经济》2006年第11期。

[50] 刘天祥：《专业市场与产业集群的互动机制研究》，《经济研究导刊》2007年第1期。

[51] 李宏宇：《我国购物中心发展中存在的问题及对策》，《学术交流》2006年第1期。

[52] 李煜华、胡运泉、孙凯等：《产业集群规模与集群效应的关联性分析》，《科学学与科学技术管理》2006年第6期。

[53] 李中维、程守红：《对我国发展购物中心的思考》，《江苏商论》2004年第1期。

[54] 李宏宇：《我国购物中心发展中存在的问题及对策》，《学术交流》2006年第1期。

[55] 李学工：《商业街发展趋势与消费者行为分析》，《商业经济文荟》2003年第4期。

[56] 李辉、张旭明：《产业集群的协同效应研究》，《吉林大学社会科学学报》2006年第5期。

[57] 李永刚：《中小企业群落式生成演化研究的文献综述》，《上海经济研究》2004年第8期。

[58] 李清均：《产业集聚研究综述》，《学术交流》2005年第7期。

[59] 李婷、陈向东：《产业集群的学习模式及其创新特征研究》，《科技管理研究》2006年第2期。

[60] 李映照、龙志和：《要素流动与企业集聚形成》，中国经济出版社，2007。

[61] 李小建、李二玲：《产业集聚发生机制的比较研究》，《中州学刊》

2002 年第 4 期。
[62] 李严锋：《复合型商业业态：理论、应用、个案》，经济科学出版社，2006。
[63] 赖磊、舒欣：《产业集群研究综述》，《现代管理科学》2005 年第 3 期。
[64] 宁钟：《国外创新与空间集群理论评述》，《经济学动态》2001 年第 3 期。
[65] 陆立军等：《义乌商圈》，浙江人民出版社，2006。
[66] 陆立军：《"义乌商圈"：形成机理与发展趋势——三论"义乌模式"》，《商业经济与管理》2006 年第 6 期。
[67] 陆立军：《略论"浙江模式"及其转型与提升》，《商业经济与管理》2007 年第 9 期。
[68] 陆立军、杨海军：《市场拓展、报酬递增与分工：以"义乌商圈"为例》，《经济研究》2007 年第 4 期。
[69] 苗长虹、崔立华：《产业集聚：地理学与经济学主流观点的对比》，《人文地理》2003 年第 3 期。
[70] 孟庆民、杨开忠：《一体化条件下的空间经济集聚》，《人文地理》2001 年第 6 期。
[71] 孟陵：《重庆市 CBD 演化过程及其机制研究》，《四川师范大学学报》2000 年第 7 期。
[72] 马建会：《产业集群成长机理研究》，中国社会科学出版社，2007。
[73] 马中东：《交易费用、中间性组织与产业集群：基于新制度经济学的研究视角》，《山东财政学院学报》2005 年第 6 期。
[74] 彭继增：《基于空间经济理论的商业集群运行机理》，《经济体制改革》2008 年第 3 期。
[75] 彭继增：《国内外商业集群研究现状及启示》，《理论探讨》2007 年第 4 期。
[76] 彭继增：《基于产业集群理论的商业集群分析：一个关于商业企业选址模型的构造》，《金融与经济》2006 年第 11 期。
[77] 钱学锋、梁琦：《分工与集聚的理论渊源》，《江苏社会科学》2007

年第 2 期。

[78] 仇保兴:《小企业集群研究》,复旦大学出版社,1999。

[79] 苏为华、朱发仓:《商贸流通业对社会经济发展的影响:以浙江省商贸流通业的发展为例》,《国际商务——对外经济贸易大学学报》2006 年第 6 期。

[80] 史晋川等:《制度变迁与经济发展》,浙江大学出版社,2002。

[81] 孙洛平、孙海林:《产业集群的交易费用理论》,中国社会科学出版社,2006。

[82] 孙伟、黄鲁成:《产业集群的相关概念与分类》,《科研管理》2003 年第 3 期。

[83] 孙洛平、孙海琳:《产业集聚的交易费用理论》,中国社会科学出版社,2006。

[84] 孙洛平、孙海琳:《产业集群的交易费用模型》,《经济评论》2006 年第 4 期。

[85] 宋维杰:《产业群理论:一个值得重视的区域发展理论》,《财经问题研究》2002 年第 9 期。

[86] 佘明龙:《产业集群理论综述》,《兰州商学院学报》2005 年第 3 期。

[87] 唐建民:《基于价值观的商业集群竞争力》,《西南民族大学学报》(人文社科版) 2005 年第 8 期。

[88] 唐建民、周燕凌:《商业集群品牌资产的经济学诠释》,《科技进步与对策》2007 年第 5 期。

[89] 童年成:《中央商务区的成因问题探究》,《中国流通经济》2006 年第 11 期。

[90] 谭军:《购物中心理论研究综述》,《商业研究》2004 年第 19 期。

[91] 汪旭晖 、王高:《现代商业街的科学规划设计构想》,《现代财经》2007 年第 1 期。

[92] 吴小丁:《哈夫模型与城市商圈结构分析方法》,《财贸经济》2001 年第 3 期。

[93] 吴小丁:《郊外型购物中心的理论解释》,《中国流通经济》2006 年第 7 期。

[94] 吴德进：《产业集群的组织性质：属性与内涵》，《中国工业经济》2004 年第 7 期。
[95] 武云亮：《论中小商业企业的集群化发展》，《商业时代》2003 年第 10 期。
[96] 武云亮：《集群：经济全球化下我国中小商业企业发展的战略选择》，《北京市财贸管理干部学院学报》2004 年第 12 期。
[97] 武云亮：《我国中小商业企业集群的演化机制分析》，《技术经济》2007 年第 4 期。
[98] 翁晖岚：《中小商业企业的集群共生效应》，《企业与市场》2000 年第 3 期。
[99] 王辑慈：《创新的空间：企业集群与区域发展》，北京大学出版社，2005。
[100] 王步芳：《企业群居之谜：集群经济学研究》，上海三联书店，2007。
[101] 王步芳：《世界各大主流经济学派产业集群理论综述》，《外国经济与管理》2004 年第 1 期。
[102] 王建刚、赵进：《产业集聚现象分析》，《管理世界》2001 年第 6 期。
[103] 雷：《中国产业集群理论研究评述》，《重庆工商大学学报》（社会科学版）2004 年第 4 期。
[104] 王冰、顾远飞：《簇群的知识共享机制和信任机制》，《外国经济与管理》2000 年第 5 期。
[105] 王学军：《西方国家购物中心的类型、管理及启示》，《商业经济与管理》2002 年第 8 期。
[106] 王学军、刘伟芳：《国外商业街发展的特征、趋势及启示》，《广东商学院学报》2003 年第 3 期。
[107] 王艳红、方淑芬：《商业企业集聚体的发展态势、内涵及研究展望》，《商业研究》2007 年第 6 期。
[108] 吴向鹏：《产业集群：一个文献综述》，《当代财经》2003 年第 9 期。

[109] 吴向鹏：《产业集群理论及其进展》，《四川行政学院学报》2003 年第 2 期。

[110] 吴利学、魏后凯：《产业集群研究的最新进展及理论前沿》，《上海行政学院学报》2004 年第 3 期。

[111] 吴德进：《产业集群论》，社会科学文献出版社，2006。

[112] 吴小丁：《郊外型购物中心的理论解释》，《商业时代》2006 年第 7 期。

[113] 吴小丁：《哈夫模型与城市商圈结构分析方法》，《财贸经济》2001 年第 3 期。

[114] 魏守华、石碧华：《论企业集群的竞争优势》，《中国工业经济》2002 年第 1 期。

[115] 魏守华、赵雅沁：《企业集群的概念、意义与理论解释》，《中央财经大学学报》2002 年第 3 期。

[116] 魏守华、石碧华：《论企业集群的竞争优势》，《中国工业经济》2002 年第 1 期。

[117] 魏守华、赵雅沁：《企业群的概念、意义与理论解释》，《中央财经大学学报》2002 年第 3 期。

[118] 魏 江：《产业集群学习机制多层解析》，《中国软科学》2004 年第 1 期。

[119] 魏剑锋：《商业集群的聚集效应——基于消息学视角的分析》，《当代经济科学》2006 年第 11 期。

[120] 武云亮：《论中小商业企业的集群化发展》，《商业时代》2003 年第 10 期。

[121] 武云亮：《我国商业集群的模式及其发展趋势》，《生产力研究》2004 年第 1 期。

[122] 徐碧祥、符韶英：《产业集群的学习过程机制研究》，《科学管理研究》2006 年第 4 期。

[123] 徐康宁：《开放经济中的产业集群与竞争力》，《中国工业经济》2001 年第 11 期。

[124] 徐康宁：《产业聚集形成的原因和影响的研究》，中国知识网中国优

秀博硕士学位论文全文数据库，2003。
[125] 徐进：《基于信用的产业集群优势研究》，《中国软科学》2003年第8期。
[126] 向世聪：《产业集聚理论研究综述》，《湖南社会科学》2006年第1期。
[127] 谢贞发：《产业集群理论研究述评》，《经济评论》2005年第5期。
[128] 谢永琴：《城市外部空间结构理论与实践》，经济科学版社，2006。
[129] 许琼、倪军、白光润：《城市商业微区位关联的空间表现和形成机制》，《经济地理》2004年第8期。
[130] 许庆瑞、毛凯军：《试论企业集群形成条件》，《科研管理》2003年第1期。
[131] 夏兰、周钟山等：《基于网络结构视角的产业集群演化和创新》，中国市场出版社，2006。
[132] 夏春玉：《城市与流通的互动：城市流通系统——城市与流通问题研究的新视角》，《财贸经济》2005年第11期。
[133] 夏春玉：《城市零售流通系统的空间竞争结构及其变化——以日本为例》，《商业经济与管理》2005年第10期。
[134] 杨俊宴、吴明伟：《城市CBD与商务产业的联动发展理论模型》，《城市规划》2006年第4期。
[135] 杨小凯、黄有光：《专业化与经济组织：一种新兴古典微观经济学框架》，经济科学版社，1999。
[136] 杨小凯：《经济学原理》，经济科学出版社，1999。
[137] 叶峥、许侃杰：《专业市场的经济学分析——区位理论的应用》，《经济论坛》2005年第22期。
[138] 于树江、李艳双：《产业集群区位选择形成机制分析》，《中国软科学》2004年第4期。
[139] 杨雪萍、郭金喜：《市场型产业集群的结构、功能与运行机理：以义乌小商品集群违例》，《嘉兴学院学报》2005年第1期。
[140] 杨万里：《产业集群问题讨论综述》，《经济理论与经济管理》2004年第2期。

[141] 杨宝良:《我国渐进式改革中的产业地理集聚与国际贸易》，复旦大学出版社，2005。

[142] 杨宝良:《我国三次产业地理集聚的实证分析》，《探求》2003年第6期。

[143] 杨俊宴、吴明伟:《城市CBD空间形态量化研究——中国CBD发展量化研究之二》，《城市规划》2006年第2期。

[144] 岳军:《国外产业集群理论的演进脉络》，《财经科学》2006年第2期。

[145] 晏雄、寸晓宏:《基于文化层面的企业集群竞争力探析》，《经济问题探索》2005年第11期。

[146] 余凯:《我国购物中心核心竞争力研究》，《商业时代》2006年第34期。

[147] 禹来:《购物中心生命周期与创新管理——以广州天河城购物中心为例》，《广东商学院学报》2005年第6期。

[148] 俞培果:《日本的产业集群政策及其对我国的启示》，《现代日本经济》2006年第5期。

[149] 朱应亮:《基于产业聚集效应的Shopping Mall竞争力研究》，《商业经济文萃》2006年第5期。

[150] 朱英明:《产业集聚研究述评》，《经济评论》2003年第3期。

[151] 朱英明:《产业集聚论》，经济科学出版社，2003。

[152] 赵亚明:《城市商业中心地的形成与发展研究》，《边疆经济与文化》2005年第6期。

[153] 赵强、王春辉:《产业集群理论综述》，《中国经济评论》2005年第1期。

[154] 赵萍:《流通产业集群与区域经济发展》，《市场营销导刊》2006年第6期。

[155] 赵晓民、陶咏梅:《商业聚集形成原因及空间结构的理论分析》，《投资与理财》(理论版)2007年第5期。

[156] 赵晓民、王文革、陶咏梅:《商业集聚经济学推动与消费需求拉动的耦合分析》，《管理现代化》2007年第5期。

[157] 曾忠禄:《产业集群与区域经济发展》,《南开经济研究》1997年第1期。
[158] 甄艳、李春艳、郑妍妍等:《产业集群形成机制理论综述》,《东北师范大学学报》(哲学社会科学版)2006年第2期。
[159] 郑健壮、吴晓波:《中小企业集群经济持续发展动因》,《科技进步与对策》2002年第4期。
[160] 郑文哲:《专业市场生成发育规律研究》,《中国流通经济》1998年第3期。
[161] 郑勇军:《浙江专业市场现象研究》,浙江大学出版社,2003。
[162] 张明倩:《中国产业集聚现象统计模型及应用研究》,中国标准出版社,2007。
[163] 张炳申、马建会:《产业集群的成长机理研究》,《当代经济研究》,2003。
[164] 张聪群:《产业集群互动机理研究》,经济科学出版社,2007。
[165] 张芷:《我国城市商业街的发展战略构想》,《现代财经》2007年第3期。
[166] 张光忠:《商业街模式设计论纲》,《财贸经济》2001年第7期。
[167] 张明林、陈华:《产业集群形成机制的超边际分析理论模型初探》,《企业经济》2005年第1期。
[168] 张建华:《关于购物中心发展方略的研究》,《江苏商论》2003年第8期。
[169] 张宏伟:《产业集群研究的新进展》,《经济理论与经济管理》2004年第4期。
[170] 张元智、马鸣萧:《产业集群:获取竞争优势的空间》,华夏出版社,2006。
[171] 张 辉:《产业集群竞争力的内在经济机理》,《中国软科学》2003年第1期。
[172] 张映红:《现代商务中心产业集群功能及启示》,《中国软科学》2003年第1期。
[173] 张赢心:《上海购物中心发展研究》,中国知识网中国优秀博硕士学

位论文全文数据库，2006。
[174] 翟森竞、柴华奇：《基于零售业态集聚的Shopping Mall发展影响因素分析》，《商业研究》2005年第22期。
[175] 庄晋财：《企业集群地域根植性的理论演进及其政策含义》，《财经问题研究》2003年第1期。
[176] 郑思齐、刘洪玉：《购物中心规划和运作的经济分析》，《商业研究》2003年第18期。
[177] 郑勇军、金小星：《专业市场与产业集群互动发展实例研究》，《商业时代》2007年第4期。
[178] 周殿昆：《商业连锁公司快速成长机理分析》，《财贸经济》2004年第3期。
[179] 周殿昆：《连锁公司快速成长的原因及对策分析》，《天府新论》2004年第4期。
[180] 周殿昆：《中国乡村家族信用复兴及企业发育问题分析》，《改革》2002年第6期。
[181] 周国红、陆立军：《"义乌商圈"国际化拓展的影响因素及其战略选择：基于6363份问卷调查与分析》，《财贸经济》2007年第3期。
[182] 周兵、冉启秀：《产业集群形成的理论溯源》，《商业研究》2004年第14期。
[183] 周建刚：《现代商圈的集聚扩散效应》，《上海经济研究》2002年第6期。
[184] 周颖：《国外购物中心发展模式及启示》，《商业经济文萃》2005年第3期。
[185] 卓勇良：《空间集中化战略：产业集聚、人口集中与城市化发展战略研究》，社会科学文献出版社，2000。
[186] 邹永军、丁红：《城市商业的空间结构》，《商业研究》2005年第5期。
[187]〔日〕木地节郎：《城市的地域功能》，大明堂出版，1971。
[188]〔日〕衫村畅二：《零售商业的集聚和选址》，大明堂出版，1975。
[189]〔日〕石原武政：《商品流通》，吴小丁、王丽等译，中国人民大学

出版社，2004。

[190] 〔日〕藤田昌久、〔美〕保罗·克鲁格曼、〔美〕安东尼·J. 维纳布尔斯：《空间经济学：城市、区域与国际贸易》，梁琦主译，中国人民大学出版社，2005。

[191] 〔日〕藤田昌久、〔比〕雅克－弗朗科斯·蒂斯：《集聚经济学：城市、产业区位与区域经济增长》，刘峰、张雁、陈海威译，西南财经大学出版社，2004。

[192] 〔德〕韦伯斯：《工业区位论》，李刚剑译，商务印书馆，1997。

[193] 〔美〕安纳利·萨克森宁：《地区优势——硅谷和128号公路地区的文化与竞争》，远东出版社，1999。

[194] 〔美〕保罗·克鲁格曼：《地理与贸易》，北京大学出版社、中国人民大学出版社，2000。

[195] 〔美〕保罗·克鲁格曼、〔美〕茅瑞斯·奥伯斯法尔德：《国际经济学》（第四版），海闻等译，中国人民大学出版社，1998。

[196] 〔瑞典〕贝蒂斯·奥林：《地区间贸易和国际贸易》，首都经济贸易大学出版社，2001。

[197] 〔荷〕S. 布雷克曼、〔荷〕H. 盖瑞森、〔荷〕C. 范·马勒惠克：《地理经济学》，西南财经大学文献中心翻译部译，西南财经大学出版社，2004。

[198] 〔美〕约翰·克劳奈维根：《交易成本经济学及其超越》，朱丹、黄瑞虹译，上海财经大学出版社，2002。

[199] Audretsch, D. B., "Agglomeration and the Location of Innovative Activity", *Oxford review of Economic Policy*, No. 14, 1998, pp. 18 – 29.

[200] Audretsch, D. B., "Agglomeration and the Location of Economic Activity", *CEPR Discussion Paper Series* (*Industrial Organization*), No. 1974, 1998.

[201] Baptista, R., "Geographical Clusters and Innovation Diffusion", *Technological Forecasting and Social Change*, No. 66, 2001, pp. 31 – 46.

[202] Beaudry C., Swann P., "Growth in Industrial Cluster: a Bird's Eye View of theUnited Kingdom", *DIEPR Discussion Paper*, No. 00 – 38,

2001, March.

[203] Bellefamme, P., Picard, P. and J. - F. Thisse, "An Economic Theory of Regional Clusters", *Journal of Urban Economics*, No. 48, 2000, pp. 158 - 184.

[204] Ciccone, A., "Agglomeration Effects in Europe", *European Economic Review*, No. 46, 2002, pp. 213 - 227.

[205] Capello, R., "Spatial Transfer of Knowledge in Hi - Tech Milieux: Learning Versus Collective Learning Progresses", *Regional Studies*, No. 33, 1999, pp. 352 ~ 365.

[206] Dixit, A. and Stiglitz, J. E., "Monopolistic Competition and Optimum Product Diversity", *American Economic Review*, Vol. 48, No. 2, 1977, pp. 147 - 160.

[207] Davis, Donald R. and Weinstein, David E., "Economic Geography and Regional Production Structure: An Empirical Investigation", *NBER Working Paper*, No. 6093, 1998b.

[208] Dumais, G., Ellison, G. and Glaeser, E., "Geographic Concentration as a Dynamic Process", *NBER Working Paper*, No. 6270, 1997.

[209] Ellison, G. and Glaeser, E. L., "The Geographic Concentration of Industry: Does Natural Advantage Explain Agglomeration?", *The American Economic Review*, Vol. 89, No. 2, 1999, pp. 311 - 316.

[210] Ellison, G. and Glaeser, E., "Geographic Concentration in US Manufacturing Industries: A Dartboard Approach", *Journal of Political Economy*, No. 1005, 1997, pp. 889 - 927.

[211] Fujita, M., "A Monopolistic Competition Model of Spatial Agglomeration: a Differentiated Product Approach", *Regional Science and Urban Economics*, No. 18, 1988, pp. 87 - 124.

[212] Fujita, M. and Thisse J. - F., "Economics of Agglomeration", *Journal of the Japanese and International Economics*, No. 10, 1999, pp. 339 - 379.

[213] Fujita, M., Krugman, P. and A. J. Venables, *The Spatial Economy: Cities, Regions and International Rrade*, MIT Press, Cambridge MA,

1999.

[214] Fujita, M., Hu, D., "Regional Disparity in China: Effects of Globalization and Economic Liberalization", *The Annals of Regional Science*, N. 35, 2001, pp. 3 - 37.

[215] Hanson, G., "Market Potential, Increasing Returns, and Geographic Concentration", *NBER Working Paper*, No. 6429, 1998.

[216] Hanson, G., "Scale Economies and the Geographic Concentration of Industry", *NBER Working Paper*, No. 8013, 2000.

[217] Head, K., Ries, J. and Swenson, D., "Agglomeration Benefits and Location Choice: Evidence from Japanese Manufacturing in the United States", *Journal of International Economics*, No. 38, 1995, pp. 223 - 247.

[218] Jean, G., *Boosting Innovation: The Clusters Approach*, International Workshop, Innovation Clusters and International Competition, No. 11, 2001, pp. 12 - 13.

[219] Klaesson, J., "Monopolistic Competition, Increasingreturns, Agglomeration and Transport Costs", *Regional Science*, No. 35, 2001, pp. 375 - 394.

[220] Liu, H, L. and Fujita, M., "A Monopolistic Competition Model of Spatial Agglomeration with Variable Density", *The Annals of Regional Science*, No. 25, 1991, pp. 81 - 99.

[221] Lofgren, K. G., "The Spatial Monopoly: a Theoretical Analysis", *Journal of Regional Science*, No. 26, 1986, pp. 707 - 730.

[222] Mytelka, L, Farinelli, F., *Local Clusters, Innovation Systems and Sustained Competitiveness*, by Riode Janeiro, Brazil. No. 9, 2000, pp. 4 - 8.

[223] Meyer - Stamer, J., *Clustering and the Creation of an Innovation - Oriented Environment for Industrial Competitiveness: Beware of Overly Optimistic Expectations*, Revised Draft Paper, 2002.

[224] Matsushima, N., "Cournot Competition and Spatial Agglomeration Revisited", *Economics Letters*, No. 73, 2001, pp. 175 - 177.

[225] McCann, P., Arita, T. and Gordon I. R., "Industrial Clusters, Transactions Costs and the Institutial Determinants of MNE Location Be-

haviour", *International Business Review 11*, 2002, pp. 647 - 663.

[226] Nakamura, R. , "Agglomeration Economic in Urban Manufacturing Industrials, a Case of Japanese Cities", *Journal of Urban Economics*, No. 17, 1985, pp. 108 - 24.

[227] Nicolini, R. R. , "Agglomeration and Trade: A Regional Perspective", Ph. D. thesis, *The Catholic University of Louvain - la - Neuve*, 2000.

[228] Ottaviano, G . and Puga, D. , "Agglomeration in the Global Economy: A Survey of the New Economic Geography", *World Economy*, No. 216, 1997, pp. 707 - 31.

[229] Pal, D. , "Does Cournot Competition Yield Spatial Agglomeration?", *Economics Letters*, No. 60, 1998, pp. 49 - 53.

[230] Puga, D. andVenables, A. J. , "The Spread of Industry: Spatial Agglomeration in Economic Development", *Journal of the Japanese and International Economy*, No. 10, 1996, pp. 440 - 464.

[231] Poter, M, E. , "Clusters and the New Economics of Competition", *Harvard Business Review*, Nov/Dec98, Vol. 76, No. 6, 1998, pp. 77 - 91.

[232] porter, M, E. , "Location, Competition, and Economic Development: Local Clusters in a Global Economy", *Economic Development Quanerly*, Vol. 14, No. 1, 2000, pp. 15 - 35.

[233] Piero Morosini, "Industrial Clusters, Knowledge Integration and Performance", *World Development*, Vol. 32, No. 2, 2004.

[234] Porter, M. E,, "Clusters and the New Economics of Competition", *Harvard Business Review*, 1998, pp. 77 - 90.

[235] Rosenfeld A. Overachievers, "Business Clusters That Work: Prospects for Regional Development", *Chapel Hill*, NC: Regional Technology Strategies, 1996.

[236] Venables, A. J. , "The International Division of Industries: Clustering and Comparative Advantage in a Multiindustry Model", *Scandanavian Journal of Economics*, 1999, pp. 495 - 513.

图书在版编目(CIP)数据

商业集群论 / 彭继增，戴志敏著. —北京：社会科学文献出版社，2014.1
ISBN 978-7-5097-5224-1

Ⅰ.①商… Ⅱ.①彭… ②戴… Ⅲ.①商业集团-研究 Ⅳ.①F717

中国版本图书馆 CIP 数据核字（2013）第 251970 号

商业集群论

著　　者 / 彭继增　戴志敏

出 版 人 / 谢寿光
出 版 者 / 社会科学文献出版社
地　　址 / 北京市西城区北三环中路甲 29 号院 3 号楼华龙大厦
邮政编码 / 100029

责任部门 / 经济与管理出版中心（010）59367226　　责任编辑 / 高　雁　梁　雁
电子信箱 / caijingbu@ssap.cn　　责任校对 / 李　惠
项目统筹 / 高　雁　　责任印制 / 岳　阳
经　　销 / 社会科学文献出版社市场营销中心（010）59367081　59367089
读者服务 / 读者服务中心（010）59367028

印　　装 / 三河市尚艺印装有限公司
开　　本 / 787mm×1092mm　1/16　　印　　张 / 22.5
版　　次 / 2014 年 1 月第 1 版　　字　　数 / 357 千字
印　　次 / 2014 年 1 月第 1 次印刷
书　　号 / ISBN 978-7-5097-5224-1
定　　价 / 79.00 元